Manfred Paul
Im Aufwind leben
365 Andachten

Im Aufwind leben

Bibelzitate nach der Elberfelder Bibel 2006,
© 2006 by SCM R.Brockhaus in der
SCM Verlagsgruppe GmbH Witten/Holzgerlingen.

Paul, Manfred
Im Aufwind leben

Best.-Nr. 273429
ISBN 978-3-89436-429-8

»Im Aufwind leben« ist auch in Auszügen (34 Andachten)
als Hörbuch erhältlich:
Best.-Nr. 273436
ISBN 978-3-89436-436-6

6. Auflage 2025
© 2004 Christliche Verlagsgesellschaft mbH
Am Güterbahnhof 26 | 35683 Dillenburg
info@cv-dillenburg.de

Umschlaggestaltung: Christoph Ziegeler, www.pixel-kraft.de
Satz: Christliche Verlagsgesellschaft mbH

Druck: GGP Media GmbH, Pößneck
Printed in Germany

Wenn Sie Rechtschreib- oder Zeichensetzungsfehler entdeckt haben,
können Sie uns gern kontaktieren: info@cv-dillenburg.de

Inhalt

Vorwort

»Wie eine Hirschkuh lechzt nach Wasserbächen, so lechzt meine Seele nach dir, o Gott!« So plastisch schildert ein Psalmschreiber im Gebetbuch der Bibel (Psalm 42,2) seine tiefe Sehnsucht nach Gott.

Von der engsten Gemeinschaft mit Gott kann man auch heute mit Recht Großes erwarten. Für viele Gläubige ist dieses Vorrecht leider ein unentdeckter Schatz geblieben. Mit den Andachten in diesem Buch kann sich das ändern, denn sie kommen aus dem Herzen eines Glaubenskämpfers, der aus der engsten Nähe zu seinem Herrn Kraft geschöpft und reichen Segen empfangen hat, um ihn an andere weiterzugeben.

Manfred Paul war 12 Jahre Geschäftsführer des internationalen Missionswerkes Janz Team e.V. in Lörrach und 24 Jahre der geistliche Leiter des Missionswerkes Werner Heukelbach, Bergneustadt. Er ist vielen bekannt durch Vorträge in Kirchen und Gemeinden, durch Evangelisationen und zahlreiche Veröffentlichungen christlicher Literatur, durch Lebensberatung und Seelsorge sowie durch zahlreiche Radiosendungen über Radio Luxemburg. Mit großem Einfühlungsvermögen und einer lebendigen und bildreichen Sprache wendet er sich an Gläubige und spricht ihnen Mut und Trost für praktisch alle Bereiche des Alltags und Glaubenskampfes zu. In den 365 Andachten dieses Buches gibt Manfred Paul in Verbindung mit ausgewählten Bibelworten Hilfe – besonders für Niedergeschlagene, Belastete und Müdegewordene. Durch diesen »erfrischenden Aufwind« werden Herz und Gedanken zu Gott dem Vater und zu seinem Sohn Jesus Christus gelenkt. Es sind Texte, die ein tiefes Sehnen nach inniger Gemeinschaft mit Gott bewirken.

Es ist unser Wunsch, dass Sie durch diese täglichen Andachten den unvergleichlichen Wert einer tiefen Gottesbeziehung entdecken und den daraus erwachsenden Segen erfahren.

Der Verlag   im August 2004

Hinweis: Ein Auszug dieses Andachtsbuches ist auch als Hörbuch erhältlich. Auf zwei CDs spricht der Autor selbst 34 seiner Andachtstexte. Bitte beachten Sie dazu weitere Informationen am Ende des Buches.

Januar

1. Januar

Erwarte Neues!

Sperrmüll – alte Klamotten, ausrangiertes Zeug, unbrauchbar geworde-
ner Krimskrams ... das verbogene Fahrrad, der alte Ofen, die durch-
gelegene Matratze. Eigentlich auch ein wohliges Gefühl, endlich sperriges
und altes Gerümpel »loszuwerden«. Und was hat sich da oft im Laufe der
Zeit alles angesammelt! – Nimm nichts Belastendes mit ins neue Jahr.
Schließlich kannst du es bei dem Herrn Jesus loswerden: Zukunftsfragen.
Ungeordnetes aus vergangenen Tagen. Fruchtlose und geistlich dürre
Zeiten. Schmerzvolles, das dich verletzt hat. Enttäuschungen ... Ich
kann's keinem verdenken, wenn er resigniert und sich niedergeschlagen
eingesteht: »Ach, zum wie vielten Jahreswechsel habe ich schon gute
Entschlüsse gefasst, doch nach wenigen Tagen war wieder die ›alte
Margarine‹ auf dem Brot.« Verzage nicht! Der allmächtige Gott lässt dir
sagen: Sei stark und mutig. Erwarte Neues von mir. »**Siehe, ich wirke
Neues!**« (Jesaja 43,19).

Hast du Mut, von Gott Neues zu erwarten? »Siehe!« Das heißt doch:
»Mal herschauen!« Wegblicken von dem, was dich niederzwingt. Dein
Gott kann aus einem stinkenden Abfallhaufen ein herrlich duftendes
Blumenbeet machen. Und das Zerbrochene? Gott kittet nicht mit
Sekundenkleber. Neues will er schaffen! Völlig Neues! Auch in deinem
Leben. Deine verzagte Seele hat ein Recht auf einen vom Herrn
geschenkten, frohen Neuanfang. Daher weg mit dem Unglauben und
den durchtriebenen Zweifeln an Gottes Barmherzigkeit und Treue. Oh,
diese Flohmarkt-Mentalität unter Christen, deren Herz an verstaubten
Brocken hängt und die dabei Gottes Wunderwirken verpassen. Was
erwartest du vom Herrn Jesus? Nein, unser Gott ist kein Museums-
wächter, der jeden Morgen seine uralten »Schätzchen« abstaubt und in
seiner Vitrine versteckt hält. Unser Gott ist der Lebendige, der Neues
wirkt! Bei ihm kann eine bedrückte Seele wieder fröhlich durchatmen,
weil der Todesgeruch der Sünde vertrieben wurde. Es ist einfach herrlich,
diesem wunderbaren Gott zu begegnen, der Neues wirken will.

Und das Alte zurückliegender Jahre? Gottes Vergeben, seine Treue, Barmherzigkeit und Gnade sind größer als dein Versagen. Nein, nicht in den Rückspiegel schauen, blicke im Glauben nach oben und erwarte Neues von ihm. Ich weiß, dass viele diese herrliche Erfahrung nie machen werden. Sie werden nie erleben, wie Gott auf einstigen Müllhalden herrliche Blumen sprießen lässt. Der Unglaube versperrt Gott den Weg! Du aber, gib deinem Gott die Ehre. Lass dich nicht immer wieder von deiner Ängstlichkeit in die Enge treiben. Du hast einen unendlich großen, siegreichen, herrlichen Gott. Und wo er Neues schafft, kommst du aus dem Staunen nicht mehr heraus. Nur vertrauen musst du ihm. Und wird der Weg auch schmal und der Kampf der Treuen in dieser letzten Zeit immer unerbittlicher: Vertraue ihm! Er macht dich unangreifbar, denn du stehst unter seinem Schutz. Überlass ihm daher getrost die Auseinandersetzungen mit dem Feind und die Planung deines Lebens.

Er wird mit allem fertig. Schau ihm nur interessiert über die Schulter, wie er die Sache für dich regelt. Er wirkt Neues! Wie könnte er die enttäuschen, die ihm glauben?

2. Januar

Was für ein Trost!

Eilig? – Wem die Hektik zur zweiten Natur geworden ist, der macht leider oft die leidvolle Erfahrung, dass überstürztes Handeln nichts Gutes bringt. Am Ende heißt es dann: die Suppe auslöffeln, die man sich eingebrockt hat. Anstatt jedoch die dringende Angelegenheit zuerst vor Gott im Gebet abzuwägen und dann im Vertrauen auf seinen Beistand zu handeln, stürzen wir voreilig los. Geraten in Hektik. Und das sieht dann so aus: Wir reden vorschnell. Fassen unüberlegte Entschlüsse, die wir später bereuen. Handeln gezwungenermaßen, weil uns der Situationsdruck anscheinend keine andere Wahl lässt. Vielleicht kommen wir uns bei den »Schnellschüssen« noch recht tüchtig vor. Schließlich leisten wir etwas. Kommen voran. Sind fleißig. Haben Erfolge. Doch irgendwann spüren wir, dass unser Verhältnis zum HERRN getrübt ist. Unsere Gebete klingen mechanisch. Unsere Glaubensfüße sind bleiern geworden. Und auf einmal fangen wir an, wie David zu klagen: »Ich bin bestürzt und von deinen Augen verstoßen ...« Und jetzt kommt es: **»Dennoch hast du die Stimme meines Flehens gehört, als ich zu dir schrie!«** (Psalm 31, 23). Wie gut, dass das so dasteht! Was für ein Trost, dass unsere Stimme nicht irgendwo im Nichts verhallt! Auch dein Hilferuf wird von Gott gehört! Und weil David mitten aus der Bedrängnis, aus Gram und Kummer redet und vor Gott seinem Herzen Luft macht, dürfen wir das auch.

Damals hatte sich regelrecht alles gegen David verschworen, und Menschen machten ihm mit ihren Lügenmäulern das Leben schwer. Auch schon Ähnliches erlebt? Wie schnell gerät da der Friede des Herzens ins Schwanken. Man ist bestürzt und bemerkt gar nicht, dass der Teufel einen mit dem rebellischen Gedanken quält: »Gott hat mich vergessen!« Darum sollst du genau diese trostvolle Erfahrung machen: »Doch du hast dich meiner Seele gnädig angenommen, dass sie nicht verdürbe!« (Jesaja 38,17). »Du hast die Stimme meines Flehens gehört, als ich zu dir schrie!« (Psalm 31,23). Und das alles trotz meiner selbst verschuldeten Pannen. Danke, HERR, dass du mich nicht verstoßen hast. Dass ich bei dir wieder neu beginnen darf!

Bedauerst du auch Ergebnisse oder Fehler, die du nicht mehr korrigieren kannst? Sei nicht bestürzt! Bestürzung ist immer eine Falle, die uns zur Auflehnung gegen Gott verführen will. Sie ist eine Waffe des Teufels. Das verletzte »EGO« wettert in seiner Impulsivität schnell gegen alles und jeden. Und genau diese heikle Situation nutzt der Feind raffiniert und schlau aus, um unsere Zuversicht auf den HERRN zu lähmen. Der HERR hört auf dein Rufen! Verzage nicht! Auch wenn Gott für eine kurze Zeit hier und da »Warteschleifen« eingeplant hat. Alles dient dir zum Besten! Am Ende wird alles gut.

Sei nur getrost: Der HERR wird auch deine aufgescheuchte Seele wieder zum Frieden bringen.

3. Januar

Er trocknet deine Tränen!

»Auch das noch!« Kennst du solche Situationen, in denen du nur noch Fragen hast und keine Antwort weißt? Ach, wie wertvoll wäre jetzt ein tröstendes Wort vom HERRN. Wie hilfreich der Zuruf aus Gottes Wort: »Verzage nicht! Fürchte weder Sturm noch Wellen. Solange der Herr Jesus mit im Boot ist, wird es nicht untergehen!« Aber unser Herz will sich nicht so recht trösten lassen. Unruhig durchblättern wir die Bibel und finden Worte, die uns einmal in bestimmten Situationen viel zu sagen hatten. Und jetzt? Welches Verheißungswort darf ich nun für mich in Anspruch nehmen? Doch die aufgescheuchte Seele sucht vergeblich den Anker der Ruhe. In solch einer Situation bin ich un-verhofft auf die Frage gestoßen, die Elifas einmal seinem arg geplagten Freund Hiob gestellt hat: **»Sind dir die Tröstungen Gottes zu wenig?«** (Hiob 15,11).

Zu wenig? Ist es zu wenig, wenn er, der lebendige HERR, Ruhe gebietet und Frieden verheißt? Ist es zu wenig, wenn er, der Allmächtige, dir seine göttliche Zusicherung gibt: »Ich werde dich nicht aufgeben und dich nicht verlassen?« (Josua 1,5). Ist es zu wenig, wenn Gott seine Engelscharen aussendet, um dich auf dem Weg der Nachfolge JESU zu bewahren (Hebräer 1,14)? Kommen dir die wunderbaren Verheißungen Gottes etwa wie alte, abgegriffene Münzen vor, die ihre Zahlkraft verloren haben? Tröstet Gott etwa mit Dunst, wie es die Welt tut? Sind nicht Gottes Verheißungen JA und AMEN (2. Korinther 1,20)? Wollen wir etwa der Schlange unser Ohr leihen, die uns immerfort zuzischt: »Sollte Gott gesagt haben ...?« (1. Mose 3,1). Und wie oft genau das dem Teufel gelingt, wissen wir selbst am besten.

Daran wollen wir festhalten: Gerade den Schwachen und allen, denen ihr Versagen Not macht, gilt Gottes herzliches Erbarmen. Gerade den Niedergeworfenen, Einsamen, Witwen und Waisen hat er seine väterliche Fürsorge zugesichert. Hält er seine Augen nicht über jenen offen, die seinen Namen tragen, weil sie durch das Blut Jesu von Sünde und Schuld reingewaschen sind? Ist es nicht der HERR selbst, der dir und mir in den Fluten des Lebens die Hand reicht und uns aus dem Verderben herausholt? Ist es nicht Gott, der bei Nacht Lobgesänge gibt, obwohl kein Stern leuchtet (Apostelgeschichte 16,25)? Ist es nicht der HERR selbst, der Wunden verbindet und Tränen trocknet (Offenbarung 21,4)? Nein, die Tröstungen Gottes sind uns nicht zu wenig! Darum lass uns nicht so töricht sein und den Trost Gottes für gering achten! Er wird auch deine Angelegenheit, die dir im Augenblick viel Kummer bereitet, zum guten Ende bringen. Selbst wenn dein Leben im Moment einer Bruchbude gleicht, wird er Ordnung in dein Chaos bringen. Und am Ende wirst du sagen: »Nein, HERR, dein Trost war mir nicht zu wenig! Danke, dass du mich getröstet hast.«

Den Widersachern aber und den Feinden des Kreuzes Christi werden einmal die Augen vor Gottes heiligem Angesicht voller Entsetzen aufgehen. Nimm du jedoch die Tröstungen Gottes wieder ganz neu dankbar in Besitz. Erfreue dich daran. Und hast du siegreich diese Wegstrecke überwunden, wirst du imstande sein, auch andere durch den Trost aufzurichten, den du selbst vom HERRN empfangen hast.

4. Januar

Es wird alles gut!

Kann man den Glauben sehen? Nein! Bisher hat es noch keiner fertig-gebracht, dem anderen hinter die Fassade seiner Seele zu schauen. Doch Gott kann unseren Glauben sehen. Wie der Text auf einem Computer-bildschirm liegt unser Glaube offen vor ihm. Erschrickt uns das? **»Und als Jesus ihren Glauben sah, spricht er ...«** (Markus 2,5)!

Fünf Freunde sind es. Einer von ihnen ist krank. In ihrem Mitleid fassen die vier den Entschluss: Wir müssen unseren kranken Freund zu Jesus bringen! Jesus – unsere einzige Chance! Kurzum legen sie ihn auf ein Tragebett und marschieren los. Viele Kilometer. Vielleicht bei sengender Hitze. Dabei immer nur den einen Gedanken im Sinn: »Hin zu Jesus, damit er unseren kranken Freund anrührt und gesund macht!«

Dort angekommen, beginnen sie eine regelrechte Wühlarbeit auf dem Dach des Hauses, in dem Jesus predigt. Sie stoßen ein riesiges Loch durch die Decke und lassen durch diese Öffnung ihren kranken Freund zu den Füßen Jesu nieder. Gesund machen soll er ihn! Was für eine Dreistigkeit, oder? Doch als der Herr Jesus ihren Glauben sieht, unterbricht er seine Predigt und macht ihren Freund gesund. Was aber ließ ihren Glauben auf einmal »sichtbar« werden? So steht es in der Bibel: »Als Jesus ihren Glauben *sah*!« War es die Aktivität der vier Freunde? War es der bewundernswerte Eifer, mit dem sie dem Dach zu Leibe rückten? War es ihr selbstloser, strapaziöser Einsatz, den der Herr Jesus bestaunte?

Was den Glauben für den Herrn Jesus sichtbar macht, ist nicht die Dringlichkeit unseres Anliegens. Es sind nicht die sorgenvollen Umstände, die ihn auf unser Elend schauen lassen. Der Glaube, der unserem HERRN wohlgefällt, hat nur Qualität, wenn die Ausrichtung stimmt! Und diese muss heißen: »Hin zu Jesus, denn ihm ist alle Gewalt gegeben im Himmel und auf Erden!« So sind die Gedanken der vier Männer in den entscheidenden Augenblicken nicht so sehr mit dem Leid und Elend ihres kranken Freundes beschäftigt gewesen, sondern viel mehr mit dem brennenden Verlangen: »Wir müssen bis zu Jesus hin vorstoßen! Egal, wie viel Mühe es kostet!« Und genau dieser Glaube der vier Männer ist es gewesen, der das Herz des HERRN bewegt hat.

Gott sieht also den Glauben, wie er sich regelrecht durch alle Widerstände und Schwierigkeiten bis zu seinem Herzen »hindurchbohrt«. Durch die Dächer der Zweifel. Durch das aufgehäufte Kiesbett der Resignation. Durch die harten Steine der Entmutigung. Durch die dicken Balken der Sorgen. Durch die lehmigen Wände der Ängstlichkeit. Die Bibel ist voller Beweise, dass nur die entschlossenen »Glaubensbohrer« zur Schatztruhe der Gnade Gottes vorstoßen. Sie ziehen am Ende, mit der Gnade Gottes reich beschenkt, froh ihre Straße. Es kommt nicht so sehr darauf an, wie brennend ernst und dringend unser Anliegen ist, sondern wie stark wir unser Vertrauen in die rettende Liebe und Barmherzigkeit Gottes setzen.

Denk daran: Bei Gott ist kein Ding unmöglich!

5. Januar

Du wirst beschenkt!

Scherbenhaufen der Gefühle! Was du befürchtet hast, ist eingetreten. Und jetzt? Du kannst die Situation, die dir Not bereitet, nicht einfach ignorieren. Die Lage ist nun einmal so, wie sie ist. Jetzt sprechen die Fakten. Verzweifeln? Mit Gott hadern? Oder alle Hebel in Bewegung setzen, damit der Schaden wenigstens etwas begrenzt wird? Wie du auch überlegst: Du kannst die Dinge nicht ändern!

Oh, wie schmerzlich spürt man in gewissen Stunden seine Ohnmacht. Doch gerade in diesen Augenblicken streckt sich uns die gnädige Hand unseres Gottes entgegen und erinnert uns daran, dass es längst Zeit ist, aufzustehen und das Nächstliegende zu tun. Du hast schon viel zu lange auf der Nase gelegen. Der Blick auf die chaotischen Umstände schadet deiner Seele mehr, als du denkst. Johannes, der Jünger Jesu, erinnert sich darum: **»Aus seiner Fülle haben wir alle empfangen, und zwar Gnade um Gnade«** (Johannes 1,16).

Wie oft machen wir den Fehler und brüten über den Begriff der Gnade nach und stellen das zuweilen recht akademisch an. Dabei vergessen wir, dass Gnade genommen werden muss. Sie ist zum »reichlichen Gebrauch« da! Gott hat nicht gesagt, dass wir Warteversammlungen abhalten sollen, um Gnade zu empfangen. Entscheidend für den Empfang der Gnade ist das leere Gefäß! Gott sucht Herzen, die sich vor Sehnsucht nach ihm verzehren. Satte Herzen sind wie volle Töpfe, die der Herr nicht füllen kann. Das Problem der Gemeinde in Laodizea (Offenbarung 3) bestand ja gerade darin, dass sie keinerlei Bedürfnis nach Gottes Gnade hatte. Sie kam sich so reich, so klug, so unabhängig vor und strotzte vor Überheblichkeit. Und genau das war ihre Armut!

Nur dann, wenn unser Bedürfnis uns aufrichtig zur Not wird und wir uns geistlich leer, innerlich hohl und seelisch ausgepumpt vorkommen, ist der HERR in der Lage, die Krüge des Mangels zu füllen. Immer dann, wenn wir von der eigenen Nutzlosigkeit überzeugt und an unserer eingebildeten Wichtigkeit zuschanden geworden sind, beginnt die geistliche Erneuerung.

Nichts steht Gottes Sache so im Weg wie unsere eigene Tüchtigkeit. Sind wir nicht längst zum Hemmklotz in Gottes Arbeit geworden, weil wir meinen, ohne uns ginge nichts? Wir seien unersetzbar? Vielleicht haben wir sogar mit Überzeugung gesungen: »Ich brauch dich allezeit ... ich brauch dich, oh, ich brauch dich, HERR segne mich!«, und haben dann doch selbst die Sache in die Hand genommen. Der Teufel liebt diese Dummheit an uns. Nein, Gottes Gnade ist kein Nachfüllbeutel, den er für uns sorgsam portioniert hat. Gott hat die Fülle! Und weil Gottes Gnade auch für dich wie ein gewaltiger Staudamm in den Bergen ist, der fortwährend sein Wasser für alle Bedürfnisse ins Tal unserer Sehnsüchte leitet, darfst du deine leeren Gefäße unter den Gnadenstrom stellen und überfließende Gnade entgegennehmen.

Nun öffne dein Herz und schöpfe! Und genau das ist der Beweis dafür, dass du die Gnade in Anspruch genommen hast.

6. Januar

Bleib in Gottes Hand!

Angenommen, du hättest einen Herzenswunsch frei! Welche Träume gingen dann wohl in Erfüllung? Manch einer hat längst »ausgeträumt« und sich wohl oder übel mit dem unabänderlichen Alltagsgerangel arrangiert. Dennoch kenne ich viele, die entmutigt immer wieder bei Null anfangen, weil irgendetwas einen »dicken Strich« durch ihre Rechnung gemacht hat. Die darauf folgende Enttäuschung schmerzt.

Kennst du auch Stunden tiefster Niedergeschlagenheit? Ich empfinde mit dir, der du unter Opfern dein Leben eingesetzt hast, doch nie so richtig den Lohn deiner vielen Mühen hast genießen können. Wie leicht fällt man dann in das Loch des Selbstmitleids. Resignierst du etwa auch, weil man dir in der Gemeinde nicht genügend Aufmerksamkeit geschenkt hat? Bist du niedergeschlagen, weil deine längst erwachsenen

Kinder dir den erhofften Dank versagt haben? Bist du verbittert, weil man in der Firma anderen statt dir den Vorzug gegeben hat? Ich weiß, warum es so und nicht anders kommen musste: Dein HERR hat es zugelassen! Dir zum Besten!

Schwere Wege offenbaren immer, aus welchem Holz wir geschnitzt sind. Und wie fallen die »Qualitätsproben« bei uns aus? Verzage nicht! Dein Gott will, dass **Christus in dir Gestalt gewinnt** (Galater 4,19)! Sein geliebter Sohn soll in dir zu erkennen sein. In deinem Wesen soll die Welt »J E S U S« buchstabieren können. Gibt es etwas Größeres als das? Was für ein erhabenes, göttliches Ziel, das der HERR mit dir im Sinn hat: umgestaltet in sein Bild! Muss daher nicht aus deinem Leben alles entfernt werden, was diesem Ziel widerspricht?

Ich weiß, wie weh es tut, wenn die heilige Hand Gottes Dinge »zurechtrückt«, die ihm nicht gefallen. Doch verzage nicht. Sei nur getrost! Zucke nicht zurück, wenn er das Schnitzmesser ansetzt. Entwinde dich nicht seiner Hand, die dich formt und prägt. Lass ihn gewähren. Auch in den schwersten Stunden der Prüfung hält sie dich fest. Und in Zeiten der Leiden wird seine Treue, Barmherzigkeit und Liebe dich umfassen.

Vielleicht musste Gott dir etwas verweigern, weil er für dich etwas viel Besseres bereitet hat. Vielleicht hat er dir Lasten aufgelegt, weil er dich vor einem verhängnisvollen Leichtsinn bewahren wollte. Vielleicht musste er dir das Kostbarste zerschlagen, um für dich etwas viel Schöneres zu schaffen. Bleib in seiner Hand!

Wie oft hat der HERR gerade den Treuen Lasten auf die Schultern gelegt, die sie im ersten Moment unwillig abzuschütteln versuchten. Doch sie hielten still. Sie verließen sich darauf, dass alle Dinge jenen zum Besten dienen, die den HERRN lieben. So sind gerade die Leidgeprüften – nach überwundenem Glaubenskampf – wie kostbare Edelsteine in Gottes Hand, die seinen Namen verherrlichen. Darum: Bleib in seiner Hand!

Erst, wenn wir lange genug »in der Hand unseres HERRN« sind, wird Christus in uns sichtbar, wird sein Friede auch dein Herz regieren. Und nichts Geringeres hat Gott mit dir im Sinn, weil er dich durch das kostbare Blut Jesu für die Herrlichkeit erkauft hat.

7. Januar

Geborgen!

»Auch das noch ...! Und was jetzt?« Fragst du auch so? Es gibt tatsächlich Augenblicke, in denen dir sämtliche Felle wegschwimmen. Mit letzter Kraft versuchst du vergeblich, den Schwierigkeiten beizukommen. Doch was du auch unternimmst, die Suppe muss ausgelöffelt werden!

David befand sich in ähnlicher Lage. Saul hatte es auf ihn abgesehen. Sein Leben war in Gefahr. Und nun verkroch er sich in eine Höhle und stöhnte: **»Sei mir gnädig, o Gott ...! Im Schatten deiner Flügel berge ich mich, bis vorübergezogen das Verderben«** (Psalm 57,2).

Ach, David, wie gut können wir dich verstehen! Schließlich kennen wir alle die Hetzjagd des Lebens, die viele von uns oft bis an den Rand der Existenz drängt. Wir wissen um Ängste und Kämpfe, um Anfechtungen und bissige Widerstände der Finsternis. Doch nun genießen wir deine Erfahrungen mit deinem Gott! Was tut ein Küken, das sich in den Federbausch der Glucke verkriecht? Nichts! Regelrecht nichts! Es genießt wohlig den Sonderplatz der Fürsorge. Nein, auch für uns gibt es keine andere rettende Alternative, als nur beim HERRN »unterzutauchen«. Was bleibt denn einem Häufchen Elend, das der Wind wegpustet, anderes übrig? Kann man denn ausweglose Situationen ändern? Sind dem Hilflosen nicht die Hände gebunden, wenn die nackten Fakten sprechen?

David tut das einzig Richtige. Er räumt das Feld. Er überlässt seinem Herrn das Durcheinander seines Lebens. In seiner bodenlosen Schwachheit verkriecht er sich regelrecht in Gottes herzliches Erbarmen: Sei mir gnädig, o Gott! Wenn David damals E-Mail gehabt hätte, hätte er seinen Freunden übermittelt: »Solltet ihr mich suchen ... Beim Herrn habe ich mich verkrochen! Ihr seht mich erst wieder, wenn das Verderben vorüber ist!« Und wie wunderbar hat er Gottes Rettung erfahren!

Haben wir es nicht vielfach verlernt, uns beim Herrn Jesus zu verkriechen? Ihm unsere Hilflosigkeit zu überlassen? Sind nicht die Auswege beim HERRN? Es ist das Vorrecht eines Gotteskindes, unter seinen Flügeln abzuwarten, bis das Unheil vorüber ist. Warum also so ängstlich? Furcht und Verzweiflung wollen wir jenen überlassen, die ohne einen rettenden HERRN leben. Verkriech dich unter den Schatten seiner Flügel! Sie sind für dich ausgebreitet. Sieh doch, wie der Vater im Himmel mit ausgestreckten Armen auf dich wartet, um dich unter seine Fittiche zu nehmen. Wirf ihm den ganzen Plunder deiner Nöte und Sorgen, deiner Befürchtungen, deiner Schwachheiten und peinigenden Realitäten getrost vor die Füße. Unter seinen Flügeln ist für Gottes geliebtes Kind längst ein Platz reserviert. An seinem Vaterherzen darfst du in dieser grauenhaften Welt Frieden finden. Fürchte dich nicht! Seit dem Kreuzessterben unseres geliebten Herrn Jesus ist auch für dich ein Platz am Herzen Gottes frei.

Und nun schließe die Tür hinter dir zu. Erwarte im kindlichen Gebet voller Glaubenszuversicht, dass dein Vater im Himmel auch dein Rufen hört.

8. Januar

Sicherheitsbindung

Skifahrer wissen, was eine »Buckelpiste« ist. So liegt oft ein neuer Lebensabschnitt vor uns! Von wegen spannendes Abenteuer! Tage sind es, die uns total fordern. Da gilt es, Hindernisse zu umfahren, Gefahren rechtzeitig zu erkennen und entsprechend zu reagieren. Manche Fahrt wird unruhig werden. Schließlich lässt man ja das Negative aus der Vergangenheit nicht einfach zurück: unliebsame Begegnungen. Belastende Gedanken. Sorgen. Kummer. Vorhaben. Pflichten. Verständlich, wenn du fragst: »Was ist, wenn ...?« Oder: »Werde ich in den entscheidenden Momenten meines Lebens das Richtige tun?« Keiner weiß, was uns in der nächsten Kurve begegnet. Völlig unübersichtlich ist das vor uns liegende Gelände. Und nun baut der Ängstliche Sicherheiten ein. Viele Sicherheiten! Und dennoch: Das Rest-Risiko bleibt! Überall! Ob wir mit dem Flugzeug unterwegs sind oder ob wir uns auf den Küchenstuhl stellen, um die Glühbirne einzuschrauben – es gibt keine absolute Sicherheit! Die weichen Knie sind demnach schon berechtigt.

Die Frage bleibt also, ob wir es dennoch mit dem Herrn Jesus wagen. Schließlich ist ihm doch alle Gewalt gegeben im Himmel und auf Erden. Und das Rest-Risiko? Bei Gott kein Thema. **»Wer auf seinen Gott vertraut, ist in Sicherheit!«** (Lies Sprüche 18,10). Hier darf der Ängstliche endlich Sicherheit finden. Bist du etwa um deine ewige Errettung besorgt? Macht dir dein Versagen zu schaffen? Ängstigt dich die Zukunft? Vergiss es nie: Wer sich im völligen Vertrauen an Jesu Erbarmen klammert, der ist in Sicherheit! Darum verlass dich getrost auf sein ewiges Wort, dann haben auch die unübersichtlichen Kurven deines Lebens ihren Schrecken verloren. Und hast du deinen neuen Lebensabschnitt im Namen Jesu begonnen, wirst du auch sicher die Ziellinie überqueren – ganz gleich, was dir unterwegs alles »in die Quere« kommt oder dich aus der Bahn werfen will.

Jesus Christus – deine Sicherheit! Trotz sausender Fahrt über die »Buckelpiste« deines Lebens sollst du mutig nach vorn schauen. Diese frohe Gewissheit soll dein Herz erfüllen: Er ist mit mir! Mein Heiland, Jesus Christus, meine Sicherheit! Du darfst auch deine oft so wankenden Füße in der »Sicherheitsbindung« der Gnade Gottes gehalten wissen. Gib dich darum neu dem HERRN hin. Liefere ihm aus, was deine Seele bedrängt. Überlass ihm getrost jede Stunde deines Lebens. Du sollst erfahren, dass er die belohnt, die sich auf ihn verlassen. Er wird auch für dich sorgen. Zweifelst du etwa daran? Ganz gleich, wie dunkel sich die Wolken endzeitlicher Auseinandersetzung zusammenbrauen, der Herr Jesus spricht das letzte Wort. Fürchte dich nicht!

Das Schönste wäre doch, du könntest nun einer niedergeschlagenen Seele aus tiefster Glaubensüberzeugung zurufen: Jesus Christus, auch deine Sicherheit!

9. Januar

Gottes Liebeserklärung an dich!

»Weil du teuer bist in meinen Augen und wertvoll bist und ich dich lieb habe ...« (Jesaja 43,4). Was für eine Liebeserklärung Gottes an Israel! Aus freier Gnade hatte er es für sich aus allen Völkern erlöst. Diese Liebeserklärung Gottes gilt auch dir! Und er möchte, dass du weißt, wie er über dich denkt. Du sollst wissen, dass er dich liebt! Er macht aus seinen Gefühlen für dich keinen Hehl. Er wirbt um deine Liebe. Ob du sagen kannst: »HERR, auch ich will dich lieben und dir allein gehören. Du hast mein Herz ergriffen!«? Das hätte Folgen. Unübersehbare, ewige sogar! Überfließen würde die geistliche Kraftquelle des neuen Lebens. Zu Ende wäre es mit der Verbissenheit, mit der wir unsere »Geschäfte« abwickeln. Vorbei die Unzufriedenheit unserer Seele, die stets nach neuen Ufern sucht. Viel freudiger würden wir uns zu unserem Herrn Jesus bekennen. Viel entschiedener den Weg des Glaubens gehen.

Was begeistert unser Herz eigentlich? Woran hängen unsere Gefühle? Was lässt unsere Seele in der Finsternis unserer Tage aufleuchten? Etwa das »lohnende« Ziel? Können auch wir sagen: »Jesus ist alles, alles mir, mein Trost, mein Licht, mein Heil«? Singen lässt sich das leicht. Es wäre schlimm, wenn wir zu jenen gehörten, die sich recht gern klammheimlich einen Happen vom Delikatessen-Tisch der Welt genehmigten, weil's beim HERRN nicht mehr so recht schmeckt.

In der Wüste hatte Israel auch einmal das Manna satt und murrte: »Uns ekelt vor dieser losen Speise!« Wie schnell kann man dahin kommen! Nur ein wenig im Trend der Zeit »mitmachen«. Nur nicht so eng sein! Man nimmt sich einfach die Freiheit, macht es mit seinem Gewissen ab, anstatt nach Gottes Willen zu fragen. Doch dabei haben wir vergessen, dass wir unseren Lohn verlieren, unsere Krone verpassen. Diese Begebenheit vergesse ich nie: Eine Kompanie Rekruten marschierte. Die gesamte Truppe schmetterte ein Lied nach dem anderen. Ein Text war recht zweideutig. Plötzlich brüllt der Unteroffizier einen

Rekruten von der Seite an: »Mann, warum singen Sie nicht mit?« Die Antwort unüberhörbar laut: »Weil ich Jesus angehöre!«

Kennst du auch das unerschrockene Bekenntnis für deinen HERRN? Ja, es lohnt sich tausendmal, sich um Jesu willen gegen den Trend der Zeit zu stemmen. »Mitmacher« haben wir genug in den Gemeinden, Christen, die beides können, auf dieser **und** auf jener Seite. Doch unser HERR sucht solche, die vom Feuer seiner Liebe entzündet sind. Entschiedene Herzen, die bereit sind, seinen Namen mit Würde zu tragen. Die unerschrocken die Schmach der Ausgrenzung erdulden. Die bereit sind, anders zu sein, weil er anders ist! Der HERR nennt die Seinen teuer und wertvoll. Er liebt sie über alles! Er war sich nicht zu schade, für Sünder sein Leben in den Tod zu geben.

Und unsere Antwort auf seine Liebe? Oder sind wir heute tatsächlich in der Lage, ihn für »einen Apfel und ein Ei« zu verleugnen? Er hat ein Recht auf unsere ungeteilte Liebe! Gibst du sie ihm?

10. Januar

Funktionierendes Miteinander

Alleskleber funktioniert nur, wenn die Klebeflächen vorher von Schmutz und Fettfilm gereinigt sind. Sonst fällt das von der Wand, was »dran gehört«! Heute fällt von der Wand, was eigentlich absolut fest sein sollte: die Liebe! Da gehen Ehen kaputt, Freundschaften zu Bruch, Bruder-schaften bleiben auf der Strecke, Gemeinden klagen unter mangelndem Zusammenhalt. Der Gemeindefrost greift um sich. Ausgerechnet jetzt gehen die Temperaturen in den Keller! Brauchen wir nicht gerade **heute** eine gottgewirkte, geistliche Nestwärme? Das herzliche Erbarmen füreinander? Nur so können wir dem Temperatursturz der Zeit mit all seiner Lieblosigkeit und Lüge widerstehen. Wo jedoch die Liebe zueinander fehlt, erstirbt jedes geistliche Leben! An ihre Stelle tritt die Politik, das Machbare!

Ich habe den Eindruck, dass die Klebeflächen der Liebe, die Berührungspunkte in der praktischen Bruderschaft deshalb nicht mehr funktionieren, weil der Schmutzfilm des Zeitgeistes die Klebeflächen ruiniert hat. Doch die Liebe zueinander kann nur auf dem Boden der Wahrheit und Demut gedeihen. Kein Wunder, dass die Gemeinde vielerorts der geistlichen Kraft und Vollmacht beraubt und die Einheit im Geist verloren gegangen ist. Ist es ein Wunder, wenn die Welt uns dann nicht mehr ernst nimmt? Dabei hat doch der HERR geboten: »Habt untereinander eine anhaltende Liebe!« (1. Petrus 4,8). **»In der Bruderliebe seid herzlich!«** (Römer 12,10).

Es darf nichts Trennendes zwischen Gotteskindern stehen! Unvergebene Schuld oder das »Nicht-Vergeben-Können« wirken sich verheerend aus. Wie kommen wir eigentlich dazu, die Tür zur Schwester, zum Bruder achtlos oder gar beleidigt zuzuwerfen? Was für einen Schaden richten wir damit an. Wo bleibt unsere Herzlichkeit, die das Beste für den anderen sucht? Wir haben so viel zurechtbringende Gnade empfangen! Haben da lieblose Schroffheit oder vornehm trippelnder Hochmut überhaupt noch ein Recht?

Unser Herr hat dort Segen garantiert, wo Gotteskinder füreinander da sind und sich in herzlicher Liebe begegnen. Nichts fürchtet der Teufel mehr, als ein geistlich funktionierendes Miteinander. Hier liegt das Geheimnis des Segens. Gerade in stürmischen Zeiten, in denen Satan die Treuen zu verletzen sucht und mancher Hieb den Kämpfer schmerzt, darf dir der »Trost der Liebe« (Philipper 2,1) besonders wertvoll sein.

Und nun wird es ganz praktisch: Hast du eine Last auf dem Herzen? Kümmert dich irgendein Leid? Plagt dich ein Problem? Der Herr Jesus hat eine Lösung, hat ein Wort der Ermutigung für dich. Und wenn dir hier und dort der kalte Wind ins Gesicht bläst und du statt Liebe Arroganz und Härte zu spüren bekommst, soll es dich nicht kümmern. Des Herrn Jesu Liebe ist dir immer sicher! **Immer!**

11. Januar

Dein Glaube wird belohnt!

Die Welt schwankt wie eine Hängematte! Das Leben gerät aus den Fugen. Was ist eigentlich noch sicher? Nichts! Ob deshalb unser Sicherheitsbedürfnis so groß ist? Schließlich ist unser Dasein mit tausenderlei Unsicherheiten gepflastert. Sogar der nächste Augenblick liegt nicht in unserer Hand. Wie mag sich Abraham gefühlt haben, als Gott ihm befohlen hatte: **»Geh aus deinem Land ... in das Land, das ich dir zeigen werde!«** (1. Mose 12,1). Wo aber war da die Wegbeschreibung? Wäre es nicht viel vorteilhafter gewesen, wenn Gott das Geheimnis der Reiseroute wenigstens etwas gelüftet hätte? So gar nicht zu wissen, wohin die Richtung geht, ist doch eine Zumutung. Verunsichern uns etwa auch Gottes Befehle? Was wir brauchen, sind schließlich Sicherheiten in dieser wackeligen Welt! Unsicherheiten regen uns auf. Armer Abraham! Was sollen deine Familie, deine Knechte von dir denken, wenn du noch nicht einmal weißt, wo es langgeht?! Auch Paulus kannte Unsicherheiten: »... ich gehe nach Jerusalem und weiß nicht, was mir dort begegnen wird« (Apostelgeschichte 20,22). Schließlich fleht ja auch Mose allzu verständlich: »HERR, lass mich doch deine Wege erkennen ...« (2. Mose 33,13).

Was bezweckt Gott eigentlich damit, wenn er seinen Leuten Unsicherheiten zumutet? In solch unsicheren Stunden, wenn Gottes Verheißungen »auf sich warten lassen«, offenbaren wir etwas von der Qualität unseres Glaubens. Und dabei hätten wir in unserer Ungeduld doch so gern das leidige Problem abgehakt. Verständlich! Doch Gott sagt: »Habe Geduld! Übe dich darin. Warum sorgst du dich und zerbrichst dir den Kopf? Sei dir sicher, in der von mir festgesetzten Stunde werde ich auch dir meine Pläne offenbaren. Halte daher die Glaubensspannung aus! Du verpasst nichts, wenn du mit mir Schritt hältst. Doch du verpasst alles, wenn du eigene Wege gehst oder nicht auf meinen Ruf hörst.« Und was entgegnen wir? »Aber, HERR, heißt das nicht, dass ich in Zukunft meine ganze Aufmerksamkeit Augenblick um

Augenblick auf dich zu richten habe?« Gewiss! Wer nicht lernt, sich jeden Augenblick der Nähe seines himmlischen Vaters gewiss zu sein, der plagt sich pausenlos mit tausenderlei »Wenn und Aber« herum.

Suche nicht da Sicherheiten, wo keine sind. Weder in ausgewogenen, gut überschaubaren und verkraftbaren Verhältnissen noch bei Menschen. Diese Kalkulation geht nie auf. Deine Sicherheit liegt allein in der ewigen Treue und Allmacht deines Gottes, der dich und mich unendlich liebt. Sicher bist du allein in Jesu Armen! Darum kannst du völlig entspannt dem kommenden Tag entgegensehen. Das ist göttliche Lebensqualität! Das ist himmlischer Luxus, den sich nur Gotteskinder leisten können.

Nein, das »Unglück«, das du befürchtest, trifft dich nicht. Du bist in bester Hand. Sei getrost, sei mutig und unverzagt. Einmal lüftet sich auch für dich das Geheimnis deiner oft unverstandenen Wege. Und rückblickend wirst du dann voller Begeisterung ausrufen: **»Er hat doch recht geführt!«**

12. Januar

Niemals verlassen!

Den Rucksack aufgeschnallt und mit der Seilbahn auf einen der herrlichen Gipfel hinauf! Das wäre es doch! Manche schwärmen geradezu von Gratwanderungen. Dennoch bleiben uns im Leben Täler nicht erspart. Es geht immer wieder hinunter in die Wirklichkeit des Alltags.

Kennst du das auch? Vielleicht durchschreitest du im Moment ein Tal und rufst: »HERR, hab Erbarmen mit mir, und hilf mir!« (Markus 9,22). Die meisten meinen, nur dann etwas für den HERRN leisten zu können, wenn sie auf Höhenwegen marschieren. Sie lieben den erhabenen Blick über all das hinweg, was sie an Mühsal im Tal erinnert. Doch unser Herr Jesus will, dass wir in der grauen Wirklichkeit des Alltags – im Tal – die totale Verbundenheit mit ihm unter Beweis stellen. Hat Gottes Wort denn nicht zugesagt, dass wir uns wie Adler emporschwingen dürfen, wenn wir auf unseren HERRN harren? (Jesaja 40,31). Gewiss! Wir müssen aber auch immer wieder neu lernen, von den Höhenwegen ins Tal hinunterzusteigen.

Wird nicht gerade im Tal die Bewährung der Kraft Gottes sichtbar? Gerade in den Niederungen deines Lebens wirst du erfahren: **»Ich vermag alles in dem, der mich kräftigt«** (Philipper 4,13). Paulus geht noch weiter: »Ich habe Wohlgefallen an Schwachheiten, an Misshandlungen, an Nöten, an Verfolgungen, an Ängsten um Christi willen; denn wenn ich schwach bin, dann bin ich stark« (2. Korinther 12,10). Ja, es gibt auch Zeiten, da uns der HERR auf wunderbaren Höhenwegen gehen lässt. Dann können wir singen, beten und von Herzen glauben! Vielleicht auf einer Freizeit oder während einer gesegneten Bibelwoche. Hier fällt es uns nicht schwer, ein Zeugnis von unserem Glauben abzulegen. Doch wie sieht die Sache aus, wenn du im Tal mühsam Schritt für Schritt vorangehst? Hast du vergessen, was der HERR dir »auf dem Berggipfel« gezeigt hat? Vergiss im Tal der Bedrängungen nie, was der HERR dir in hellen Stunden deutlich machen konnte. Erinnere dich daran, wie er zu dir gesprochen hat: »Ich werde dich nicht versäumen noch verlassen!«

Was soll nun die Verunsicherung deiner Gefühle? Lerne es, gerade jetzt den Zweifeln mutig die Stirn zu bieten. Gehe hindurch! Dein HERR wird sich dir bei passender Gelegenheit offenbaren, und du wirst erkennen, dass in den zurückliegenden Zeiten deine geistliche Persönlichkeit erstarkt und gewachsen ist. Dein HERR wird sich gewiss deiner erbarmen! Sobald du diese Lektion gelernt hast, wird deine Seele am Ende der Talsohle angelangt sein. Und rückblickend wirst du erkennen, wie notwendig es für dein geistliches Wachstum war, dass der HERR so und nicht anders geführt hat. Er bleibt treu! Alle seine Wege sind recht! Sträube dich daher nicht vor Demütigungen.

Ertrage tapfer die Wirklichkeit der Umstände, damit der HERR sich dir auch in seiner göttlichen Realität offenbaren kann. Denke stets daran, dass Gott auch auf der untersten Talsohle Quellen der Erquickung für dich hat!

13. Januar

Nur Geduld!

Und genau das ist es, was uns immer wieder so unendlich schwerfällt: die Geduld! Warum eigentlich? Ganz einfach: Gottes Zeitpläne lassen sich sehr oft nicht mit unserem »Stundentakt« vereinbaren. Unsere Vorstellungen decken sich nicht mit seinen Gedanken. Oh, diese Ungeduld, die alles »vor der Zeit« regeln will! Die nicht abwarten kann, bis Gottes Stunde schlägt. Ob uns deswegen im Leben so vieles gegen den Strich läuft? Ob wir deswegen so schnell aus der Haut fahren, weil unsere Ungeduld so schlecht zu zügeln ist und wir dadurch uns und andere nerven?

Je nach Temperament tun wir uns schwer, unsere Seele in Geduld zu fassen. Wie oft mangelt es uns an der inneren, von Gott gewirkten »Elastizität der Seele«. Nein, Geduld hat garantiert nichts mit Lässigkeit zu tun. Im Gegenteil! Geduld hat, wer sein Ziel unbeirrt im Auge behält, und **doch** abwarten kann! Geduld ist kein »Über-sich-ergehen-Lassen«, sondern das bewusste Beugen unter Gottes Willen in der getrosten Erwartung, dass er es richtig macht! Darum dieses ermutigende Wort für dich: **Habt auch ihr Geduld! – Stärkt eure Herzen!** (Jakobus 5,8).

Von David wissen wir, dass er sein Herz in seinem Gott gestärkt und sein Herz in Geduld gefasst hat (1. Samuel 30,6). Und genau das sollen auch wir tun. Geduld ist eine Frucht des Geistes (Galater 5,22). Sie ist das Resultat der innigen Verbundenheit mit Christus, dem Weinstock (Johannes 15). Du darfst deinem HERRN freimütig bekennen: »Herr Jesus, ich habe keine Geduld! Gib sie mir!« Und was wird er dir antworten? »Um Geduld bittest du? Werde nicht mutlos, wenn ich dir jetzt Situationen zumute, die Geduld von dir erfordern.« Nur auf offener See lernt der Steuermann sein Handwerk. Und bist du in Geduld geübt, wirst du die Dinge deines Lebens fortan mit völlig neuen Maßstäben messen. Der kann in Frieden seinen Weg gehen, der auf die leise Stimme seines HERRN hört: »Hab Geduld – es wird alles gut, wenn du mir nur vertraust! Ich bin es, der mit dir geht!«

Sieh bitte, wie viele treue Gottesmänner in der Bibel sich in Geduld üben mussten. Sie hielten geduldig stand in Zeiten der Verfolgung, in Tagen des Leidens und bei handfesten Widerständen. Wie herrlich war am Ende der Sieg eines in Geduld gefestigten Glaubenskämpfers! Nur durch Geduldsübungen wachsen wir in der Freude, in der Hoffnung und in der Erfahrung.

Und wenn dein Gott dir jetzt Lasten zumutet? Wenn dir leidvolle Wege Mühe machen wollen? Wenn trotz jahrelangen Betens für deinen Mann, deine Frau, deine Kinder die Erhörung auf sich warten lässt? Hab Geduld! Auch dann, wenn dir trotz größter Anstrengungen manches einfach nicht gelingen will und du mit dir selbst zu hadern beginnst: Hab Geduld! Reinige vielmehr dein Herz zu neuer Hingabe an deinen HERRN, damit der Geist Gottes dein Wesen umgestalten kann und andere an dir sehen: Christus in dir!

14. Januar

Und wenn es unten durch geht?

Alle Tage Sonnenschein! Keine Wolke trübt das Gemüt. Keine Schwierigkeit bringt das oft so bedrängte Herz zum Flattern. Ach, wäre das schön! Doch die Realität sieht anders aus!

Wer kennt nicht Zeiten innerer Anspannung? Phasen geistlicher Dürre? Tage tiefster Besorgnis? Liefern das Leben und die gegenwärtige Zeit nicht tausend Gründe dafür? Da kann es passieren, dass wir regelrecht ins Schwitzen geraten, weil uns alles über den Kopf wächst. Tastend greifen wir anscheinend ins Leere: HERR, wo bist du? Ach, wie beruhigend wäre es doch für die oft so aufgescheuchte Seele, wenn man immer und in jeder Lage um die rettende Hand des himmlischen Vaters wüsste! Wenn man immer seine Stimme hörte: »Fürchte dich nicht! Ich bin bei dir!« Doch die scheußlichen Gedanken tiefster Verunsicherung und Mutlosigkeit weichen nicht und umschleichen dich wie eine Raubkatze. Wie leicht gleichst du da einem hilflosen Kind, das das Essen aus Heimweh verweigert. Schlimm, wenn gerade in diesen Stunden der Feind deine Gedanken wie Herbstlaub durcheinanderwirbelt. Gefährlich, wenn du in entscheidenden Stunden deines Lebens an der Treue deines starken und guten Hirten zu zweifeln beginnst. Waren es nicht gerade die Stunden der Anfechtung, in denen dein Glaube einer Qualitätsprüfung unterzogen wurde und deine geistliche Persönlichkeit neu gesegnet und gestärkt daraus hervorging? Nein, die dunklen Tunnel deines Lebens sind keine Horror-Konstruktionen Gottes, die dich das Fürchten lehren. Ein Tunnel ist im Grunde genommen eine Abkürzung, der kürzeste und beste Weg, das Bergmassiv deiner Lebensumstände mit des Herrn Jesu Hilfe zu bewältigen. Darum danke dem HERRN auch dann, wenn es im Moment »unten durch geht«. Das Ende deines Tunnels ist längst in Sicht. Voll Zuversicht darfst du wissen, dass Gottes Hand dich sicher führt, auch wenn deine Lebensumstände noch so verzwickt sind.

»Beständig wird der HERR dich leiten!« (Jesaja 58,11). Beständig! Hörst du?

Doch jede Verheißung ist an eine Bedingung geknüpft: Das gereinigte Leben in Heiligkeit vor Gott ist die Voraussetzung für ein gesegnetes und von ihm gesalbtes Leben. Wie konnten wir vergessen, dass unser HERR nur in ein gereinigtes Gefäß neue Segnungen fließen lässt. Wir haben die Wahl: entweder Schmuckstück oder Dreckeimer! Du sollst ein Gefäß zur Ehre deines Erlösers Jesus Christus sein! Wenn du ihm gehörst, dienen auch die Schwierigkeiten in deinem Leben dazu, dass Gottes Scheuersand der Trübsal das wegschleift, was ihn nicht ehrt. Ich weiß, das tut weh, und ohne Tränen geht es nicht ab. Aber sei getrost, liebes, niedergeschlagenes Gotteskind! Seine gute Hand hält dich fest! Schau auf das Endprodukt: Den Gebeugten wird er aufrichten. Das Zerschlagene wieder neu beleben. Das Verwundete heilen. Gerade jetzt sollst du es erfahren! Komm zur Ruhe. Auch wenn du Gottes Wege nicht verstehst, darfst du wissen, dass er dich wunderbar führt.

Gott ist vollkommen in allem: In seiner Liebe, in seiner Barmherzigkeit, in seiner Treue und in all seinen Wegen mit dir. Kopf hoch!

15. Januar

Auf der Siegesstraße der Überwinder!

Was erwartest du noch vom Herrn Jesus? Viele haben den Kalender ihrer Wünsche schon lange enttäuscht zugeklappt – haben ihre Hoffnungen begraben. Du auch? Hat der Herr Jesus nicht gesagt: »Mir ist alle Gewalt gegeben im Himmel und auf Erden«? Vielleicht war Nathanael auch erstaunt, als der HERR ihm sagte: **»Du wirst Größeres sehen als dieses!«** (Johannes 1,50). Größeres? Sind wir nicht sehr oft mit »Kleinerem« zufrieden? »HERR, es reicht schon!« Als ob es darum ginge, dass es uns zu reichen hat. Dass wir uns mit Mühe und Not »über die Runden« retten. Nein, es reicht Gott bei weitem nicht, denn unser HERR hat seinen Kindern ein göttlich überfließendes Leben versprochen (Johannes 10,10). Ein Leben, das seine Handschrift trägt.

Gottes Fülle kennt keine billigen Restposten. Gottes grenzenlose Liebe schenkt sich selbst. Und darum sind Gottes Wege niemals langweilig, sondern führen immer höher hinauf. Du darfst damit rechnen, dass er aus deinem geistlichen Mangel Überfluss macht! Dass aus deinem unsicheren Herumtappen, Festigkeit und Licht wird! Der Herr Jesus führt dich aus dem Tal der Resignation heraus und stellt deine Füße auf den Felsen glaubensvoller Erwartung. Selbst Niederlagen werden zu frohen Siegen, und die steinige Wüste wird zu blühendem Land. Die Bibel bezeugt ein »von Herrlichkeit zu Herrlichkeit« (2. Korinther 3,18). Tatsächlich, wer mit Gott rechnet, verrechnet sich nie! Er kommt aus dem Staunen nicht mehr heraus.

Erwartest du Größeres als bisher von deinem HERRN? Soll tatsächlich Gottes Herrlichkeit in deinem Leben sichtbar werden? Warum bist du mit Stroh zufrieden, wenn dein Gott dir reiche Ähren verheißen hat? Warum rechnest du mit Staub, während Gott dir Gold schenken will? Wo ist dein Glaube? Warum bist du entmutigt, wenn alle Dämme der Welt zerbrechen? Was erwartest du noch von Menschen? Warum beschleicht dich Bitterkeit, wenn beste Freunde dich enttäuscht haben?

Gott führt jeden, der ihm vertraut, aus dem Tal der Unmöglichkeiten: Denn du sollst Größeres sehen! Selbst in den aussichtslosen Situationen sollst du sein göttliches Eingreifen erfahren. Lass dich an Daniel in der Bibel erinnern. Weil er dem HERRN treu blieb, landete er zwar zuerst in der Löwengrube, doch Gottes wunderbares Eingreifen setzte ihn an die Seite des Perserkönigs Darius. Was aber, wenn leidvolle Zeiten nicht enden wollen? Sei dir sicher: Gerade im Leid kannst du Gottes Größe, Herrlichkeit und Gnade erleben. Ist es nicht etwas Großes, wenn der HERR im Leiden aufrichtet? Wenn Verzweifelte neuen Mut gewinnen? Wenn trotz unerträglicher Umstände Gott Kraft zum Tragen, zum Ertragen und Überwinden schenkt? Wie wir »oben ankommen«, das entscheiden wir hier auf Erden: entweder auf der Siegesstraße der Überwinder oder im Trauermarsch der Verzagten.

Setze darum Zeichen des Mutes. Mach deinen HERRN nicht »unmöglich«, während bei ihm doch alle Dinge möglich sind! Darum soll ab heute dein Erwarten voll Zuversicht sein. Der Herr Jesus sagt allen, die ihm vertrauen: Du wirst Größeres sehen!

16. Januar

Lass los!

Wie ist die Stimmung? Immer noch Magendrücken wegen ...? Oder braucht deine Seele im Moment mal wieder Marscherleichterung, weil der Rucksack zum Drucksack wurde und er, mit tausenderlei Anforderungen und Umständen bepackt, wie Blei wiegt? Klingt es nicht wie Hohn, wenn der Herr Jesus dir in dieser Lage zuruft: »Meine Freude ... deine Freude!«? **»... damit meine Freude in euch sei und eure Freude völlig werde!«** (Johannes 15,11).

Es scheint so, als hätte sich der Herr Jesus in den Oktaven unserer Gefühle vergriffen. Da redet er von Freude, während wir uns mit unserem grauen Alltag herumschlagen. Moment mal! Ob wir da etwas falsch machen? Oder ist die göttliche Freude vielleicht nur im Leben jener Christen zu finden, die übergeistlich wie ein Heißluftballon

»abheben«, weil sie allem Irdischen abgeklärt entsagt haben? Was ist eigentlich der Unterschied zwischen der Freude am Herrn Jesus und der Freude, die diese Welt zu bieten hat? Die Freude des Herrn Jesus bestand in der vollständigen Übergabe seines Lebens an seinen himmlischen Vater. »Darum liebt mich der Vater, weil ich mein Leben lasse ...« (Johannes 10,17).

Fällt dir auch das Loslassen so unendlich schwer? Die Kinder werden älter: **Loslassen!** Das Liebste geht voran in die Ewigkeit: **Loslassen!** Enttäuschungen von Freunden: **Loslassen!** Sorgen, die dich zugrunde richten: **Loslassen!** Die Reihe kann ellenlang fortgeführt werden. Doch anstatt loszulassen und uns an den Herrn Jesus zu klammern, reißen wir wie ein Ertrinkender unser Geschick an uns. Wir versuchen zu retten, was zu retten ist. Wissen wir denn nicht, dass keiner von uns weder für sein Leben noch für einen reibungslosen Tagesablauf garantieren kann? Kein Wunder, dass Angst aufkommt und unsere Kehle würgt. Wir meinen, dass des Lebens Freude im Erfolg unserer Arbeit zu finden sei. Wir sind davon überzeugt, dass Gesundheit, Sicherheit und das Erreichen der im Ehrgeiz angepeilten Ziele die ersehnte Lebensfreude bringen. Irrtum! Die Freude des Herrn Jesus lag im vollkommenen Verständnis Gottes und in der ungetrübten Gemeinschaft mit seinem Vater.

Was unsere Freude immer wieder stört, ist diese elende Unruhe des Herzens. Es ist der Unglaube, der zum Misstrauen gegenüber Gott wird. Noch ehe deine Seele sich für die Segnungen deines himmlischen Vaters öffnet, lässt der Feind blitzschnell deine Umstände wild durcheinander schwirren. Und schwups, konzentrierst du dich anstatt auf den Herrn Jesus, auf das, was eventuell passieren könnte, wenn ...!

Ich kenne jemanden, der seiner Frau zur Silberhochzeit eine Flugreise schenkte. Aber sie fürchtete sich vor dem Flug. Sie hatte Angst abzustürzen! Und so reiste sie mit Furcht, Sorgen, Befürchtungen und Angst.

Wir müssen uns den leisen Vorwurf unseres HERRN gefallen lassen: »So wenig vertraust du mir? Sind nicht unter dir meine ewigen Arme?« Kein Wunder, dass *seine* Freude nicht *deine* Freude wird. Schade! Du bringst dich als Gotteskind total um deinen Lebensgenuss. Lass los! Wirf dich in die Arme Gottes! Sei dir seiner Nähe bewusst! Nur dann wird seine Freude auch deine Freude werden!

17. Januar

Gottes Notizbuch

Nun gönne dir einige Minuten der Stille. Der Herr Jesus hat dir etwas Frohes zu sagen: »Du bist nicht vergessen von ihm! Längst hat er von deiner augenblicklichen Situation Kenntnis genommen.« Sobald seine Stunde gekommen ist, wird er sich dir als der wunderbare Retter offenbaren. Habe Mut, und fange an, glaubensfroh zu danken! Das verschafft deiner müden Seele Frischluft von oben!

Ich weiß, es gibt Zeiten, da ist uns gar nicht nach einem Gotteslob zumute. Heftig attackiert uns der Feind Gottes: »Es lohnt sich nicht mehr, Gott die Treue zu halten. Nur die mit den spitzen Ellenbogen kommen durch. Nur die Großmäuler finden Gehör. Was bringt es, Gott zu dienen? Welchen Lohn hat man, wenn man sich für seine Sache einsetzt? Die Frechheit hat das Wort. Und die etwas auf dem Kerbholz haben, kommen ungeschoren davon.« Stimmt das?

In der Bibel habe ich diese hellleuchtenden Zeilen für Niedergeschlagene gefunden, deren Tapferkeit ins Wanken geraten ist: **»Da redeten die miteinander, die den HERRN fürchteten, und der HERR merkte auf und hörte«** (Maleachi 3,16). Was für ein Wort! Gott merkt auf. Gott hört hin. Er schenkt jenen seine Beachtung, die nicht die Welt, sondern ihn fürchten! Sie können es nicht mit ansehen, dass ihr Gott so schlecht in der Meinung des Volkes steht. Wie freut der HERR sich über solche, die mitten im Abfall die Fahne des Sieges und der Hoffnung für ihren Gott schwingen. Sie lassen es sich nicht nehmen, mutig für ihn herauszutreten. Trotz aller Anfeindung! Trotz aller Schmährufe! Sie gehören zu den Treuen, weil sie ihn lieben.

Und wie antwortet Gott? Wie ein liebender Vater versichert er ihnen seinen Schutz: »Lasst ein Gedenkbuch für sie als Erinnerung schreiben«, befiehlt er. Es lohnt sich doch, ihm die Treue zu halten. Gott steht immer auf der Seite derer, die ihm dienen. Seine Augen durchlaufen die ganze Erde, um die ausfindig zu machen, die sich zu ihm halten. Auch unser Name muss in Gottes »Gedenkbuch« stehen! Alles andere ist völlig Nebensache.

Und wenn du niemanden hast, mit dem du reden kannst, so tritt als treuer Gebetskämpfer mutig vor sein Angesicht. Erzähle ihm alles, was dein Herz bewegt. Dein Gott schläft nicht. Bei ihm gibt es keinen »Ladenschluss«. Und gehst du dann beschenkt wieder an dein Tagewerk, dann sag es weiter, dass es sich doch lohnt, dem HERRN die Treue zu halten. Dass es sich doch lohnt, in der Ehe nach Gottes Vorstellungen zu leben, seine Kinder für den Herrn Jesus zu erziehen! Dass es sich doch lohnt, sein Geschäft mit dem HERRN zu führen, für die Wahrheit seines Wortes zu kämpfen, Nachteile um Jesu willen in Kauf zu nehmen. Am Ende steht unser Herr Jesus Christus, um die fürstlich zu beschenken, die aus Liebe zu ihm treu gewesen sind. Und dieser Tag sendet seine Signale voraus. Erkennst du sie in deinem Herzen?

18. Januar

Warum bist du bekümmert?

Sorgen? Darf ich dich an das Wort erinnern: »Alle eure Sorgen werft auf ihn«! Du sagst: »Wie oft habe ich meine Sorgen auf den HERRN geworfen, doch immer wieder kullern sie wie große Wackersteine zurück ins Tal. Habe ich sie nicht mit aller Kraft auf den Hügel des Glaubens gewälzt? Was mache ich falsch? Warum immer wieder die sorgenvolle Unruhe in gewissen Situationen?«

Der Fehler liegt darin, dass wir sehr oft die Begründung, sich **nicht** sorgen zu müssen, unbeachtet lassen. Schließlich wird uns deutlich in Gottes Wort gesagt: **»Alle eure Sorgen werft auf ihn, denn er sorgt für euch!«** (1. Petrus 5,7). Wenn wir mehr auf das »denn« achteten, würden wir sehr bald unsere Seele zur Raison rufen. Schließlich ist das unscheinbare Wörtchen »denn« wie ein Paukenschlag, dem die Begründung folgt. Nein, Gotteskinder müssen sich nicht kaputt sorgen! Hat nicht unser himmlischer Vater längst die umfassende Fürsorge für sein geliebtes Kind übernommen? Doch in unserem unverbesserlichen Hochmut meinen wir, selbst da noch unsere Schulter unter Lasten zwängen zu müssen, die er doch längst im Griff hat. Die Sorgen auf den HERRN zu werfen, hat nur Sinn, wenn ich sie auch dort liegen lassen darf. Und genau das will Gott dir heute sagen.

Du sollst alles, was dich quält, getrost auf den HERRN werfen und im gleichen Augenblick wissen, **warum** du es dort abladen kannst! Lies daher mit Freuden die überwältigende Antwort aus Gottes Wort für dich: »... denn er sorgt für euch!« Und das fortwährend! In seiner Weitsicht hat er längst alles in die Wege geleitet, was gut für dich ist.

Doch unser oft unterschwelliger Sorgengeist beleidigt seine Vaterliebe in hohem Maß. Voller Unruhe rutschen wir auf der Bank unserer Ungeduld hin und her, anstatt in Ruhe abzuwarten, wie unser HERR es mit uns macht! Wie blamabel für unseren Gott angesichts der himmlischen Heerscharen, wenn wir ihm so wenig zutrauen. Ist nicht unser ganzes Leben vor ihm offenbar? Und schauen nicht Myriaden von Engeln aus der unsichtbaren Welt neugierig auf seine Hände, um zu sehen, wie er, unser großer Gott, seine Kinder pflegt? **Wir**, und nicht die Engel, sind das Herzstück seiner Liebe! Ich kann mir gut vorstellen, dass Satan sich ins Fäustchen lacht, wenn er unser Misstrauen dem Vater im Himmel gegenüber sieht. Schmerzt uns das?

Gewiss wäre es total unnüchtern, sich um nichts und niemanden zu sorgen. Das Fatale an den Sorgen ist ja nicht, dass sie immer wieder in unseren Gedanken aufsteigen, sondern dass sie ihre niederzwingende Macht über uns ausüben. Das ist, was uns fertig macht. Doch nun kommt es: Gotteskinder können den elenden Druck der Sorgen loswerden! Auch du darfst kurz entschlossen den Sack deiner Sorgen mit dem Vermerk zurückweisen: »Mein Vater im Himmel sorgt für mich!«

Und nun tue das Nächstliegende, und der HERR wird deine Hände lenken, deine Füße setzen und deine Gedanken mit Frieden, Zuversicht und Dankbarkeit füllen. Es bleibt dabei: Er sorgt für dich!

19. Januar

Der HERR kommt!

Total verheult steht der kleine Felix vor verschlossener Tür. So sehr er sich auch auf die Zehenspitzen stellt, seine kleinen Händchen reichen nicht bis zur Klinke. Kein noch so gutes Wort der Nachbarin kann seinen »Weltschmerz« lindern. Er heult zum Steinerweichen! Doch dann öffnet sich das Fenster oben, und die wohlvertraute Stimme seiner Mutter ruft: »Ich komme!«

Ist dir schon einmal aufgefallen, wie schnell ein Kind sich trösten lässt, wenn es die zwei Worte der Mutter hört: »Ich komme!«? Und wir Erwachsenen? Auch wir kennen so manche verschlossene Tür in unserem Leben. Was immer wir auch anstellen, die Tür bleibt zu! Wir bekommen den Klinkengriff nicht runter. Was gäben wir darum, wenn sich in solchen Augenblicken auch für uns »so ein Fenster oben öffnete« und wir des Herrn Jesus freundliche Stimme hörten: »Ich komme!«

Moment mal, dass wir uns recht verstehen, das hat der Herr Jesus bereits gesagt! **»Ich komme!«** (Offenbarung 22,12). Leider haben wir sehr oft versäumt, die rechten Schlüssel für unser Leben daraus zu ziehen. Stattdessen zerreiben wir uns an tausenderlei Widerwärtigkeiten. Rennen mit aller Kraft gegen verschlossene Türen. Verstehen nicht, warum Gott uns so lange zappeln lässt. Lehnen uns gegen Welt und Ungerechtigkeit auf! Hast du vergessen, dass dir Jesu Zuruf: »Ich komme!« ein Signal froher Hoffnung und Erwartung sein will? In sonnenreichen Stunden ist es leicht, mit letzter Überzeugung und aus voller Kehle dieses herrliche Lied zu singen: »Wenn Jesus kommt, ist Satans Macht gebrochen, wenn Jesus kommt, muss Furcht und Sorge fliehn!« Und in der Zwischenzeit? Heulen wir uns auch die Augen aus dem Kopf wie der kleine Junge, weil uns irgendein Schmerz überrannt hat? Vergiss es nie: »Wir haben es immer mit einem **kommenden** HERRN zu tun!« Sein Eingreifen in deine augenblickliche Not ist längst schon in seinem Programm. Gottes Uhren laufen nicht rückwärts!

Und was das Zukünftige betrifft? Sein Kommen, um die Seinen zu sich in seine Herrlichkeit zu holen, ist jedem erlösten Gotteskind sicher! Darum bring dein verzagtes Herz zur Ruhe, und genieß doch einmal ganz neu den Gedanken, dass Gott dich um Jesu willen liebt! **Er kommt!** Und dieser Tag ist nicht mehr fern. Schließlich ist es ja auch sein innigster Herzenswunsch, dich bei sich zu haben, denn er gab sein Leben für dich! Kannst du dir vorstellen, dass dein Erlöser erhaben und völlig unberührt auf seinem Gottesthron sitzt, während du hier unten im Glaubenskampf ums Überleben ringst? Nie und nimmer! Hebe deine Augen auf: **Er kommt!** (1. Thessalonicher 4,13-18). Und dann hat alles Leid ein Ende! Auch deines! Darum erwarte ihn in froher Zuversicht! Reinige dein Herz, damit deine Liebe zu ihm neu dein Herz erfüllt.

Ist nicht die Gottesliebe im Herzen der Erlösten stärker als jede Todesmacht der Welt? Triumphiert sie nicht über alle Wut Satans, weil sie um Jesu Sieg weiß? Vielleicht quält dich ein Trennungsschmerz – sei nicht betrübt wie die, die keine Hoffnung haben! **Er kommt!** Und nun arbeite mit Freuden für deinen Herrn weiter. Dein Mühen findet reichen Lohn. Das Schönste kommt ja noch!

20. Januar

Bleibe standhaft!

»Wie lange noch, Herr Jesus? Wann bricht der Lichtglanz deiner Ankunft durch die schreckliche Finsternis dieser Zeit? Wann fällt die Last von unseren Schultern? Wann werden wir von allem Kampf ausruhen, um endlich, endlich den ewigen Frieden zu genießen? Wann sprichst du das letzte Wort in dieser grausamen Welt? Wann fegst du deine Spötter durch das Wort deiner Macht vom Hocker? Herr Jesus, wie lange soll das alles noch dauern?«

Bei vielen ist der Schritt schwer wie Blei geworden. Die anfängliche Zuversicht hat der Resignation Platz gemacht. Nur der Gedanke an das erhoffte Ende hält sie aufrecht. Aber wie ist das Ende? Wird es traurig oder triumphal sein? Denke daran: Am Ende deines Weges steht der

Herr Jesus! Wie wirst du ihm begegnen? Wie wird dein Lohn ausfallen? Bewahre dir daher deine Glaubenszuversicht. Halte das Steuer fest! Verlässt denn ein Kapitän **vor** der Hafeneinfahrt seine Position? So kurz vor dem Ziel wirft man doch das Ruder nicht über Bord!

»Bis zum Ende standhaft festhalten!« (Hebräer 3,6). Darum geht es! Dein Gott erwartet es von dir! Lass doch die anderen reden: »Gottes Wort muss unserer Zeit angepasst werden, neue Wege, neue Konzepte, neue Denkmodelle müssen zur geistlichen Erneuerung des Gemeindelebens erprobt werden.« Wie falsch! Wenn unsere Herzen nicht durch Gottes Geist zur Buße erneuert werden, ist alles vergebens! Bei Gott geht es schließlich um den Inhalt, nicht um die Verpackung. Er sucht das Echte und nicht die Show. Bewahre dir daher ein treues Herz und die Entschiedenheit in der Nachfolge. Nur so sitzt du fest im Sattel. Nur so kannst du sicher die Hürden überspringen.

Was aber die »Wegverbreiterer« betrifft, die Gottes Gebote missachten, sie werden scheitern. Mit Entsetzen werden sie am Ende feststellen, dass sie sich um den Preis ihrer Seele geirrt haben. Nur eine leidenschaftliche Liebe zu Jesus unserem HERRN ist die Antwort auf eine von Satan besessene Welt. Nur die Liebe zu Christus ist die einzig sieghafte Waffe im Kampf gegen Finsternis und Versuchung. An der Liebe zu Jesus ist alles messbar: unsere Treue zur Bibel – unser Einsatz für die verlorene Welt – unser Verhalten gegenüber Glaubensgeschwistern – unser Umgang mit Menschen – unser Zeugnis vor Kollegen – unsere Motive im Dienst – unsere Stille Zeit – unser Beten im Verborgenen. An der leidenschaftlichen Liebe zu Jesus, unserem Erlöser und HERRN, werden heillos zerstrittene Gemeindeverhältnisse gesund, Familien neu, Ehen attraktiv, wird unser Zeugnis glaubhaft. Nur diese Liebe lässt uns bis zum Ende standhalten.

Reinige daher dein Herz zu neuer Liebe für den Herrn Jesus. Lass dich neu von der Liebe Gottes erfassen. Nur wer liebt, bleibt standhaft!

21. Januar

Wag es doch!

Fischfang in der Nacht! Zwölf Jünger – bereit, volle Netze an Land zu ziehen. Sie verstehen ihr Handwerk. Doch dann machen sie Augen: Kein einziger Fisch zappelt im Netz. Nur leere Maschen starren sie an. Es gibt Stunden, da werden wir an uns selbst irre. Da stampfen wir unsere »ach, so guten Erfahrungen« in den Müllsack der Enttäuschungen und finden uns mit den unabänderlichen Pleiten unseres Lebens ab. Aber es ist immer noch so gewesen: An den »Nullpunkten« erteilt der HERR seinen Jüngern eine unvergessliche Lektion. Nachdem der Herr Jesus sein Wort dem Volk gepredigt hat, sagt er zu Petrus: **»Fahrt hinaus auf die Tiefe ... Lasst eure Netze zu einem Fang hinab!«** (Lukas 5,4). Genau wie Petrus, müssen auch wir erfahren: 1. Der HERR weiß, **wo** die Fische sind, die es zu fangen gilt. 2. Wer Gott **gehorcht**, kommt aus dem Staunen nicht mehr heraus! 3. Bei Gott gehen die Uhren total **anders**!

Es gibt Stunden der Gnade Gottes, die wir nicht verpassen dürfen. Wenn er die Fische in die Netze seiner Jünger ruft, dann wimmelt es sogar am hellen Mittag in den Fanggeräten. Leidest du auch unter fortwährenden Misserfolgen? Säst du immer wieder mit großer Erwartung, doch das Unkraut vieler Widerwärtigkeiten erstickt jeden Keim der Hoffnung? Schaufelst du tapfer deine Alltagsgeschäfte auf das Förderband deiner Tüchtigkeit, um am Ende dennoch alles als nutzlose Brocken aufzulesen?

Gnadenzeit ist Erntezeit! Wer sie verpasst, spielt mit dem Leben anderer. Die Fische müssen ins Netz, bevor die Haie sie verschlingen! Die Garben müssen in die Scheunen, bevor das Unwetter alles vernichtet. Menschen müssen gerettet werden, bevor sich die Türen für ewig schließen. Wirf dein Netz aus! Viele Geschäftsleute ordnen das mutige Bekenntnis zu Jesus als »geschäftsschädigend« ein. Sie haben in der Ewigkeit genügend Zeit, ihre Feigheit zu beklagen. Auch da, wo Schüler sich nicht zu Jesus bekennen, wo Nachbarn und Arbeitskollegen das Evangelium verschweigen oder in der Predigt nicht der Aufruf zur

Bekehrung zu hören ist, wird der Teufel sein Geschäft machen. Das darf nicht sein! Um Jesu willen – NEIN!

Steig in deinen Kahn, und wirf dein Netz im Namen Jesu aus. Ganz egal, was deine Gefühle dir sagen. Du hast keine Zeit, dich an Sorgen zu zerreiben, während doch dein Herr für dich sorgt! Du hast keine Zeit, dich am Gemeindetratsch zu beteiligen, während Tausende ungewarnt zur Hölle gehen! Wer nicht für den Herrn Jesus arbeitet, den beschäftigt der Teufel mit tausend Nebensächlichkeiten. Wirf daher im Namen Jesu die Netze aus. Die Überraschung ist dir sicher.

22. Januar

Das Geheimnis

Vergangenes ist vorbei! Was hat es gebracht? Manch einer wird diese Frage mit einem Stoßseufzer beantworten. Schließlich lief nicht alles so glatt, wie man es erhofft hatte. Ja, es gab auch Tage, da ging alles wie am Schnürchen. Aber was ist mit den heimlichen Niederlagen? Mit den »leeren« Tagen voller Frust und Enttäuschung? Was auch immer deiner Seele Kummer macht, dir gilt diese großartige Einladung des Herrn Jesus Christus: **»Bleibt in mir!«** (Johannes 15,4).

Dass wir das überhaupt dürfen: In ihm bleiben! Wir, die armseligen »Grashüpfer«, die nicht einmal in der Lage sind, ohne Gottes Hilfe auch nur über einen einzigen Strohhalm zu springen. Was für eine Einladung: »Bleibt in mir!« Und das nicht nur für fünf Minuten. Nein, immer! Ich könnte verstehen, wenn der Herr Jesus gesagt hätte: Bleibt in meiner Nähe! Schließlich muss würdiger Abstand gewahrt bleiben. Aber hat er das gesagt? Nein! Im Gegenteil. Die erlösten Gotteskinder genießen sogar ihr Zuhause »in ihm«! Kann man Verbundenheit inniger ausdrücken? Einfach unfassbar, dass unser Herr Jesus uns so sehr liebt und alles daransetzt, um dich und mich mit Freundlichkeit und Güte zu umgeben.

Genießt du den vertrauten Umgang mit ihm? Oder lenkt dich irgendetwas ab und zieht dich immer wieder aus der Verbundenheit mit deinem HERRN heraus? Eigenwille? Selbstsucht, die sich selbst sucht? Oder tausenderlei Sorgenpakete, die im Papier des Unglaubens eingewickelt sind? Willst du wirklich das Geheimnis des Segens, der Fülle und der Kraft in deinem Leben erfahren? Koste es, was es wolle? Sehnst du dich nach einem überfließenden Leben, das Gott ehrt? Der Herr Jesus sagt: Bleibet in mir! Das ist alles – mehr nicht! Und die Folge? »... der bringt viel Frucht!« (Johannes 15,5). Wo hat unser HERR gesagt: Produziere Frucht! Sei erfolgreich! Reib dich auf für die gute Sache Gottes! Schufte bis zum Umfallen! Er sagt nur: »Bleibet in mir!« Wie das funktioniert? Die Antwort liegt in der ununterbrochenen gedanklichen Verbundenheit mit ihm. Alles andere ist die Folge dessen, was Gott in deinem Leben wirkt.

Sehnst du dich danach? Dann habe teil an seinen Gedanken, indem du mit dem Herzen Gottes Wort liest und darauf achtest, dass kein Misston, keine Sünde dein Verhältnis zu ihm stört. Und wenn's doch mal passiert ist, dass du Gottes Geist in dir betrübt hast? Vergebung ist da! Das Blut Jesu reinigt von aller Sünde! Sage: »Herr Jesus, ich will, was du willst, will das lieben, was du liebst, will das hassen, was du hasst!« Dann wird dein Leben von einer tiefen Freude erfüllt, und der Friede deines Herzens wird groß sein. Dann wirst du rufen, und der HERR wird dir antworten. Großes und Unerreichbares wird er dir offenbaren. Dein Licht wird aufgehen wie zur hellen Sommerzeit.

Und wenn's mal durch Engpässe, durch Schwierigkeiten, durch dunkle Stunden geht, wirst du die freundliche Stimme deines Herrn Jesus in deinem Herzen hören: »Fürchte dich nicht, es wird alles gut!«

23. Januar

Göttliches Schuhwerk

Kein Durchkommen? Sind die Umstände etwa zu verworren? Die Probleme so verzwickt, dass du den nächsten Schritt fürchtest? Ich habe ein wunderbares Wort des HERRN für dich, der du nicht weißt, wie und wohin du im Moment deinen Fuß setzen sollst: **»Er macht meine Füße den Hirschen gleich und stellt mich hin auf meine Höhen!«** (Psalm 18,34).

Was für ein Wort! Faszinierend, wie diese eleganten Tiere, anscheinend ohne Schwierigkeiten gleich einem Katapult mit hohen Sprüngen durchs Dickicht jagen. Wir hätten uns dabei jedes Mal die Haxen gebrochen. Doch Gott hat bei den Hirschen keinen Gipsfuß vorgesehen. Schau, welch wunderbares »Schuhwerk« Gott den Hirschen gegeben hat. Zierliche Hufe, die zwischen Geröll, auf scharfen Felskanten und in engsten Passagen Halt finden.

Der Gott, der den Hirschen dieses Schuhwerk gegeben hat, wird auch bei dir dafür sorgen, dass du deinen Fuß sicher setzen kannst. Er macht deine Füße den Hirschen gleich! Bitte den HERRN darum, dass er dich mit diesem göttlichen »Schuhwerk« beschenkt. Vertrau darauf, dass er es auch in deinem Leben so macht, dass selbst in ausweglosen Situationen dein Fuß noch »dazwischen passt«.

Und nun wage getrost den nächsten Schritt. Lass dir nicht vor den Abgründen grauen, die dich erschrecken wollen. Der HERR bewahrt deine Füße vor dem Sturz (Psalm 56,14). Er selbst führt dich auf seine Höhen! Auch wenn dein Leben in der augenblicklichen Lage wie eine »Geröllhalde« aussieht: Es gibt im Namen Jesu ein »Durchkommen«, ein »Hinauf« für dich! Dein Glaube wird belohnt. Der Herr Jesus selbst ist der Fels für dich, auf dem deine Füße Sicherheit finden. Auf diese Höhe wird er deine Füße stellen. Ewige, standfeste Sicherheit darf deine verunsicherte Seele bei ihm finden. Er selbst wird deine Füße so lenken, dass nach jedem »Glaubenssprung«, den du wagst, die sichere Landung folgt. Vergiss das nie! Dein Platz ist nicht im Keller verunsicherter Gefühle. Gott will dich auf Glaubenshöhen stellen, damit du über das Tal deiner Schwierigkeiten hinwegschaust. Das ist das Teil aller, die den Herrn Jesus lieben. Das ist der Aussichtsturm derer, die ihm von Herzen vertrauen.

Vertraust du ihm auch? Ach, wie gut haben wir's doch bei ihm! Die Füße des Glaubens sind stabil und flink und überwinden alles, was uns den Weg versperrt. Verlass dich darauf: Gott knackt jede Mauer. Er zerbricht jedes Hindernis, das sich ihm in den Weg stellt. Er hat längst niedergerungen, was zu stark für dich ist. Habe keine Angst. Grüble nicht länger. Es führt zu nichts. Vertraue dagegen mehr als bisher deinem allmächtigen Retter und HERRN. Dann wirst du erfahren: »Er macht meine Füße den Hirschen gleich und stellt mich hin auf meine Höhen!«

Die Welt kennt diesen wunderbaren HERRN nicht, sonst würde sie ihre brutalen Stiefel der Sünde, die alles niedertreten und kaputtmachen, gegen das Schuhwerk Gottes eintauschen.

24. Januar

Hinter Jesus her!

»Willst du mit mir gehen?«, fragt der HERR. Es gibt Zeiten, da fällt uns die Lebensorientierung schwer. Wonach sollen wir uns richten? Welchen Weg gehen? Wir wissen nur allzu gut, dass falsche Entscheidungen oft schlimme Folgen nach sich ziehen. Mach's doch auch so: **Henoch wandelte mit Gott!** (1. Mose 5,24). So einfach ist das. Er hielt sich an ihn. Das war sein Geheimnis. Aber welch eine kurze Lebensbeschreibung ist das! Mehr nicht? Armer Henoch!

Von wegen! Henochs Lebensgeschichte war von allergrößtem Inhalt. Kann denn Wertvolleres von einem Menschen gesagt werden, als dass er mit seinem Gott geht? Und zwar durch dick und dünn. Bemerkenswert: Henoch kannte weder einen Hauskreis noch nahm er an einer Glaubenskonferenz teil. Er hatte weder eine Bibel noch besaß er ein Losungsbüchlein mit Mut machenden Tagessprüchen. Henoch war völlig auf sich gestellt. Lebte Haustür an Haustür mit jenen, denen Gott total gleichgültig war.

Wie musste der arme Henoch gestöhnt haben, als er sah, wie sich Menschen tierisch an Lust und Laster befriedigten. Wie aber antwortete Gott auf die Treue seines Freundes? Nur mit einem Satz: »Durch Glauben wurde Henoch entrückt, so dass er den Tod nicht sah, und er wurde nicht gefunden, weil Gott ihn entrückt hatte; denn vor der Entrückung hatte er das Zeugnis gehabt, dass er Gott wohlgefallen habe«, (Hebräer 11,5). Sehr viele Bibelausleger sehen in dem Vorbild der Entrückung Henochs einen Typus auf die Gemeinde Gottes, die vor den apokalyptischen Gerichten hinweggenommen wird (1. Thessalonicher 4,14-17).

Nun eine ganz persönliche Frage: Gehst auch du mit Gott? Liegt dir etwas daran, dass dein Weg Gott wohlgefällt? Wie viele »Mitmacher« gibt's auch heute unter Christen. Überall dabei, überall mitmischen und mitreden – doch ihren HERRN kennen sie kaum. Wer kein deutliches »NEIN« zum Zeitgeist dieser Welt findet, hat auch sein »JA« zum HERRN verloren. Unser HERR sucht Leute, die es mit ihm halten. Die es überaus schätzen, mit ihm »unter vier Augen« allein zu sein.

Dein HERR sehnt sich nach Gemeinschaft mit dir, weil er dich liebt! Was er von dir erwartet? Nicht zuerst Leistung, er will deine Liebe. Nicht zuerst dein Opfer, sondern deinen Gehorsam. Nicht deine Eigenmächtigkeit, sondern deine Anhänglichkeit. Er will nicht gehetzten Diensteifer, sondern das Folgen in seinen Fußstapfen. Eine Überholspur gibt es nicht! Geh darum getrost hinter ihm her. Egal, was kommt! Es gibt keinen Weg, der sicherer für dich ist. Und wenn der Feind dich anrempelt? Dann fällst du immer in die Arme Jesu.

Und wenn der Löwe um dich brüllt? Jesu Autorität bringt jedes Großmaul zum Schweigen. Was tun? Dichter an den Herrn Jesus heran, noch viel dichter als bisher! Nur so können wir ohne Schaden den Attacken des Feindes trotzen. Suche darum so innig die Nähe deines HERRN, bis du den Pulsschlag seiner Liebe fühlst.

25. Januar

Was für eine Berufung!

Was, wenn mich Gottes Gnade nicht eingeholt hätte? Nicht auszudenken! Wer über seinen »Gnadenstand« nachdenkt, dem stockt der Atem: Warum ausgerechnet ich? Womit habe ich es verdient, unter Milliarden Menschen herausgerettet zu sein? Unvorstellbar, dass der Herr Jesus auch mich zu jenen zählt, die einmal seine Herrlichkeit schauen werden! Kennst du die Stunde, da der HERR dich aus lauter Gnade bei der Hand genommen und zum Hügel Golgatha geführt hat? Unfassbar: Jesus, der Reine und Heilige, ist dort für dich und mich gestorben! Er hat sein Leben für unser an Sünde und Satan gekettetes Leben in den Tod gegeben. Sein Blut ist geflossen, und befreit vom Zorn Gottes darf ich nun ewig wissen: Ich bin geliebt von Gott – auserwählt vor Grundlegung der Welt! Verstehen kann ich es nicht, muss ich das denn? Aber genießen kann ich's, ich darf unter dem Sonnenschein Seiner Freundlichkeit und Gnade für immer glücklich sein. Sollte diese herrliche Gnade mich nicht zu tiefer Anbetung auf die Knie sinken lassen?

Kind Gottes, du bist berufen: **»... zum Preise der Herrlichkeit seiner Gnade!«** (Epheser 1,12). Gottes Gnade sei darum bei dir weithin sichtbar! Hat sie den höchsten Rang in deinem Leben? Oder flattert an der Fahnenstange deines Bekenntnisses der traurige Lappen deiner Sorgen und deines Versagens? Zieh das Banner der Gnade hoch! Tu es auch im Angesicht deiner Widersacher und notvollen Umstände. Nur dann wirst du erfahren, dass deine Seele neue Kraft gewinnt. Sage unerschrocken weiter, dass auch dir die Freundlichkeit Gottes begegnet ist.

Ist Gottes Gnade nicht überaus herrlich? Vergiss nie, woher du gekommen bist, aus welcher Grube des Verderbens er dich erlöst hat – warum er es für dich getan hat. Aus Gnade hat er dich erkauft! Aus Liebe! Der Preis? Es ist das ewig kostbare Blut Jesu. So teuer bist du ihm! Kann jetzt ein Opfer für ihn zu hoch – die Hingabe deines ganzen Lebens zu viel verlangt sein? Wer Gottes Gnade erfahren hat, spielt weder mit der Sünde noch liebäugelt er mit der Welt. Er hält sein Herz rein, richtet sich nach Gottes Wort, weil er nur noch eine Sehnsucht kennt: Die wenigen Jahre, vielleicht sind es auch nur noch Tage, die Gott mir schenkt, sollten sie nicht mit dem Zeugnis seiner herrlichen Gnade ausgefüllt sein?

Gotteskind, lass darum das Lied der Gnade nicht auf deinen Lippen verstummen! Der Feind deiner Seele will nicht, dass du Gottes Gnade rühmst. Er will, dass du Halbmast flaggst, mit Trauerflor. Damit fügst du deinem HERRN, der dich unendlich liebt, Schande und Schmerz zu. Lass dir neu den »Durchblick« zu seiner Gnade schenken. Sinne über all das Gute nach, das der HERR dir schenkte. Und die schweren Tage? Sei getrost, auch sie sind in seinen wunderbaren Gnadenbund mit eingebunden. Und die Wege, die du nicht verstehst? Zeiten voller Tränen und Fragen?

Am herrlichen Ziel wirst du erkennen, wie wertvoll diese Stunden für dich waren, weil du gelernt hast, nur auf seine Gnade zu vertrauen! Wer anders kann denn Gottes Gnade rühmen, als der, der sie erfahren hat?!

26. Januar

Nur kein Rückzug!

Von jeher war's so: Kampf zwischen Licht und Finsternis. Und wir stehen mittendrin! Kein Tag vergeht ohne Anfechtung! Hörst du die immer näher rückende Front endzeitlicher Auseinandersetzungen mit ihrem dämonischen Waffengeklirr? Der Bibelkundige weiß: Es ist die letzte Stunde! Sind wir gerüstet? Wie schnell rutscht bei diesem Gedanken vielen das Herz regelrecht in die Hose, und ein Gefühl, das wir Angst nennen, macht sich breit. Aber dein HERR sagt dir in göttlicher Autorität: »Habe keine Angst!« (Jesaja 41,10). Begründung? Dein Gott ist mit dir! Das reicht! Wenn er handelt, wird auch die mieseste Situation zum Triumph. Rückzug? Bei Gott nicht! Er hat noch nie eine Schlacht verloren. Er schreitet von Sieg zu Sieg. Und seine Getreuen sind mit ihm! Nur keine Angst!

Aber woher kommt es, dass du dennoch Angst hast? Du kannst dir ja die Angst nicht einfach wegreden! Der bissige Köter tausendfacher Befürchtungen kläfft schließlich unbeeindruckt weiter und belagert deine Sinne derart, dass du oft keinen klaren Gedanken zustande bringst. Und die Welt draußen? Die Dreistigkeit und Frechheit, mit der heute wider einen heiligen Gott aufgetrumpft wird, erschlägt dich geradezu. Und du stöhnst mit Recht darüber, dass die Menschen so hartherzig und böse sind. Ach, wie gern hättest du in bestimmten Situationen etwas mehr von der Raubeinigkeit deiner Widersacher. Dir fehlt das »dicke Fell«!

Doch wer lange genug mit dem Herrn Jesus unterwegs ist, dessen Inneres wird sensibel, dessen Wesen wird verändert. Da wird etwas von der Zartheit und Liebenswürdigkeit des HERRN sichtbar. Wenigstens sollte es so sein! Umgang prägt schließlich! Wer mit seinem HERRN geht, kann nicht mehr Gleiches mit Gleichem vergelten. Dagegen macht der Pakt mit der Sünde knallhart. Die Geschichte Kains, der seinen Bruder Abel erschlagen hat, beweist das. Wie verständlich, wenn Asaf geradezu zärtlich seinen Gott bittet: »Gib nicht den Raubtieren hin die Seele deiner Turteltaube!« (Psalm 74,19). Unsere Seele ist wie ein zahmes Täubchen, dessen Gurren oft mit der schluchzenden Klage eines Menschen verglichen wird.

Unsere Ängstlichkeit kommt oft daher, weil wir genau wissen: Mit unseren eigenen Mitteln haben wir keine Chance. Darum beschleicht uns das Gefühl der Ohnmacht. Nein, wir wollen es in diesem Fall auch nicht mit dem Jünger Petrus halten und mit dem Schwert reinhauen. Das Aufflammen der gereizten Gefühle ist nichts anderes als Schwäche. Es führt zu nichts Gutem! Hüte dich daher, dein Geschick selbst, ohne den HERRN, in die Hand zu nehmen. Vertraue dich viel lieber dem an, der dem Löwen den Rachen verstopft. Rechne mit dem, der mittendrin im heißesten Hochofen leidvoller Angriffe ist. Schenke *dem* kindlich und von Herzen dein Vertrauen, der die stärksten Orkane zum Kuschen bringt und die Knie der Feinde schlottern lässt!

Wer nur menschlich positiv denken will, der gleicht dem blinden Huhn, das auch einmal ein Korn findet. Es sei ihm gegönnt! Bei Gott ist das völlig anders. Bei ihm gibt's nur Volltreffer, denn seine Verheißungen sind Wahrheit. Allesamt!

27. Januar

Es wird wieder hell

Die Leute von heute? Sie sind zu bedauern. Wie Blinde stochern sie im Nebel herum. Vergeblich suchen sie Orientierung in dieser immer dunkler werdenden Welt. Überall Ratlosigkeit. Doch der Herr Jesus hat alle Lichtschalter dieser Welt in seiner Hand. Auch deine! Hier hast du es schwarz auf weiß: **»... zur Zeit des Abends, da wird Licht werden!«** (Sacharja 14,7). Diese wunderbare Verheißung gilt allen, die den Herrn

Jesus von ganzem Herzen lieben. Fürchte dich darum nicht, wenn sich der Abend in tiefschwarze Nacht verwandelt!

Es ist Abend geworden in vielen Gemeinden, denn die Sünde hat die Lampen zum Erlöschen gebracht. Es ist Abend geworden in den Häusern vieler Gotteskinder, weil die Welt mit ihrer Finsternis immer mehr an Einfluss gewinnt. Es ist Abend geworden in den Beziehungen untereinander, und die Liebe ist in vielen Herzen erkaltet. Lass dich nicht von dieser verhängnisvollen »Abendstimmung« anstecken. Die Treuen des HERRN räumen nicht das Feld, solange die Sonne des Evangeliums noch am Himmel steht! Wir gehen erst dann nach Hause, wenn die letzte Garbe auf dem Erntewagen liegt. Gerade jetzt gilt es, die Ärmel hochzukrempeln und für die Sache unseres Herrn Jesus das Beste zu geben! O die vielen verzagten Herzen, die mit brüchiger Stimme immer wieder die »Endzeitmelodie« der Verzagten singen: »Der Antichrist kommt! Die Trübsal kommt! Die Verfolgung kommt!«

Doch sind das die Themen, die uns als Christen jetzt bewegen sollten? Mag kommen, wer und was da will – dass unser Herr Jesus kommt, das allein zählt! Er erwartet von dir und mir nichts anderes als Glaubensmut und eine brennende Liebe zu ihm. Wie wunderbar hat Gott dich doch durch manches dunkle Tal sicher hindurchgetragen. Erinnerst du dich noch? Wenn's auch hier und da bedenklich eng wurde, Mangel hattest du doch nie! Im Gegenteil! Du hast die Gnade überreich erfahren und bist in diesen Übungsstunden im Glauben gewachsen! Und jetzt willst du so kurz vor dem Ziel entmutigt resignieren? Niemals!

Sagst du etwa, du fürchtest dich vor der Nacht? Du fühlst dich schwach und hilflos, weil du nicht weißt, ob Gottes Gnade für dich ausreicht? Ob du das Glaubensziel erreichst, um als treuer Kämpfer mit dem Siegespreis des Überwinders gekrönt zu werden? Hör auf zu jammern! Zur Zeit des Abends, da wird Licht werden! Warum fürchtest du das Dunkel dieser Zeit? Durch die Gnade bist du errettet, und mit Gottes grenzenloser Barmherzigkeit darfst du rechnen. Gotteskind: Der, welcher sein Blut und Leben für dich gegeben hat, lässt dich nie wieder los! Der Preis zu deiner Errettung war zu hoch, denn sie kostete sein Blut und Leben! Bist du sein, dann hat der Herr Jesus dich zum ewigen Leben und zu seiner Herrlichkeit in seinem Licht berufen. Bist du sein, dann liegt Gottes unverletzbares Siegel des Heiligen Geistes auf dir (Epheser 1,13).

Willst du nicht anfangen, deinen Herrn Jesus dafür zu preisen? Für den Gottlosen kommt die finstere Nacht, du aber darfst für immer im Sonnenschein der Gnade Gottes leben.

28. Januar

Baue weiter!

Ruhe und Vertrauen – ist es nicht gerade das, was dir jetzt fehlt? Mit wie viel Schwung hast du deine Sache begonnen! Ruht jetzt deine geistliche Baustelle? Schau dir Nehemia an. Die zerstörte Mauer von Jerusalem soll wieder aufgebaut werden. Das Volk Gottes ist in Aktion, und sofort ist der Feind parat. Sanballat, Tobija und ihre Anhänger schleudern Brandpfeile der Verachtung und des Spottes herüber und wollen entmutigen. Sie spucken Gift und Galle, bellen wie wütende Hunde. Am liebsten würde Nehemia sich und dem Volk die Ohren zuhalten. Doch die Hände müssen ja zum Dienen frei bleiben.

Was für aufreibende Zeiten! Wem geht der Feind nicht auf die Nerven? Und genau das will er: Nervös machen, Unruhe stiften, Verwirrung anzetteln. Und was machen Nehemia und seine Mannschaft? Sie ziehen sich weder zur Beratung zurück, noch verkriechen sie sich, noch lassen sie sich auf ein Wortgefecht ein. Nehemia sagt ganz einfach: **»Aber wir bauten die Mauer weiter!«** (Nehemia 3,38). Ist das nicht ein Volltreffer? Weitermachen wollen auch wir! Bekanntlich ist der Feind ein Dauerredner, der uns rund um die Uhr die Ohren vollquasselt. Doch Nehemia und seine Leute kümmert das nicht im Geringsten. Sie ignorieren das wütende Gezeter. Mit ruhiger Hand legen sie Stein auf Stein und vollenden ihren Auftrag. Der Ausgang der Geschichte? Überaus herrlich: Nicht Nehemia und das Volk Gottes strecken die Waffen, sondern der Feind ist es, der sich wie ein geprügelter Hund mit eingezogenem Schwanz aus dem Staub macht (Nehemia 6,16). Und du? Willst du als Sieger oder als Verlierer, als Vollender deines Dienstes oder als Verzagter deine geistliche Baustelle verlassen?

Baue weiter! Lass dich nicht entmutigen. Setze getrost Stein auf Stein.

Gotteskind, du darfst nicht müde werden. Wie vielen Widersachern du auch gegenüberstehst: Baue weiter! Halte an im Dienst der Fürbitte, sei treu in deiner Ehe und Familie, in deiner Gemeinde und dort, wo der Herr Jesus dich hingestellt hat. Auf geht's! Der göttliche Bauleiter, Gottes Heiliger Geist, wartet auf dich! Die Mauer soll nicht ohne dich vollendet werden. Der Herr segne dich gerade jetzt mit einem göttlichen Gleichmut, der dich zum frohen Überwinder werden lässt. Nein, nicht du, sondern der Feind Gottes wird weichen! Hörst du es? Baue weiter! Nichts hasst der Teufel mehr, als wenn du ihn ignorierst. Wo steht in der Bibel, dass wir uns mit dem Feind in Gespräche verwickeln sollen? Wir haben keine Minute an ihn zu vergeuden!

Darum aufgepasst! Immer dann, wenn wir uns auf Unwesentliches und Nebensächliches einlassen, kommt das Werk Gottes zum Stillstand. Haarsträubend, wie leicht Gotteskinder abzulenken sind. Man überlegt lieber, wie man das Problem technisch löst, als endlich praktisch Hand an die Arbeit zu legen. Menschen sollen doch zum Glauben kommen. Gotteskinder sollen neu gestärkt werden. Allein darauf kommt es an! Darum: **Baue weiter!** Schaffe heilige Fakten. Die Steine deines Auftrages heißen Gebet und Dienst. Der Mörtel ist der Glaube und die Liebe das Baugerüst.

29. Januar

Sei unerschrocken!

Was für eine Welt! Kaum dem Mutterleib entkrochen, befindet sich der kleine Erdenbürger schon im Kampf ums Überleben. Gesundheit und Krankheit liegen sich ab jetzt fortlaufend in den Haaren. Verliert eine Seite, gewinnt die andere und umgekehrt. Kurz, Leben ist nur möglich, wenn all das überwunden wird, was uns umbringen will.

Im geistlichen Leben ist es nicht anders. Und nun kommt's: Der fortwährende Prozess des Überwindens ist für viele zu einer recht qualvollen Tortur geworden. »Warum bloß immer das ›Unter-Druckstehen-Müssen‹?«, seufzen sie. Kann man denn nicht einmal in Ruhe sein Leben genießen? Stranguliert uns der Alltag nicht schon genug mit all seinen Querelen? Ich weiß, wir alle sehnen uns nach sonnigen Stunden, nach Ruhepausen, die unserer Seele endlich wieder einmal ein Durchatmen ermöglichen. Vergessen wir aber nicht: Es ist Endzeit! Die geistlichen Auseinandersetzungen mit der Finsternis sind knallhart. Sei daher ermutigt, wenn der Herr Jesus dir zuruft: **»Wer überwindet, dem werde ich geben, mit mir auf meinem Thron zu sitzen«** (Offenbarung 3,21). Das ist Gottes Appell an dich!

Ein Siegesleben ist jedoch ohne das Überwinden nicht möglich. Sind nun die Siege Gottes etwa qualvoll zu erkämpfen? Nein! Sie sind zu proklamieren, indem wir unseren Fuß auf Jesu Sieg setzen. Wir müssen göttlich kraftvoll **handeln**. Göttliche Autorität ist uns im Namen Jesu seit Golgatha gegeben! Wo steht, dass wir mit weichen Knien kämpfen sollen, wenn der Sieg bereits durch den erfochten ist, der uns geliebt und sein teures Blut und Leben für uns gegeben hat?

Ein Prediger fragte einmal einen Jungen, der sich kurz vorher bekehrt hatte: »Sagt dir der Teufel nicht hin und wieder, dass du gar kein Christ bist?« – »Ja, das sagt er manchmal.« – »Nun, und was sagst du ihm dann?« – »Ich sage ihm«, erwiderte der Junge, »das geht dich gar nichts an, ob ich Christ bin oder nicht!« Wie wohltuend, sich so mutig den Teufel vom Hals zu halten. Wir lassen uns viel zu viel in gedankliche Verwicklungen ein und merken oft zu spät, dass Satan wieder einmal seine Finger im Spiel hatte. Kein Wunder, dass sich das Karussell der Sorgen und Zweifel auf einmal wieder zu drehen beginnt.

Wollen wir überhaupt überwinden? Überwinden heißt, auf der Glaubensleiter eine Sprosse höher zu steigen, als die Wasserflut der Befürchtungen und Zweifel reicht. Setze deinen Fuß unerschrocken auf die Sprosse der Verheißungen Gottes! Überwinden heißt aber auch »dagegensetzen«! Wenn die Deiche zu brechen drohen, überwindet man den Wasserdruck mit Sandsäcken. Geistliche Deiche sind nur zu sichern, wenn wir im Namen des Siegers furchtlos und unerschrocken Sandsäcke des Glaubens »dagegensetzen«. Vor keinem anderen Namen zittert die Finsternis so sehr wie vor dem Namen JESUS. Kannst du dir vorstellen, warum die Dämonen nach Jakobus 2,19 zittern? Doch nicht etwa, weil die Heizung ausgegangen ist, sondern weil sie von Furcht geplagte Geister sind, die wissen, wo ihr Weg einmal endet.

Du aber, stehe auf! Beginne ein Neues! Wage es im Glauben! Die Krone des Überwinders wartet auf dich.

30. Januar

Komm ans Licht!

»Wofür können wir dem Herrn Jesus am allermeisten danken?«, frage ich in der Tischrunde. Da meldet sich unsere kleine, damals erst vierjährige Enkeltochter Lydia zu Wort und meint ganz wichtig: »Opa, dass wir keinen Wackelkontakt haben!« Wo sie wohl dieses für sie schwierige Wort aufgeschnappt hatte? Gewiss hatte sie ihrem Papa irgendwo bei der Arbeit zugeschaut und gehört, wie er von einem Wackelkontakt sprach. Ich habe den ganzen Tag über diesen Wackelkontakt nachgedacht.

Kennen wir auch diese »Wackelkontakte« in unserem Leben? Mangelnde Kraftzufuhr von oben? Geistliche Stromunterbrechung? Augenblicke tiefster Dunkelheit? Innere Dürre? Bei vielen flackert das innere Lämpchen und droht zu erlöschen. Kein Wunder, die herben Enttäuschungen des Lebens haben tiefe Wunden geschlagen: Verdächtigungen, Ellenbogen, übles Nachreden, Streit in der Bruderschaft. Wer kann es schon verkraften, wenn offensichtliche Sünde verharmlost wird und die Wahrheit im Halbdunkel schmort? Vielleicht stehst du im Moment sogar vor der größten Erschütterung deines Lebens. Wackelkontakte ohne Ende! Bitte, jetzt nicht daran herumdoktern! Es muss entschlossen und im Glauben gehandelt werden. Dir gilt die Aufforderung aus Gottes Wort: »**Kommt, lasst uns im Licht des HERRN leben!**« (Jesaja 2,5).

Was für eine Einladung: Komm, lass uns im Licht des HERRN leben! Das heißt doch: Bleib nicht im Halbdunkel stehen, auch wenn dich widrige Umstände da hineingedrängt haben. Komm wieder ans Licht! Hier hat aller Wackelkontakt ein Ende. Du musst nicht länger in deiner Lage verzweifeln. Du darfst in seinem Licht leben und dich freuen. Er gebietet: »Sei getrost und freudig, denn in meinem Licht schwinden deine Schatten.« Nur in Jesu Licht durchströmt dich seine Kraft. Nur an seinem Herzen wirst du von seinem Licht durchflutet und erwärmt. Ein Leben in seinem Licht ist Lebensgenuss ohne Ende! Wo denn sonst?

Mit Recht fürchten wir die Finsternis wie die Pest. Doch als mir aufging, dass Finsternis immer dort ihre Kraft verliert, wo sie von Jesu Licht erfasst wird, schwand auch der Wackelkontakt. Mein Inneres wurde still, meine Schritte fanden neuen Halt. Keine Finsternis ist so stark, dass sie auch das kleinste Licht je zum Erlöschen bringen kann. Eine herrliche, trostvolle Wahrheit für alle Ängstlichen unter uns! Was für eine Zuversicht: Es kann so dunkel in der Welt werden, dass die gesamte Menschheit die Hand nicht mehr vor den Augen erkennen kann, aber du darfst in Jesu Licht leben! Du darfst aufatmen, dich entfalten wie ein Schmetterling in der Sonne, darfst die herrliche Freiheit und Gottes Sicherheit genießen. Wirf daher alles von dir, was Wackelkontakt verursacht: Falsche Freundschaften! Halbherzigkeiten! Das Spiel mit der Sünde!

Hast du auch mit Menschenfurcht und Feigheit zu tun? Weg damit! Trenne dich von Faulheit und Bequemlichkeit. Demütige dich unter Stolz und Widerspenstigkeit. Liebe die Wahrheit. Übe dich in der Treue. Sei fest entschlossen, deinen Platz im Licht der Sonne deines HERRN einzunehmen.

31. Januar

Der HERR ist mit dir!

Mit welchen Gedanken beginnst du diesen Tag? Sei nicht in Unruhe, wenn Befürchtungen und ungeklärte Fragen Arm in Arm mit tausend Zweifeln vor deiner inneren Haustür auf und ab gehen. Du bist in Gottes Hand. Folge ihm nur. Bei ihm ist jedes Risiko ausgeschlossen. Du wirst sehen, dass er auch für deine Füße geebnete Wege hat. Wenn du gehst, wird dein Schritt nicht beengt, und wenn du rufst, wird er dir antworten. Und solltest du vor Entscheidungen stehen, die dich ängstigen wollen, dann wirst du seine Stimme hinter dir hören: **»Dies ist der Weg, den geh!«** (Jesaja 30,21). Wer ihm vertraut, muss keine »kleinen Brötchen« des Unglaubens backen. Vergiss nicht, Gott ist ein Gott, der Wunder tut – alles ist ihm möglich!

Macht dieser Gedanke nicht überaus glücklich? Was auch immer die Welt an Pleiten, Pech und Pannen zu bieten hat, der Herr Jesus beschenkt dich mit seinem Frieden. Schau nicht auf die Umstände, die dich im Augenblick aus dem Gleichgewicht bringen wollen. Hake dich ganz fest bei deinem HERRN unter. Dir gilt sein frohmachender Trost: **»Meinen Frieden gebe ich euch!«** (Johannes 14,27). Doch vergiss nicht, der Herr Jesus legt die Betonung auf » **meinen** Frieden«. Nein, nicht irgendein Psychopillenfriede soll dein Inneres beruhigen. Sein Friede ist dir zugesagt! Welch eine Friedensqualität! Es ist der Friede Gottes, der in seinem Herzen war, als er, von Feinden verspottet und von Freunden verlassen, ans Kreuz ging. Es ist der Friede Gottes, der ihn erfüllte, als er freiwillig sein Leben am Kreuz aushauchte und für uns Sünder in den Rachen des Todes ging. Und genau dieser Jesus-Friede soll auch deine Seele mit seinem reichen Trost erfüllen.

Sein Friede ist wie die schützende Berghütte mitten im eisigen Schneesturm. Sein Friede ist wie das heilende Öl auf jeder Verletzung deiner Seele. Sein Friede ist die schützende Hand, die dich vor jeder zermürbenden Feindseligkeit deiner Widersacher bewahren will. Sein Friede ist es, vergiss es nicht! Dieser Friede Jesu ist wie der erwärmende Golfstrom, der auch die stärksten Eisbrocken zum Schmelzen bringt. In diesem Jesus-Frieden darfst du ruhen, während tausend Stürme diese Welt entwurzeln. Sein Friede ist die unumstößliche Gewissheit, dass keine Macht der Welt und der Finsternis dich aus seinen starken Händen reißen kann.

Doch was nützt dir diese Zusage, wenn du seinen Frieden nicht genießt? Du gleichst dann dem Hungernden, der unter dem Tisch erwartungslos kauert, während eine Handbreit über ihm Gottes Gnade in Fülle auf ihn wartet. Darum nimm, was dein HERR dir zusichert: seinen Frieden! Genieße ihn, für dich hat er ihn erkämpft. Jeder Tag soll darum mit diesem wunderbaren Friedensgruß Jesu beginnen: Friede dir!

Februar

1. Februar

Hilfe in Sicht!

Überall gärt es! Haufenweise ungelöste Probleme. Die Regierungen sind ratlos, die Menschen hilflos, die Versprechungen wertlos. Von wem erwartest du Hilfe? **»Die Hilfe der Gerechten kommt vom HERRN!«** (Psalm 37,39). »Ach, HERR«, sagst du, »wer kann schon vor dir bestehen, wer mit deiner Hilfe rechnen, wenn du nach Gerechtigkeit ausschaust? Im Rückspiegel verflossener Tage erkenne ich viel Übles, das dich betrübt hat.« Ist nicht unsere Gerechtigkeit wie ein schmutziges Kleid angesichts seiner Heiligkeit, die uns die Schamröte ins Gesicht treiben müsste? Und wie oft versagen wir an einem einzigen Tag!

Was für einen wunderbaren und gnädigen HERRN haben wir doch, der uns seine Gerechtigkeit zugesprochen hat. Der uns vom Misthaufen der Sünde weggezogen und uns an seinen Königshof geholt hat. Nein, Gott sieht uns nicht mehr als »arme Sünder« an, denn Christus hat den Glaubenden vor Gott gerecht gemacht. Was für ein Gnadenstand! Herrliches ist uns zugesagt. Die Hilfe des Gerechten kommt vom HERRN! Wir haben kein Recht, über Notstände zu jammern, wenn wir dem HERRN nicht Gelegenheit geben, seine Hilfe unter Beweis zu stellen. Und haben wir seine Hilfe erfahren, sollen es dann nicht auch andere wissen, dass unser Gott rettet? Dass keiner verzweifeln muss, der sich ihm anvertraut?

Als der Verteidigungsminister Naaman aus Syrien (siehe 2. Könige 5) am Aussatz erkrankte, wäre der arme Mann jämmerlich zugrunde gegangen, hätte nicht ein Mädchen aus dem Volk Israel ihm gesagt, dass es den Gott kennt, der retten kann. Doch ohne tiefe Reue und Buße läuft bei Gott überhaupt nichts. Darum schrieb Gott seinem erwählten König Salomo ins Stammbuch: »Wenn mein Volk, über dem mein Name ausgerufen ist, sich demütigt, und sie beten und suchen mein Angesicht und kehren um von ihren bösen Wegen, **dann werde ich** vom Himmel her hören und ihre Sünden vergeben und ihr Land heilen« (2. Chronik 7,14).

Auch unser Volk ist krank! Doch die innere Heilung muss zuerst bei uns Christen beginnen. Wie viel geistlich Krankes ist zu beklagen: Ehen, Familien, die Gemeinde Gottes. Lass uns zum HERRN umkehren! Kann es denn sein, dass wir uns wie Jona feige im Schiff zum Schlafen verkrochen haben, während an Deck der Teufel los ist? Was für eine Blamage für Jona, der sich den Vorwurf der Seeleute anhören musste: »Auf, rufe deinen Gott an!« **Wir** sind gerufen! Die Welt brennt, in der wir und unsere Kinder leben! Doch ohne persönliche Umkehr gibt es keine Heilung – weder für uns noch für unser Land. Was geschähe, wenn in Deutschland, der Schweiz, in Österreich oder sonst wo in der Welt geheiligte Herzen den Gnadenthron Gottes bestürmten? Was würde passieren, wenn unsere Obrigkeit in Berlin, Bern und Wien von einer neu geheiligten Beterschar glaubender Christen umgeben wäre? Gott rette unser Volk vor Regierungen, die seine Gebote mit Füßen treten.

Habe Mut! Bei diesem wunderbaren HERRN solltest du noch viel zuversichtlicher als bisher deine Straße ziehen.

2. Februar

Das rettende Ufer!

Sonnenschein! Vogelsingen! Ach, wie schön könnte alles sein, **wenn** ...! Doch eine einzige Nachricht war es, die dein Leben aus der Bahn geworfen und dich in Glaubensnöte gebracht hat. Ganz unverhofft hat sich der Sonnenschein in finstere Nacht verwandelt. Die aufgeschreckte Seele ist voller Angst. »Was soll jetzt werden? Wie werde ich diese Situation überstehen?« Und währenddessen steigt das Wasser der Trübsal unaufhörlich weiter. Du erinnerst dich matt an die eine oder andere Verheißung Gottes, doch deine Seele will sich nicht trösten lassen. Selbst das Beten wird zum Stammeln. In den dunklen Stunden des Lebens ist das Eingeständnis schmerzlich: Mit unserer Macht ist nichts getan, wir sind verlorene Leute. Wenn der HERR nicht eingreift, sind auch wir »weg vom Fenster«.

In genau diese Situation passt das Gotteswort, das auch dir zur trostvollen Zusage garantiert ist: **»Wenn du durchs Wasser gehst, ich bin bei dir, und die Ströme, sie werden dich nicht überfluten«** (Jesaja 43,2). Ach, wenn du das doch jetzt glauben könntest. Stattdessen sind es handfeste Tatsachen, die du fürchtest: das Wasser, die steigende Flut, die zum reißenden Strom wird und alles wegreißt, was nicht niet- und nagelfest ist. Doch der allmächtige Gott ruft dir zu: »Ich bin bei dir! Meine Präsenz ist dir sicher!« Sei getrost, das Hochwasser wird dir nicht zum gefürchteten Wassergrab. Du wirst hindurchgehen, wirst das rettende Ufer erreichen, weil der Herr Jesus bei dir ist und dich in sicheren Händen hält.

Fürchte dich nicht! Gott wird die Wasser der Umstände nicht immer von dir fernhalten, sie gehören nun einmal zum Reifeprozess geistlichen Lebens. Sie sind für deine Seele da, um das göttliche Vertrauen einzuüben. Schau daher nicht auf den Wasserpegel, auch wenn dir das Wasser im Moment bis zum Hals steht. Die Überflutung findet nicht statt! Sei getrost, Gott bringt seine Leute hindurch. Die Elemente, die dir zu schaffen machen, hat er längst im Griff. Und genau das haben Gotteskinder erfahren: »Du beherrschst des Meeres Toben, und erheben sich seine Wellen – du stillst sie« (Psalm 89,10)! Du – wer denn sonst? Daher weg mit den zermürbenden Gedanken!

In notvollen Stunden »spinnt« die aufgeschreckte Seele sowieso und malt dir tausenderlei geradezu teuflische Kombinationen vor Augen, die eintreffen könnten. Wirf entschlossen den Hebel deiner dunklen Gedanken im Namen Jesu herum und »schalte« ihn fortwährend auf deinen Retter, ohne auch nur ein einziges Mal den Blick herumschweifen zu lassen. Ziehe niemals andere Möglichkeiten in Erwägung. Hole deine Seele wie den Hund an der Leine »zurück« und gebiete ihr, still zu sein. Oh, wie oft beleidigen wir in solchen Zeiten unseren Herrn Jesus, als gäbe es ihn nicht. Doch er hat alles im Blick, nichts entgeht seiner Kontrolle. Die Wasser werden bald wieder sinken. Fürchtest du etwa schon die nächste Flutwelle, während du doch jetzt seinen rettenden Beistand erfährst?

Denke daran: Gotteskinder sind unsinkbar, solange sie sich an ihren starken Gott klammern und seinem Wort vertrauen!

3. Februar

Alles unter Gottes Kontrolle!

Sind unsere Vorstellungen über die gewaltige Größe Gottes oft nichts anderes als jämmerliche Denkansätze? Unsere Seele neigt dazu, jeden Maulwurfshügel unserer ängstlichen Befürchtung viel höher zu bewerten als die unfassbar herrliche Majestät und Allmacht des lebendigen Gottes. Kein Wunder, dass bei dieser mickerigen Perspektive unser Glaube recht blass aussieht. **»Dein Gott ist es, der vor dir hergeht als ein verzehrendes Feuer!«** (5. Mose 9,3).

Kränken wir nicht unseren Gott immer wieder, wenn wir uns aus Feigheit vor Karren spannen lassen, die gar nicht aus Gottes Fuhrpark stammen? Ängstliches Vorsorgen, Abhängigkeit von Menschen, von Institutionen usw. Wie oft beleidigen wir unseren treuen Gott dadurch, dass wir uns lieber am Massentrog der Medien füttern lassen, als im Verborgenen das Brot seines Wortes aus seinen guten Händen zu nehmen, um dann kraftvoll und im Glauben voranzugehen. Warum packen wir uns oft völlig unnötige Bürden auf, die unsere »Heimreise« zur Qual machen? Die Räder quietschen, weil das Öl der Gnade fehlt.

Anstatt die königliche Freiheit eines Christen zu genießen, der mit seinem allmächtigen Gott rechnet, ketten wir uns an den Zeitgeist und tanzen nach der Pfeife derer, die dem HERRN und seinem heiligen Wort den offenen Kampf angesagt haben. Auch wenn religiöse Wortführer unserer Zeit pausenlos ihr Lügengewand wechseln, hüte dich vor ihrer Schläue. Sie kämpfen wider den Christus, lieben faule Kompromisse und verdrehen die Wahrheit in Lüge. Sie suchen nicht die Ehre des HERRN.

Gotteskind, du bist mit Jesu heiligem Blut erkauft. Du trägst den Namen des HERRN, der Himmel und Erde gemacht hat, den Namen dessen, vor dem die Finsternis in Entsetzen gerät. Als Kind des Lichtes weißt du doch: Christus in dir, die Hoffnung der Herrlichkeit! Was für ein Privileg! Sei dir für einen Flirt mit der Welt zu schade. Gib deine Liebe keinem anderen. Dein HERR sehnt sich nach den Seinen und verlangt danach, endlich seine Braut in reinem Gewand in die Arme zu schließen. Für sie gab er sein Blut, sein Leben. Unser HERR ist im Anmarsch. Wird er dann dich und mich hellwach und wartend finden? Darum heilige Christus, den HERRN, in deinem Herzen (1. Petrus 3,15).

Wie werden wir einmal vor dem Herrn Jesus stehen? Beschämt oder glücklich? Die Zeit der Gnade spult den letzten Zwirn von der Rolle. Die Zeit drängt. Wir rufen die Letzten zu Jesus! Was dann kommt, sagt die Bibel überdeutlich: Gericht und ein grauenhaftes Erwachen derer, die Gott nicht kennen und die Gnade für Dreck geachtet haben. Und du? Gotteskinder stehen auf der Seite des Siegers! Darum verzage nicht. Weiche nicht von der Seite deines HERRN. Fürchte weder Menschen noch widrige Umstände. Sei getrost! Der HERR hat alles unter seiner Kontrolle: Dein Leben, deine Gesundheit, jeden Schritt, den du tust.

Du sollst wissen: Dein Gott ist mit dir!

4. Februar

Lass dich nicht provozieren!

Nadelstiche! O diese Nadelstiche! Nein, keiner von uns sitzt hinter kugelsicherem Panzerglas. Das Leben ist voller Sticheleien. Der Dünnhäutige merkt recht bald, dass es mit seiner Tragkraft nicht weit her ist. Nur eine spöttische Bemerkung, nur eine bissige Äußerung, und schon zucken wir zusammen und spüren Nadelstiche. »Sei nicht niedergeschlagen!« (5. Mose 1,21). Auch dann nicht, wenn du den Eindruck hast, als hätte sich die ganze Welt gegen dich verschworen. Gott hat dich »in Arbeit«! Verzage nicht, du bist in allerbesten Händen.

Willst du aus der Stoffqualität sein, die Gott gefällt, dann fürchte dich nicht, wenn die Schule der Leiden an dir zu arbeiten beginnt. Flanell wird erzeugt, indem man die raue Oberfläche des Stoffes mit zahllosen Nadeln bearbeitet. Nur so entsteht der fein gekräuselte, weiche und sich so angenehm anfühlende Flanell. Wenn der HERR uns Nadelstiche zumutet, will er mit Meisterhänden aus der rauen Oberfläche unseres

Lebens den Stoff machen, der so behaglich und angenehm ist wie Flanell. Und wenn diese Nadelstiche wehtun und an Herz und Nerven zerren?

Wenn wir gegen die Nadelstiche in unserem Leben ankämpfen, verletzen wir uns. Wenn wir sie aber erdulden, werden sie aus uns Menschen machen, die in ihrem Inneren so behaglich und angenehm sind wie Flanell. Menschen werden dann gern mit uns in Berührung kommen: unser Ehepartner, unsere Kinder, unsere Mitarbeiter, Menschen in unserer Umgebung. Darum noch einmal: Sei nicht niedergeschlagen! Gott wird sein Werk nur mit solchen tun, die Königswürde zeigen und nicht andauernd in Selbstmitleid versinken. Wenn schon ein Sprichwort sagt: »Dem Mutigen gehört die Welt!«, dann gilt für Gotteskinder: »Dem Mutigen offenbart der Allmächtige seine Herrlichkeit.« Verzagtheit schickt sich nicht für uns. Gott hat die Verzagten immer nach Hause geschickt (5. Mose 20,8).

Was wollen wir an unsere Fahnen stecken: Siegeszeichen oder Trauerflor? Ach wie gut, dass wir uns die Erfahrung Davids aneignen dürfen: **»Sie blickten auf ihn und strahlten!«** (Psalm 34,6). Warum denn? Kann man auf den Sieger blicken und gleichzeitig an Niederlagen denken? Kann man den Allmächtigen anschauen und gleichzeitig Trübsal blasen? Es ist eine Schande, dass uns der Teufel oft so verzagt machen kann angesichts der tausendfachen Liebesbezeugungen Gottes. Majestätisch sind die Worte aus Sacharja 2,12: »Wer euch antastet, der tastet meinen Augapfel an.« Und wenn Israel schon unter dieser Obhut stand, wie viel mehr du, der du mit dem Blut Jesu gereinigt und geheiligt bist! Bist du es? Ergreife gerade jetzt im Glauben die Siegerhand Jesu, die dich aus aller Verzagtheit rettet.

Als Alexander der Große seine Truppe in den Kampf führte, bemerkte er einen zitternden Soldaten neben sich, der ebenfalls wie er Alexander hieß. Er wetterte ihn an: »Entweder sei mutig oder lass den Namen Alexander fahren. Beides geht nicht!« Und du? An der Seite des Siegers gibt's nichts anderes als Sieg!

5. Februar

Nie allein!

Sie war schon lange an den Rollstuhl gefesselt. Die Gesprächspause nutzte sie und fragte mich etwas verunsichert: »Hat irgendjemand nach mir gefragt?« – »Nein, niemand«, war meine Antwort. Fragt auch keiner nach dir? Bist du auch mit deinem Alltagsgeschäft und den tausenderlei Sorgen völlig allein auf dich gestellt? Vom gestressten Geschäftsmann bis hin zur überforderten Hausfrau, alle stöhnen unter dem Druck, es allein schaffen zu müssen. Allein gelassen – das kann schmerzen. Selbst in launiger Runde kann sich Einsamkeit breit machen. Übrigens, wann hat dir zum letzten Mal jemand freundlich die Hand auf die Schulter gelegt und dich nach deinem Wohlergehen gefragt?

Ich weiß, in dieser Welt ist es eiskalt geworden, leider auch unter den Christen. Der rasante »Fort-Schritt« nahm uns jene Lebensräume, die wir gestern noch als wohlbehütete Schutzzonen für uns beansprucht hatten. Verkabelt und vernetzt – durch Computertechnik, Internet, E-Mail an die Leine genommen – steuert unsere »Tralala-Gesellschaft« wie auf einem Traumschiff der Katastrophe entgegen. Trotz aller Kommunikationsmöglichkeiten werden die Menschen immer einsamer und trostloser.

Und du? Sagst auch du: »Keiner fragt nach mir!«? Du sollst wissen: Der Herr Jesus hat dich nicht vergessen! Er lässt dir sagen: »... **ich will nach meinen Schafen fragen und mich ihrer annehmen!**« (Hesekiel 34,11). Wie liebevoll er das sagt! Wie gut er es mit dir meint! Gehörst du ihm? Weißt du um den Augenblick deiner Bekehrung, als der Herr Jesus in dein Leben gekommen ist, dich für ewig gerettet hat und du Gottes Kind geworden bist? Sei nicht niedergeschlagen, wenn Zeiten des Alleinseins dich bedrücken wollen. Die Gefahr, sich selbst zu bedauern, ist groß. Klammere dich viel mehr an den Herrn Jesus.

Natürlich schmerzt es, wenn du aus irgendeinem Grund übersehen wirst. Es tut weh, wenn du den geraden Weg der Wahrheit und der Treue zu Gottes Wort gewählt hast und es plötzlich einsam um dich her wird, wenn du um Jesu willen allein gelassen wirst. Doch viele können das Alleingelassensein schlecht ertragen. Sie lieben den Beifall, das Sitzen auf hohen Stühlen, die Ehre bei Menschen, beeindruckende Titel. Sie können es nicht verkraften, wenn niemand Notiz von ihnen nimmt.

Bist du bereit, um Jesu willen auf das zu verzichten? Bist du bereit, Gottes Wirken Raum zu geben und dich jeder fleischlichen Einmischung zu widersetzen? »Erfolge« gibt's auch ohne Buße. Aber göttliches Fruchtbringen geht nicht ohne »Schnittstellen« ab. Doch wenn er schneidet, dann tut er es behutsam bei denen, die ein demütiges Herz haben. Liebevoll handelt er in seinem Erbarmen. Und am Ende steht »sein Werk«, geboren aus den heiligen Stunden der Gemeinschaft mit ihm. Und wenn der Herr Jesus nun für dich einsame Wegstrecken eingeplant hat, dann nur, um dich neu zu segnen. Das darf dein Trost sein: Er hat sich deiner herzlich angenommen! Glaube es, und dein Herz wird froh und dankbar.

6. Februar

Überfordert?

Stimmungen! Merkwürdig, wie oft wir ihnen ausgeliefert sind. Wenn uns aus irgendeinem Grund »eine Laus über die Leber« gelaufen ist, lassen wir Unmut und Verdruss von der Leine. Schließlich hatten wir uns doch alles so elegant ausgemalt. Es sollte so und nicht anders laufen. Und jetzt diese negativen Erfahrungen.

Beispiele? Sie wirken oft so lächerlich, dass man sie bei Licht betrachtet am liebsten in die unterste Schublade verbannen würde. Und doch können uns die Gründe, die uns zum Verdruss führen, so getarnt und harmlos erscheinen, dass wir ihnen kaum Beachtung schenken. Verdruss ist nicht immer Entrüstung, nicht immer Unfreundlichkeit, nicht immer Gereiztheit. Unmut und Verdruss sind das Gegenteil von Freude. Es ist eine Art Schmerz, der das Gemüt ankratzt und belastet. Kennst du diese kleinen Sandkörner im Getriebe deiner Seele? Diesen Zwiespalt zwischen freudiger Bereitschaft und dem Sauersein?

Genau dazwischen liegt diese Müdigkeit, die die Jünger hatten, als sie die Mütter wegschickten, die ihre Kinder dem Herrn Jesus bringen wollten. Und dabei sollte er sie doch nur segnen. Das plötzliche Überfordertsein in einer Sache führt leicht zum Verdruss! Kennst du das auch? An dieser Stelle heißt es: Aufgepasst! Der Feind will, dass du resignierst. Er setzt alles daran, dass du zum Deserteur wirst. Darum fordert Gott unerbittlich: **»Entferne den Unmut aus deinem Herzen!«** (Prediger 11,10). Lass den Verdruss fahren! Er führt zu nichts Gutem. Halte ihn nicht fest, reiße ihn aus deiner Seele. Richte deine Gedanken fest entschlossen auf den Herrn Jesus. Nimm deine Überlegungen an die Hand, und führe sie augenblicklich zum Thron der Gnade.

Ich lese nirgendwo in der Bibel, dass das ängstliche Anstarren des Feindes oder der widrigen Umstände zur Freude führen. Das ist unmöglich! Doch dieses Geheimnis funktioniert: »Wer zum HERRN aufschaut, **der** strahlt vor Freude!« (Psalm 34,6). Klammere dein Denken ganz fest an diesen Entschluss, und du wirst augenblicklich Frieden haben. Der Herr Jesus hat einmal gesagt: »Lernet von mir! Denn ich bin sanftmütig« (Matthäus 11,29). Und am Ende dieses Verses heißt es: »... und ihr werdet Ruhe finden für eure Seelen!« Wer den Verdruss fahren lässt, ist klug, denn den Sanftmütigen wird eine Fülle von Frieden zugesagt, so dass sie ihr Glück kaum fassen können. Erprobe diesen Rat jedes Mal, wenn dich der Verdruss angreifen will, und du wirst erfahren, dass du ihn mit einem Willensentschluss durch Gottes Mithilfe und Gnade fahren lassen kannst. Du wirst dich wundern, wie erleichtert und zugleich erfrischt du dann aufatmen kannst.

Gib dem Verdruss, wie berechtigt er auch sein mag, kein Parkrecht vor deiner Haustür. Wenn du dich daran hältst, wirst du feststellen, dass der Engel des HERRN sich um dich lagert und deine Kämpfe zu Siegen macht.

7. Februar

Gott öffnet Türen!

»Tür zu!« Es gibt genügend Gründe, die Türen zu schließen: Ende der Geschäftszeit, Abfahrt des Zuges, Lärm von draußen, wenn Gefahr droht. Damals hatten die Jünger auch die Türen geschlossen – aus Angst. Schließlich hatte man vor zwei Tagen ihren Herrn ans Kreuz genagelt. In dieser Lage rechneten sie mit dem Schlimmsten. Es gibt Situationen im Leben, da sind auch wir auf alles gefasst. Wie Hagel auf das Wellblechdach, so prasselt dann alles Mögliche auf uns herunter. Wir sehen uns außerstande, einen klaren Gedanken zu fassen. Und dann setzt der Selbstschutz ein. Instinktiv bauen wir Barrikaden, schrecken zurück, verschließen die Türen. Wir stimmen unser Klagelied an und begraben Hoffnungen, die uns einmal so viel bedeutet haben. Entsetzliche Traurigkeit überfällt uns.

Womit rechnest du? Mit dem Schlimmsten? Rechne doch mit dem Eingreifen des auferstandenen HERRN! Oder heißt es auch bei dir: »... **die Türen ... waren verschlossen ...**« (Johannes 20,19). In diesen Gefühlskeller negativer Gedanken steigt der HERR hinunter, tritt in die Mitte seiner verängstigten Jünger und sagt: »Friede euch!« Ist es nicht genau das, was uns oft fehlt? Frieden für unsere bedrängte Seele? Erst, wenn unser Herz in einer ganz bestimmten Angelegenheit zur Ruhe gekommen ist, kann der HERR seine ganze Herrlichkeit offenbaren. Jesu Friedensgruß gilt auch dir!

Gewaltiges und Großes ist geschehen, während du hinter verschlossenen Türen saßest und von tausend Ängsten geplagt wurdest. Die Reihenfolge? Zuerst zeigte der Herr Jesus den Jüngern seine durchgrabenen Hände, dann seine durchbohrte Seite! Da freuten sich die Jünger, als sie den HERRN sahen! Kann es denn anders sein? Immer dann, wenn wir den Triumph unseres HERRN am Kreuz mit dem Herzen des Glaubens erfassen, bricht die Freude durch. Damals begriffen die verängstigten Jünger, dass ihr HERR nicht nur Tote auferwecken konnte, sondern selbst den Tod besiegt hatte. Welch ein

Triumph! »Wo ist, o Tod, dein Sieg? Wo ist, o Tod, dein Stachel?« (1. Korinther 15,55).

War nicht seit eh und je die Todesfurcht die schrecklichste Geißel aller Sterblichen? Wer will sich jetzt noch ihrem auferstandenen HERRN entgegenstellen? Da, wo vor wenigen Augenblicken noch banges Abwarten ihre Seele niederdrückte, stand er plötzlich da! Ihr HERR! Er war hautnah gegenwärtig. Zu Ende ist nun ihre Traurigkeit und Verzagtheit. Darum dürfen Gotteskinder jetzt vom Leben sprechen! Nichts soll sie von nun an mehr zuschanden werden lassen. Tod und Teufel sind niedergerungen! Auf ewig besiegt! Wie reißt doch die Tatsache, dass unser HERR über Tod und Teufel triumphiert hat, alle noch so verbarrikadierten Türen dieser Welt aus den Angeln.

Und du? Geh nur mutig und getrost hinaus. Die Tür ist offen! Niemand kann sie schließen. Auch in deiner jetzigen Situation sollst du erfahren, wie wunderbar der HERR dich führt. Und sollte jemals eine Tür verschlossen sein, er hält alle Schlüssel in seiner Hand.

8. Februar

Was erwartest du?

Entsorgungs-Deponie! Ach, wenn's doch auch »Entsorgungs-Deponien« für all den Alltagsplunder unseres Lebens gäbe! Stattdessen versenken wir unsere Lasten recht gern wie Wracks, verankern sie an Schwimmbojen, die uns jederzeit daran erinnern, dass da unten etwas Unangenehmes »auf Grund liegt«. Wie viele dieser »Schwimmbojen« sind es mittlerweile? Wohlgemerkt: Wirklich entsorgt ist nichts! In Wirklichkeit hängen sie alle am Haken: unerfüllte Wünsche, begrabene Hoffnungen, Enttäuschungen.

Nun stell dir vor, du hättest bei deinem HERRN Wünsche frei: **»Was willst du, dass ich dir tun soll?«** (Lies Matthäus 20,32!) Herzenswünsche! Ob er sie kennt? Alle? Die meisten von uns misstrauen Gott und können sich deshalb den negativen Gedanken nicht verkneifen: »Es wird ja doch nichts draus!« Wie aber wollen wir dann diese tatsächlich aufregende Verheißung aus Gottes Wort einordnen: »... so wird er dir geben, was dein Herz wünscht!« (Psalm 37,4), wenn ja sowieso nichts draus wird? Wenn es über das »Übliche« niemals hinausgeht?

Als die zwei Blinden damals zum Herrn Jesus kamen, war ihre Bitte etwa: »HERR, wir brauchen einen neuen Blindenstock und einen etwas größeren Bettelnapf«? Keineswegs! Auf die Frage nach ihrem Wunsch kamen sie zur Sache, die ihre ganze Existenz umfasste: »HERR, wir möchten sehen können!« Und was passierte? Der HERR rührte, innerlich bewegt, ihre Augen an, und sie sahen! Als Hanna Gott sehnsuchtsvoll um einen Sohn bat, wurde ihr gesagt: »Der Gott Israels wird deine Bitte erfüllen!« (1. Samuel 1,17). Dem König David wurde zugerufen: »Der Herr erfülle alle deine Bitten!« (Psalm 20,6). Ganz kühn und freimütig betete Jabez zu seinem Gott und sagte: »Dass du mich doch segnen und mein Gebiet erweitern mögest und deine Hand mit mir sei und du das Übel von mir fern hieltest, dass kein Schmerz mich treffe! Und Gott ließ kommen, was er von ihm erbeten hatte« (1. Chronik 4,10). Jabez – du Glücklicher!

Was aber ist mit all den vielen unerfüllten Bitten? Was mit den berechtigten Wünschen, an denen Gott doch auch gelegen sein muss: die Rettung der Angehörigen? Der geistliche Zustand der Gemeinde? Ehe und Familie? Das Funktionieren des Geschäfts? Das Verhältnis zu den Nachbarn? Die Gesundheit? Und vieles mehr? Eins ist sicher: Unser Vater im Himmel sorgt für Überraschungen! Und es freut ihn, seinen Kindern Gutes zu tun. Doch Ungeduld bringt nichts als Niederlagen! Der Glaube dagegen kann abwarten! Kann es nicht sein, dass Gott in seiner Weisheit gewisse Schwierigkeiten zulassen muss, um uns für die Erfüllung unserer Wünsche reif zu machen?

Lass daher getrost deine Bitten und Wünsche vor dem Herrn Jesus liegen. Er wird handeln! Zu seiner Zeit. Auf deinen Glauben hin wird er antworten. Meinst du etwa, er käme zu spät? Hast du Mut, ihm mit der Erfüllung deiner Bitte auch den Zeitpunkt der Erhörung seiner liebevollen und weisen Führung zu überlassen? Eine Blüte braucht Zeit, sich im Sonnenschein zu entfalten. Wenn wir jedoch voller Ungeduld Gott unsere Wünsche abtrotzen, bringt es uns wie der Nachtfrost um die schönsten Früchte.

9. Februar

Sei nicht beunruhigt!

Verzweifelt drehen die Mächtigen am Steuerruder der Weltwirtschaft. Die Wende wird kommen, versichern sie immer wieder! Doch die täglichen Begleiter sind Angst, Befürchtung, Unsicherheit. Nach dem Wohlstand der letzten Jahrzehnte gerieten Gott, seine Gebote und sein Wort immer mehr ins Abseits. Die Folge: Zerfall öffentlicher Moral, Zunahme von Abtreibungen, Verbreitung von Pornografie, Legitimierung sämtlicher Perversitäten, sexueller Missbrauch von Kindern und Jugendlichen, Gewalt an Schulen, Rücksichtslosigkeit auf den Straßen, Mobbing am Arbeitsplatz. Und zu Hause? Der Vater ist nicht mehr Vater, die Mutter nicht mehr Mutter und das Kind nicht mehr Kind. Überall Chaos – ohne Ende! Man könnte resignieren, wenn man nicht trotz aller Hoffnungslosigkeit in dieser Welt um die rettende Botschaft Jesu wüsste.

Gehören Gotteskinder nicht der größten und glaubwürdigsten Friedensbewegung an? Haben sie doch einen Friedensfürsten in Jesus, ihrem HERRN, der nicht nur vom Frieden redet, sondern demjenigen wahren Frieden gibt, der sich ihm zuwendet. Wir Christen sind aufgefordert, das Evangelium voller Glaubensüberzeugung und mit praktischem Einsatz weiterzusagen. Mutmachend ruft der HERR auch dir dieses Verheißungswort zu: »**Ich werde über meinem Wort wachen, es auszuführen!**« (Jeremia 1,12). Es ist eine Freude, wenn man etwas von der Aussagekraft dieses Gotteswortes persönlich verspürt. Vertraue darauf, dass der HERR auch in deinem Leben seine Zusagen einlösen wird. Glaube doch nicht, dass ausgerechnet du von seinen Verheißungen ausgeschlossen bist. Der HERR wacht über seinem Wort und über deinem Leben. Er hält, was er zugesagt hat!

Viele merken, dass der Druck in unserer Gesellschaft zunimmt. Doch Christen dürfen nicht vergessen, dass sie nur bestehen können, wenn sie die innere Stabilität des Glaubens dagegensetzen. Nur dann werden sie nicht von den Umständen des Lebens erdrückt. Die innere Glaubenskraft sollte überprüft, das Sendungsbewusstsein erneuert werden. Ein Autoreifen hat sehr bald sein Profil verloren, wenn er nicht genug Innendruck hat. Schlaffe Reifen sorgen für unsichere, gefährliche Fahrt. Unfälle häufen sich.

Da erzählte mir neulich jemand von einer Glaubensschwester, die ihr Vertrauen auf Gott unter Beweis stellte. In einem Gespräch fragte jemand: »Sag mal, in solch einem einsamen Haus kannst du ruhig schlafen? Hast du keine Angst?« Sie schüttelte den Kopf und meinte vergnügt: »Hat der HERR nicht zugesagt, dass er über uns wacht? Kann ich dann nicht ruhig schlafen, wenn er seine Augen über mir offen hält? Zwei brauchen doch nicht zu wachen, mein HERR **und** ich.«

10. Februar

Vergiss das Danken nicht!

Unbewältigte Vergangenheit, leidvolle Erfahrungen, Enttäuschungen, oft schmerzhafter als ein Wespenstich. Jeder weiß, je mehr man daran herumdoktert, desto schlimmer wird es. Ja, es gibt auch Wespenstiche in der Seele, mit denen wir unsere Not haben. Wir kratzen uns wund daran. Es sind schmerzende Gedanken, die uns nicht loslassen wollen. Glücklicher Joseph, denn er bekennt: **»Gott hat mich vergessen lassen alle meine Mühsal«** (1. Mose 41,51).

Und wir? Es wird weitergegrübelt, nach dem gegraben, was uns innerlich fertig macht. Es wird alles nach oben gebuddelt, was in der Seele an leidvoller Erinnerung schlummert. Wie dumm wir doch sind! Vergessen allzu oft das Gute – halten krampfhaft fest, was uns kaputtmacht. Doch dagegen hat Gott etwas. Deshalb heißt es in Psalm 103,2: »Vergiss nicht alle seine Wohltaten!«

Hast du vergessen, wie gnädig der HERR ist? Hast du vergessen, dass Gottes Arm allmächtig ist und er in allem HERR deiner Lage ist? Er bringt den stärksten Feind zur Strecke. Hast du vergessen, dass er ein Gott der Wunder ist und es keinerlei Anstrengungen bedarf, seine

Allmacht unter Beweis zu stellen? Sieh, wie wunderbar Gott sein Volk 40 Jahre durch die grausame Wüste geführt hat: ohne Flickschuster und Schneider, ohne Fußpflegestation und Ambulanz. Hast du vergessen, dass das Himmelsbrot nahrhafter und bekömmlicher war als jede Astronautenkost? Hast du vergessen, wie er auch dich so liebevoll bei der Hand genommen und dir immer wieder Mut zugesprochen hat, als dein Lebensschiff zu kippen drohte? Hast du vergessen, wie wunderbar er dich gerettet hat, als du ihm dein schuldvolles Leben zu Füßen gelegt hast? Hast du vergessen, dass er dir alle deine Sünden vergeben hat? Hast du vergessen, dass Gottes Heiliger Geist nun auch in dir wohnt und dich aus Gnaden zu einem Leben befähigt, das Gott ehrt? Hast du vergessen, dass darum dein Leben ein Tiefbrunnen Gottes sein soll, angeschlossen an die Quellen des Himmels, damit Ströme lebendigen Wassers von dir ausgehen? Hast du vergessen, in welch herrlichen Gnadenstand Gott dich gerufen hat und du in dem wunderbaren Namen Jesus herrliche Siege erringen kannst? Hast du vergessen, dass dein Gott eine ewig feste Größe für dich ist, mit der du in jeder Situation felsenfest rechnen darfst? Ich bin ganz sicher, dass du diese Reihe göttlicher Wohltaten fortsetzen könntest. Du solltest es tun!

Der Herr Jesus möchte zu deinen froh machenden Erfahrungen noch andere hinzufügen. Der Blick auf Gottes Treue ist die beste Weise, seine Seele mit neuem Glaubensmut zu füllen. Nur wer sich die Wohltaten Gottes von gestern in Erinnerung ruft, ist fähig, auch heute mit Jesu Allmacht zu rechnen. Auch das Leben stellt uns Rechenaufgaben. Doch eine Größe sollten wir bei allen Überlegungen fest im Gedächtnis halten: Die Güte Gottes hat kein Ende! Seine Gnade ist jeden Morgen neu – auch heute!

11. Februar

Fluch in Segen verwandelt

Es gibt Umstände, die können wir nicht ändern, wie bitter sie auch sein mögen. Wer sich jedoch in die Unabänderlichkeit zu schicken gelernt hat, ist ein in Geduld geübter Mensch. Doch es gibt Lasten, die können uns erdrücken. Es gibt Ängste, die rauben uns die Nachtruhe und den Herzensfrieden. Oft ist das Drohen und Wüten des Feindes so stark, dass wir keinen klaren Gedanken fassen können. Die Übermacht des Gegners erdrückt uns. Mutlos ergeben wir uns und verzagen, weil kein Stern mehr leuchtet. Doch wie verheerend auch dein Leben verlaufen ist, wie niedergewalzt deine Hoffnungen am Boden liegen – Gott kann das Unabänderliche umkehren: **»Gott hatte den Fluch in Segen verwandelt!«** (Nehemia 13,2).

Wie damals bei dem Volk Israel in 4. Mose 24,10 will er es auch bei dir machen. Aus dem bedrückenden Dunkel soll Licht werden. Aus Niederlagen Siege. Aus Traurigkeit Freude. Raffiniert hatten die Gegner damals die Sache eingefädelt: Bileam sollte Israel verfluchen. Doch der HERR hielt seine Hand dazwischen. Statt Fluch kam Segen über Israel. Gottes Gnade behält auch in deinem Leben die Oberhand. Verzage nicht! Ganz gleich, wie hoch der Pegel der Befürchtungen steigt. Ganz egal, wie bedrückend die dunklen Fakten sind: Gott kann umkehren, was dein Leben zur Qual macht. Bei Gott gibt es kein »Aus und Vorbei«! Bei ihm ist kein Ding unmöglich.

Doch beachte die Bedingung: Als Gottes Volk sich reinigte, als Vermischung aufgedeckt und unheilige Verbindungen gelöst wurden, wendete Gott ihre Situation. Sind wir bereit, Missstände mutig abzuändern? Betrübliche Verhältnisse, soweit es an uns liegt, zu ordnen? Wie schade, wenn wir uns um die vielen, vielen Segnungen bringen, nur weil wir nicht bereit sind, die längst fällige Wende einzuleiten! Der Teufel schlägt die Herzen oft deswegen mit Mutlosigkeit, weil er ein Meister der Verdrehung ist. Zuerst verharmlost er immer die Sünde. Doch danach bedrängt er dich mit niederdrückenden Vorwürfen. Doch wo Herzen sich vor dem Herrn Jesus beugen und mutig mit seiner Gnade rechnen, bricht die Sonne durch alle Nebelbänke der Dunkelheit. Da verwandelt er den Fluch in Segen.

Meinst du, deine jetzige Situation sei zu verzwickt? Der Wollknäuel deiner negativen Erfahrungen zu verworren? Meinst du etwa, Gott hätte für dich keine Lösung bereit? Meinst du, du wärest der Erste, an dem Gottes Gnade wirkungslos bliebe? Die Gnade Gottes hat dort ihren hellsten Schein, wo die Dunkelheit rabenschwarz die Gemüter beschwert.

Wir haben einen wunderbaren HERRN! Es gibt einen Neuanfang! Er will den Fluch in Segen verwandeln. Er kann drehen und wenden, was dir zu schwer erscheint. Nur vertrauen musst du ihm. Die Botschaft des Kreuzes Jesu ist der stärkste Beweis der Liebe Gottes!

12. Februar

Wirf nicht die Brocken hin!

Wie wohltuend: Gottes Auge wacht liebevoll über dir! Er weiß, was deine Seele im Moment bewegt. Deine Gedanken kennt er von fern. Auch die Befürchtungen der letzten Tage sind ihm nicht entgangen. Er hat alles registriert: deine innere Verstimmung, deine Niedergeschlagenheit, auch die miese Stimmung an deinem Arbeitsplatz ist ihm nicht entgangen. Was auch immer dein Problem ist: Wirf die Brocken nicht hin!

Wie oft habe ich über die Bemerkung des Herrn Jesus nachdenken müssen, wenn er in Matthäus 6,34 sagt: »Jeder Tag hat an seinem Übel genug.« Sorgen und Querelen gehören nun einmal zum Alltagsgeschäft. Doch Gott ist ja so treu! Meinst du, er würde zulassen, dass du über deine Tragkraft hinaus bedrängt wirst? Nein, er lässt nicht zu, dass du unter deinen Lasten zerbrichst. Und wenn dein Glaube hin und wieder auf die Probe gestellt wird? **»Er schafft den Ausgang, so dass du es ertragen kannst!«** (1. Korinther 10,13).

Und nun sei zuversichtlich! Am Ende steht nicht die Pleite. Deine Felle schwimmen nicht davon! Es kommt nicht zur befürchteten

Katastrophe. Gib darum nichts auf das Geschwätz des Teufels. Er ist ein Dauerredner! Sein Theater kennen wir, und seine Gedanken sind uns nicht unbekannt. Er verspritzt das Gift der Mutlosigkeit. Er kann es nicht ertragen, wenn du dein totales Vertrauen auf deinen HERRN setzt. Was wirst du nun tun? Sieh dir den herrlichen Ausgang jener an, die es mit ihrem HERRN gewagt haben (Hebräer 13,7)! Schau hin auf das, womit ihr Leben gekrönt wurde. Nimm dir ihren Glauben zum Vorbild. Selbst in den heikelsten Situationen vertrauten sie ihrem Gott. Sie durchschauten die Intrigen des Feindes und entlarvten die Manöver ihrer Gegner. Gewiss war auch so manche durchbetete Nacht nötig! Sie bezahlten den Preis wahrer Hingabe. Doch dann sangen sie aus frohmachender Erfahrung: »Ihn, ihn lass tun und walten, er ist ein weiser Fürst und wird sich so verhalten, dass du dich wundern wirst.« Wundern? Ja, wundern! Denn Gott macht keine halben Sachen.

Glaubst du diesem starken und allmächtigen Gott, dass er auch in deinem Leben Wunderbares tun kann? Es kostet ihn weder Mühe noch Aufwand, dich in Staunen zu versetzen. Meinst du, dass er wie wir die Brocken hinwirft, weil ihm etwas misslingt? Sei dir ganz sicher, dass er das angefangene Werk zu Ende bringt. Auch bei dir! Gott wirft dich nicht in die Ecke wie der Töpfer den missratenen Tonklumpen. Sei daher nicht mutlos, wenn dich deine Schwachheit und dein Versagen anklagen. Gottes Gnade reicht auch für dich aus. Und wenn dich der Herr Jesus Wege führt und das Leben Entscheidungen von dir fordert, deren Ausmaß und Ende du nicht kennst: Er hält für dich wunderbare Wege bereit! Am Ende aller Glaubensproben steht die Erweiterung deiner geistlichen Persönlichkeit. Vergiss das nie!

Gib dem Herrn Jesus Raum zum Handeln. Begrenze ihn nicht durch Unglauben und Zweifel. Dann wird er sich dir ganz gewiss als der Wunderbare erweisen. Gott wird auf deinen Glauben antworten!

13. Februar

Greif endlich zu!

»Dir gehört das Land!«, sagt der HERR. Bist du bereit, deinen Fuß darauf zu setzen? Hast du Mut, neue Glaubenserfahrungen mit ihm zu machen? Oder willst du dich ängstlich ins Mauseloch verkriechen? Damals hörte das murrende Volk Israel die Stimme Gottes: »Geht wieder zurück in die Wüste!« Sie waren nicht bereit, ihr Land einzunehmen. Und das hieß: 40 Jahre nutzlos für den HERRN zu sein! Willst du das? Dir gehört das Land! Nimm es in Besitz, pack zu! Interessant, was Gott daraufhin seinem Volk verspricht: **»An diesem Tag will ich anfangen ...!«** (5. Mose 2,25).

Gott wartet also darauf, dass wir endlich anfangen, damit er anfangen kann. Das heißt ja nicht, dass wir dem HERRN vorauslaufen sollen. Im Gegenteil! Wir sind zur Nachfolge aufgerufen. Da aber nun Auftrag und Verheißung längst feststehen, sollte der Glaube endlich aktiv werden und Gottes Zusagen zu seinem persönlichen Besitz machen. Und nun ehre den Herrn Jesus durch Vertrauen, indem du **»anfängst«**! Oder erwartest du gar nichts mehr von ihm?

Sagst du vielleicht: »Das ist ja alles gut und schön, aber leben wir nicht in der Endzeit?« Richtig! Aber damit ist doch nicht gesagt, dass der HERR am Ende ist, wenn wir von Endzeit reden. Im Gegenteil! Unser HERR tut Großes. Auch in unseren Tagen. Sein Name heißt »Wunderbar«!

Wirf daher die Krücken negativer Erfahrungen im hohen Bogen von dir. Nimm den Stab des Glaubens in deine Hand. Fang an! Vielleicht zuerst bei dir selbst, dann in deiner Familie. **Dann** wird Gott anfangen, seinen Namen groß zu machen trotz aller widrigen Umstände. Doch zuvor musst du deinen Fuß auf das Land der Verheißung setzen. Erst dann wird Gott handeln.

Wie das aussieht? Mach klare Bahn für deine Füße. Wälze deine Sorgen auf den HERRN. Vergiss die niederdrückenden Erfahrungen von gestern. Bezeuge unerschrocken den Herrn Jesus als deinen HERRN und

Erlöser. Er wird deinen Glaubensmut belohnen. Wage den »Angriff der Liebe« auch dann, wenn dir nur Ablehnung und Kränkung begegnen. Der Herr Jesus wird dich mit seinem Trost beglücken. Gib dich ihm hin, und er wird seine Segnungen über dich ausgießen.

Mose musste zuerst seinen Stab erheben, und **dann** teilten sich die Wasser des Roten Meeres (2. Mose 14,16). Petrus musste zuerst den Fuß auf das Wasser setzen, und **dann** erfuhr er, dass das Wasser für ihn »Balken« hatte (Matthäus 14,29). Paulus musste zuerst dem Wahrsagergeist im Namen Jesu gebieten, und **dann** erfuhr er Gottes souveränes Eingreifen (Apostelgeschichte 16,18).

Durch Zittern und Zagen gewinnen wir keinen Quadratmeter Land. Lass uns aufstehen und für den HERRN handeln! Jeder an seinem Platz. Gotteskind, lass dich ermutigen! Dein HERR ist mit dir, wenn du mit ihm bist. Glaube darum seiner Verheißung: »Siehe, ich bin immer und überall bei euch!« (Matthäus 28,20).

Darum fürchte dich nicht!

14. Februar

Jesus, Name über alle Namen!

Ein einziges Mal mit dem Herrn Jesus auf dem Berg sein! Und das möglichst weit über den Wolken. Ach, wäre das schön! Einmal alles im Tal der Kämpfe zurücklassen, was uns niederdrückt: Sorgen, Verpflichtungen, Ängste, Enttäuschungen, Krankheiten, tränenfeuchte Taschentücher. Und dann nur noch eins: den Herrn Jesus anschauen. Wie damals: **»... sie sahen niemand als Jesus allein!«** (Matthäus 17,8).

Viele leiden unter der geistlich völlig verwirrten Welt. Machen wir uns nichts vor: Das Rad des Zeitgeistes dreht keiner mehr zurück! Von wegen geistlich-globale Erneuerung unserer Gesellschaft. Von wegen mehr Menschenwürde. Das Gegenteil ist der Fall: Lasterleben, Sexskandale, Kriminalität, Gewalt, Okkultismus, pervertiertes Denken. All das füllt allabendlich die gemütlichen Wohnzimmer via Fernsehen. Und ganz nebenbei fordert die Droge, der stille Killer unserer Gesellschaft, ein Opfer nach dem anderen. Und die Christenheit?

Es ist erschreckend, dass ihr der Name aller Namen – JESUS – längst auf den spröden Lippen erstorben ist. Stattdessen schwadroniert sie – merkwürdig angeregt – über neue Heilslehren, spektakuläre Visionen, Geistesaufbrüche, wundersame Erfahrungen, ist fasziniert von angeblichen Jenseits-Erlebnissen, versucht sich in Traumdeutungen, redet von wundersamen »Heilkräften«. Und das alles, ohne auch nur einmal den Namen Gottes in den Mund zu nehmen. Da freut man sich, dass nun auch wissenschaftlich bewiesen ist, dass das Gebet Menschen verändert. Ja, wo sind wir denn? Tatsache ist doch, dass der Teufel massenweise unbefestigte Seelen wie ein ankerloses Schiff vom Ufer holt und in sein Schlepptau nimmt. Auch unter Christen macht er gewaltig Beute!

Lass uns vor dem Herrn Jesus niederknien und Buße tun! Lass uns ihm neu unser Leben weihen! Sein ewiges Wort und seine Ehre stehen auf dem Spiel. Während vielleicht drinnen in den Gemeinden ein Festprogramm nach dem anderen abläuft und »Jesus gefeiert« wird, steht er draußen vor der Tür, klopft an und sehnt sich nach Gemeinschaft mit uns. Doch die Gemeinde von heute hat ihren HERRN durch ihr unglaubwürdiges Leben lächerlich gemacht. Ist das noch unsere Glaubensüberzeugung: »Jesus ist alles, alles mir?«

Eigentlich könnten wir doch mit unserem Herrn Jesus überall auftrumpfen! In ihm haben wir schließlich alles: Vergebung der Sünde, das ewige Leben, ein Vaterhaus im Himmel, Frieden mit Gott. Wir haben ewigen Trost und herrliche Hoffnung, Freude im Heiligen Geist, Gewissheit in widrigsten Umständen, wahres Leben, wo uns sonst nur Hoffnungslosigkeit anstarrt. Kraft, trotz aller Schwachheit. Gottes Liebe, die in unsere Herzen fließt. Zuversicht, wenn alle Lampen erlöschen! Was willst du mehr? Komm daher zur inneren Ruhe. Lass dir von nichts und niemandem den Namen, der über jeden Namen ist, vernebeln: **JESUS!**

15. Februar

Punktlandung

So, das saß! Mit göttlicher Vollmacht schleudert Elia dem König Ahab ins Gesicht: »Es gibt keinen Regen, es sei denn auf mein Wort!« (1. Könige 17,1). Wie war die Reaktion? Elia packt schleunigst die Sachen. Sein Auftrag ist beendet – jedenfalls hier. Nach Osten schickt Gott ihn, dort soll er sich am Bach Krit, direkt vor dem Jordan, verstecken. Verstecken? Und was wird mit seiner Versorgung? Lebensmittelgeschäfte gibt es da keine.

Hört sich diese Zusicherung Gottes nicht allzu fantastisch an, wenn er sagt: **»Ich habe den Raben geboten, dich dort zu versorgen«** (1. Könige 17,4). Raben? Gott will Raben als Flugpersonal einsetzen? Raben, die lautlos durch die Lüfte gleiten, um mit einer Punktlandung einen Mann mit Lebensmitteln zu versorgen? Wo die Raben wohl die guten Happen herholen? Etwa von den Auslagen eines Feinkostgeschäftes, vom Wochenmarkt oder vom Tisch eines Reichen, der irgendwo auf der Terrasse ein Fest feiert? Gott hat sonderbare Wege. Elia mag bei seinen Überlegungen den Kopf geschüttelt haben.

Jeder von uns kennt solche Stunden am »Bach Krit«. Nichts geht mehr, wie bei Elia. Sorgenvolle Überlegungen scheuern sich dann aneinander – berechtigte Gedanken: Was wird nun aus mir? Wie wird mein Problem gelöst? Am liebsten jetzt Ärmel hochkrempeln, irgendetwas unternehmen, irgendetwas. Bloß nicht rumsitzen. Doch Gott hat oft sonderbare Wege der Versorgung seines Volkes. Er benutzt gern außergewöhnliche Strategien, um uns zur Hilfe zu eilen. Er tut gern Wunder, damit wir uns wundern. Denke daran, auch in den ausweglosesten Situationen kommt dir Hilfe »von oben«, und wenn es das göttliche Sonderkommando der Raben ist! Gott kann sogar den Vögeln befehlen, dass sie das tun, was ihm gefällt: deinen Tisch decken. Das Fantastische daran ist, dass diese Geschöpfe ihm gehorchten.

Und wir? Gehorchen fällt uns oft recht schwer. Befinde ich mich an dem Platz, an dem mein Gott mir seine Hilfe versprochen hat? Mir ist das kleine Wort »dort« so wichtig, »... dich **dort** zu versorgen!« Wer sich an dem Platz befindet, an den Gott ihn gestellt hat, muss sich nicht wegen seiner Existenz den Kopf zerbrechen. Gott lässt keinen im Stich, der ihm vertraut. Sein Versorgungsdepot ist intakt! Nur die Ruhe bewahren, denn Gottes Stunde kommt bestimmt! Die Flugschneisen sind frei für Gottes wunderbares Eingreifen. Elia blieb nur eins: im Glauben abzuwarten. Aber – genau das fällt uns schwer! Sollte es aber nicht. Wir bringen uns sonst um die herrlichsten Erfahrungen.

Übrigens: Auf Menschen, Gremien, Konzepte, Strategien und ausgeklügeltes Gemeinde-Management ist kein Verlass. Je abhängiger wir von unserm HERRN sind, desto unabhängiger sind wir von Menschen. Verlass dich auf den HERRN von ganzem Herzen ... und er wird dich recht führen. (Lies Sprüche 3,5-6!)

16. Februar

Hilfe in Sicht!

Damit hatte der Prophet Hesekiel nicht gerechnet. Diese Gottesbegegnung war so unmittelbar, dass er geschockt auf sein Gesicht fiel. Doch dann hörte er Gottes Stimme: »Menschensohn, **stelle dich auf deine Füße, und ich will mit dir reden!**« (Hesekiel 2,1). Ich bin sicher, Hesekiel war in diesem Moment unfähig, sich auch nur einen Finger breit vom Fleck zu rühren. Immer dann, wenn Gott sich uns in seiner Heiligkeit offenbart, erschrecken wir. Das Gefühl totaler Unwürdigkeit, Hilflosigkeit und Ohnmacht packt uns. In seiner heiligen Gegenwart verstummt alles. Da ergreift uns Zittern, und wir rufen mit Hiskia: »O Herr, ich bin in Bedrängnis! Tritt als Bürge für mich ein!« (Jesaja 38,14).

Und nun kommt das Bewundernswerte. Gott behandelt seinen zitternden Freund Hesekiel so liebevoll, so barmherzig. Er hilft ihm, das zu tun, was er aus eigener Kraft nicht kann: **Aufstehen!** Die Bibel sagt nun nicht: »Hesekiel aber rappelte sich auf.« Im Gegenteil! Hesekiel bekennt: »Und als er zu mir redete, kam der Geist in mich und stellte mich auf meine Füße; und ich hörte den, der zu mir redete« (Hesekiel 2,2). Wie tröstet doch dieses Bewusstsein, dass es der HERR selbst ist, der sich über die Schwachen erbarmt. Er ist es, der uns bei der Hand nimmt, um uns wieder auf die Füße zu stellen.

Sicher kennst auch du Stunden der Ohnmacht und Ratlosigkeit. Ganz bestimmt kennst auch du Augenblicke, in denen dich dein alltägliches Versagen zu Boden drücken und dich immer wieder traurig machen will. Vielleicht erinnerst du dich noch an Stunden geistlicher Hochstimmung, in denen du Gott neu die Treue geschworen hast. Aber als es darauf ankam, hast du versagt. Wie erbärmlich sind wir doch! Es ist eine der schmerzlichsten Lektionen, die man als Christ durchleben muss: »Ich weiß, dass in mir, das ist in meinem Fleisch, nichts Gutes wohnt!« (Römer 7,18).

Verzweifle nicht! Nur ein zerschlagenes und demütiges Herz gefällt dem HERRN! Nur zerbrochene Gefäße, die er reinigt und instand setzt, kann Gott gebrauchen und in seinen Dienst stellen. Je tiefer wir uns beugen, desto größer wird uns seine Gnade. Bevor Gott seinen Segen über uns ausgießt, muss es zu einer tiefen Beugung kommen. »Da fiel ich auf mein Gesicht nieder!« (Hesekiel 1,28).

Nimm dir nun genügend Zeit der inneren Stille vor dem Herrn Jesus. Suche seine Gegenwart, und der HERR wird dich »auf die Füße stellen«! Lege nieder, was dich quält, und der HERR wird deine Seele aufrichten. Vertraue neu. Glaube mit frischem Mut. Schau in sein liebendes Angesicht. Und indem du die Herrlichkeit des HERRN in seinem Wort anschaust, wird deine Seele durch Gottes Geist »auf die Füße gestellt«. Dann bist du imstande, kraftvoll den Auftrag zu erfüllen, den Gott dir gegeben hat, denn du warst in Gottes Gegenwart, und er selbst war es, der mit dir geredet hat.

17. Februar

Keinen Schritt zurück!

Stimmt's, du brauchst gerade jetzt eine ganz besondere Ermutigung? Schließlich gibt es Momente, da scheint kein Stern mehr zu leuchten. Es ist doch immer dasselbe Lied: widrige Umstände, Sorgen, Hetze, Befürchtungen, Krankheit – wie Stapelstühle türmt sich alles übereinander. Und wie schnell reagieren wir dann gereizt und überempfindlich. Kein Wunder, denn die Seelenpuste ist uns ausgegangen. Der Druck der Umstände war zu groß. Doch um auf der Straße unseres Lebens sichere Bodenhaftung zu haben, brauchen wir geistliches Profil! Sonst landen wir im Straßengraben.

Frage: Wovon bist du erfüllt? Womit beschäftigt sich deine Seele fortwährend? Du sagst vielleicht: »Ich bin im Moment leer und ausgebrannt.« Stimmt das wirklich? Sind wir nicht immer von etwas erfüllt? Und wenn es unsere negativen Erfahrungen sind. Gott fragt daher: **»Wer ist ..., der den HERRN fürchtet? Seine Seele wird im Guten wohnen«** (Psalm 25,12-13). Das Zweite bedingt das Erste. Das fortwährend kindliche Vertrauen in Gottes Treue ist wie eine starke Schutzmauer, die der Feind niemals durchdringen kann. Entweder – oder!

Als David vor Goliat stand, hatte er zwei Möglichkeiten: entweder aus Furcht vor den mächtigen Philistern mit den Soldaten Israels zu bibbern, oder Gott zu fürchten. Entweder händeringend und mit weichen Knien dem Gebrüll des Riesen zuzuhören und sich dabei den Angstschweiß von der Stirn zu wischen, oder in Position zu gehen und den Feind im Namen des allmächtigen Gottes zur Strecke zu bringen. Gottesfurcht heißt, Gottes Majestät zu ehren! Ihn das sein zu lassen, was er letztlich ist: ein liebender, heiliger, wunderbarer, allmächtiger, rettender Gott, voller Barmherzigkeit und ewiger Treue! Daher ist Gottesfurcht letztlich die göttlich-logische Schlussfolgerung: »Bei Gott sind alle Dinge möglich!« Daher treibt Gottesfurcht auch die Angst vor der Katastrophe aus. Wen diese Wahrheit im Herzen gepackt hat, der wird auch seine Seele vor Gott zur Ruhe bringen. Göttliche Gelassenheit ist die Folge. Dann wirst du feststellen: Meine Seele wohnt im Guten! Und das trotz der gewaltigen Übermacht des Feindes. Trotz allen Säbelgerassels der Finsternis.

Eigentlich schade, dass wir uns immer und immer wieder dazu verleiten lassen, auf die Gedanken des Feindes einzugehen. Wir beißen uns an tausend negativen Gedanken fest, anstatt unserem HERRN dafür zu danken, dass er uns liebt und seine Wege mit uns wunderbar und barmherzig sind. Unser Inneres ist viel zu sehr davon beeindruckt, was Menschen über uns sagen und denken. Dabei vergessen wir, wie Gott in seiner grenzenlosen Liebe über uns denkt. Damit berauben wir uns immer wieder der beglückenden Gottesoffenbarung.

Darum fürchte den HERRN und sonst niemanden auf der Welt! Keinen Schritt zurück! Wer zagt, unterliegt! Vor uns liegen Erntefelder. Es kommt der Augenblick, da werden wir unserem Herrn Jesus begegnen. Dann werden wir jede Stunde, in der wir für ihn gelebt haben, bejubeln.

18. Februar

Die neue Blickrichtung

Ratlos, haltlos, trostlos, treulos, lieblos, aussichtslos, hoffnungslos! Was denn noch alles? Welche schreckliche Erfahrung ist die nächste? Viele sind verständlicherweise niedergeschlagen. **»O Land, Land, Land, höre das Wort des HERRN!«** (Jeremia 22,29). Wie gut, dass für glaubende Christen dieses tröstende und zugleich richtungweisende Wort gilt: **»Aufrichtige schauen sein Angesicht!«** (Psalm 11,7).

David lag auch oft am Boden. Feinde hatten es auf ihn abgesehen. Wie oft hing sein Leben am seidenen Faden. Doch das hat er erfahren: Der HERR liebt den Aufrichtigen! Und was David erfahren hat, sollst auch du erleben. Es soll in deinem Leben zu einer neuen Gotteserfahrung kommen. Liegen noch Lasten auf deiner Seele? Bedrückungen auf deinem Herzen? Richte dich auf! Krieche nicht mit quälenden Selbstvorwürfen auf dem Boden herum. Beim Herrn Jesus gibt es Vergebung! Die Trümmerfelder unter dir sind in Gottes Augen nicht das letzte Wort. Schüttle den Staub der Verdrossenheit von deinen Kleidern. Schleudere die leicht umstrickende Sünde und die nagenden Zweifel von dir. Tu es im Namen Jesu. Und dann schau in Gottes Angesicht. Tu es ganz bewusst! Nur diese Blickrichtung gibt dir neuen Halt und Sicherheit.

Schon damals hat David in Psalm 11,3 geklagt: »Wenn die Grundpfeiler umgerissen werden, was richtet da noch der Gerechte aus?« Und wie viele Grundpfeiler liegen heute als Bauschutt da: in der Politik genauso wie in Ehe, Familie, Gesellschaft und Gemeinde. Doch es gibt einen Neuanfang! Aber was ist, wenn sich in dieser Welt nichts ändert? Wenn alles noch schlimmer wird und dein Umfeld dir bange macht? Richte dich auf! Hörst du! Bleibe nicht liegen. Ergreife die Barmherzigkeit Gottes. Erwarte nicht, dass sich zuerst die Verhältnisse ändern, sondern dass der HERR zuerst etwas in deinem Herzen tut. Dass er dich verändert. Dein Fuß findet Halt in Christus! Mache deinen Blick an Gottes Gnade und Treue fest. Nur dann erfüllen sich Gottes herrliche Verheißungen. Fahre wieder mutig hinaus aufs Meer. Bleibe nicht im Hafen. Der Herr hat Aufgaben für dich. Fürchte nicht die Wellen, wirf dein Netz mit neuem Mut aus, klage nicht länger. Du hast das lange genug getan. Handle im Glauben. Tu es unerschrocken. Der Herr Jesus ist mit dir.

Und die Vergangenheit? Egal, wie lange die Heuschrecken dein Leben zerfressen haben. (Lies Joel 2,25!) Egal, wie armselig deine Glaubensschritte, wie kümmerlich die Ergebnisse deiner Mühen bis heute waren. Für Aufrichtige gibt es ein Neues! Das gilt sowohl für den Einzelnen als auch für ein Volk, für eine Gemeinde, für Ehe und Familie. Wir müssen nur von Herzen umkehren! Hierin liegt unser Heil. Umkehren bis zum HERRN hin. Nur dann wird er das Zerbrochene heilen. Nur dann! Wer liegen bleibt, sündigt, weil er dem Feind das Feld überlässt.

Fürchte dich nicht! Auch wenn noch manches Auf und Ab deine Gefühle bedrängen wird. Es bleibt dennoch bei dieser frohmachenden Tatsache: Aufrichtige schauen sein Angesicht!

19. Februar

Nicht grämen – glauben!

Es hatte ihn gepackt. Der auferstandene Christus war ihm begegnet. Und jetzt brannte das Herz des Paulus lichterloh. Der Herr Jesus hatte in sein Leben eingegriffen. Das änderte alles! Von Grund auf! Und nun lebte er nur noch für einen Namen: JESUS! Für ihn glühte sein Herz. Sein Eifer für diesen Namen war wie ein Steppenbrand. Seine Hingabe eine einzige Liebeserklärung. Es verschlug ihm den Atem, wenn er über die Liebe Gottes nachdachte. Es riss ihn in die Knie, weil er den Triumph der Gnade Gottes in seinem Leben erfahren hatte. Darum sollte sein Leben allein dem Herrn Jesus gehören. Nur das befriedigte ihn.

In allem suchte er, seinem HERRN zu gefallen. Darum konnte er nicht ertragen, wenn sich die Gläubigen in ein fremdes Joch mit Ungläubigen spannen ließen. Es schmerzte ihn, wenn sich Christen an den Quellen der Welt vergifteten. Es zerriss ihm das Herz, wenn er die faulen Kompromisse sah, die die Erwählten Gottes mit der Welt eingingen. Er sah, wie sich die Gemeinde Gottes in gefährliche Irrtümer verstrickte. Und weil er die Tricks Satans kannte, trieb ihn die Sorge um die Gemeinde immer wieder auf die Knie. Er wollte sie seinem HERRN als reine Braut entgegenführen. Darum war er Tag und Nacht im Einsatz. Jeden Einzelnen hatte er in brennender Liebe und oft unter vielen Tränen ermahnt: Bleib dem Herrn Jesus treu! Wie eine liebende Mutter hatte er die Schwachen getröstet. Mit unendlicher Geduld Leid und Entbehrung auf sich genommen. Doch bei allem wusste er sich innig von seinem HERRN geliebt. Im Herzen überglücklich jubelte er: **»Der mich geliebt und sich selbst für mich hingegeben hat!«** (Galater 2,20).

Und wir? Bei vielen brennt die Liebe zum HERRN schon lange nicht mehr. Die Sünde hat die geistliche Frischluftzufuhr von oben verstopft. Gefährliche Müdigkeit macht die Nachfolge lustlos und bleiern. Das Gebet ist erloschen. Die Leidenschaft für Christus hat der Lust der Welt Platz gemacht. Doch jeder will in den Himmel. Jeder will belohnt werden, will als Sieger durch das Tor der Herrlichkeit gehen. Doch ohne

Heiligung wird niemand den HERRN schauen! Du aber lass dich zu neuer Hingabe ermutigen. Weil der Herr Jesus sein Leben für dich gegeben und er die ewige Herrlichkeit für dich bereitet hat, sollte kein Opfer für ihn zu groß sein. Fühlst du Schwachheit? Es ist genug Gnade für dich da! Bedrücken dich Sorgen? Bei Gott sind wunderbare Auswege! Umschleicht dich Zukunftsangst? Fürchte dich nicht! Macht dir die Gesundheit zu schaffen? Er gibt Gnade und Kraft für jeden Tag. Grämst du dich um deine Kinder? Deine Gebete bleiben nicht unerhört! Glaube nur! Dein Vertrauen wird am Ende belohnt! Seufzt du unter Einsamkeit und Alleinsein? Der HERR verlässt dich nicht! Fühlst du dich unverstanden und ungerecht behandelt? Dem HERRN ist dein Recht nicht entgangen!

Doch bei allem vergiss nie, dass du vom Herrn Jesus innig geliebt wirst! Das Kreuz von Golgatha ist der Beweis. Was für ein wunderbarer HERR! Ihn von Herzen wiederzulieben – sollte dein einziger Gedanke sein.

20. Februar

Es geht um alles!

Christliches Abendland, wo bist du hingekommen! Wo sind die Männer und Frauen, die sich couragiert gegen den Trend der Zeit stemmen? Wo ist noch die Stimme des Rufers in der Nacht zu hören, der dem Volk die heiligen Gebote Gottes vor Augen hält? Wo sind die Glaubenshelden, die sich nicht schämen, die Schmach Christi zu tragen? Wo? Die Stimme der Hirten, der geistlichen Leiter der Gemeinde ist kaum noch zu hören: »Her zu mir, wer für den HERRN ist!« (2. Mose 32,26). Ist der Herr Jesus, der Himmel und Erde gemacht hat, etwa einer unter vielen geworden? Lohnt es sich etwa nicht mehr, für ihn Partei zu ergreifen und mutig für ihn herauszutreten?

Vielen ist es peinlich geworden, in aller Öffentlichkeit auf der Seite Jesu zu stehen. Merkwürdig, wie oft hören wir die Parole: »Bloß nicht anecken, nur nicht auffallen! Bloß nicht so direkt den Namen Jesus in die Debatte werfen. Lasst uns lieber von Gott reden. Damit provozieren wir niemanden.« Doch der Name Jesus **ist** Provokation gegenüber der Welt und der Finsternis. Wo der Name Jesus Christus genannt wird, scheiden sich die Geister. Merken wir denn nicht, dass die religiösen Einheitsbestrebungen der unbiblischen Ökumene die Gemeinde umfunktionieren wollen? Fatal: Es gelingt dem Teufel zunehmend, das Evangelium als religiöse Mogelpackung zu verkaufen: Wohlstandsevangelium – Wohlfühlbotschaft für unsere ach so abgerackerte, vom Stress geplagte Gesellschaft. Doch die Kreuzesbotschaft Jesu Christi hat einen anderen Inhalt. Sie spricht von Gottes unendlicher Liebe, von seiner Erlösung, von der Sünde und vom ewigen Tod. Sie spricht von Gottes Heiligkeit, von Gericht und ewiger Verdammnis. Sie proklamiert die herrlichste Siegesbotschaft, die es jemals gab: Gott hat Frieden gemacht durch das Blut seines Sohnes Jesus Christus am Kreuz von Golgatha. Jesus Christus starb für dich! (Lies Jesaja, Kapitel 53!)

Kann man sich an diese frohe Nachricht etwa gewöhnen, dass der Himmel dem Glaubenden offen steht? Dass die ewige Versöhnung mit Gott möglich ist? Wie ist es dann zu verstehen, dass trotz der hohen himmlischen Berufung viele dem Herrn Jesus dennoch die Treue brechen? Zu ihm auf Distanz gehen und mit ansehen, wie man sein Wort mit Füßen tritt? Hat man nicht jahrelang auf Jugendtagen und Bibelkonferenzen proklamiert: Jesus zuerst! Jesus allein!? Massenchöre haben vor Jahren bei Großevangelisationen noch gesungen: »Gottes Volk darf nie ermüden, kämpfen muss es Tag für Tag. Rufen falsche Wächter Frieden: Volk des HERRN, bleib immer wach!« Und jetzt? Stattdessen erfolgt ein Dammbruch der Sünde nach dem anderen. Unsere Generation ertrinkt in den Fluten der Welt. Es schrillen die Alarmsignale! Wo ist jetzt die Treue der Erlösten? Wird es etwa auch von unserer Generation einmal heißen: »Sie verließen ihn alle!«?

Lass uns um ein geistliches Erwachen ringen. Es geht um die Ehre unseres HERRN! Es geht um die Wahrheit des herrlichen Evangeliums. Es geht um die Frucht, die seinen Namen verherrlicht! Der Herr Jesus segne dich!

21. Februar

Lieder in der Nacht!

Die Nacht scheint endlos. Das Kopfkissen ist zerwühlt. Bleierne Gedanken mahlen immer noch in den beiden Gehirnhälften. Wie sehnt man sich da nach dem ersten Lichtschein! Es gibt tausenderlei Dinge, die uns den Schlaf rauben. In den Nächten scheinen die Gedanken besonders schwer zu wiegen. Der Wollknäuel der aufgewickelten Überlegungen will oft kein Ende nehmen. Hunderterlei Fäden flitzen wie beim Stricken durch die Finger: eins rechts, eins links, eins fallen lassen. Dabei erfinden unsere Vorstellungen die merkwürdigsten Strickmuster. Ein wahres Wirrwarr. Was tun in solchen Nächten?

Glaubst du, dass Gott auch in den Nächten Lobgesänge geben kann? Nur so kann ich den Vers verstehen: **»Wo ist Gott, mein Schöpfer, der Lobgesänge gibt in der Nacht?«** (Hiob 35,10). Nein, nicht alles im Leben endet mit einer wohlklingenden Melodie. Manchmal bleiben auch uns die Scherbenhaufen nicht erspart. Dabei sah doch am Anfang alles so gut aus. Die Kinder spurten, der Beruf funktionierte. Es ging alles nach Plan. Doch keiner konnte verhindern, dass plötzlich graue Sorgenwolken das Leben verdunkelten. Vielleicht durch Krankheitssorgen, durch eine bedrückende Situation oder eine schlimme Nachricht? Und dann? Auf einmal war es finstere Nacht. Wo war Gott?

Der Mann in der Bibel erinnert sich: »Gott, mein Schöpfer, gibt Lobgesänge!« Nein, nicht nur auf den in der Sonne glitzernden Berggipfeln oder am Strand von Hawaii! Das wäre ja schließlich leicht vorstellbar. Nein, auch mitten in der Nacht! Wenn alles zu heulen beginnt und die Katastrophe nicht abzuwenden ist, hat Gott andere Töne. Wehe dem, der sich in den Nächten seines Lebens vom Feind belügen lässt: »Es ist aus mit dir! Dein letztes Stündlein hat geschlagen!« Nein, keine Nacht kann so dunkel sein, dass nicht Gottes Licht die Finsternis erhellt! Vielleicht muss es in unserem Leben manchmal erst dunkel werden, ehe wir in unserem Herzen wieder einmal einen Lobgesang auf die erfahrene Rettung anstimmen. Sollten wir uns nicht öfter daran erinnern, dass du und ich zum Gotteslob aufgefordert sind?

Eins ist sicher: Gott ist auch für die Lieder in der Nacht zuständig. Die Kinder der Welt dagegen haben keine Loblieder auf einen wunderbaren, rettenden Gott. Ihr Erinnerungswert ist gleich null. Und in Tagen der Angst ergreift sie blankes Entsetzen. Doch das Lob der Kinder Gottes in den Nächten der Trübsal und der Leiden ist wie das Leuchtfeuer erfahrener Treue Gottes. Lobe den HERRN bei Tage, dann wirst du in den Nächten nicht nach den Noten suchen. Und nun, vertraue dem Herr Jesus. Lass dir nicht grauen. Er ist bei dir!

22. Februar

Lebensstürme

Alles im Griff? Oder schleifen die Zügel deiner Gedanken bedenklich in Bodennähe? Aufraffen sollte man sich! Zusammenreißen, die Knie durchdrücken, das Kreuz straffen! Leider bleibt es oft nur bei vergeblichen Versuchen. Als das Volk Israel vor dem Roten Meer stand und kein Hinüberkommen war, packte es blankes Entsetzen: Was soll jetzt aus uns werden? Doch Gott hat keine Eile! Er hat die Sache sicher im Griff. Sein Handeln ist souverän. Was er im Plan hat, führt er aus. Kein Mensch kann ihn daran hindern!

»Und Mose streckte seine Hand über das Meer aus, **und der HERR ließ das Meer die ganze Nacht durch einen starken Ostwind zurückweichen und machte so das Meer zum trockenen Land«** (2. Mose 14,21). Bis es dazu kam, starrte Israel voller Entsetzen auf die Wasser des Roten Meeres. Warum stoppst du uns, HERR? Die pure Angst saß ihnen im Nacken. Die Kampfwagen des Pharao waren hautnah hinter ihnen! Und zu alledem fegte ihnen auch noch mitten in der Nacht ein ungewöhnlich starker Ostwind entgegen. Das geht an die Nerven! Es sieht aus, als hätte sich alles gegen sie verschworen. Dieses wunderbare Gotteswort zeigt deutlich, dass Gott die Nächte unseres Lebens anders beurteilt als wir. Ihn hindert nichts daran, auch in den Nächten große Dinge zu tun. Und dazu benutzt er den »Ostwind«. Am folgenden Tag wurde nämlich sichtbar, was Gott die ganze Nacht hindurch gewirkt hatte.

Dunkelheit und Sturm sind das Bewährungsfeld der Glaubenden. In solchen Zeiten versucht der Feind, das Herz zum Zagen und Zappeln zu bringen. »HERR, was jetzt? – Wie lange noch?« Die rauen Fakten des Alltags wollen uns Angst machen. Nein, nicht immer kämpfen wir den »guten Kampf des Glaubens«! Nicht immer genießen wir die tröstende Gemeinschaft mit unserem HERRN. Ungeduldig starren wir in die stockfinstere Nacht und hören nur, wie unheimlich der »Ostwind« heult. Wir vergessen dabei, dass der HERR am Werk ist. Am Morgen war dann die Überraschung perfekt: Das Meer war zurückgewichen – der Weg war frei!

Und jetzt etwas zur gegenseitigen Ermutigung: Vertraue dem HERRN nicht nur am »stillen Abend«, wenn laue Lüfte wehen. Vertraue ihm auch in der dunklen Nacht, wenn es um dich her zu stürmen beginnt. Vertraue die ganze Nacht hindurch! Selbst dann, wenn der Wind an Stärke zunimmt. Halte das Getöse der Umstände aus. Alle dunklen und stürmischen Elemente satanischer Widerwärtigkeiten und Feindschaften dieser Welt hat der Herr Jesus für dich und mich siegreich niedergerungen. Darum haben Nacht und Dunkelheit für dich letztlich Angst und Schrecken verloren.

Deshalb verzage nicht in Leidensnächten. Vertraue die ganze Nacht hindurch! Verzage nicht in den dunklen Stunden deiner Ohnmacht, wenn dir das Herz in die Hose rutschen will. Erinnere dich vielmehr daran, dass der HERR gerade den »starken Ostwind« dazu benutzen will, dir den Weg durch die Wasser deiner Hindernisse zu bahnen. Der Morgen kommt gewiss – und die Überraschung mit ihm!

23. Februar

Sprachlos vor Kummer?

Kennst du die Augenblicke in deinem Leben, in denen es dir vor Kummer die Sprache verschlägt? Auffällig, dass gerade in solchen Stunden die Gebetsfreude nachlassen will. Unsere Gedanken drehen sich plötzlich nur noch um den Schmerz, der unserer Seele zugefügt worden ist. Und weil die momentane Verwirrung sehr groß ist, kommt vielen der verzweifelte Gedanke: »Wenn ich doch jetzt wüsste, wie ich beten soll!« Das Durcheinander scheint komplett. Und in dieser Hilflosigkeit bleibt es dann beim Seufzen und Wehklagen.

In solchen Stunden tritt Gottes Anwaltskanzlei in Aktion. Der Heilige Geist, der Tröster der Gotteskinder, tut jetzt sein Werk, indem er das Problem, das deine Seele bedrängt, zu seinen Akten nimmt und es zur Chefsache macht. Glaubst du das? **»Er verwendet sich für uns ...«** (Römer 8,26). Für dich! Was für eine frohe Nachricht! Glaubst du das? Der Heilige Geist, der göttliche Anwalt, nimmt sich liebevoll der Not an, die dein Herz immer und immer wieder bedrängt. Und der Ausgang? Gott verliert keinen Prozess! Deine Widerwärtigkeiten hat er voll im Griff. Da mögen sich dir tausend Gegner in den Weg stellen. Überlass getrost den verworrenen, unübersichtlichen Kram deines Lebens dem Herrn Jesus! Gestatte dem Geist Gottes, dass er für dich volle Handlungsfreiheit hat. Er wird dann die Anliegen so nach oben weiterleiten, dass sie das zum Inhalt haben, was Gott ehrt und für dich das Allerbeste ist. Wir reden doch immer gern von guten Beziehungen! Hier sind sie! Warum nutzen wir sie so wenig? Gott will, dass du dem Heiligen Geist in deinem Leben Generalvollmacht gibst. Nur dann wird die Sache am Ende herrlich ausgehen, denn der Sieg trägt Gottes Handschrift und sein königliches Siegel. Sei dir ganz sicher: Der HERR bürgt mit seinem wunderbaren Namen genau für das, was er ist: HERR über alles! Retter in jeder Not!

Aber was ist, wenn du um Geduld bittest, und der Situationsdruck zunimmt? Was ist, wenn du um Demut flehst und Menschen dich beleidigen, Freunde dich enttäuschen? Was ist, wenn du um Weisheit betest und dein Nachbar dir pausenlos Schwierigkeiten macht? Was ist, wenn du nach Sanftmut des Herzens verlangst und dir auf einmal geringe Dienste zugemutet werden, die dich bei deiner Ehre packen? Was ist, wenn du dich nach der Lammesart Jesu sehnst und Menschen dich plötzlich bis in die Tiefe deiner Seele verwunden?

Vieles, was uns in unserem Glaubensleben verwirrt und bestürzt, ist Gottes Antwort auf unsere Gebete! Schau nicht ängstlich um dich! Lass ihn nur machen! Am Ende wird sein Bild in deinem Wesen sichtbar. Das allein ist entscheidend. Und zwischendurch? Nein, kein Hängen und Würgen, sondern die Erfahrung, dass der HERR selbst in den Bewährungsproben deines Lebens für die beste Pflege sorgt. Und bist du einmal am Ziel angelangt, dann wirst du mit großer Freude bekennen: »HERR, es war gut, dass ich dir mein Leben völlig anvertraut habe. Du hast dich meiner herzlich angenommen!«

24. Februar

Unmögliches ist möglich!

Wie aufregend! Mit eigenen Augen beobachten die Jünger, wie ihr HERR sich der Leiden der Menschen annimmt, Kranke heilt und Wunder tut. Vor einigen Minuten noch an Aussatz erkrankt und jetzt gesund! Das geht unter die Haut! Keiner denkt da ans Essen. Doch irgendwann knurrt der Magen – Hunger! »Es wird höchste Zeit, dass wir die Leute jetzt nach Hause schicken!«, drängen die Jünger ihren HERRN. Und was antwortet er? **»Gebt ihr ihnen zu essen!«** (Matthäus 14,16). Aber woher Brot nehmen? Und das bei über 5000 Menschen! Überfordert der HERR da nicht seine Leute? Er verlangt Unmögliches von ihnen. Ist die Reaktion des HERRN auf die gut gemeinte Empfehlung nicht etwas zu schroff?

Schließlich zeigen die Jünger Verantwortung. Sie wollen doch das Beste. Aber anstatt auf ihren Vorschlag einzugehen, forderte er sie auf:

»Gebt **ihr** ihnen zu essen!« Und die Antwort der Jünger? »Wir haben nichts als nur ...!« Eigentlich eine Bankrotterklärung angesichts der über 5000 hungrigen Mäuler! Was sollen da die fünf Brote und zwei Fische bewirken? Der HERR bringt uns hier eine lehrreiche Lektion in einzigartiger Weise bei: Leg das, was du hast, auf seinen Tisch! Deinen Mangel, das Wenige, dein Unvermögen. Er tadelt niemanden, der ihm seine Armseligkeit bekennt. Im Gegenteil!

Erinnere dich an die katastrophale Lage der Witwe in 2. Könige, Kapitel 4. Kein Öl im Haus! Und dann noch die Kinder versorgen! Auf die Frage des Propheten Elisa: »Was hast du in deinem Haus?«, kam ebenfalls die deprimierende Antwort: »Deine Magd hat gar nichts im Haus als nur ...« Und was wurde daraus? Bring dem Herrn Jesus daher getrost dein »Nichts«, dein »Nur«. Natürlich kommt Gott auch ohne unser »Nichts« und »Nur« zum Ziel. Wir können uns dann in unseren Schmollwinkel zurückziehen und den Beleidigten spielen, weil der HERR unser »Nur« und »Nichts« in sein Licht stellt und wir vor den anderen als Versager dastehen. Als die Jünger ihren Offenbarungseid leisteten, war das gewiss auch sehr peinlich für sie. Schließlich mussten sie zugeben, dass sie im Moment außerstande waren, die Bitte ihres HERRN zu erfüllen.

Ach, wie oft beklagen wir in unseren Gebeten unser Unvermögen, unsere Schwachheit, unser Versagen. Bejammern unser »Nur« und »Nichts«. Doch wir dürfen nicht dabei stehen bleiben. Das will nur der Teufel. Unser guter HERR hat nämlich seine Kinder in den Ablauf der Heilsgeschichte voll miteingeplant. Er will, dass wir unsere Hand in seine legen. Mit allem, was drin ist. Mit unserer ganzen erbärmlichen Unfähigkeit. Er freut sich wie ein Vater, der seinem ungeschickten und hilflosen Kind die Hand führen kann, damit am Ende doch noch etwas Ordentliches daraus wird. So soll auch bei all unserem Wirken für Jesus seine Handschrift zu erkennen sein.

Leg dein »Nichts«, dein »Nur« in seine Hände. Er macht was daraus. Verlass dich drauf.

25. Februar

Die brennende Frage

Wie werde ich für ewig gerettet? Gibt es ewige Sicherheit? Das ist die Frage, um die sich alles dreht. Dabei müssen wir unbedingt sechs Punkte beachten:

1. Sündenerkenntnis! Würdest du jetzt in deinen Sünden sterben, wärst du für immer verloren. Sünde trennt von Gott. Sie erfasst unsere Gedanken, Gefühle, Worte und Taten. »Der Lohn der Sünde ist der Tod« (Römer 6,23).

2. Sünde dem Herrn Jesus bekennen! Sünde kann man vor Gott nicht entschuldigen. Auch Tränen und gute Werke löschen sie nicht aus. Sünde ist unentschuldbar, daher wartet der Herr Jesus auf das Bekenntnis: »Ich bin ein Sünder, vergib mir.« Gott freut sich darüber, wenn du so zu ihm kommst. »So wird Freude im Himmel sein über **einen** Sünder, der Buße tut« (Lukas 15,7).

3. Trenne dich von der Sünde, von Dingen, die du früher getan hast! Wende dich ab, entschieden, mit ganzem Herzen. »Wer sein Verbrechen bekennt und lässt, der wird Erbarmen finden« (Sprüche 28,13).

4. Vergebung! Gott vergibt um Jesu willen. Er nimmt dich aus Gnaden an. Es ist ein Geschenk. Doch Vergebung muss man annehmen. »Die Gnadengabe Gottes ist das ewige Leben in Christus Jesus, unserem Herrn« (Römer 6,23).

5. Glauben! Glaube, dass der Herr Jesus aus Liebe für dich am Kreuz gestorben ist und deine Schuld gesühnt hat. Wer die Gnade Gottes, die Vergebung seiner Sünden annimmt, sollte dem Herrn Jesus immer wieder von Herzen dafür danken. »Denn aus Gnade seid ihr errettet durch Glauben« (Epheser 2,8).

6. Nachfolge! Wer von der Sünde erlöst und von der Macht Satans befreit wurde, der wird aus Dankbarkeit, weil er die Liebe Jesu erfahren hat, ihm nachfolgen, seine Gebote beachten, das tun, was er sagt. Er wird anderen das weitersagen, was er erfahren hat.

»Jeder nun, der mich vor den Menschen bekennen wird, den werde ich bekennen vor meinem Vater, der in den Himmel ist. Wer aber mich vor den Menschen verleugnen wird, den werde auch ich verleugnen vor meinem Vater, der in den Himmeln ist« (Matthäus 10,32).

26. Februar

Bring deine Gedanken auf die Reihe!

Auch das noch! Und gerade jetzt! Immer wieder packen uns furchtsame Überlegungen, die uns ängstigen wollen. Fieberhaft versuchen wir, unsere Gedanken unter Kontrolle zu bringen. Aber es will uns nicht gelingen. Selbst wenn wir die Angelegenheit mit Logik und kühlem Verstand durchdenken: Herr der Lage sind wir nicht!

Und jetzt? Bei diesen Überlegungen erinnere ich mich an die Glucke, die ihre kleinen Küken immer wieder unter die ausgebreiteten Flügel nimmt, wenn Gefahr droht. Diese zerbrechlichen, kleinen Piepmätze haben ihr wunderbar weiches und warmes Gemach im Federflaum ihrer Mutter gefunden. Ein »Himmelbett« mit Ausguck durch die starken Flügel ihrer Beschützerin. Hier ist Sicherheit! Schade, dass es nicht für uns solch eine Zufluchtsstätte in unmittelbarer Nähe gibt.

Moment mal! Haben wir vergessen, was Tausende immer wieder mit ihrem großen Gott erfahren haben? **»Aber seine Zuflucht ist der HERR!«** (Psalm 14,6). Achte einmal auf das göttliche »Aber«! Egal, was dich beunruhigt: Du findest Zuflucht bei ihm. Ganz gleich, was dich belastet. Du musst nicht zuerst deine Gedanken auf die Reihe bringen! Du darfst dem Herrn Jesus getrost deine Not daher stottern. Keiner muss vorher in den Spiegel schauen, ob er sich so vor den HERRN wagen darf. So, wie wir sind, dürfen wir kommen. Ohne Voranmeldung. Einfach in die offenen Arme Gottes hineinstürmen. Und genau so liebt er es. Kommt nicht gerade in dieser Spontaneität unser kindliches Zutrauen zum Ausdruck?

Doch leider kommen wir allzu oft mit schwerfälligen Schritten zu ihm. Es fällt uns nicht leicht, sofort unsere Hilflosigkeit einzugestehen. Vielleicht quält uns auch das bedrängte Gewissen, weil wir an der Misere selbst schuld sind. Kennst du das auch? Wie schnell höhnt da der Feind: »Gott hat dich verlassen! Jetzt sieh zu, wie du damit fertig wirst.« Verschwunden ist auf einmal die Freimütigkeit. Selbstvorwürfe plagen uns nun: Sollte ich wirklich beim HERRN Gnade finden? Sollte der Herr Jesus wieder und wieder vergeben? Wieder einen gnädigen Neubeginn schenken?

Es bleibt dabei: Gott ist unsere Zuflucht und Stärke (Psalm 46,2)! Du darfst unter seinen Flügeln Zuflucht finden (Psalm 91,4). Seine Gnade ist jeden Morgen neu. Seine Barmherzigkeit hat kein Ende. Er liebt dich – weder als Belohnung noch als Verdienst. Er liebt dich, weil er die Liebe ist! Er kann nicht anders. Was kann uns schon trennen von seiner Liebe? Zähle auf! Denke nach! Du findest nichts! Gar nichts! Darum jubelt Paulus: »Der mich geliebt und sich selbst für mich hingegeben hat« (Galater 2,20). Nein, nichts kann uns scheiden von der Liebe Gottes, die in Christus Jesus ist, unserm HERRN!

Darum lauf nur getrost zum Herrn Jesus und deine aufgescheuchte Seele wird Ruhe finden. Lauf!

27. Februar

Vergesslichkeit

Führerschein? Jeder weiß beim Überholmanöver: Zuerst in den Rückspiegel schauen! Sonst kann es beim Ausscheren zur Karambolage kommen. Ob wir nicht auch zuerst einmal in den geistlichen »Rückspiegel« schauen sollten, bevor wir uns neu auf Fahrt begeben? »**Du sollst an den ganzen Weg denken, den der HERR, dein Gott, dich ... hat**

wandern lassen« (5. Mose 8,2). Also auch hier: zuerst Rückblick, bevor es weitergehen soll.

Da erinnere ich mich an den Kindersitz auf der Fahrradlenkstange. Mit dem Rücken in Fahrtrichtung, den Blick auf den sich abstrampelnden und keuchenden Vater gerichtet, genossen wir Kinder die Fahrt. Alles, was an uns vorbeisauste, war passé: Die Schlaglöcher, der Gegenverkehr, der steile Berg, die Kurven. Doch dann wurden wir älter, wollten die Fahrt »von vorn« miterleben. Vater hängte kurzerhand den Sitz um, und die Fahrt wurde zum spannenden Erlebnis. Es erschien uns als Kinder sogar recht lustig, wie uns die Erwachsenen geschickt durch den Verkehr schaukelten.

Nun sind auch wir älter geworden. Und jetzt strampeln wir selbst. Längst kennen wir die Gefährlichkeit der Fahrt. Wissen um die Kurven unseres Lebens. Fürchten die Steilstrecken, die uns oft bange machen wollen. Halt! Bevor die Fahrt weitergeht: Bitte in den Rückspiegel Gottes blicken! Wie viel Grund zur Dankbarkeit erkennen wir da?! Gewiss, von mancher gefährlichen Fahrt könnte man ein Lied singen. Uns ergeht es so wie dem Bruder, der meinte: »Vieles habe ich mit dem HERRN erlebt, aber der HERR auch mit mir.« Wie wahr!

Schaue wieder einmal in den »Rückspiegel« der Dankbarkeit! Unser HERR freut sich darüber. Er liebt es, wenn wir uns an seine Treue erinnern. Denk daran, auch das Herz kann singen! Wie oft haben die Alten mit fester Überzeugung den Liedvers gesungen: »In wie viel Not hat nicht der gnädige Gott über dir Flügel gebreitet?« (Lies dazu bitte 5. Mose, Kapitel 8.) Ja, es ist immer gefährlich, nicht in den Rückspiegel der Gnade Gottes zu schauen. Wie schnell vergisst man die liebevolle, bewahrende Hand seines HERRN. Wer immer nur von zukünftigen Verpflichtungen gehetzt wird, nimmt sich bald allzu wichtig. Wer nur noch die kommenden Steigungen der Landstraße im Auge hat, wird schnell ermatten. Wer sich jedoch Zeit nimmt und in den Rückspiegel der wunderbaren Gnadenerfahrungen Gottes schaut, wird mit Trost und Zuversicht erfüllt.

Gönne deiner Seele mal eine Pause zur Dankbarkeit! Tritt nicht immer gleich voller Bravour in die Pedalen, sonst strampelst du dich tot! Wenn deine Fahrt gelingen soll, bleibe im Windschatten deines HERRN. Dann wirst du das Ziel erreichen, das der HERR für dich bestimmt hat.

28. Februar

Pass auf: Stimmungtief!

Gotteskind! Was für ein Ehrentitel! Bist du dir dessen bewusst, welch hohen Namen du trägst? Eigentlich solltest du fröhlich deine Straße ziehen, voller Zuversicht in die Zukunft schauen. Du solltest glücklich darüber sein, dass dein Vater im Himmel dir seine liebevolle Gegenwart zugesichert hat.

Ich weiß, in Stunden der Gemeinschaft mit gleichgesinnten Christen lässt es sich leicht singen: »Nein, niemals allein, nein, niemals allein, das hat der HERR mir verheißen, nein, niemals lässt er mich allein!« Doch wenn dann die Wetterkapriolen des Lebens uns ein Tief nach dem anderen bescheren? Dreht sich dann nicht unser Seelenfähnchen wie der Wetterhahn auf dem Dach, mal in diese, mal in jene Richtung? Vom Singen ist dann schon lange nicht mehr die Rede. Der eisige Nordwind schwieriger Umstände hat die Gefühle im Griff. Und weil Stimmungen und Seelenschwankungen dem Wetter gleichen, geht das Barometer oft beängstigend in die Tiefe.

Doch schau dir Hanna in der Bibel an. Voller Sehnsucht wünschte sie, endlich einen Sohn in ihren Armen lieb haben zu dürfen. Das war es doch, worum sie Gott jahrelang angefleht hatte. Doch ihre Ehe blieb kinderlos. Bei all dem litt sie unsagbar unter dem Spott ihrer Rivalin, die sie fortwährend drangsalierte und mit Ironie und Spott überschüttete. Wer hält das auf die Dauer aus? Das macht doch jeden mürbe. Doch dann erhörte Gott ihr Gebet. Ein Sohn wurde ihr geschenkt. Was für ein Tag! Ihre Gefühle schienen wie ausgewechselt. Und sie sang: **»Mein Herz ist fröhlich in dem HERRN!«** (1. Samuel 2,1).

Ist dein Herz auch fröhlich in dem HERRN? Eigentlich hätte Hanna doch jetzt singen müssen: »Mein Herz ist fröhlich, weil Gott mir meinen Wunsch erfüllt hat!« Das hätte jeder verstanden. Schließlich konnte sie nun voller Stolz auf das kleine Kinderbett zeigen, in dem ihr Kindchen lag. Ihr Samuel! Wie hätten wir uns verhalten? Fotos geknipst, was das Zeug hält. Vielleicht pausenlos E-Mails verschickt. Alle Onkel und

Tanten eingeladen und eine Party veranstaltet. Doch Hanna war durch das erfahrene Leid der letzten Jahre innerlich zu einer glaubensstarken Frau herangereift. Sie sah ihre Freude nicht mehr in glücklichen Umständen. Ihre Fröhlichkeit kannte eine andere Quelle! Weil sie die Macht des lebendigen Gottes erfahren hatte, wurde der HERR ihr Gesang und der Grund ihrer Freude. Egal, woher der Wind weht, ob Regen oder Sonnenschein, wer seinem Gott Unmögliches zutraut, der erfährt sein Wunderwirken.

Es lässt sich gut trällern, wenn alles nach Plan verläuft. Doch bekanntlich sind solche Zeiten selten. Wer sich aber den Herausforderungen des Lebens mit seinem Gott mutig stellt, wird gewiss seine Siegesmacht erleben. Mach dein Herz an der Quelle der Freude, an deinem allmächtigen Gott fest, dann wird dich das nächste Tief nicht in die Knie zwingen können.

März

1. März

Überrascht!

»Da Gott für uns etwas Besseres vorgesehen hat«! (Hebräer 11,40). Das lässt aufhorchen! Schließlich kennt jeder Zeiten, in denen er sich innerlich ausgepumpt und müde durch den Tag schleppt. Die widrigen Umstände des oft so grauen Alltags mit all seinen Sorgen haben es in sich. Ach, wenn man doch die Sorgen wie auf einer Mülldeponie entsorgen könnte! Dabei wissen wir doch nur zu gut, dass die Bibel uns fortwährend auffordert: **»Alle eure Sorgen werfet auf ihn, denn er sorgt für euch!«** (1. Petrus 5,7).

Aber trotz energischer Wegwerf-Bewegungen werden wir die Sorgenbrocken nicht immer los. Trotz vielen Betens wird die Last auf unseren Schultern nicht leichter. Unter vier Augen: Was quält dich? Ist es vielleicht die Angst, im Alter deine Identität zu verlieren? Ist es die Befürchtung, dass der Glaube doch mehr Unsicherheiten in sich birgt, als du dir im Stillen eingestehst? Ach, wie gern möchten wir die Sandsäcke der Lebenssorgen loslassen und frei, wie in einem Heißluftballon, über die sonnigen Felder und Wiesen schweben. Doch tausend Fäuste halten die Seile am Boden fest. Wer will schon loslassen und auf Sicherheiten verzichten?

Bei dem Gedanken ans Loslassen schwingt immer wieder die unangenehme Frage mit: »Wer aber fängt mich auf, wenn ich tatsächlich loslasse?« Eigentlich sitzen wir alle etwas benommen auf der Parkbank des Lebens. Der noch junge, energiegeladene Aufreißer eines Wirtschaftsunternehmens genauso wie der unternehmungslustige Rentner. Oder denken wir an die einsam gewordenen älteren Menschen und an die gestresste Hausfrau mit ihren Kindern. Sie alle sitzen mit hängenden Köpfen da und werden ihre Sorgenbrocken einfach nicht los. Nein, das Loslassen ist nicht immer leicht. Loslassen in jeder Lebensphase. Loslassen von Dingen, die uns bisher überaus wertvoll waren, von Menschen, die uns einmal viel bedeutet haben. Loslassen von Erfahrungen und Segnungen eines reich gewordenen Lebens.

Eigentlich ist das Leben immer ein Loslassen, und es muss darum eingeübt werden.

Lass los, was dich hält! Was immer es auch ist! Du versinkst nicht ins Bodenlose. Schließlich gehört Gotteskindern die Zukunft! Loslassen lohnt sich! Nur wenn wir loslassen, tauscht Gott das, was unsere Hände im Moment noch ängstlich umklammern, gegen Besseres ein! Was wir als erstrebenswert ansehen, ist oft nur von mäßiger Qualität gegenüber dem, womit Gott uns beschenkt. Mach deine Hände leer, damit der Herr Jesus sie mit Besserem füllen kann.

2. März

Wunderbares Wissen

»Du bist nahe, HERR!« (Psalm 119,151). Es gibt Stunden, da wird uns dieses Wort zum Zuspruch und Trost. »HERR, du bist nahe denen, die dich fürchten!« Mit Dank erinnern wir uns auch an die besonderen Segenstage, in denen der HERR auf manche Not geantwortet hat. Die Gebete sind wunderbar erhört worden. Und nun schauen wir getrost und ermutigt in die Zukunft. Der allmächtige Gott, in dessen Hand alle Weltgeschicke liegen, trägt auch dich auf starken Armen hin zum ewigen Ziel.

Nimm augenblicklich und ganz bewusst diese Tatsache für dich in Anspruch: »Du bist nahe, HERR!« Wie immer wir auch die aktuelle Weltlage beurteilen, über ihr hängt das unausweichliche Schwert des Gerichtes Gottes. Noch wird die Gnadenbotschaft verkündigt. Doch ohne Umkehr und Buße gibt es keine Rettung. Alle Daten, Belege und Fakten, alle Pläne und Strategien, die auf dem Tisch der Vereinten Nationen liegen, drängen zur Schlussfolgerung, dass uns weltweit eine noch nie da gewesene Krise bevorsteht. Die meisten Staaten sind total verschuldet. Die Finanz- und Weltwirtschaft funktioniert schon lange nicht mehr. Sie hängt wie ein Kranker am Tropf. Die Selbstheilungskräfte haben versagt. Der Kollaps wird einkalkuliert. Was kommt auf uns zu?

Währenddessen verblödet unsere Gesellschaft vor Fernseher und Internet. »Schleppt« sich durch die Tage, watet im Sumpf von Sex und Unmoral. Verlogen und einander belügend. Kaltschnäuzig und brutal. Was kann ein Volk noch von Gott erwarten, das seine unerwünschten Kinder mit satanischer Genauigkeit »wegmacht«? Passt nicht das Wort aus Römer 3,15-17 genau dahin? Wie recht doch die Bibel hat: »Den Weg des Friedens haben sie nicht erkannt.«

Lassen wir uns von den falschen Friedenserwartungen nicht einlullen. Wenn unser Volk nicht umkehrt und Buße tut, nimmt alles nur noch ein grässlicheres Ausmaß an. Es wird uns angst und bange, wenn wir an die Millionen verschaukelter, vergaukelter Menschen denken, die ohne den Herrn Jesus sterben, ohne Rettung in die ewige Verdammnis gehen. Noch haben wir die Netze des Evangeliums in unseren Händen. Doch der Wind wird stärker, darum müssen die letzten Kräfte aktiviert und geistliche Widerstände glaubensstark niedergekämpft werden. Der HERR voran und wir hinter ihm her, Seite an Seite in seiner Nachfolge! Wir wissen längst, dass von religiösen Welteinheitsbestrebungen nichts anderes zu erwarten ist als die Lästerung des Wortes Gottes und erbitterter Widerstand gegen alle, die dem Herrn Jesus in Treue folgen.

Für uns als Christen bleibt jedoch, bei allem, was geschieht, das wunderbare Wissen, dass der Herr Jesus Sieger ist und bleibt. Darum darfst du getrost in seinem Frieden ruhen.

3. März

Abgestürzt

Ausweis verloren! Geld weg! Wichtige Unterlagen, Kreditkarten und Adressen ebenso. Und das im Ausland. Nicht einmal einen einzigen Cent in der Tasche, um wenigstens irgendwohin telefonieren zu können! Da kommt man sich ganz schön verloren vor.

Unwillkürlich muss ich an die Geschichte vom verlorenen Schaf aus Lukas, Kapitel 15, denken. Irgendwo abgestürzt war es. Hatte sich im

Geäst hoffnungslos verfangen. Auch viele Christen waren einmal bei der Herde. Sind mit dem Herrn Jesus gegangen. Doch dann sind sie abgestürzt, als es in ihrem Leben zu einer Glaubenskrise kam. Schuld daran waren natürlich wie üblich die anderen. Von Menschen bitter enttäuscht, haben sie sich immer mehr von ihrer Gemeinde entfernt. Sind irgendwann zu Gelegenheitsbesuchern geworden. Ach, die Zeit ist danach, dass viele nicht mehr die Kurve kriegen! Doch welch ein Trost, dass Gottes Auge fortwährend über uns wacht. Dass er keinen von uns aufgibt, den er mit seinem kostbaren Blut teuer erkauft hat.

Berührt uns diese Liebe Gottes noch? **»Er sucht es, bis er es findet!«** (Lukas 15,4). Doch das Suchen des guten Hirten macht uns oft Probleme. Wir begreifen nicht, dass hinter den »Heimsuchungen« Gottes Liebe steht, die es unendlich gut mit uns meint. Vielleicht sind es gerade die unverhofften Schwierigkeiten, mit denen wir im Moment nicht fertig werden. Oder Widerwärtigkeiten im Alltag, die uns Not machen. Das alles kann das Rufen des guten Hirten sein. Nein, ihm ist keines seiner Schafe gleichgültig. Er bucht die hoffnungslosen Fälle nicht als Restposten aus. Bei ihm gibt es weder Verschnitt noch Schwund, den er von vornherein einkalkuliert hat. Wegen eines einzigen Schafes, das sich hoffnungslos verirrt hat, macht sich der gute Hirte auf die Suche. Seine Liebe drängt ihn in die Dunkelheit hinaus. Er will, dass sein Schaf wieder Schutz und Wärme in seiner Herde findet.

Und du? Meinst du, dem guten Hirten sei es einerlei, wie es um dich steht? Ihm läge nichts daran, wie du dich fühlst? Der Teufel ist ein Fuchs. Er schürt Verzagtheit und Niedergeschlagenheit. Doch wie tief auch ein Mensch in den Brunnen seiner Verzweiflung gefallen ist: Der gute Hirte holt den wieder heraus, der im Glauben die rettende Hand Jesu ergreift. Du meinst, dass der Rückweg zur Herde zu weit für dich ist? Sieh einmal, wie der gute Hirte sich zu dir und mir neigt, wie er uns auf seine Schultern hebt und uns sicher nach Hause trägt! Und dann beginnt ein Neues! Wer Vergebung erfahren hat, darf vergessen, was vorher war. Den holt die Vergangenheit nie wieder ein, weil er für immer in Gottes Gegenwart leben darf!

4. März

Bleib standhaft!

Glauben! Ein Handeln voller Risiko? Eine unsichere Angelegenheit? Wie schwer tun wir uns oft bei Entscheidungen, wenn der Glaube gefragt ist. Oder erleben wir noch taufrisch die unmittelbare Führung Gottes in unserem Leben? »Glauben geht ganz schön an die Nerven«, meinte neulich jemand. Ist das wirklich so? Was ist, wenn uns der Wind der widrigen Umstände plötzlich um die Ohren pfeift? Der Herr hat damals seine total verunsicherten Jünger nach ihrem Glauben gefragt, als die Wellen ins Boot schwappten und sie in Panik gerieten. Gewiss, bei Sonnenschein und spiegelglatter See singt man leicht mutige Seemannslieder des Glaubens. Doch wenn die Elemente toben? Wenn die Umstände geradezu gespenstisch auf uns eindringen und wir ihnen nichts anderes als unsere erbärmliche Ohnmacht entgegensetzen können!?

»Du aber stehst durch den Glauben!« (Römer 11,20). Doch immer wieder ergreift uns die Höhenangst, wenn wir den Absprung des Glaubens wagen sollen. Uns graut davor. Schon die Vorstellung, dass wir unsere letzte Sicherheit ausklinken und uns in Gottes Arme fallen lassen sollen, macht uns Not. Es liest sich ja so einfach, dass Abraham aus Glauben sein sicheres Zuhause verlassen hat. Doch vor ihm lag eine völlig ungewisse Zukunft. Für manchen mag es vielleicht sogar amüsant klingen, dass Noah aus Glauben vor den Augen der Weltöffentlichkeit ein riesiges Schiff baute, obwohl weit und breit kein Wasser zu sehen war. War das nicht total verrückt? Aus Glauben haben die Eltern den kleinen Mose im Schilfrohr des Nils ausgesetzt, obwohl es überall von Krokodilen wimmelte. Aus Glauben zogen Mose und Aaron mit Hunderttausenden in die grausame Wüste des Sinai. Und das ohne Wassertanks und Verpflegungsdepots. Eigentlich heller Wahnsinn! Aus Glauben stellte sich David dem Goliath entgegen, obwohl er, menschlich gesehen, überhaupt keine Chance hatte. War es nicht Petrus, der aus Glauben über die Bootskante stieg und auf dem Wasser zu Jesus ging? Aber sein Glaube hielt nicht stand. Ach, wenn

Petrus von dieser Bibelstelle gewusst hätte: »Du aber stehst durch den Glauben!«

Uns steht gleich der Angstschweiß auf der Stirn, wenn Gott unseren Glauben auf die Hebebühne nimmt und wie einen alten PKW auf Roststellen hin abklopft. Doch der Glaube taugt nur etwas, wenn er erprobt wird. Und genau das scheuen wir! Nein, wir haben keine bessere Sicherheit für unser Leben, als sich dem anzuvertrauen, der sein Leben für uns in den Tod gegeben hat.

Steh aufrecht! Am Ende des Lebensweges wartet die Siegeskrone auf dich.

5. März

Hilfe in Sicht!

Allein auf weiter Flur? Ist keiner da, der sich um dich kümmert? Ist niemand zu sehen, dem du dich von Herzen anvertrauen kannst? Siehst du nur Ungerechtigkeit um dich her? Gnadenlos und brutal wird das Schwache und Schutzsuchende in den Dreck getreten. In Millionen Menschen fiebert ein stummes, nicht erklärbares Heimweh nach Frieden. Wer heilt die Wunden enttäuschter Herzen? Wer trocknet die Tränen und stillt den Schmerz, das Leid? Wer tröstet die Einsamen? Und im Laufe der Zeit formt das Leben mit harter Hand unser Gesicht zum Trauerkloß. Doch Hosenträger für die Sorgenfalten gibt es noch nicht! Und so werden Gesichter zu Landkarten, die man lesen kann.

Und wir Christen? Wo bleibt das Lied der frohen Hoffnung? Wo die glaubensstarke Freude? Warum nur betretenes Schweigen und peinliches Kopfsenken? Wir sollten uns schämen! Schließlich sind wir keine Vertreter von Sauerkraut und Bitterpillen! Berührt uns das noch, dass wir zu einem Leben mit Gott berufen sind, das ewig dauert? Welch eine herrliche Tatsache: »**Ihr seid Kinder für den HERRN, euren Gott!**« (5. Mose 14,1). Kind Gottes, wie sieht es mit deinen Empfindungen deinem Vater im Himmel gegenüber aus? Ist dein Reden im Gebet herzgewinnend für ihn? Ach, wie mühen wir uns oft ab und ringen nach wohlgeformten Worten, weil wir meinen, dass Gott nur den erhört, der schön zu beten versteht. Und zwischendurch denken wir, dass Gott an unserem Kleinkram gar nicht interessiert ist. Dass er Wichtigeres zu tun hat, als sich ausgerechnet unserer Sorgen anzunehmen. Wir meinen sogar, dass wir ihn nerven, wenn wir ihn immer und immer wieder mit derselben Geschichte im Ohr liegen. Wie falsch! Dabei sind Gotteskinder doch im Grunde genommen königliche Bettler, die seinen Thron bestürmen dürfen. Ob uns der Herr Jesus deswegen oft in unseren Problemen zappeln lässt, damit wir wieder das Betteln vor ihm lernen? Müssen wir vielleicht deswegen oft an unserer Ohnmacht zuschanden werden, damit wir wieder Gottes Allmacht erfahren?

Der Teufel kann uns nicht aus Gottes Hand reißen! Was er aber immer wieder mit Erfolg versucht, ist, uns die Gotteskindschaft regelrecht madig zu machen. Und wenn einmal die Freude schwindet, weil Sünde uns beschmutzt hat und das Gewissen uns verklagt? Dann dürfen wir dennoch kommen und um Gottes gnädiges Vergeben bitten. Welch eine herrliche Gewissheit!

Mein Nachbar ist Fußballfan. Wenn seine Mannschaft am Wochenende gesiegt hat, flattert die Vereinsfahne im Wind. Und wir? Lassen wir doch die Siegesfahne der Gnade Jesu unerschrocken wehen! Kein Sturm holt sie vom Mast, weil sie mit den Seilen ewiger Gnade befestigt ist. Was heute auch immer unsere Not ist: Wir haben kein Recht, auf Halbmast zu flaggen! Der Herr Jesus ist Sieger!

6. März

Es musste so sein!

Es gibt ihn noch, den Mann mit der Lederschürze. Den Schmied, der mit seinen Schraubstockhänden den Hammer auf das glühende Eisen niederschmettert. Bevor er sein Werkstück seiner Bestimmung übergibt, taucht er es ins kalte Wasser. Abkühlung! Bis die Normaltemperatur erreicht ist. So gibt es auch in unserem Leben immer wieder Zeiten, in denen Gott unsere Betriebstemperatur runterfahren muss. Nur dann sind wir für die nächste Aufgabe brauchbar. Doch keiner von uns liebt die kalte Dusche, den Schock im kalten Wasser. Aber gerade darin erkennt man die heilsame Absicht Gottes. Es bleibt dabei: »... **alle seine Wege sind recht!**« (5. Mose 32,4).

Als die Jünger in Matthäus 14 das grandiose Brotwunder erlebten und der Herr Jesus mit fünf Broten und zwei Fischen 5000 Männer satt machte, da war ihre Seele auf Hochstimmung! Und dann kam die Abkühlung! Was heißt das? Die Jünger mussten in der folgenden Nacht erleben, was Abkühlung heißt. Wo war jetzt die euphorische Stimmung, die ihre Gefühle durch das Brotwunder aufgewühlt hatte? Jetzt war Sturm da – und die Begegnung mit der Angst. Dann die totale Hilflosigkeit und Verzweiflung. Petrus versank in den Wellen, doch der HERR hielt ihn fest! Endlich, nach der Abkühlung, war der Herr Jesus wieder im Boot! Wie schnell waren die Energiespeicher der Seele auf Null heruntergefahren. Doch nach allen Zeichen, Wundern und Großtaten Gottes fanden sie die alles entscheidende Mitte ihres Lebens in ihrem geliebten HERRN wieder. Genau darum musste die »Abkühlung« sein, denn es wartete schließlich ein neues, wunderbares Erleben mit Jesus auf sie: das Wunder der Heilung vieler Kranker. Darum mussten sie diese Sturmnacht auf dem See Genezareth erleben. Ohne diese nasse Erfahrung wären sie dem, was auf sie wartete, innerlich nicht gewachsen gewesen.

Denk an die Männer der Bibel, deren Leben auf dem Amboss Gottes lag. Wie sie unter den Händen des Werkmeisters zurechtgeschmiedet wurden. Wie sie auf der Wartebank saßen, bis ihre Stunde gekommen war. Abraham wartete viele Jahre auf Isaak, den Sohn der Verheißung. Mose wartete 40 Jahre als Schafhirte in der Wüste, bis Gottes Stunde für ihn gekommen war. David schlug sich als gesalbter König jahrelang wie ein Partisan in Wüste und Einöde herum, bis er endlich den Thron in Jerusalem besteigen durfte.

Abkühlung schockt! Doch sie muss sein. Wie oft ist die Seele von den tausenderlei Erfahrungen und Begegnungen des Lebens glutheiß. Doch die Betriebstemperatur muss heruntergefahren werden. Das Herz muss vor Gott wieder zur Ruhe kommen. Nur dann kann der Herr Jesus unser Herz wieder neu zum Glühen bringen.

7. März

Befreit aufatmen

Ich kenne Leute, die stecken bis zur Halskrause in Schulden. Sie haben gebaut, dann kamen Krankheit und Arbeitslosigkeit, und jetzt wissen sie nicht mehr ein noch aus. Es ist schon etwas Deprimierendes, wenn Rechnungen und Mahnungen ins Haus flattern und man nicht bezahlen kann. Es ist schon erbärmlich, wenn alle Felle unter den Füßen wegschwimmen und der Fuß nirgendwo Halt findet. Kein Wunder, dass die Seele niedergeschlagen dahindämmert. Und dabei könnte doch alles anders sein.

Der Mann hatte Recht, als er sagte: »Irgendwie suchen wir alle, mit der Bewältigung unserer Schuld fertig zu werden.« Und dann erzählte er von seiner geheimen Bindung an die Zigarette. Wie oft hatte er versichert: »Das hier, das ist der letzte Glimmstängel!« Doch dann schnappte die Falle wieder zu. Schlimm, wenn man nach außen hin so tut, als hätte man sein Leben im Griff. Anderen versicherte er immer wieder, mit der Raucherei endlich über dem Berg zu sein. Doch abends, wenn er zu Bett ging und er sicher war, dass ihn niemand sah, saß er am Fenster und rauchte. Die Zigarettenkippe schnippte er dann jedes Mal in den Schnee, der vor dem Fenster lag. Doch dann kam die Schneeschmelze. Die Sonne brachte es an den Tag. Da lagen nun die Zigarettenkippen haufenweise vor dem Fenster.

Schlimm, diese Heimlichtuerei, dieses Doppelleben! Doch der Herr Jesus war Sieger und befreite ihn von aller Bindung und Leidenschaft. Die Bibel sagt: **»Bei dem HERRN ist die Gnade, und viel Erlösung bei ihm!«** (Psalm 130,7). Das dürfen wir glauben! Weil unser HERR gesiegt hat, auferstanden ist und lebt, dürfen wir befreit aufatmen. Wer die Vergebung seiner Sünde erfahren hat, der hat tatsächlich eine Fahrkarte zum Himmel gelöst. Der steigt nicht wieder aus, um sich eine neue Fahrkarte zu kaufen. Der ist froh, dass er Gottes Quittung in Händen hält, die auch Satan akzeptieren muss. So einfach ist das!

Du darfst sagen: »Herr Jesus, ich stelle mein Leben jetzt ganz persönlich unter deinen Schutz und deine Fürsorge. Ich bin ein Sünder. Ich bekenne es dir. Ich habe bisher ohne dich gelebt. Ab heute sollst du mein HERR und Erlöser sein. Danke, dass du mir deine Vergebung schenkst. Du bist die Wahrheit. Auf dein Wort ist Verlass. Du kannst nicht lügen. Und darum kann ich nun befreit aufatmen.«

8. März

Allein?

Irgendwann wird jeder diese Erfahrung machen müssen. Stunden der Einsamkeit oder des Alleinseins werden keinem von uns erspart bleiben. Die Gründe dafür sind ganz verschieden. Manchmal sind es Glaubensprüfungen, die kein Ende nehmen wollen. Oder Angriffe von Menschen, die uns Not bereiten. Oder Enttäuschungen von jenen, die uns einmal sehr nahe standen. In solchen Zeiten tut Alleinsein bitter weh, weil das offene, verständnisvolle Ohr des anderen fehlt.

Es gibt tausenderlei Gründe, weshalb wir das Alleinsein zuweilen unerträglich und schmerzhaft finden. Allein am morgendlichen Kaffeetisch. Allein in trüben Tagen, wenn das Wetter uns dunkle Stunden beschert und wir keinen Schritt vor die Tür setzen können. Alleinsein schmerzt auch, wenn unvergebene Schuld im Herzen rumort. Wenn ungeordnete Angelegenheiten auf Regelung warten. Wer in solchen Zeiten des Alleinseins Gott aus dem Auge verliert, findet bald die Richtung nicht mehr. Er verirrt sich im Labyrinth seiner Gedanken, inneren Vorwürfe, Entschuldigungen und zermartert seine Seele. Da ist Bitterkeit wie eine Türklinke, die ins Abseits führt. Alleinsein schmerzt, besonders in leidvollen Zeiten und Krankheitstagen.

Alleinsein schmerzt, wenn Trauer und Herzeleid die Seele erdrücken. Wie lange noch, HERR? Ist denn wirklich niemand da, der Mut und Zuversicht vermitteln kann? Kein Mensch da, der zuhört? Niemand? Keiner, der aufhilft? Der dem Niedergeworfenen den Schmutz von den Kleidern klopft und ihm aus der Traurigkeit heraushilft? So las ich in einer Zeitungsanzeige den erschütternden Satz: »Ich bin eine ältere Dame, einsam und allein. Zahle 20,- Euro pro Stunde dem, der mir zuhört.«

Sei gewiss, Gott hört dich. Sei nicht entmutigt! Einer ist da, der dein Leben kennt und ein aufrichtendes Verheißungswort für dich hat: **»Ich will ihre Trauer in Freude verwandeln, und ich will sie trösten und erfreuen, indem ich sie von ihrem Kummer befreie«** (Jeremia 31,13). Und dennoch können Stunden des Alleinseins Zeiten großen Segens sein. Tage der Einsamkeit machen uns reifer, wenn wir uns mit ewigen Dingen beschäftigen. Mach dich von dem Kleinkram dieser Welt los und lass dir deine Gedanken von Gottes Liebe füllen. Der Herr Jesus nimmt dich bei der Hand, um dich in die Freiheit zu führen, die keine Einsamkeit und kein Alleinsein kennt. Auch dann, wenn sich niemand um dich kümmert. Auch dann, wenn Freunde und Verwandte dich allein lassen. Du darfst wissen, dass der Herr Jesus dich in deinen vier Wänden nicht verlassen wird.

Wer die Vergebung seiner Lebensschuld aus Jesu Hand empfangen hat, der ist nie mehr allein, dem weicht Gott nicht mehr von der Seite.

9. März

Die allerletzte Frage

Sie heißt nicht: Wie viel Geld habe ich auf meinem Konto? Wem vermache ich mein Erbe? Wer wird meine Beerdigung halten? Wer bekommt meine Münzensammlung, wer die schöne, antike Wäschetruhe? Die allerletzte Frage heißt: Wo werde ich die Ewigkeit zubringen? Wo? Was geschieht mit mir, wenn ich die Augen schließe? Was erwartet mich im Jenseits?

Wie gleichgültig gehen Menschen mit der letzten Frage ihres Lebens um. Es scheint den meisten völlig belanglos zu sein, was nach dem Sterben mit ihnen passiert. Weißt du, wo es hingeht, wenn du den letzten Atemzug getan hast? Ich möchte dir nicht den Tag verderben, denn wer lässt sich schon gerne an Sterben, Tod und Friedhof erinnern? Dieses unangenehme Thema schiebt man widerwillig beiseite. Verdrängt es ins Unterbewusste. Und dennoch will ich diese Frage zum Anlass nehmen, um dich auf das Schönste hinzuweisen, das es je gibt. Es ist das Leben mit Jesus, das schon hier auf Erden beginnt und in die Ewigkeit hinüberreicht. Ein ewiges Leben, das er jedem schenkt, der an ihn glaubt. Völlig umsonst. Aus Gnaden. Ohne Verdienst. Aus lauter Liebe! Ein Leben, das kein Tod antasten kann. Denn Jesus Christus sagt: **»Wer an den Sohn glaubt, hat ewiges Leben; wer aber dem Sohn nicht gehorcht, wird das Leben nicht sehen, sondern der Zorn Gottes bleibt auf ihm«** (Johannes 3,36).

Glaubst du das? Oder besser: Glaubst du von Herzen dem, was der Herr Jesus jedem verspricht, der sich im kindlichen Vertrauen an ihn wendet? Wenn du dem Herrn Jesus von Herzen glaubst, dann hast du die allerletzte Frage gelöst. Dann kannst du aufatmen. Dann gehörst du zur Gottesfamilie. Keiner muss sich mit Zweifeln und Unsicherheit herumschlagen. Wer also noch keine Klarheit in dieser Frage hat, sollte keinen Augenblick zögern und sich hier endlich Klarheit verschaffen. Wie schade, dass die Menschen sich den Weg zum ewigen Leben oft so kompliziert machen. Du kannst gerade jetzt, in diesem Augenblick, zu Jesus kommen, um gerettet zu werden. Dieser Moment wird deine Ewigkeit bestimmen. Entscheide dich für Jesus Christus, und die allerletzte Frage wird dir zur frohen Antwort. »So sehr hat Gott die Welt geliebt, dass er seinen eingeborenen Sohn gab, damit alle, die an ihn glauben, nicht verloren werden, sondern das ewige Leben haben« (Johannes 3,16).

Wenn diese allerletzte Frage geklärt ist, gilt dir die Zusage: »Was kein Auge gesehen und kein Ohr gehört hat und in keines Menschen Herz gekommen ist, was Gott denen bereitet hat, die ihn lieben« (1. Korinther 2,9). Was für unvorstellbar herrliche Zukunftsaussichten für dich.

10. März

Wenn es knüppeldick kommt

Negative Lebensphasen überwinden. Wie reagieren, wenn alle Stricke reißen? Wohin sich wenden, wenn der Boden unter den Füßen wankt und keiner da ist, der helfen kann? Was tun, wenn's knüppeldick kommt? Wenn man mit dem Letzten rechnen muss? Mit unserer seelischen Tragkraft ist es oft nicht weit her. Wenn man noch die Leiden der Kranken, der Hungernden und Unterdrückten mittragen soll, dann ist das sehr viel; oft zu viel für uns. Wir fühlen uns überfordert. Doch wie können wir unsere negativen Lebensphasen überwinden? Wer nimmt uns die Last von der Schulter? Wer die Bürde, die zu schwer für uns ist?

Die Bibel zeigt auf Jesus Christus hin. Er allein ist die Anlaufstelle für ein verwundetes Herz. Er allein ist der zuverlässige Anker, wenn alle Stricke in der Welt reißen. Von ihm wird gesagt, dass er die schwerste Last, die Sünde der Welt, getragen und weggenommen hat. Selbst die peinigende Angst vor dem Tod hat er am Kreuz bewusst durchlitten. Was kann da noch schwerer sein!

Das Furchtbarste aber ist für ihn, wenn wir seine Rettung ablehnen und dadurch ewig verloren gehen. Schlimm, wenn wir achtlos mit kalter Schulter an seiner Liebe vorübergehen und seine Gnade mit Füßen treten. Das ist das Leid, das ihn schmerzt. Das ist der Kummer, der ihn quält. Nein, Gott kann sich nicht damit abfinden, dass wir wegen unserer Sünde in die Hölle kommen. Er kann es nicht mit ansehen, dass wir ohne jede Hoffnung sterben. Darum sagt er in Johannes 11,25-26: **»Wer an mich glaubt, wird leben, auch wenn er gestorben ist; und jeder, der da lebt und an mich glaubt, wird nicht sterben in Ewigkeit.«**

Dieser liebende Gott will mehr für uns, als nur die negativen Lebensphasen überwinden helfen. Er will, dass wir leben! Er will, dass wir seine Herrlichkeit mit ihm teilen. Er will, dass wir auf ewig bei ihm sind und Gemeinschaft mit ihm haben. Und weil Sünde trennt, hat der Herr Jesus sie auf sich genommen. Er hat sie an unserer Stelle gesühnt. Nun ist der Weg frei. Die Tür zu Gott ist offen! Wer durch diese Tür geht, ist gerettet.

Und weil Christen um einen auferstandenen Retter wissen, ist ihre Freude auch ihr ewiger Trost. Auch dann, wenn's im Leben knüppeldick kommt: Jesus schenkt dem Glaubenden feste Zuversicht, frohe Hoffnung, Freude und Halt. Er trägt die Last unseres Lebens, die wir nicht heben können. Gott hat versprochen: »Ich werde dich nicht verlassen, noch versäumen«. Er bringt seine Leute ans Ziel. Und das allein zählt.

11. März

Neues Denken beginnt!

Wie denkt man richtig? Wer falsch denkt, kann nicht richtig handeln. Einem abgewandelten Sprichwort zufolge könnte man auch sagen: Sage mir, was du denkst, und ich sage dir, wer du bist. Nein, keiner von uns hat seine Gedanken im Griff. Sie sind wie der Floh im Heu. Wie das heimliche Gift im Becher. Sie sind wie die immer sprudelnde Quelle im Verborgenen. Jesus sagt, dass aus dem Herzen des Menschen die bösen Gedanken kommen: Mord, Ehebruch, Unzucht, Hass, Neid, Streit, Korruption, Gewalt, Perversion usw. Unser Leben ist das Produkt unserer Gedanken. Unsere Ehen und Familien das Resultat dessen, was in unseren Gehirnwindungen abläuft. Unsere Gesellschaft das Produkt aller Gedanken des Menschen. Darum der verzweifelte Schrei eines Mannes in der Bibel: »HERR, gib meinen Gedanken die richtige Richtung!«

Falsches Denken macht Leib und Seele krank, aber »ein fröhliches Herz bringt gute Besserung«, sagt die Bibel in Sprüche 17,22. Fröhlich sein, ja, das ist es, wonach wir Menschen uns sehnen. Eine Fröhlichkeit, die ihre Quelle nicht in der profanen Oberflächlichkeit von Jux und Tollerei hat. Doch wer kann schon fröhlich sein in einer Welt, die pausenlos von negativen Infos heimgesucht wird? Braucht es zum Fröhlichsein nicht eine gute Nachricht? Muss man sich etwa krampfhaft zum Positivdenker hin entwickeln? Nein, die Fröhlichkeit, von der uns Jesus sagt, hat ihren Grund nicht im positiven Denken. Diese Fröhlichkeit kommt von Gott! Nur er kann unsere Gedanken erneuern. Nur er kann unsere Gehirnwindungen befreien. Nur er kann uns mit seinem Heiligen Geist beschenken, der unser Denken in die richtige Richtung lenkt.

Hin auf Jesus! Wer sich zu Jesus hält, der ist in der Lage, mit geheiligten Augen die Welt zu beurteilen. Die Bibel sagt: »Ich sah den Herrn allezeit vor mir; denn er ist zu meiner Rechten, damit ich nicht wanke. **Darum freut sich mein Herz ... du hast mir kundgetan Wege des Lebens, du wirst mich mit Freude erfüllen vor deinem Angesicht«** (Apostelgeschichte 2,25-28). Also, die Voraussetzung dazu ist, dass wir unsere eigenen Gedanken ihm unterstellen. Willst du das?

Leider sind viele gedanklich an die Finsternis gekettet. Der Teufel hat sie am Kragen, und sie merken es nicht. Sehnst du dich nach einem entlasteten Gewissen? Nach Frieden mit Gott? Nach einem sinnerfüllten Leben? Dann bitte heute noch den Herrn Jesus Christus um Vergebung deiner Sünden, damit er in dein Leben einziehen kann.

12. März

Ausgerechnet jetzt!

Geradezu unheimlich – diese Stille! Und dann bricht auf einmal der Sturm los. Die Leute, die damals mit Jesus waren, gerieten in Seenot. Mitten in der Nacht. Plötzlich ein gewaltiger Orkan. Erde und Hölle scheinen sich gegen die Jünger verschworen zu haben. Jede Welle droht sie umzukippen. Die Jünger schauen ängstlich auf Jesus. Sie sehen, dass er schläft. Ausgerechnet jetzt bei dem Sturm.

Es ist geradezu unheimlich, wenn man mitten in der Not des Lebens steckt und der Ansicht ist, dass Gott schläft. Doch da haben sich die Jünger gründlich verrechnet. Jesus steht auf, bedroht Wind und Wellen. Seine Hand gebietet dem Wüten der aufgebrachten Elemente Frieden und Ruhe. Seine Stimme ist über dem Heulen des Windes und dem

Brausen der Wellen zu hören: »Schweig, verstumme!« Und dann wird tatsächlich alles ruhig. Eine zuvor nie gekannte Stille tritt ein!

Auch unser Leben ist vom Sturm bedroht. Doch bevor es in unserem Herzen still wird, ist unser Inneres oft wie ein Vulkan. Die Sache, die uns beunruhigt, ist geradezu unheimlich, und das Heulen der Umstände macht uns Angst. Doch wenn der Herr Jesus in unser Leben eingreift, verändert sich alles. **»Er führte sie in den ersehnten Hafen!«** (Psalm 107,30). Denke doch einmal an Hiob, den von Schmerzen und Leiden geplagten Mann, an das Unverständnis seiner Frau und seiner Freunde, das ihm das Leben bitter werden ließ. Doch in Hiob 34,29 steht so wunderbar: »Er, nämlich Gott, schafft Ruhe.« Ruhe, auch wenn uns jeder Trost fehlt.

Doch manchmal zieht Gott Trost und Segnungen zurück, weil wir den Trost und die Segnungen wichtiger nehmen als ihn selbst. Erst wenn wir erkannt haben, dass hinter dem Trost Gott selbst steht und er es ist, der unsere Seele zur Ruhe bringt, kehrt Frieden ein.

13. März

Da geht's lang!

Lange Einkaufsstraßen. Fremde Stadt. Gedankenverloren schlendert man von einem Schaufenster zum anderen. Da kann es passieren, dass man plötzlich merkt, man hat sich verlaufen. In welcher Straße hatte man sein Auto geparkt? Da kann man ganz schön ins Schwitzen kommen. Wie dumm, dass man sich den Straßennamen nicht gemerkt hat. Und damit mir das nicht noch einmal passiert, merke ich mir am besten markante Verkehrspunkte, etwa ein Hochhaus, eine Brücke, irgendetwas, an dem man sich bei Bedarf orientieren kann. Übrigens sollte man auch die einbrechende Dunkelheit mit einberechnen, sonst kann es passieren, dass die Finsternis uns einen Strich durch die Rechnung macht. Was helfen uns dann die Merkpunkte, schließlich sehen im Dunkeln alle Katzen grau aus.

Auch im Leben kann man sich verlaufen. Doch wie gut, dass Gott um all unser mühseliges Hin und Her weiß und erkennt, dass wir uns ohne ihn nicht zurechtfinden. Darum sagt er: »Komm her zu mir, der du dich umsonst abmühst. Bei mir findest du die Orientierung für dein Leben.« Es stimmt: Bei ihm finden wir die entscheidenden Hinweise, die wir brauchen. Er sagt: »Komm her zu mir. Nur bei mir findest du das, wonach du dich sehnst. Bei mir findest du Vergebung und Rettung. Bist du traurig und niedergeschlagen? Bei mir findest du Trost und Freude. Hat dich der Lebenskampf aus der Bahn geworfen? Bei mir findest du wieder den Boden unter den Füßen.« Die Bibel sagt in Jesaja 48,17: »**Der dich leitet auf dem Weg, den du gehen sollst!**«

Doch bevor wir den rechten Weg einschlagen, muss es in unserem Leben zu einer entscheidenden Wende kommen. Jesus nach! Darum muss zuerst das vertraute Gespräch im Gebet in aller Offenheit mit ihm stattfinden. Wir dürfen bei ihm unseren ganzen Lebensschutt loswerden. Wir dürfen mit ihm über alle Bereiche unseres Lebens sprechen. Er weiß ja längst, aus welchem Holz wir geschnitzt sind. Wie entlastend, alle Schuld ihm bekennen zu dürfen.

Er vergibt! Er reinigt von jeder Sünde. Er nimmt jedes Verbrechen von uns. Doch wir müssen zuerst zu ihm kommen. Wer auf halbem Weg stehen bleibt, wird scheitern. Dass Jesus uns trotz all unserer Sünden und Schuld liebt, ist die allerschönste Nachricht. Jeder darf sich in Gottes Erbarmen fallen lassen. Mit Jesus Christus beginnt ein Neues!

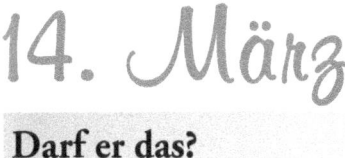

14. März

Darf er das?

Ist uns der Himmel verschlossen? Ein schrecklicher Gedanke. Was wäre, wenn wir auf einmal entdeckten, dass Gott sich zurückgezogen hat, weil unser Verhalten ihn bis ins Tiefste hinein beleidigt hat und wir nur noch auf sein Gericht zu warten haben. Ich mag gar nicht daran denken.

Viel lieber erinnere ich mich an dieses ungewöhnliche Gotteswort aus

Hosea 11,8. Da sagt Gott: »Mein Herz hat sich in mir umgewendet, erregt sind alle meine Erbarmungen.« Unser Menschenherz ist hart und unsere Empfindungen kalt und ohne Mitgefühl. Doch Gott liebt uns. Auch dann noch, wenn wir seine Liebe mit Füßen treten. Er liebt uns trotz unserer widerspenstigen und eigensinnigen Pläne, die wir ihm manchmal zumuten. Er liebt uns trotz aller Sünde, die wir dulden.

Wir empfangen nie, was wir eigentlich verdient hätten. Warum? Die Bibel sagt: Gottes Herz hat sich umgewendet. Er schaut in seiner Liebe auf uns. Er sieht uns in unserer Verlorenheit, in unserem Sündenelend. Er hat Kummer um uns. Wie jämmerlich und erbärmlich ist doch unsere Erkenntnis über Gott. Die meisten kennen Gott nicht. Sie verstehen die Sprache seiner Liebe nicht. Es berührt sie nicht, dass er seinen Sohn für uns Sünder stellvertretend in den Tod gehen ließ. Wegen unserer Sünde und Schuld hat ihn diese Strafe getroffen. Damit wir nicht verloren sind, sondern bei Gott Gnade finden. **»In seiner Liebe und in seinem Erbarmen hat er sie erlöst!«** (Jesaja 63,9).

Gott sucht auch dich! Er will dir seine Liebe schenken. Du sollst über Gottes unfassbare Liebe ins Staunen geraten. Er will dich von allem Kummer befreien und aus all deinen Ängsten und Befürchtungen herausholen. Er will dich von dem Druck der Vergangenheit lösen. Er will deine Traurigkeit in Freude verwandeln. Er will dich trösten und alle Last von deinen Schultern nehmen. Darf er das?

15. März

Nur einer kann das!

Ein Leben ohne Echo! Die meisten führen es. Sie wissen es nur nicht. Und deswegen sind viele, viele unter uns einsam. Einsamkeit – die größte Volkskrankheit unserer Zeit. Da hilft auch kein Fernseher, kein Internet, kein Remmidemmi, keine Arbeitswut. Immer dann, wenn du das Werkzeug aus der Hand legst und zur Ruhe kommst, ist sie da, die Einsamkeit – das Leben ohne Echo.

Willst du weiter ein Leben ohne Echo führen? Willst du weiter einsam und unzufrieden durch das Leben gehen, während der Herr Jesus doch gesagt hat: **»Ich bin gekommen, damit sie Leben haben und es in Überfluss haben«** (Johannes 10,10). Er will nicht, dass der Mensch an dieser grässlichen inneren Leere zugrunde geht. Wir müssen begreifen, dass die Grundvoraussetzung für ein sinnvolles Leben, das uns Freude bereitet, die Gemeinschaft mit Gott ist. Aber wir lassen Gott vor der Tür stehen. Und deswegen suchen wir an vielen Orten der Welt nach Freude, die letztlich keine ist. Machen wir uns nichts vor: Sünde trennt uns von Gott, der das Leben ist. Darum führen wir ein Leben ohne Echo. Und Gott weiß das. Deshalb geht er uns nach.

Wie freundlich lädt er uns ein, unser Leben ihm anzuvertrauen. Er ruft uns zurück in seine Nähe. Das wird uns ganz besonders durch Jesus Christus deutlich, wenn er bittet: »Kommt her zu mir alle, die ihr mühselig und beladen seid, ich will euch Ruhe geben« (Matthäus 11,28). Kein anderer kann dich zu einem Kind Gottes machen als nur Jesus Christus allein. Dort, wo ein Mensch Frieden mit Gott erfahren hat, ist auch die Einsamkeit zu Ende. Er darf sich der vertrauten Gemeinschaft mit Gott erfreuen.

Was auch der Grund deiner Einsamkeit ist: Fasse Mut, und sprich jetzt mit dem Herrn Jesus im Gebet über alle deine inneren Gefühle und seelischen Empfindungen. Schütte dein Herz vor ihm aus. Doch bleibe nicht dabei stehen. Drehe dich nicht länger um dich selbst. Fasse den festen Entschluss, ihm dein ganzes Leben restlos anzuvertrauen. Dann beginnt für dich ein Leben mit Echo, eine Vertrautheit mit dem Herrn Jesus, von der du bisher noch nichts gewusst hast. Wer jedoch dieses Angebot ausschlägt, bleibt für immer draußen. Der bleibt in alle Ewigkeit ohne Echo. Darum »spricht der HERR der Heerscharen: Kehrt um zu mir!, ... und ich werde mich zu euch umkehren« (Sacharja 1,3).

16. März

Die gute Nachricht

Was die Nachrichten alles verschweigen! Wir schalten das Radio an, wollen die Nachrichten hören, und dann hagelt es nur noch Katastrophenmeldungen. Ist denn die Welt nur noch ein einziger Dreckhaufen von Blut und Tränen? Was erwartest du eigentlich von dieser Welt? Welche Vorstellungen hast du für deine Zukunft? Worin besteht dein Trost in schweren Zeiten? Worin deine Ermutigung, wenn es in der Seele knirscht?

Nein, es kam nicht durch die Nachrichten, dass Jesus Christus diese Welt aus ihrem Elend retten will, obwohl in der Bibel steht: »**Denn der Sohn des Menschen ist gekommen, zu suchen und zu retten, was verloren ist**« (Lukas 19,10). Nein, es kam nicht durch die Nachrichten, dass durch Jesus Christus Traurige aufgerichtet, Gestrandete gerettet, Verlorene gefunden und Verirrte heimgebracht werden. Und weil es nicht durch die Nachrichten kam, sage ich es dir jetzt. Es ist gut, sein Vertrauen auf Jesus Christus zu setzen. Es ist wichtig, auf Gottes rettendes Angebot zu antworten. Gott ruft dich! Er will dein Leben zielsicher lenken. Deine tiefe Niedergeschlagenheit soll ein Ende haben. Bitterkeit und Verzweiflung der Seele sind Gift für dein Herz. Doch Jesus Christus schenkt dir eine neue Lebensperspektive, eine frohe Zuversicht, weil er deine Probleme und Sorgen kennt. Ja, du darfst mit Gottes Eingreifen und mit seiner Barmherzigkeit rechnen. Wer wirklich Glauben praktiziert, hat keinen Grund, in Panik zu geraten.

Die gute Nachricht Gottes heißt: Jesus ist gekommen, Menschen aus Sünde, Verzweiflung und Hoffnungslosigkeit zu retten. Weißt du um den tiefen und allerletzten Trost in Gott? Ruhe nicht eher, bis du dir ganz sicher bist, von Jesus Christus gerettet zu sein. Denn alle, die an Jesus glauben, haben ewiges Leben empfangen. Jeder Zweifel ist ausgeschlossen, denn Jesus Christus ist die Wahrheit, und Wahrheit kann nicht lügen.

Was für eine wunderbare Nachricht: Jesus Christus, für uns Menschen gestorben und auferstanden, kommt wieder und wird alle zu sich nehmen, die sein sind. Was für eine Antwort wirst du auf diese gute Nachricht geben?

17. März

Nicht am Leben verzweifeln!

Hast du dir dein Leben so vorgestellt? Mit wie viel fantasievollen Träumen hast du dir deine Zukunft ausgemalt? Und dann kam doch alles anders. Es sieht so aus, als wären alle deine Pläne schon jetzt zum Scheitern verurteilt.

Genau solchen Leuten begegnete Jesus einmal, nachdem er auferstanden war. Die Emmaus-Jünger in Lukas 24 steckten ebenfalls bis zur Halskrause im Frust. Sie hatten gehofft, dass die Sache mit ihrem Rabbi ganz anders ausgehen würde. Und jetzt? Ans Kreuz hatte man Jesus genagelt. Das war ein unvorstellbarer und schmerzlicher Gedanke für sie. Sie verstanden auf einmal Gott und die Welt nicht mehr. Was sollte nun aus ihnen werden? Schließlich hatten sie ihr ganzes Vertrauen in Jesus gesetzt. Ihre Lebensexistenz an ihm festgemacht.

Aus! Vorbei! Gibt es nicht auch in unserem Leben Stunden, da wir zu keinem klaren Gedanken mehr fähig sind? Da stehen wir sogar in Gefahr, Gott den Vorwurf zu machen: »Warum musste das ausgerechnet mir passieren? Warum?« An tausenderlei Warum-Fragen reiben wir uns wund. Die Ungewissheit quält uns. Außerdem hatten wir uns doch alles ganz, ganz anders vorgestellt. Gewiss hatten diese Männer, die von Jerusalem nach Emmaus unterwegs waren, ähnliche Gedanken. Doch dann kommt die Lösung dahermarschiert. Jesus gesellt sich an die Seite dieser geschockten Männer. Er gewinnt ihr Vertrauen, und dann erzählen sie, schütten ihre Enttäuschung wie einen Kartoffelsack vor ihm aus. Und Jesus hört geduldig und liebevoll zu. Sie sprechen über den verlorengegangenen Glauben. Sie reden über ihre Enttäuschungen. Doch dann unterbricht Jesus ihren Redefluss: »O ihr Unverständigen und trägen Herzens, zu glauben an alles, was die Propheten geredet haben!« (Lukas 24,25).

Wir würden sagen: »Mensch, habt ihr eine lange Leitung!« Es gibt ja auch das berühmte Brett vor dem Kopf! Leider müssen auch wir manch herbe Enttäuschungen im Leben erfahren, manchen Kummer durchmachen. An Menschen zuschanden werden. Dann ist die Verzweiflung groß! Wie reagieren wir, wenn wir keinen Ausweg sehen und bis zum Hals in Problemen stecken? Gott lässt den ehrlich Fragenden niemals ohne Antwort. Er fordert ihn geradezu auf: »**Rufe mich an, dann will ich dir antworten und will dir Großes und Unfassbares mitteilen, das du nicht kennst!**« (Jeremia 33,3).

Darum solltest auch du in deiner augenblicklichen Not unbedingt den Herrn Jesus als den wunderbaren Retter kennenlernen. Denn wer sein Leben an Jesus Christus festmacht, hat den sicheren Anker gefunden und ist für Zeit und Ewigkeit gerettet. Jesus zu haben, entscheidet alles.

18. März

Grübeln oder glauben

Bloß nicht aussteigen und am Leben verzweifeln! Die Zahl der Lebensmüden ist groß. Es ist erschreckend, wie viele junge Menschen schon ernsthaft darüber nachgedacht haben, ihrem öden Leben ein Ende zu machen. Es sind mehr als wir denken, die ihr Leben satt haben. Gründe dafür gibt's tausendfach. Da sind Enttäuschungen von Menschen, Schwierigkeiten im Beruf, in Ehe und Familie. Vielleicht auch Gesundheitssorgen, die niederdrücken. Alles scheint grau in grau und wolkenverhangen. Und nun kommt der fatale Gedanke: »Einfach Schluss machen! Mit dem Leben aufhören! Die Schwierigkeiten sind zu groß. Die Aussichten auf Besserung nicht in Sicht. Also, was soll's?«

Doch genau das ist das Dümmste, was ein Mensch überhaupt tun kann. Man kann nicht aussteigen! Man steigt nur in die Ewigkeit um, von der es keinen Rückfahrschein gibt. Darum mache nicht Schluss mit deinem Leben, sondern mit dem Jammer deines traurigen Daseins. Warum sprichst du nicht einmal mit dem Herrn Jesus über deine ausweglose Lage? Warum erzählst du ihm nicht von deinem Lebenskummer?

Er streckt dir seine helfende Hand entgegen. Schenkt dir ein neues Leben. Holt dich heraus aus aller Verzweiflung. Das Grauen deines Lebens soll ein Ende haben. Doch das eine erwartet Gott von dir: Du musst aufhören zu grübeln und musst dich dem Herrn Jesus anvertrauen. Du musst aufhören mit deinen Selbstvorwürfen und von Jesus Hilfe erwarten. Du musst aufhören mit dem zersetzenden Misstrauen Gott gegenüber und glauben, was er sagt. Gott weiß doch längst über dein Leben Bescheid. Er weiß, wo dein Karren festsitzt. Er sieht auch, dass der Teufel dich am Kragen hat. Schluss damit! Hier ist die Antwort auf alle Not, denn Jesus Christus sagt: **»Ich bin das Licht der Welt; wer mir nachfolgt, wird nicht in der Finsternis wandeln, sondern wird das Licht des Lebens haben«** (Johannes 8,12).

Du brauchst den Herrn Jesus. Denn wer ihn hat, wendet der Dunkelheit ein für alle Mal den Rücken zu. Bei Jesus endet alle Finsternis und Trostlosigkeit. Doch er erwartet von uns ein offenes und ehrliches Bekennen unserer Sünde und Schuld. Darauf folgt die Bitte um Vergebung und die Bereitschaft, ihm nachzufolgen. Wem die Sünde vergeben wurde, der darf sich getrost in Gottes Arme werfen. Dem ist Gott nicht mehr fremd. Dem ist er zum Vater geworden. Was für ein Tausch! Nein, nicht aussteigen, sondern bei Jesus einsteigen, das ist das Klügste. Nicht grübeln, sondern an Jesus glauben. Es gibt keine Alternative zu einem glücklichen und befreiten Leben.

Mach dein bewegtes Leben an Jesus Christus fest. Das entscheidet alles, deine Gegenwart und Zukunft.

19. März

Unten durch müssen?

Rückenprobleme? Wenn man älter wird, macht das Bücken oft Schwierigkeiten. Das Kreuz ist nicht mehr so flexibel wie früher. Und wenn wir irgendwo einmal unten durch müssen, haben wir Probleme. Aber es hilft nichts: »Der Mensch spürt es mit viel Verdruss, dass man sich auch mal bücken muss!« Ist nicht das ganze Leben ein Untendurchmüssen? Ein immer wieder bücken?

Doch es gibt ein Untendurchmüssen, das zum Leben führt. Jesus sagt zu seinen Jüngern: »**Wer mir nachfolgen will, der verleugne sich selbst und nehme sein Kreuz auf sich und folge mir nach**« (Matthäus 16,24). Anders ausgedrückt: Wer hinter Jesus hergehen will, um das wahre, ewige Leben zu ergreifen, der darf sich nicht vor dem Untendurchmüssen scheuen. Im Gegenteil, der nehme sein Kreuz auf sich und folge ihm nach.

Es ist ganz verständlich, wenn Kinder, die die Geschichten von dem Herrn Jesus lesen, von der Macht begeistert sind, wie er den tobenden Sturm zum Schweigen bringt, wie er Tote auferweckt, wie er die kleinen und großen Ängste unseres Lebens besiegt. Doch es wird dann anders, wenn Jesus vor unseren Augen als der Gekreuzigte steht. Da geht es um Leiden. Um Beugung. Um Hingabe. Um Gehorsam Gott gegenüber. Wir Menschen sind ja ohnehin leidensscheu. Wir drücken uns gern an dem Kreuz vorbei, das Gott uns auflegt. Doch Jesus nimmt das Kreuz auf sich. Freiwillig! Er besiegt alle Todesängste. Besiegt die ganze Macht der Sünde. Besiegt das gesamte Teufelsheer und jede Finsternis und jedes Grauen. Und wenn Jesus jetzt von diesem Kreuztragen spricht, von diesem Untendurchmüssen, dann heißt das nicht, dass er uns damit den Weg ins Kloster zeigt, in Absonderung und in Askese. Im Gegenteil. Er will damit sagen: Wer sein eigenwilliges Leben aufgibt, um das wahre Leben bei Jesus zu finden, der muss erst unten durch.

Die Bibel sagt: Ohne Buße gibt es keine Vergebung und ohne Vergebung kein neues Leben aus Gott. Und wenn Gott dich zur inneren

Umkehr, in dieses Untendurchmüssen führt, dann sträube dich nicht dagegen. Sage: »Ja, Herr Jesus!« Erfasse seine Hand. Er hilft dir, auch diesen Beugungsprozess zu überstehen. Am Ende wird dir die Sonne der Freude scheinen. Vertraue darauf: Der Herr Jesus meint es unendlich gut mit dir. Halte dich an seinen Worten fest. Was er versprochen hat, hält er. Sein Wort ist Wahrheit. Klammere dich daran. Es ist der sichere Anker, der dein Lebensschiff auf ewig hält. Nur bei dem Herrn Jesus wirst du das Leben finden, das du bis jetzt vergeblich gesucht hast.

20. März

Gott, wo bist du?

Mit Gott online! Gut, dass das möglich ist. Und wenn Gott wartet, dann sagt die Bibel in Psalm 37,7: **»Halte still dem Herrn, und warte auf ihn.«** Und in Psalm 25,2 steht: **»Mein Gott, auf dich vertraue ich.«**

Hast du vielleicht gebetet, und es wurde immer schlimmer? Gewartet und gewartet – und nichts Positives geschah? Bist du vielleicht an dem Punkt angelangt, wo du am liebsten alles aufgeben würdest? Vielleicht hast du nicht lange genug gewartet. Die Bibel sagt in Römer 8,25, dass wir mit Geduld warten sollen, denn Geduld verdrängt die Sorge. Geduld beendet das fortwährende Jammern. Sage doch einfach: »Herr Jesus, ich bin in deiner Hand, egal, was kommt. Ich übergebe dir die Verantwortung für mein Leben.« Und während der Wartezeit wollen wir daran denken, dass Gott Großes für uns bereithält.

Die Bibel sagt, dass der Zweifelnde einer Meereswoge gleicht, die hin- und hergeworfen wird. Dieser Mensch denke nicht, dass er etwas von dem HERRN empfange. (Lies Jakobus 1,6!) Dieses schwankende Verhalten ist in seinem ganzen Leben erkennbar. Doch Gott will, dass du ihm vertraust, dass du dich an dem Anker Jesus Christus festmachst. Für immer! Nur dieser Glaube wird belohnt. Aber die Voraussetzung ist die Bitte um Vergebung deiner Sünde und der Glaube an seine unumschränkte Gnade. Dann wird dein Leben neu.

Wie es weitergeht? Der Weg der Nachfolge Jesu ist spannend. Da macht man viele Erfahrungen. Und weil Niederlagen nicht ausbleiben, sind wir aufgerufen, mit allen Fragen und Enttäuschungen des Lebens zu Jesus zu kommen. Doch ist dir schon einmal aufgefallen, dass wir Menschen immer dann zu Gott rufen, wenn wir in Not geraten? Wenn uns die Probleme zu brenzlig werden? Die Schwierigkeiten uns zu überrennen drohen? Aber Jesus ist nicht der Problem-Killer, nicht der berühmte Notstopfen, den wir brauchen, wenn irgendwo in unserem Lebenshaus ein Rohrbruch stattgefunden hat oder uns deswegen dass Wasser schon bis zum Hals steht.

Jesus will HERR in unserem Leben sein, will da Neues schaffen, wo uns die alten Brocken des Versagens erdrücken. Dafür gab er sein Leben in den Tod. So sehr liebt er uns. Gottes Liebe macht keine halben Sachen. Darum wirbt er um dich. Er will nicht, dass du ohne ihn durchs Leben gehst und im Dunkeln bleibst. Er will, dass du dich für das Leben entscheidest. Er will nicht, dass du verloren gehst.

Du hast die Wahl. Wähle Jesus! Es wäre schrecklich, die Hand der Versöhnung mit Gott auszuschlagen und im Gericht Gottes zu landen.

21. März

An Gottes Quelle!

»Sie trinken zu wenig!« Die meisten wissen nicht, wie wichtig genügend Flüssigkeit für den Körper ist. In geistlichen Dingen ist es genauso. Das Leben vieler Christen gleicht einer verdorrten Wiese, durch die ein Wasserbach führt. Wo früher saftiges Gras wuchs, steht heute geistig trockenes Gestrüpp. Das sieht oft sehr bedauernswert aus.

Viele gleichen heute trockenen Flüssen, in denen kein Wassertropfen zu finden ist. Doch Jesus Christus will mitten durch die Wüste deines Lebens das Wasser sprudeln lassen. Lies einmal, was er in Johannes 7,38 sagt: **»Wer an mich glaubt, ... aus dessen Leib werden Ströme lebendigen Wassers fließen.«** Es kommt auf die richtige Glaubenseinstellung an. Glauben heißt ja, etwas aktiv von Gott zu erwarten. Nein, man glaubt nicht in den blauen Dunst hinein. Man glaubt dem, was Gott in seinem heiligen Wort garantiert hat. Schließlich redet dadurch Gott zu uns.

Außerhalb der Bibel findet kein Mensch den Wasseranschluss an Gottes Quelle. Nur hier ist das lebendige Wasser, das jeder geistigen Trockenheit und Dürre ein Ende machen kann. Liest du in der Bibel? Täglich? Oder selten? Oder nie? Wer Gottes Wort nicht liest, dreht sich nur um sich selbst. Dessen Leben ist oft wie ein stinkender Tümpel, voller Geröll und Dreck. Kein Wunder, dass Kraft, Vollmacht und Segen fehlen.

Wer sich aber durch Glauben an Jesus anschließen lässt, wird belohnt. Gott segnet alle, die ihm restlos vertrauen. Wer sich an diese Quelle anschließt, dessen Leben verwandelt er in ein blühendes Land.

22. März

Christus ist HERR!

Glasaugen und hölzerne Beine. Zu dieser Einschätzung kam ein Theologe, der sich mit Recht über die heutige Christensituation den Kopf zerbrach. Viele Christen seien keine lebendigen Glieder am Leib des Christus, sondern nur Glasaugen und Holzbeine. Es sei kein Leben in ihnen. Die Frage stelle sich jeder: Trifft das etwa auch auf mich zu? Bin ich echt oder nur Imitation? Weiß ich mit Sicherheit um eine göttliche Verbundenheit mit Christus? Besitze ich das ewige Leben, ohne das niemand in den Himmel kommen kann? Gratulation dem, der dazu ein frohes JA hat.

Wer noch Zweifel in dieser Frage hat, der ruhe nicht eher, bis er Frieden mit Gott gefunden hat. Im Allgemeinen sind wir heute bestens über alles informiert. Wir sind eine unruhige Generation, dauernd unterwegs von einem Festival zum anderen, von einer Konferenz zur nächsten. Wir wälzen Themen, die uns unter den Nägeln brennen. Doch wissen viele Christen nicht, was es bedeutet, wenn die Bibel in Epheser 3,4 vom »Geheimnis des Christus« spricht. Da ist man aktiv beschäftigt mit Gemeindeordnungen, Predigtplänen, Basaren, Sammelaktionen und Wohltätigkeiten. Doch Christus ist der Gemeinde als Haupt gegeben. Will man etwa ohne Haupt existieren?

In dem Christus wird Gott einmal alles zusammenfassen und nicht in einer religiösen Organisation – wie immer sie auch heißen mag. Jesus Christus ist allein Haupt über alles (Epheser 1,22)! So stellt Gott seinen Christus vor. Bald wird der von Gott gekrönte HERR erscheinen. In gewaltiger Lichtglorie wird er seine Herrlichkeit offenbaren. Das gesamte Universum wird ihm zu Füßen liegen, und jede Zunge wird bekennen: »Jesus Christus ist HERR!« Eine unzählbare Schar Erlöster wird ihn umgeben, und er wird proklamieren: »Das ist meine Gemeinde!« Es ist die Schar der Verachteten und von der Welt Verhassten, die weder Rang noch Namen hatten.

Wenn wir die Probleme der Welt und die himmelschreiende Ungerechtigkeit unserer Tage sehen, wenn wir die Mächtigen der Welt brüllen hören, wohin geht dann unser Blick? Angesichts gewaltiger, herrlicher Zukunftsaussichten der Gotteskinder, die jedes Maß an Fantasie weit in den Schatten stellen, rufe ich dir zu: Jesus Christus ist Haupt über alles! Eine ungeahnte göttliche Lebensfülle erwartet dich. Warum noch ängstlich sorgen! Du kannst alle deine Sorgen getrost an ihn abgeben. Er kümmert sich darum!

23. März

Lebensinhalt

Haben Christen nichts zu lachen? Es ist geradezu erstaunlich, wie oft in der Bibel von Freude, Lust und Wonne, vom Glücklichsein, Jauchzen und Frohlocken gesprochen wird: **»... fing die ganze Menge der Jünger an, mit lauter Stimme freudig Gott zu loben«** (Lukas 19,37).

Im Allgemeinen ist man der Meinung, dass Christen nichts zu lachen haben. Stimmt das? Ganz gewiss nicht! Im Gegenteil! Man muss sich ja nur einmal vorstellen, woher ein Christ kommt, wie er lebt und wohin er geht. Diese drei hellleuchtenden Stationen sind der Grund der Lebensfreude eines Christen. Und Christ wird man nur, wenn man sich bekehrt! Wenn man seine Sünde Jesus Christus bekannt, um Vergebung gebeten und ihm sein Leben anvertraut hat.

Dass so mancher Christ mit säuerlichen Mundwinkeln durch die Zeit läuft, hängt damit zusammen, dass er sich von den Sorgen des Lebens niederdrücken und sich vom Zeitgeist anstecken lässt. Leider hinterlässt auch die Sünde manch traurige Spur. Christen haben Grund zur Freude! Ja, das ist Grund zur Freude, wenn man wissen darf, dass Jesus Christus Sünde und Schuld vergeben hat! Nichts trennt dann mehr von seiner heiligen und ewigen Gegenwart.

Ja, das ist Freude, wenn man weiß, dass man Tag für Tag unter seinem Schutz steht und seine allmächtige Hand einen vor allem Übel bewahrt. Ja, das ist Grund zur Freude, dass er, der lebendige Gott unser Leben plant und überschaut. Ja, das ist Grund zur Freude, dass uns am Ende unseres Lebens kein dunkles Loch erwartet, sondern wir wissen dürfen, dass für uns das Allerschönste noch kommt! Gott schenke jedem den klaren Blick, die Wahrheit zu erkennen.

24. März

Kein Platz zur Verzweiflung

Friede mit Gott! Wie wichtig ist in Stunden tiefster Not ein fester Halt, ein Zuspruch, eine Ermutigung, ein Ausblick, eine lebendige Hoffnung. Als Jesus auf Erden war, erlebte er auch eine Stunde, in der seine Seele bis an den Rand des Todes betrübt war. (Lies bitte Matthäus 26,39!) Hier beginnt der Leidensweg Jesu wegen unserer Sünde. In dieser Lage war für ihn nur eins von Bedeutung: **»Mein Vater, nicht wie ich will, sondern wie du willst.«** Wie schwer kommt uns solch eine Bitte über die Lippen. Schließlich hängen wir am irdischen Leben. Ist das nicht etwas ganz Natürliches? Doch der Herr Jesus ist uns in jeder Beziehung ein Vorbild, auch in seiner Haltung in Leid und Not.

Wie reagieren wir, wenn uns die Gesundheit zu schaffen macht und wir nicht von Krankheit und Schmerz verschont bleiben? Da gibt es manches Klagen, wenn das Gebet um körperliche Genesung nicht erhört wird. Bei aller äußeren Not vergessen wir oft, dass auch der innere Mensch der Aufrichtung bedarf. Dem HERRN liegt daran, dass wir zu aller Zeit Frieden in Gott finden und uns zu der Bitte durchringen: Herr Jesus, dein Wille geschehe. Nur wer Vergebung seiner Sünde erlangt hat, darf mit Gottes Gnade rechnen. Der darf mit der Barmherzigkeit Gottes rechnen, der sich an den Ewigen klammert, der Tod und Teufel überwunden hat.

Für Christen ist kein Raum zur Verzweiflung, weil die Seele im Frieden mit Gott ruhen darf. Viel wichtiger als Gesundheit und Wohlergehen ist die Gewissheit, in Jesus Christus für immer geborgen zu sein. Darum tröstet der Herr Jesus seine Jünger in Johannes 14,27 mit den Worten: **»Euer Herz werde nicht bestürzt. Frieden lasse ich euch, meinen Frieden gebe ich euch.«** Lass den Frieden Gottes in deinem Herzen durch den Glauben wohnen.

25. März

Rechtsbeistand

Wenn ich die Not der Menschen in der heutigen Zeit sehe, dann kommt schon einmal der Seufzer über die Lippen: »Herr Jesus, ich sehe das Ende nicht!« Wenn man nicht den ganzen Tag hindurch seine Gebetsantenne ausgezogen hätte, käme man sich restlos verloren und verlassen im Gewirr der Zeit vor. Doch Jesus ist da! Unser Gott lässt uns nicht im Strudel der Zeiten ertrinken. Im Gegenteil! Was auch immer die Nöte und Widerwärtigkeiten betrifft, der HERR kämpft für seine Leute. Auch wenn wir manchmal Zeiten der Leiden und Trauer durchleben müssen und der Tod einen liebgewordenen Menschen von unserer Seite nimmt: Unser HERR bleibt bei uns!

Witwen sind traurig über den Tod ihres Mannes. Sie fühlen sich oft wie ein Garten ohne Zaun, ohne Schutz und unbehütet. Die Welt nimmt kaum Notiz von ihnen. Manchmal bleibt nur ein hilfloses Achselzucken für sie übrig. Doch Gott lässt seine Auserwählten nicht im Stich. Er versichert in Lukas 18,7 den staunenden Zuhörern: **»Gott aber, sollte er das Recht seiner Auserwählten nicht ausführen, die Tag und Nacht zu ihm schreien …?«** Nein, unser HERR schiebt das Rufen der Gotteskinder nicht auf die Seite. Er versichert ihnen seinen Rechtsbeistand. Er hört, wenn wir rufen. Er hat zugesagt, dass er auf das Glaubensgebet antworten wird. So oder so!

Ist nicht das Wort aus Psalm 50,15 die Erfahrung vieler Gotteskinder gewesen? Haben sie nicht erlebt, wie wunderbar der HERR sie ans rettende Ufer gebracht hat? Nur Geduld! Gottes Zusage kann nicht trügen. Der Herr ist derselbe – gestern, heute und in Ewigkeit!

26. März

Sie sollen getröstet werden!

Abschied für immer? Es gibt Menschen, die in diesen Tagen verborgenes Leid und verstecktes Heimweh in ihrem Herzen tragen. Wie viele Tränen werden geweint! Mancher meint, diese schweren Stunden nicht mehr ertragen zu können. Doch der Herr Jesus sagt: »Sie sollen getröstet werden!« Wie er das macht? Das ist allein seine Sache.

Ein Mann erlebt es in Psalm 94 ganz konkret und bekennt: »Wäre nicht der HERR meine Hilfe gewesen.« In schweren Stunden ist Menschenhilfe und menschlicher Rat nur ein Tropfen Trost auf die leidgeprüfte Seele. Vielleicht meinst du, es sei ungerecht, dass Gott ausgerechnet diesen Schmerz bei dir zugelassen hat. Und immer wieder klagst du: »Ausgerechnet ich! Warum? Warum?« Das alles lastet mit großer Härte auf deinem Gemüt. Ich kann dich darin gut verstehen. Doch es ist einer da, der dich noch viel, viel besser versteht, als Menschen es jemals können. Es ist der Herr Jesus. Es ist der liebende Gott, den die Bibel den Gott allen Trostes nennt.

Auch du sollst getröstet werden. Nein, nicht mit leeren Versprechungen. Gott tröstet mit sich selbst. Lies bitte, was in Psalm 94,17
steht: **»Wäre der HERR mir nicht eine Hilfe gewesen.«** Und nun
mache dich auf, ergreife die ausgestreckte Hand Gottes in Jesus Christus,
denn er sagt in Johannes 6,47: »Wer an mich glaubt, hat ewiges Leben.«
Klammere dich mit den Händen des Glaubens an ihn, und er wird dein
Herz stille machen.

Gleichgültig, welcher Kummer dich quält. Gott will jede Träne von
den Augen abwischen. Auch bei dir. Darf er das? Er wartet auf dich.

27. März

Bei Jesus abgeben!

Es leichter haben! Diese Behauptung sollte dich neugierig machen. Ich
weiß von einer älteren Frau, die unterwegs war und einen schweren Sack
auf ihrem Rücken trug. Ihre Schultern schmerzten. Ihre Füße wollten
nicht mehr so recht. Doch dann hielt ein freundlicher Autofahrer an. Sie
stieg ein und nahm Platz. Nach einer Weile hörte der Fahrer die gute
Frau hinter sich stöhnen. Und was sah er da? Sie hatte immer noch den
schweren Sack auf dem Rücken. »Warum stellen sie den Sack nicht
einfach ab?«, fragte er sie. »Ach«, meinte sie verlegen, »ich bin doch schon
dankbar, dass ich mitgenommen werde. Den Sack auf meinen Schultern,
den schaffe ich schon.« Der Fahrer lachte und sagte: »Liebe Frau, ob Sie
den Sack auf Ihren Schultern haben oder nicht, das ist mir völlig gleich.
Das Auto fährt so oder so. Aber leichter ist es für Sie, wenn Sie den Sack
hinstellen.«

Wie viele Nöte, wie viele Sorgen und wie viel Kummer, Zweifel und
Angst hast du in deinen Sorgensack hineingepackt? Er drückt hart auf
deinen Schultern. Und oft kommt Stöhnen und Seufzen über deine
Lippen. In diesem Sack ist vielleicht auch manche Schuld und Sünde, die
dich quält. Doch, was du auch tust, dieser Sack bringt dich um. Es ist
besser, du stellst ihn bei Jesus ab. Er schenkt Vergebung und Befreiung.

Er sagt: »Kommt her zu mir, alle ihr Mühseligen und Beladenen, und **ich werde euch Ruhe geben**« (Matthäus 11,28). Nein, du musst dich nicht weiter abquälen.

Der Herr Jesus fordert dich auf, den Sack deiner Sorgen vor ihm fallen zu lassen. Und dann nimm Platz, genieße die Fahrt. Er bringt dich nach Hause.

28. März

Wo die Seele rumort!

Prima, prima, alles bestens. Ist das wirklich so? Auf eine häufig gestellte Frage, wie es uns denn so geht, haben wir alles Mögliche an Antwort parat, nur nicht die Wahrheit. Insgeheim denkt man: Ach, wenn sie wüssten, wie es mir wirklich geht. Und weil uns ja keiner in unsere Gedanken hineinschauen kann, veranstalten wir einen Zirkus nach dem anderen. O diese Clownerie. Selbst wenn uns das Wasser bis zur Kinnspitze steht, haben wir oft nicht den Mut zur Ehrlichkeit. Und so strampeln wir uns ab, kommen mit unserem persönlichen Leben nicht zurecht und gehen dabei anderen gehörig auf die Nerven.

Im Grunde genommen ist es doch das allergrößte Glück, Jesus Christus, diesen allmächtigen Gott, der mich vom Scheitel bis zur Sohle liebt, kennenzulernen. Es ist etwas Großartiges, seine wunderbare Hilfe in allen Lebensbereichen zu erfahren. Nein, nicht immer sitzen wir fest im Sattel. Und dennoch ruft ein Mann in der Bibel aus: »Man stößt mich, dass ich fallen soll. **Aber der Herr hilft mir**« (Psalm 118,13).

Egal, welcher Art die Sorgen sind, die mich niedermachen wollen, Jesus Christus ist da. Und ich darf ihm im Gebet alles, aber auch alles sagen, was mich bedrückt. Da, wo Unruhe ist, wird Friede einkehren. Da, wo die Seele rumort, wird Ruhe kommen. Da, wo uns die Blickrichtung verhagelt ist, schenkt er Lebensperspektiven. Ein Mensch, der an Gottes Hand geht, bleibt nicht in der Tinte sitzen. Der weiß sich von seiner allmächtigen Hand erfasst. Gott führt zum ewigen Ziel. Doch auf der Wegstrecke dorthin darf der Glaubende erfahren, dass Gott unendlich treu ist und den nicht enttäuscht, der sich auf ihn verlässt.

Suche deine Zuflucht bei Jesus. Dann wird alles andere gut.

29. März

Keine Panik!

Im Leben geht es ohne Enttäuschung und Kampf nicht ab. Besonders, wenn man Christ ist. Wer das nicht einkalkuliert, kommt irgendwann unter die Räder. Wie viel Finsternis beherrscht heute das Gehirn der Menschen. Die Massenmedien beherrschen die Szenerie. Und was da alles in die Wohnzimmer hineingetragen wird! Es könnte einem Angst und Bange werden. Ja, der Teufel setzt alles daran, um zu stehlen, zu stören und kaputtzumachen. Er macht seinem Namen Ehre, denn er heißt Diabolus: der Durcheinanderwerfer.

Pass gut auf! Wie falsch ist doch der Rat, sich auf sich selbst zu konzentrieren. Wer das tut, ist den Kräften dieser Zeit nicht gewachsen. Sei nicht beunruhigt, wenn du dem Herrn Jesus Christus angehörst. Bewahre Ruhe. Nur keine Panik. Sitze ruhig im Boot, auch wenn es oft bedenklich schaukelt. Es wird nie kentern, denn er ist bei dir. Vertrau ihm kindlich. Unterstelle deine Gegenwart und Zukunft seiner Regie. Er sieht ja, ob du es ehrlich meinst. »Dem Aufrichtigen lässt es Gott gelingen ...« (Sprüche 2,7a). »... dem Demütigen schenkt der Herr Gnade!« (Sprüche 3,34b).

Erwartest du Hilfe von ihm? Er freut sich darauf, seine Liebe unter Beweis zu stellen. Fürchte dich nicht! Der Glaube an den Herrn Jesus Christus durchbricht alle dunklen Gassen. Nur durch den Glauben an ihn wirst du den Sieg erringen. Gefahr droht durch Ungeduld. Übe dich darum in Geduld. Gott wird dir dabei helfen. Er schenke dir das Maß an Standhaftigkeit und Zuversicht. Er fülle dein Herz mit seinem Frieden.

Und da, wo in deinem Leben wirklich einmal die Luft raus ist, wo nichts mehr geht, da hat Gott versprochen, zu deinem Wohl alle Hebel in Bewegung zu setzen. Jesus Christus, Erlöser und Herr deines Lebens! Was für ein Angebot!

30. März

Dein Tisch ist gedeckt

Es ist schon verrückt, dass es uns so schwerfällt, Gott unser Vertrauen zu schenken. Warum nur? Er hat uns geschaffen. Er versorgt uns Tag für Tag. Er hat uns alles geschenkt: das Leben, die Nahrung, unseren Körper, die Blumen auf dem Feld, die Kühe auf der Weide, die Alpen, den Strand, das Meer. Gott hat alles so schön gemacht. Zudem hat er uns Jesus gegeben, und mit ihm alles, was wir zum Leben brauchen, zum Leben und zum Sterben. Allen, die zu ihm kamen, hat er die Sünde vergeben. Er hat auf seine Kosten die Schuld beglichen. Und jetzt ist der Weg frei. In Lukas 14,17 steht: **»Kommt, denn schon ist alles bereit!«** Es gibt nichts mehr, was uns blockieren und von ihm abhalten kann.

Es ist ja so einfach, Gott zu lieben. Schau bitte, wie nahe er dir in Jesus Christus gekommen ist. Und nun steht er vor dir und sagt: »Komm, ich will dein Freund sein, und du sollst mein Freund sein. Ich schenke mich dir, und du schenkst dich mir.« Es ist einfach verrückt, diese schrecklichen Vorbehalte Gott gegenüber aufrechtzuerhalten angesichts der von ihm erwiesenen Liebe. Wir Menschen trauen Gott alles Schlechte zu. Wir meinen, wenn wir uns mit ihm einlassen, ging es uns an den Kragen.

Die meisten sehen in Gott nur einen Spielverderber. Es ist einfach verrückt mit uns Menschen. Warum fliehen wir vor Gott, der uns so unendlich liebt? Er lädt dich ein, die Feindschaft aufzugeben. Er möchte, dass du sein Freund wirst. Laufe nicht an ihm vorbei. Sein Tisch ist gedeckt. Sein Haus steht offen. Ein Platz an seiner Seite ist für dich bereitet. Gott sagt: »Du sollst mein sein.« Willst du?

Die Einladung gilt, das Angebot steht. Jesus lädt dich ein. Wie reagierst du?

31. März

In allerbesten Händen

Gehe auf Nummer sicher! Es gibt Menschen, die sich um nichts kümmern, noch nicht einmal darum, wo sie ihre Ewigkeit zubringen werden. Andere kümmern sich aufopferungsvoll um Familie, Beruf, Geld, Existenz und nehmen dabei allerlei Stress in Kauf. Doch für die meisten ist das Leben sinnlos geworden. Sie finden es qualvoll. Aber wenn man Jesus in die Mitte des Lebens hineinnimmt, verändert sich alles. Grundlegend. Schließlich wird er mit all den ungeklärten Fragen, mit unseren Problemen und Sorgen, mit der Schuld unseres Lebens fertig. Jesus Christus sagt: **»Ich bin der Weg, die Wahrheit und das Leben**, niemand kommt zum Vater als nur durch mich!« (Johannes 14,6).

Wenn wir zu ihm kommen, um Vergebung unserer Sünden bitten, dann reinigt er uns durch sein Blut. Erst dann kann das neue Leben beginnen. Erst dann beschenkt er uns mit seinem Trost und seinem Frieden, mit großer Hoffnungsfreude und mit dem ewigen Leben. Bringe deine müde gewordene Seele, deine ganzen Enttäuschungen, deine Lebenslast zu ihm.

Nein, bloß nicht so weitermachen wie bisher, das wäre verhängnisvoll. Bringe dein Leben mit Gott in Ordnung, und lege getrost dann alles Weitere in seine starken Hände. In dem Augenblick, in dem du Jesus Christus als HERRN in dein Leben bittest, wird der heilige, ewige Gott dir zum Vater im Himmel. Er sorgt dann auch für dich. Seiner göttlichen Zusicherung darfst du glauben und vertrauen. Dein Leben ist dann in allerbesten Händen.

Das Leben beginnt erst, wenn man Jesus hat. Jesus sagt: »Ich bin das Licht der Welt, wenn mir jemand nachfolgt, dann wird er nicht in der Finsternis wandeln, sondern wird das Licht des Lebens haben«. Sage JA zu Jesus, vertraue ihm dein Leben an. Dann bist du in allerbesten Händen.

April

1. April

Bis zu Jesus hin!

Ihr Gesprächspartner wartet! Jeder darf ihn kostenlos anrufen. Kennst du seine Telefonnummer 5015? In Psalm 50,15 sagt er: **»Rufe mich an am Tag der Not, und ich will dich erretten.«**

Schwankt dein Lebensschiff? Plagen dich Probleme? Bist du nervös und gereizt? Niedergeschlagen und traurig? Hängen für dich nur graue Wolken am Himmel? Siehst du keinen Ausweg? Suchst du vergeblich, zur Ruhe und zum Frieden zu kommen? Gehst du an den Spannungen in deiner Ehe und Familie zugrunde? Drücken dich Krankheitssorgen nieder? Weißt du nicht, was du zuerst tun sollst, weil du die Übersicht verloren hast? Fürchtest du dich vor dem Leben, vor dem Tod und der Ewigkeit? Wo wirst du einmal sein, wenn du die Augen hier auf dieser Welt für immer schließt? Bei Gott oder in der ewigen Verlorenheit?

Verzage nicht. Dein Gesprächspartner weiß die Antwort. Sie hängt allein davon ab, ob du mit deinem ganzen Herzen seine Hilfe suchst. Wenn du von Gott und seinem Rat dein weiteres Leben abhängig machen willst, dann wird er sich von dir finden lassen. Er antwortet immer. Zwar oft ganz anders, als wir es erwarten. Es hat keinen Sinn, die Telefonnummern all jener Menschen anzurufen, von denen du Hilfe erwartest. Du wirst doch nur enttäuscht. Gott sucht das Gespräch mit dir. Er will dir entscheidend helfen. Und er allein weiß, wie dein Problem zu lösen ist. Ein Anruf genügt, und du darfst mit ihm sprechen, wie es dir ums Herz ist.

Ein Schiffbrüchiger, der im eiskalten Wasser treibt, wird nicht gerettet, indem er über die Konstruktion von Rettungsbooten nachdenkt. Er braucht eine Holzplanke, an der er sich festhalten kann. Ein Hungernder wird nicht satt, wenn er vor dem Bäckerladen stehen bleibt und sich die Nase am Schaufenster platt drückt. Er muss in den Laden hineingehen, um Brot zu bekommen, wenn er etwas zwischen den Zähnen haben will. Es reicht nicht aus, sich mit religiösen Fragen zu befassen. Das ist noch kein Suchen. Allein dringt man nicht zur

Wahrheit durch. Gott anrufen heißt, mit seinen Fragen zu ihm zu kommen und nicht eher zu ruhen, bis er geantwortet hat.

Du darfst Gott »kräftig in den Ohren liegen«, genau das liebt er. Wer nichts von ihm erwartet, empfängt nichts. Gott will nicht nur Gaben geben. Er will sich dir selbst schenken. So wertvoll bist du ihm. Unendlich liebt er dich. Der Beweis ist Jesus Christus. So sehr hat Gott die Welt geliebt, dass er seinen einzigen Sohn auch für dich am Kreuz sterben ließ, damit dein Glaube an ihn dir zur entscheidenden und ewigen Rettung wird. Der Erlöser der Welt lebt! Er ist auferstanden! Wo er jetzt ist? Er wohnt durch den Heiligen Geist in den Herzen aller, die sich ganz unter seine Herrschaft stellen.

Durch einen persönlichen Herzensentschluss kannst du diesen persönlichen Gott empfangen. Du kannst gerade jetzt mit ihm sprechen. Er wartet auf deinen Anruf – dein Gebet. Du brauchst keine Vorwahl. Der Anruf ist kostenlos. Gottes Telefonleitung ist nie besetzt! Er hat Geduld, deine ganze Lebensgeschichte bis in alle Einzelheiten anzuhören. Er lässt dir sagen: Alle, die mich anrufen, sollen gerettet werden. »Wer zu mir kommt, den werde ich nicht hinausstoßen« (Johannes 6,37).

Ich habe ihn angerufen, und er hat mich erhört und mir neues, ewiges Leben geschenkt, von dem ich vorher nicht einmal zu träumen gewagt habe.

2. April

Greife zu!

Keine leeren Versprechungen! Es geht um dein Glück, um Reichtum und Erfolg im Leben. Greife zu. Wer nicht wagt, der nicht gewinnt. Oder willst du immer auf der Schattenseite des Lebens stehen?

Darf ich deinen Herzenswunsch wissen? Wovon träumst du? Wofür lohnt es sich, deiner Meinung nach, zu leben? Bedenke, dein Leben ist in vielem begrenzt. Was bleibt übrig, wenn du die Tage, Stunden, die oft voller Stress, Mühen und Ärger sind, mit den wenigen frohen Augenblicken in deinem Leben vergleichst? Nur Restposten des Glücks sind es, mehr nicht.

Doch man lebt nur einmal. Die Tage deines Lebens kehren nie wieder. Genieße daher dein Leben in vollen Zügen. Doch sinnerfüllt muss es sein. Aber womit? Wer hat es gefunden? Die Fußball- und Tennisstars? Die Filmschönheiten? Die Sportskanonen? Die Industriellen? Die Reichen? Die Weltenbummler? Die Aussteiger? O ja, aussteigen müsste man. Irgendwohin auf eine einsame Insel. Weg von all den Negativ-Nachrichten. Weg von Umweltzerstörung, Krieg, Terror, Angst und Korruption. Kann man denn glücklich leben, wenn einen Elend und Hunger am Bildschirm verfolgen? Ich verstehe dich, wenn du so denkst. Man sollte vor Tatsachen nicht den Kopf in den Sand stecken. Und diese Tatsache sollte uns aufhorchen lassen: Tatsache ist, dass Jesus Christus, Gottes Sohn, die einzige Alternative auf der Suche nach dem Leben und nach der Sinnerfüllung ist.

Dag Hammarskjöld, ehemals Generalsekretär der Vereinten Nationen (1953-1961), sagte: »In dem Augenblick, als ich Gott die Hand gab und Ja zu ihm sagte, wurde mir der Sinn des Lebens klar!« Tatsache ist, dass echte Christen eine Erfahrung mit Gott machten, die sie nicht verschweigen dürfen. Sie hat schließlich ihr ganzes Leben und Denken verändert. Tatsache ist, dass Gott uns durch seinen Sohn Jesus Christus alle Schuld und Sünde vergeben will. Sein stellvertretendes Sterben am Kreuz ist für uns die Gnadentür zurück in die Gemeinschaft mit unserem Schöpfer und Gott ... Wir haben **»Frieden mit Gott durch unseren Herrn Jesus Christus!«** (Römer 5,1).

Tatsache ist, dass keiner von dieser herrlichen Einladung ausgeschlossen ist. Tatsache ist, dass keiner hinausgestoßen wird, der zu Jesus kommt und um Gnade bittet. Er sagt: »Wer zu mir kommt, den stoße ich nicht hinaus!« (Johannes 6,37).

3. April

Krisenfest?

Nein, krisenfest sind wir nicht, bei Weitem nicht! Das Weltwirtschafts- und Finanzgefüge hängt am Tropf: Weil alle fordern. Jeder nur haben will. Die Welt, ein Selbstbedienungsladen? Jeder ist sich selbst der Nächste! Von Solidargemeinschaft ist nicht viel zu sehen. Zweidrittel der Menschheit hungern. Rohstoff- und Mineralölquellen gehen langsam zur Neige. Und dann das Ozonloch! Klimaveränderungen gewaltigen Ausmaßes, die keiner im Griff hat. Giftmüllhalden. Terror, Angst und Verzweiflung. Nein, krisenfest sind wir nicht!

Gleichgültig, ob man zu den Optimisten oder Pessimisten gehört. Die Tatsachen liegen klar auf dem Tisch. Die Zukunft sieht bedenklich und finster aus. Wir schweben über dem Abgrund der Selbstvernichtung. Gibt es eine Hoffnung? Ja, es gibt eine! Wir müssen bei Jesus anfangen. Es kommt auf die alles entscheidende Frage an: Lassen wir Jesus Christus an unsere Probleme ran? Das ist die Frage. Wir brauchen Jesus Christus! Von dieser Dringlichkeit sind zwar viele überzeugt. Doch was heißt **wir**? Der Staat? Die Gesellschaft? Die anderen?

Persönlich muss man diesen Jesus Christus empfangen haben. Bei allen, die diesen entscheidenden Schritt auf Jesus zu wagten, kam der Tag, an dem bei ihnen alles neu wurde. Plötzlich stand Jesus und nicht die auf Hochglanz polierten Interessen an erster Stelle. Nicht der Job, nicht die Karriere, nicht das Geld, nicht die Familie, sondern Jesus Christus stand im Zentrum. Und auf einmal wurde alles anders. Kannst du das verstehen? Tiefgreifend waren die Folgen: Menschen wurden froh. Ehen wurden neu. In Familien kehrte der Friede ein. Hoffnungslose fassten neu Mut. Gescheiterte fanden festen Halt. Die Bitterkeit wich der Freude. Sie alle fanden den Sinn des Lebens – wurden erfüllt von Gottes Kraft und heller Zukunftsgewissheit. Das neue Leben mit Jesus begann!

Ein Leben aus Gottes Hand. Unter seinem Schutz und seiner Führung. Doch ohne Gott schlittern wir von einer Krise in die andere. Darum will er ans Steuer. Er allein hält unser Lebensschiff auf Kurs. Mit

Jesus gehen heißt aber auch: gegen den Strom der Sünde schwimmen. Doch nicht aus eigener Kraft. Nur mit Jesus wird es gelingen. Wer ihn erwählt hat, hat sein Lebenshaus nicht auf Sand gebaut.

4. April

Durst nach Leben

Man lebt nur einmal! Die Stunden unseres Lebens sind längst gezählt. Der Tag des Todes steht fest. Wehe dem, der sein Leben verpasst. Unfassbar, wer es gedankenlos verschleudert. Leben ist mehr!

Worauf warten wir, wenn wir an ein ausgefülltes und glückliches Leben denken? Schließlich stecken in jedem von uns unbefriedigte Sehnsüchte und unerfüllte Träume! Man will endlich einmal abschalten. Die Touristik-Unternehmen bieten Traumreisen in die entlegensten Gegenden der Welt an. Viele suchen Liebe und Zärtlichkeit. Doch immer wieder wurden sie enttäuscht.

Wo ist das Echte, Wahre? Eine ganze Palette Magie, Aberglauben und okkulter Betrügereien wird uns angeboten. Wir hasten zwischen Arbeit und Freizeitgestaltung hin und her. Blättern in Illustrierten. Starren durch Autoscheiben. Greifen zu Nikotin und Alkohol. Versuchen, Stimmung zu machen. Hören gelangweilt CDs. Sitzen erwartungsvoll vor der Flimmerkiste. Lassen Gläser klirren, Korken knallen. Wo in aller Welt finden wir den Sinn unseres Lebens? Wir können noch so viel Lippenstift und Gesichtsmaske auflegen, unsere Gesichter bleiben ausdruckslos. Wir können unsere Gäste und Freunde glanzvoll unterhalten und zum Lachen bringen, aber das eigene Herz bleibt leer. Das Leben ist mehr – aber was?

Willst du es wirklich wissen? Nur eine Antwort gibt es auf unsere Lebensfrage: JESUS CHRISTUS! Er sagt von sich: **»Ich bin das Leben«** (Johannes 14,6). Hier wird jeder Lebensdurst gestillt. Jesus Christus sagt: Wen dürstet, der komme zu mir und trinke. Hier gilt es zuzugreifen. Wer die Gelegenheit nicht beim Schopf nimmt, bleibt der ewig Durstige.

Millionen fanden das Leben, das Gott gibt. Sie haben es ausprobiert und nie bereut. Mit viel Beharrlichkeit hat Jesus den Menschen seiner Zeit beigebracht, dass nur er allein den Durst nach Leben löschen kann.

Woran liegt es, dass so viele Jesus ablehnen oder missverstehen? Es gibt nur eine Erklärung: Unvergebene Schuld ist das Problem! Ist es dann ein Wunder, wenn wir an unseren Sorgen und Ängsten, Schwierigkeiten und Zukunftsaussichten verzweifeln? Muss das so sein? Nein! Jesus bietet uns in diesem Augenblick sein Leben an. Wir können jetzt durch eine persönliche Begegnung mit ihm die ganze Lebensfülle empfangen. Ein aufrichtiges Gespräch, das drei notwendige Dinge beinhaltet, lässt uns durch die Tür der Gnade in die ewig rettenden Arme Gottes fallen: unsere Sünde vor Gott erkennen! Jesus Christus um Vergebung bitten. Ihm glauben, dass er uns vergibt. Er ist die Wahrheit.

Er sagt: »Ich bin der Weg, die Wahrheit und das Leben« (Johannes 14,6). »Ich bin gekommen, dass sie das Leben in seiner ganzen Fülle haben sollen!« (Johannes 10,10).

5. April

Nie wieder einsam!

Einsamkeit – notvolles Schicksal von Millionen. Muss das sein? Dein Gesicht im Spiegel – es ist wie ein leeres Blatt. Deine Selbstgespräche – wie ein ungeöffneter Brief. Einsamkeit! Egal, wie alt du bist, die Einsamkeit macht vor keinem Jahrgang halt.

Trotz Kabelanschluss bleibst du allein in der Masse. Einsame Menschen – auf Parkbänken, in Fußgängerzonen, auf dem Krankenbett oder sonst irgendwo unterwegs. Muss das sein? Nein! Du musst nicht länger einsam bleiben. Es ist jemand da, der deiner Einsamkeit ein Ende macht. Du darfst nach Hause kommen. Du wirst von Gott erwartet! Der Tisch ist längst gedeckt für dich! Wo bleibst du? Ich habe Tausende getroffen, die einsam waren. Doch in dem Augenblick, als der lebendige Gott auf übernatürliche Weise in ihr Leben eingriff, wurden sie von dieser entsetzlichen Krankheit der Seeleneinsamkeit geheilt.

Eine bisher nie gekannte Freude erfüllte mit einem Mal ihr Leben. Neue Lebensperspektiven taten sich auf. Anstatt auf Liebe zu warten, konnten sie Liebe verschenken. Die innere Leere war vorüber. Das Abenteuer eines Lebens mit dem lebendigen Gott hatte begonnen. Und das haben viele Menschen erfahren: **»Gott ist es, der die Einsamen nach Hause bringt, Gefangene hinausführt ins Glück; Widerspenstige aber bleiben in der Dürre«** (Psalm 68,7). Gott will, dass du durch Jesus Christus nach Hause findest. Nur dann hat deine Einsamkeit ein Ende. Die wenigsten wissen, dass der Grund ihrer notvollen Einsamkeit die Trennung von Gott ist. Die begangene Schuld, das ist der Haken! Ja, Sünde macht einsam! Doch Gott holt auch den Letzten und Hoffnungslosesten aus seiner Einsamkeit heraus.

Wem Gott die Schuld vergibt, dem steht die Haustür zum ewigen Glück sperrangelweit offen. Nur wer Gottes Liebe erfahren hat, ist in der Lage, auch andere ehrlich zu lieben. Und wenn man eine gewisse Wegstrecke des Lebens allein bewältigen muss? Das Wunderbare ist doch, dass der lebendige Gott dort seine Gegenwart zugesagt hat, wo es zu dieser alles entscheidenden Begegnung mit Jesus Christus gekommen ist. Jenen hat er versprochen: »Ich bin bei euch alle Tage!« (Matthäus 28,20). Das ändert alles! Und wenn Tage kommen, da keine Sonne scheint? Wenn sich Schwierigkeiten und Probleme wie Nebelbänke vor unseren Augen formieren? Was dann? Hier ist die Antwort: »Auch wenn ich wandere im Tal des Todesschattens, fürchte ich kein Unheil, denn du bist bei mir ...« (Psalm 23,4).

Eine fantastische Zukunftsaussicht für alle, die ihr einsames Leben Jesus Christus anvertraut haben. Sie genießen die unvorstellbar herrliche Gemeinschaft mit Gott und seinem Sohn Jesus Christus!

6. April

Einer versteht dich!

»Jeder, der den Namen des Herrn anrufen wird, wird errettet werden!« (Römer 10,13). Wer Jesus nachfolgt, der hat für immer ausgesorgt!

Der Vater eines dreijährigen Jungen sorgte an der Theke für Heiterkeit. »Herr Wirt, ich schmeiß' noch 'ne Runde, bevor ich abtrete.« Doch er selbst blieb todernst. Das Bier stand kaum auf der Theke, da griff er schnell zum Giftfläschchen. Niemand konnte verhindern, was geschah. Minutenlang krümmte er sich vor der Theke. Auf dem Transport ins Krankenhaus starb er an den Folgen des starken Giftes. »Noch 'ne Runde, bevor ich abtrete«, das waren seine letzten Worte. Sackgasse! Endstation! Aus! Keiner wusste, warum. Eins war sicher: Er hatte sein Leben satt.

Schleppst du dich auch mit verborgenem Kummer herum? Hast du auch das Leben satt? Bist du auch maßlos von Menschen enttäuscht? Hast du auch das Gefühl, von niemandem verstanden zu werden? Selbst die besten Freunde wissen letztlich nicht, wie es in dir aussieht. Was gäbst du drum, ein für alle Mal alles zu vergessen. Versucht haben es viele. Sie meinten, in den Promillen ihren Kummer ersäufen zu können. Andere griffen zu Psychopharmaka, um ihre Seele relaxed zu machen – stumpf für weiterer Seelenschmerz. Doch das Teuflische daran ist, dass Alkohol und Drogen Instrumente der Lüge sind. Es wird doch alles nur noch schlimmer! Nein, Chemie ist nicht die Lösung und Alkohol nicht der Tröster der Seele.

Für unseren Seelenkummer ist allein Gott zuständig. Er ist uns in Jesus Christus mit unendlicher Liebe begegnet. Der Gott der Bibel ist die Antwort auf all deine Fragen. Es ist kein Yoga-Gott, kein New-Age-Gott mit tausend Gesichtern. Es ist kein Natur-Gott, kein Bio-Gott, kein Gott, den man, um ihn zu finden, im Nebel der Mystik herumstochernd suchen muss. Es ist nicht der Gott der Philosophen oder Gurus, die sich in Gedankenwindungen verkrochen haben, die keiner versteht. Es ist der

Gott der Heiligen Schrift, der Gott der Bibel, der Gott der ganzen Schöpfung, aus dessen Hand du kommst. Du bist kein Zufallsprodukt. Keine belanglose Nummer am Rand der Gesellschaft.

Gott hat durch Jesus Christus seine Hände ausgestreckt. Ergreife sie. Es ist deine Chance. Wende dich nicht ab. Lass dich nicht von anderen Dingen fixieren. Jesus allein ist die Antwort. Er allein ist der Weg zum wahren, glücklichen Leben. Es gibt keine Not, die er nicht lösen könnte. Kein Problem ist für ihn zu verzwickt. Keine Schuld zu schwer, kein Kummer zu groß. Millionen haben im Laufe der vergangenen Zeiten seine Rettung erlebt. Er hat alles gut gemacht! Bei allen, die sich ihm anvertrauen! Er schenkt das Glück des Geborgenseins und ewiges Leben.

7. April

Hallo, Autofahrer!

Findest du nicht auch, dass viele zu Unrecht auf uns Autofahrern herumhacken? Wir zahlen doch unsere Steuern. Wir beachten die Straßenverkehrsordnung. Wir kurbeln die Wirtschaft an. Wir sorgen für regen Waren- und Verkehrsfluss. Was läuft eigentlich ohne uns? Autofahrer sind nette Leute – oder?

Ich bin sicher, du hast einen Erste-Hilfe-Verbandskasten im Kofferraum. Du weißt, wo dein Pannenschild verstaut ist. Bist informiert, wie viel Kraftstoff dein Auto auf 100 km braucht. Zugegeben, für manchen dreht sich alles um das Blechross. Da habe ich mich doch letztens in einer belebten Großstadt total verfahren. Ortsfremd finde ich mich natürlich nicht zurecht. Kurz entschlossen kurbele ich die Scheibe herunter und frage: »Entschuldigen Sie, wie finde ich nach so und so?« – »Oh, das ist einfach, erst geht's links ab, dann rechts runter und dann eine Zeit geradeaus und dann scharf rechts einbiegen.« Ich versuche, mir krampfhaft die Angaben einzuprägen, und fahre los. Eigentlich schon verwirrend. Dumm, dass er mir keine Orientierungspunkte angab, z. B. ein Hochhaus, eine Eisenbahnbrücke, eine Ampel oder ein Kaufhaus. Das habe ich mir damals gemerkt: Es kommt auf Orientierungspunkte an, wenn wir sicher an das Ziel gelangen wollen.

Leider ist das Leben für viele wie eine Fahrt ins Blaue. Man macht Kilometer, mehr nicht. Man fährt im Kreis wie auf einer Rennstrecke, ohne ein bestimmtes Ziel anzusteuern. Kennst du dein Lebensziel? Bist du sicher, dass du den rechten Kurs steuerst? Die meisten wollen das Gute. Planen das Richtige. Doch genau wie bei den Reformen: Man meint es gut, doch die Verwirklichung findet nicht statt. Also, wenn du mich fragst, ich finde es jammerschade, dass du deine kostbare Lebenszeit nur hinter der Tachonadel zubringst. Vergeudete Zeit ist schließlich unwiederbringlich. Willst du wissen, wie man an das ewige Ziel kommt?

Jesus Christus nennt die Orientierungspunkte, die wir zu beachten haben. Er gibt die genauen Markierungen an. Ohne sie fahren wir wie Geisterfahrer im Nebel herum und enden irgendwo vor einer Mauer. Die Bibel fordert uns auf: **»Kehre um zu deinem Gott«** (Hosea 12,7). Kurve daher nicht länger auf falschen Wegen herum. Achte auf die Orientierungspunkte, die Jesus dir zeigt. Nur dann kommst du ans ewige Ziel. Ganz gleich, wo du dich im Augenblick befindet, du musst ihm nur deine Panne signalisieren.

Wer ihm folgt, wird nicht in der Finsternis bleiben, sondern wird das Licht des Lebens haben.

8. April

Ich glaube!

Wusstest du, dass das Wort »glauben« aus dem altdeutschen Wort »geloben« entstanden ist? Da haben sich zwei Menschen gegenseitig die Treue versprochen. Sie geloben, sie glauben einander. Es handelt sich also beim »Glauben« um ein sich Öffnen und Anvertrauen.

Natürlich setzt das ein uneingeschränktes, aufrichtiges Vertrauen voraus. Der Satz »Glauben heißt: nicht wissen« ist Unsinn. Dieser Gedanke führt auf eine ganz falsche Fährte. Im Gegenteil, der Glaube ist sogar eine felsenfeste Überzeugung! Er ist kein Fürwahrhalten, kein sehnsüchtiges Hoffen oder der Ausdruck einer geringen Wahrscheinlichkeit. Oder meinst du, dass sich ein Fallschirmspringer nicht auf seine Technik verlässt? Dass er aufs Geratewohl ins Ungewisse springt? Er muss sich schon auf seinen Fallschirm verlassen können! Und genauso ist es auch mit dem Glauben an Gott. Glauben heißt, sich Gott anzuvertrauen. Es ist die Folge exakten Denkens mit dem Mut, die Probe aufs Exempel zu machen. Gott lässt sich »festnageln«. Er will, dass wir ihm vertrauen. Darum gab er uns sein heiliges Wort, die Bibel.

Wer zu Hause den Fahrplan der Bundesbahn studiert, ist noch lange nicht von der Zuverlässigkeit der Bahn überzeugt. Erst wenn er in den richtigen Zug einsteigt, hat er die Garantie, das Ziel zu erreichen. Nur wenn ich Gott die Chance gebe, das einzulösen, was er versprochen hat, werde ich erfahren, dass der Glaube funktioniert. Wie man zu solchem Glauben kommen kann? Der Herr Jesus sagt: »Jeder, der diese meine Worte hört und sie tut, den werde ich einem klugen Mann vergleichen, der sein Haus auf den Felsen baute. Und der Platzregen fiel hernieder, und die Ströme kamen, und die Winde wehten und stürmten gegen **jenes Haus, und es fiel nicht,** denn es war auf Felsen gegründet« (Matthäus 7,24-25). Mit seinem Wort hat er sein Leben verbunden, und wer diesem Wort vertraut – das tut, was Gott sagt –, erfährt, dass es die Wahrheit ist. Man kann aus eigener Kraft nicht in die Gemeinschaft mit Gott kommen.

Wir können erst von einem neuen Leben sprechen, wenn wir die völlige Vergebung Gottes durch Jesus Christus in unserem Leben empfangen haben.

9. April

Die Angst besiegen!

Kennst du etwa keine Angst? Existentielle Angst haben nur Menschen, die denken. Sie sind sich ihrer allzu menschlichen Fragwürdigkeit bewusst. Sie wissen weder, woher sie kommen, noch, wohin sie gehen. Sie planen die Möglichkeit des Scheiterns ein, weil sie aus Erfahrung wissen, dass kein Mensch absolut richtig für sein Handeln garantieren kann.

Mut hat, wer die Angst überwindet. Aber wie? Die Angst **um** uns. Wir haben keinen Einfluss auf die Welt und ihr Geschehen. Wir fühlen unsere Ohnmacht bei Kriegen und Naturkatastrophen. Uns plagt die Angst vor dem Unvorhersehbaren. Die Angst **in** uns. Wir stehen den alltäglichen Problemen und den inneren Stimmungen völlig hilflos gegenüber. Wir fühlen uns ausgeliefert. Die Hand eines Mächtigeren können wir nicht besiegen. Die Angst wird zunehmen. Die Zukunft wirft ihre Schatten voraus. Schon die Bibel sagt im Blick auf das, was kommt: »Die Menschen werden verschmachten vor Furcht und Erwartung der Dinge, die über den Erdkreis kommen« (Lukas 21,26). Die Zeitereignisse beweisen es schockierend.

Wovor hast du Angst? Selbst wenn du behauptest, kein ängstlicher Typ zu sein, reagierst du doch mit gesundem Menschenverstand auf lauernde Gefahren. Das Gefühl der Unsicherheit macht sich breit und beeinflusst unbewusst dein vegetatives Nervensystem. Wovor hast du Angst? ... vor Krieg? ... vor ungewisser Zukunft? ... vor unheilbarer Krankheit? ... vor dem Alter? ... vor der Einsamkeit? ... dein Liebstes zu verlieren? ... vor Sterben und Tod? ... Angst vor der Ewigkeit? Ersäufe deine Angst nicht im Alkohol. Stopfe dich nicht mit Psychopharmaka voll. Versuche kein Ablenkungsmanöver, indem du dich der Raucherei hingibst. Betäube dich nicht mit Arbeit und Trubel, weil du Angst vor der Stille hast. Es gibt einen viel besseren Weg für dich, wie du die Angst und den Seelendruck besiegen kannst.

Bekenne dich zu deiner Angst! Denn Jesus Christus, Gottes Sohn, sagt: »In der Welt habt ihr Angst, aber **seid getrost, ich habe die Welt überwunden!**« (Johannes 16,33). »Kommt her zu mir alle, die ihr mühselig und beladen seid, und ich werde euch Ruhe geben ... ihr werdet Ruhe finden für eure Seelen« (Matthäus 11,28-29). Es kommt darauf an, welches Vertrauensverhältnis du zu Gott hast, und ob du weißt, was Jesus Christus für dich sein will. In dem Maß, wie du dein Leben ihm anvertraust, schwindet die Angst. Wer an Jesus Christus glaubt, hat die Angst besiegt. Jede Angst, auch die Todesfurcht.

In seinem Sieg über die Angst liegt deine Chance, glücklich zu werden. Wer seinen Fuß in seinen Herrschaftsbereich stellt, ist der Angst entronnen. Die Angst überwinden wir, wenn wir uns von Jesus überwinden lassen!

10. April

Die größte Liebesgeschichte

Auch die Klatschpresse weiß um Liebe, Leidenschaft, Liebesaffären und Tragödien. Solange es Menschen gibt, hat es Liebesgeschichten gegeben, schöne, tragische, komische. Weißt du eigentlich, dass du innig und ohne Vorbehalt von Gott geliebt wirst? Einen Liebesbrief hat er dir geschrieben. Schwarz auf weiß kannst du die Worte der Liebe Gottes in der Bibel, in Johannes 3,16, nachlesen: **Er hat auch dich so sehr geliebt,** dass er das Liebste, das er hatte, seinen einzigen Sohn, in den Tod gegeben hat, damit du, wenn du an ihn glaubst, nicht verloren gehst, sondern ewiges Leben hast. Der liebende Gott macht dir eine Liebeserklärung. Berührt dich das?

Keiner muss ziellos und ungeliebt durchs Leben irren. Auch du nicht! Du sollst endlich wissen, was Gott für dich empfindet. Wie wirst du reagieren? Ihm einen Korb geben? Ihn etwa auslachen, stehen lassen? Wir können Gott verspotten, ignorieren, bekämpfen, aber eines können wir nicht: Wir können nicht verhindern, dass er uns unendlich liebt. Gott will uns glücklich machen! Er hat die Macht, in unserem Leben alles neu zu machen.

Bitte, gib ihm die Chance. Verpasse nicht dein ewiges Glück. Schenke ihm dein Vertrauen. Gott sagt zu dir: Ich liebe dich! Darum will ich dir alle deine Schuld vergeben. Ich liebe dich! Darum will ich dir ewigen Herzensfrieden schenken und dich bleibend glücklich machen. Ich liebe dich! Darum will ich dich für immer mit meinen starken Armen schützen, mit meinen Augen leiten, ans ewige Ziel meiner Herrlichkeit bringen. Den Beweis seiner Liebe zu uns hat er mit dem Blut seines Sohnes am Kreuz von Golgatha besiegelt. »Gott aber erweist seine Liebe gegen uns darin, dass Christus für uns gestorben ist, als wir noch Sünder waren« (Römer 5,8).

Sage Ja, von ganzem Herzen Ja zu Jesus Christus, und die Liebe Gottes wird durch den Heiligen Geist in dein Herz ausgegossen. Es gibt nichts Schöneres, als sich von Gott geliebt zu wissen und Jesus Christus zum Retter und Herrn seines Lebens erwählt zu haben. Lebensfreude und das Glück des ewigen Geborgenseins in Gott sind dann unser Teil. Ihn abblitzen zu lassen heißt, bewusst den Weg in die ewige Verdammnis zu wählen. Willst du das? Ein »Ja« zu Gottes Angebot hört sich dann im Gebet wie folgt an: »Herr Jesus Christus, ich öffne jetzt mein Herz für deine Liebe und bitte dich um Vergebung meiner Sünde und Lebensschuld. Du sollst ab heute der HERR meines Lebens sein und meine Entscheidungen bestimmen. Ich vertraue mich völlig deiner Gnade und Liebe an.«

11. April

Der große Knall

Wie ist die Welt entstanden? Mit einem Urknall? Doch kein Mensch war dabei. Kein Reporter zugegen. Kein Augenzeuge machte sich Notizen. Und nun zerbrechen wir uns den Kopf: Wie ist diese Welt entstanden?

Von selbst entstehen keine Ordnungen. Ordnung setzt immer eine Intelligenz voraus, die Dinge ordnet und lenkt. Was aber schafft statt Chaos Ordnung im Weltall? Wer bestimmt eigentlich mit unbegreiflicher Regelmäßigkeit unsere Welt, in der wir leben? Glaubst du an den Zufall? Es sind schon sehr viel Gedankenakrobatik und Fantasie erforderlich, um den »Zufall« für das Entstehen der komplexen und komplizierten Dinge der Naturgesetze in Betracht zu ziehen. Glauben wir doch bitte – und das ist viel vernünftiger – aufgrund von Tatsachen, die uns die Naturwissenschaft liefert, an einen Schöpfer-Gott, der in seiner Allmacht alles geplant und geschaffen hat. Funktioniert nicht das gesamte Sonnensystem, der Mikro- und Makrokosmos, in atemberaubender, harmonischer und zugleich unfassbarer Schönheit und Zweckmäßigkeit? Wer sich aufrichtig den Tatsachen und Fakten stellt, kommt zu dem Schluss: Es muss einen Gott geben! **»Die Himmel erzählen die Herrlichkeit Gottes!«** (Psalm 19,1).

Folgende Aussagen sollten Zweifler zum Nachdenken bringen: Was geschähe, wenn die Sonne nur die Hälfte ihrer Hitze abgäbe? Dann müssten alle erfrieren. Dann wäre kein Leben möglich. Was passierte, wenn sich die Erde nur mit 160 statt mit 1.600 km pro Stunde drehte? Dann verlängerten sich Tag und Nacht um das Zehnfache. Die Pflanzen würden im Sommer tagsüber versengen und die aufkeimende Saat nachts erfrieren. Was, wenn die Ozeane tiefer wären? Die Wissenschaft hat's ausgerechnet: Alles an Kohlendioxyd und Sauerstoff würde absorbiert. Es könnten keine Pflanzen existieren. Was, wenn die Atmosphäre dünner wäre, als sie heute ist? Dann fielen Meteore, die jetzt beim Eindringen in den Luftgürtel der Erde verglühen, auf die Erde und verursachten furchtbare Brände.

Doch das alles geschieht nicht! Unsere Erde und alles, was in und auf ihr lebt, funktioniert. Das gesamte Universum ist ein Beweis dafür, dass ein genialer Planer und Erhalter alles lenkt. Bräche auch nur ein Teil der vorher genannten Ordnung zusammen, wären wir in kürzester Zeit ein Friedhof im All. Doch das geschieht nicht. Gott ist da! Er hat sich der Welt gezeigt. In Jesus Christus kam Gott zu uns. Der, der Himmel und Erde gemacht hat und die Wunder der Natur erhält, will auch unser Leben neu machen.

Es gibt tausend Gründe, sich jetzt dem lebendigen und allwissenden Gott zu öffnen. Doch es gibt keinen einzigen vernünftigen Grund, sich ihm zu verweigern.

12. April

Der Ast, auf dem wir sitzen

Die Produktion soll wachsen! Der Verbrauch muss steigen! Der Lebensstandard ebenso! Doch wir müssen aufpassen, dass wir nicht den Ast absägen, auf dem wir sitzen! Die Erde wird nicht größer. Der

Lebensraum wird knapp. Immer mehr Menschen! Immer mehr Hunger! Immer weniger Arbeit! Immer weniger Verständnis für die Lebensbedingungen auf dieser Erde, auf der wir leben.

»Offen für alles«, sagt der moderne Mensch. Weg mit den Tabus. Also grenzenlos, schrankenlos?! Zwar verlangt man eine saubere Umwelt, rückt den Umweltsündern auf die Pelle. Droht harte Strafen an. Aber wie konnten wir bloß übersehen, dass alle Schlechtigkeit das Resultat unseres Denkens ist? Wir Menschen produzieren das Böse: Drogenabhängigkeit, Alkoholversklavung, sexuelle Perversität, Ehebruch. Millionen pfeifen auf eheliche Treue. Millionen ungeborene Kinder werden jährlich wie Giftmüll entsorgt, brutal weggemacht. Millionen geraten auf kriminelle Bahnen. Millionen sind vom Okkultismus versklavt. Millionen landen im seelischen Chaos. Satanismus und Selbstzerstörung sind zu austauschbaren Begriffen geworden. Millionen sind geistig verseucht, unfähig, menschenwürdig zu leben und zu denken.

Wir sind offen für alles! Doch total verschlossen für Gott! Und das ist unser Fehler. Unser Riesenproblem. **Der Tor spricht in seinem Herzen: ›Es ist kein Gott!‹«** (Psalm 14,1). Wie kleinlich, verderbt, neidisch und ruhmsüchtig sind doch alle Gottesverächter und Verneiner des Jenseits. Indem sie Jesus Christus beseitigen, vernichten sie das unerreichbare Ziel der Schönheit und Güte der Menschheit. Und was schlagen sie als Ersatz vor? Es gibt in dieser Zeit nur eine einzige, wirklich schöne Gestalt: Christus!

Der russische Schriftsteller und Dichter F. Dostojewski sagte: »Ich glaube vom Grund meiner Seele und nach reifster Überlegung, dass die Lehre Jesu Christi das vollkommenste System ist, das ich mir überhaupt vorstellen und denken kann, das Ruhe und Sicherheit in der Welt am schnellsten, sichersten und allgemeinsten fördert.« Georg Lichtenberg, Physiker und Schriftsteller, meinte: »Globalumkehr? Nein, die Entscheidung zur Wende muss persönlich getroffen werden.«

Gott gibt jedem die Chance. Der Mensch ist für seine geistliche Erneuerung voll verantwortlich. Übrigens wäre das der einzig wirksame Weg, die gesamte Welt vor dem Chaos zu retten. Es gibt keine Alternative. Jesus Christus allein ist der Weg zur ewigen Rettung. Wer ihm glaubt, ist gerettet und geht einer hellen Zukunft entgegen.

13. April

Der ideale Mensch

Ob es ihn gibt? Große Männer und Frauen vergangener Zeit hinterließen durch ihr Lebenszeugnis Spuren. Albert Einstein, Abraham Lincoln, Marie Curie, Mahatma Gandhi, Henry Dunant. Doch bei aller Liebe erinnert auch nicht einer an das Bild des idealen Menschen. Und doch gibt es ihn. Er heißt Jesus Christus.

Sein Leben hinterließ unvergessliche Spuren. Sein Wesen, seine Ausstrahlung, seine Taten und Worte bewirkten Grandioses. Wir kennen ihn aus der Bibel. Kein anderer verwirklicht so das Bild eines idealen Menschen wie er. Er kam aus keiner großen Familie. Er entstammte schlichten Verhältnissen. Sein aufreibender Dienst unter der sengenden Sonne des Orients hielt ihn nicht davon ab, zu helfen und mit Notleidenden zu sprechen. Er weinte am Grab seines Freundes Lazarus. Die kleinen Kinder fassten Vertrauen zu ihm. Ängstliche Theologen besuchten ihn heimlich des Nachts. Er sprach mit jedem und half überall dort, wohin er gerufen wurde. Er aß mit Sündern. War sich nicht zu schade, bei jenen einzukehren, bei denen andere nicht den Fuß über die Schwelle gewagt hätten.

Blinde und Stumme, vom Aussatz Zerfressene, Leprakranke vom Scheitel bis zur Sohle, sie alle fanden entscheidende Hilfe bei ihm. Er war nie launisch, oberflächlich, gereizt, egoistisch, verbohrt, einseitig extrem oder euphorisch. Bei ihm gab es keinen Streit. Er war weder aggressiv noch roh. Er kannte weder Treulosigkeit noch Ironie. Er war voller Liebe und Mitgefühl, voller Barmherzigkeit und Sanftmut. Keinen gab es, der mit solcher Zartheit ängstlichen Menschen begegnete. Alle wunderten sich über seine Art, wie er redete, wie er mit Menschen sprach. Aus seinem Mund kam kein hässliches Wort. Unvergleichbar war seine Persönlichkeit. Er besaß alle Tugenden, alle Vortrefflichkeiten, die es gibt.

Da ist die beeindruckende Bergpredigt. Im Laufe der Jahrtausende hat dieses Wort Millionen geprägt. Sie alle fühlten sich in seiner Nachfolge unendlich wohl. Er allein konnte das von Sünde vermurkste Leben verändern. Ganz gleich, wie Menschen Jesus Christus beurteilten. Er war mehr als nur ein guter Mensch. Seine Einzigartigkeit ist nicht auf menschliche Aktivität zurückzuführen. Er war und ist der Sohn Gottes, und er besitzt Gottes Natur. **»Jesus Christus – dieser ist der wahrhaftige Gott und das ewige Leben«** (1. Johannes 5,20).

Zeige mir eine Person, die auch nur annähernd so war wie er! Jesus Christus ist der Einzige, den man ausnahmslos als idealen Menschen bezeichnen kann. Gott ließ die Welt wissen: Dies ist mein geliebter Sohn, an ihm habe ich Wohlgefallen! Wie stehst du zu ihm?

14. April

Der Wahrheit ins Auge sehen!

Familienglück! Bis zu dem Tag, an dem dieser schreckliche Unfall passiert ist. Sie hatten nur noch wenige Kilometer bis zum Urlaubsort. Ein entgegenkommendes Fahrzeug rammte sie. Schuld war der andere. Alkohol! Die Frau, Mutter von drei Kindern, starb wenige Tage später im Krankenhaus an den Folgen innerer Verletzungen. Es war ihr Geburtstag! Die Kinder wollten ihrer Mutter die selbstgebastelten Geschenke überreichen, als der Vater sie vertrösten musste ... gerade hatte er den Arzt und die Krankenschwester verständigt. Es war ein besonderer Schmerz für die Kinder, als sie vom Tod ihrer Mutter erfuhren. Aber das Weinen war kurz. Vor ihrem Tod hatte die Mutter einmal gesagt: »Meine Beerdigung soll keine Trauerfeier sein. Es gib ja im Grunde nichts zu trauern.«

Kurz vor der Beisetzungsfeier gingen ihre Blicke über die vielen Blumen und Kränze. Plötzlich flüsterte Sabine: »Vati, was auf der Schleife steht, das kann ich singen.« Und unbekümmert begann sie. »Von allen Seiten umgibst du mich, o Herr.« Der Tag der Beerdigung war trotz der Trennung vom starken Trost Jesu durchdrungen. Ich habe viele kennengelernt, die am Sterbebett ihrer Lieben den wunderbaren Trost Gottes erfahren haben. Sie haben erlebt, was Gott in der Heiligen Schrift sagt: **»Wie einen, den seine Mutter tröstet, so will ich euch trösten«** (Jesaja 66,13).

Aber was ist, wenn wir selbst durch das Tor der Ewigkeit müssen? Wer gibt uns Trost und Kraft? Wer Licht, wenn alles dunkel wird? Es ist der Vater der Erbarmungen und der Gott allen Trostes, der uns tröstet (2. Korinther 1,3-4). Woher kommt es aber, dass wir die Entsetzlichkeit des Sterbens nicht ertragen können? Weil Hoffnung fehlt? Weil uns hinter dem Vorhang der Ewigkeit das grauenhafte dicke Fragezeichen anstarrt? Wie wollen wir sterben? Wie vor die Augen eines ewigen und heiligen Gottes treten, der uns gemacht hat?

Christen bezeugen: 1. Wir haben erkannt, dass Jesus Christus allein für uns der Weg, die Wahrheit und das Leben ist. Ohne ihn ist alles sinnlos. Ohne Gottes gnädiges Eingreifen in unser Leben bleiben wir für immer rettungslos verloren! Ohne die rettende Hand Jesu zu ergreifen, bleiben wir die ewig Betrogenen. An den Tod gekettet, siechen wir dahin. 2. Wir sind umgekehrt, haben uns vor Christus schuldig bekannt und unseren Sinn geändert. Und das nennt Gott Buße. Jesus Christus hat uns alle Schuld vergeben. 3. Wir haben uns Jesus Christus anvertraut, denn er sagt: »Ich bin die Auferstehung und das Leben. Wer an mich glaubt, wird leben, auch wenn er gestorben ist« (Johannes 11,25). Mit dieser Gewissheit lässt es sich leben und sterben!

15. April

Bestimmen die Sterne unser Schicksal?

Tierkreiszeichen? Die meisten wissen es, und es kommt wie aus der Pistole geschossen: »Widder, Wassermann ...« oder irgendein anderes. Und im Horoskop ist dann zu lesen: »Dieser Tag wird erfolgreich für Sie – das Glück ist auf Ihrer Seite –, greifen Sie zu. Die Sterne stehen äußerst günstig für Sie.« Stell dir vor: Etwa 70 % der Bevölkerung lesen jeden Tag ihr Horoskop – viele richten sich danach! In unserer geheimnisumwitterten Welt glaubt man heute fast alles.

Moment mal: Tatsache ist doch, dass die »Horoskopenbastler« immer noch die alten Rezepte der Sumerer, Chaldäer, Babylonier, Griechen oder Römer gebrauchen. Und dabei weiß doch jeder Astronom, dass sich die Konstellation der Sterne Jahr um Jahr verändert. Es ist unverständlich, dass die 5000 Jahre alte Form der Wahrsagerei, der Sterndeutung ausgerechnet heute ihre Blüten treibt.

Die Astrologie, ein Geisteserbe heidnischer Religionen, ist auch heute noch mit der Vorstellung behaftet, Planeten und andere Gestirne der Tierkreiszeichen seien Götter, die mit bösen oder wohlwollenden Blicken das Geschehen auf Erden beobachten. Dieser Gedanke spukt bis heute kräftig in den Köpfen. Beeinflussen die Sterne wirklich unser Leben? Die Hokuspokus-Astrologen schwören darauf, dass man an der Konstellation der Sterne alles Mögliche »ablesen« oder »deuten« kann. Und wer hat nicht schon einmal sein Geburtshoroskop gelesen, das ausschlaggebend sein soll, da es das ganze Leben bestimmt. »Schicksalsstrahlen« sollen es ihm angetan haben.

Wer aber um exakte, wissenschaftliche Aussagen bemüht ist, begreift spätestens dann, dass es sich hier um nichts anderes als um einen heidnischen »Namensfetischismus« handelt. Nicht, weil die Sterne Kraft haben, gibt man sich mit ihnen ab, sondern weil man sich mit ihnen abgab, ihnen bedeutungsvolle Namen zulegte und sie zu Hokuspokus machte. Darum erlangten sie Gewalt über die ihnen hörigen Menschen. Man wagt es kaum zu sagen: Bis hinein in die höchsten Wirtschafts- und Politiker-Etagen in aller Welt lässt man sich Prognosen erstellen, vertraut man dem Geschwätz der Astrologen. Doch bei dem Gedanken wird einem Angst und Bange.

Würdest du einem Kapitän noch die Verantwortung für Tausende von Passagieren überlassen wollen, wenn er sich nicht mehr nach Kompass und Radar, sondern nach seinem Tageshoroskop richtete? Nicht auszudenken! Gott klagt an: »... ihr Himmelszerleger, ihr Sterndeuter, ihr verkündet anderen die Wahrheit und irrt doch selbst umher ... jeder in seine eigene Richtung – und niemand hilft euch!« (Lies bitte Jesaja 47,13-15!) Gottes Angebot steht: **»Fragt mich doch, was die Zukunft betrifft!«** (Lies bitte Jesaja 45,11!)

Gott, unser Schöpfer, fordert mit Recht von uns Menschen, ihm zu vertrauen und nicht anderen Göttern nachzulaufen. Gilt dein Vertrauen etwa den kalten Sternen? Oder sehnst du dich nach der liebevollen Hand

Gottes, die dein Leben rettet und befreit und dich auf guten Wegen führt? Dann brauchst du Jesus Christus! Er rettet, erlöst und befreit jeden, der will!

16. April

Die MEGA-Waffe

Mich fröstelt. Diese schauerliche Waffe richtet Millionen und Abermillionen erbarmungslos zugrunde. Diese MEGA-Waffe heißt Entmutigung! Hat nicht der totale Frust die gesamte Welt im Griff? Die Entmutigung befördert pausenlos Millionen ins seelische Abseits. Immer mehr greifen zur Flasche. Immer mehr werden Opfer der Drogen. Millionen schlittern in den Abgrund von Perversionen, werden zu Sklaven unheimlicher Mächte des Okkultismus. Die meisten leben einfach drauflos, weil sie meinen, das Leben sowieso verpasst zu haben. Sie machen's, wie die Bibel sagt: »Lasst uns essen und trinken, denn morgen sterben wir« (1. Korinther 15,32).

Wer gibt den Millionen Entmutigten eine Antwort? Wer schaut nach den Ärmsten der Armen in Psychiatrien und Altenheimen? Wer kümmert sich um die Gestrandeten im Knast? Wer trägt Sorge um die Seelen derer, die den Tod vor Augen haben? Wer gibt Hilfe, wenn Verzagte rufen? Wer weiß sich verantwortlich für die Obdachlosen unter den Brücken unserer Autobahnen? Wer kämpft für Gerechtigkeit? Wer schützt ungeborenes Leben? Wer hat Mitleid mit den Vergewaltigten in Ehen? Wer hört den Hilferuf der vom Inzest gepeinigten Töchter? Ist keiner da, der Antwort auf das Rufen unserer Zeit hat? Keiner zu finden, der weiß, wo's langgeht? Hat alles keinen Sinn mehr?

Doch! Gott ist da. Er bietet dir in seinem Sohn Jesus Christus die Hand. Du brauchst nicht länger zu verzagen. Höre, was er uns sagt. Fasse Mut, und setze dein Vertrauen auf Gott! Deine augenblickliche Situation mag verheerend sein. Doch Gottes Hilfe ist dir näher, als du denkst. Es gibt keine Not, die er nicht wenden könnte. Für Gott sind deine

Probleme keine Peanuts. Gott nimm deine Verzweiflung sehr ernst. Er liebt dich und möchte dir helfen. **»Dein Herz fasse Mut ...!«** (Psalm 27,14).

Doch ohne ein aufrichtiges Schuldbekenntnis vor Gott gibt es keine Klärung, ohne die Bitte um Vergebung kein neues Leben. Die Bibel ist ein Buch ohne Schminke. Sie sagt, wie es bei uns tatsächlich aussieht. Bei jedem von uns. Eins steht fest: In der Welt stimmt es deswegen nicht, weil wir Menschen von Gott weggelaufen sind. Weil uns der Friede Gottes fehlt. Weil wir an der Sünde zugrunde gehen. Deswegen hat der Teufel diese Welt im Griff. Deswegen zappeln wir im Netz der Entmutigung, weil unsere Seelen so unsagbar leer und ausgebrannt sind.

Wer die Vergebung seiner Sünden durch Jesus Christus erfährt, in dessen Leben kehren Ordnung und Frieden, Harmonie und tiefe Freude ein. Da tauscht Gott die dunklen Punkte unseres Lebens aus und beschenkt uns mit seinem Heiligen Geist. Von da an bestimmt er unser Denken und Handeln. Sehnst du dich nach diesem neuen Leben mit Gott? Wünschst du diese herrliche Erfahrung, Jesus zu begegnen?

Nimm dir doch bitte Zeit für ein Gespräch mit ihm im Gebet. Er sagt: »Kehre um zu mir, denn ich habe dich erlöst!« (Jesaja 44,22).

17. April

Beunruhigt?

Tür auf – Tür zu; rein – raus. Selbst nachts kommt das Herz nicht zur Ruhe. Träume und Gedanken schwirren durch die grauen Gehirnzellen. Selbst wenn alles glatt läuft, grübeln wir über unseren Tageshorizont hinaus. Und ohne dass wir es merken, wird aus unserem kleinen Herzen ein großer »Klapperladen« für tausenderlei Sorgen und Nöte. **»Was beugst du dich nieder, meine Seele, und bist unruhig in mir?«** (Psalm 42,5). Natürlich wollen wir unserem HERRN gefallen. Wir strengen uns an, setzen uns Ziele, machen Regeln, bestimmen die Abläufe für unser tägliches Glaubensleben. Und doch kommt das Herz nicht zur Ruhe.

Halt! Der Vater im Himmel legt seine Hand auf das Durcheinander deines Lebens und sagt: »Komm zur Ruhe, mein Kind.« »Es ist gut, dass das Herz durch Gnade gefestigt werde« (Hebräer 13,9). Befestigt? Durch Gnade? Wie gut, dass unser HERR den Herzenszustand seiner Kinder kennt. Er weiß, wie vieles in unserer Welt bedenklich ins Schwanken geraten ist. Da sind die ängstlichen Herzen, die sorgenvollen Herzen, die gehetzten Herzen, die trauernden Herzen und die schuldbeladenen Herzen. Und weil Gnade immer außerhalb unserer eigenen Möglichkeiten liegt, dürfen wir mit Gottes gnädigem Eingreifen in unser Leben rechnen. Wir dürfen! Vergiss es nie!

Gotteskind, du bist aus Gnaden gerettet. Geheiligt für Gott aus Gnaden. Du erreichst das Ziel aus Gnaden. Gnade ist immer Geschenk. Immer! Gnade ist keine Sache, die funktioniert. Gnade ist aber auch nicht der grobe Holzkeil, mit dem Gott mein schwankendes Herz festmacht. Gnade ist die in Jesus, meinem Heiland, erfahrbare Liebe. Gnade = JESUS! Darum sagt Johannes: »Aus seiner Fülle haben wir empfangen Gnade um Gnade.« Also, Jesus um Jesus! Eine Gnadenbegegnung um die andere, fortlaufend, ohne Aufhören. Darum vergiss nie, wie wichtig deshalb das »In-ihm-Bleiben« ist. Und dass er gesagt hat: »Meine Gnade genügt dir!« Genügt! Also tropfenweise? Nein! Überfließen soll die Gnade Gottes in deinem Leben. Und weil sie mit dem kostbaren Blut Jesu erkauft ist, lässt sie kein geistliches Lotterleben zu. Da hat man der Sünde den Kampf »bis aufs Messer« angesagt, denn die Gnade kennt keinen Freifahrschein für Sünde.

Und die Zukunft? Mein Ende? Sei nicht beunruhigt: »Treu ist der Herr, der euch befestigen und vor dem Bösen bewahren wird!« (2. Thessalonicher 3,3). Darum komm zur Ruhe! Genieße die Gnade in vollen Zügen. Dazu ist sie da. Danke dem Herrn Jesus, dass es tatsächlich möglich ist, trotz aller Wellenbewegungen deines Lebens in seinem Frieden ruhen zu dürfen. Schau den Herrn Jesus an. Kein noch so verheerender Sturm konnte ihn aus der Ruhe bringen, obwohl seinen Jüngern die Knie vor Angst und Entsetzen schlotterten. Keine Welle dieser Welt konnte ihn verschlingen. Der Mangel an Heilsfreude und Glaubensmut ist immer dort, wo man sich nicht von Jesu unumschränkter Gnade gehalten und gefestigt weiß, sondern auf seine eigene Armseligkeit und Unzulänglichkeit starrt.

Die Gnade hält dich! Geh darum mutig deinen Weg.

18. April

Farbenwunder

Licht flutet durch die Schöpfung. Man möchte wie ein bunter Schmetterling auf dem Rücken eines Windhauchs schaukeln. Wie schön hat unser Gott diese Erde gemacht! Doch die meisten empfinden trotz aller Farbenpracht ihr Leben als dunkel, trist und grau in grau. Es gleicht dem Dasein der Kellerassel, die unter einem schweren Stein ihr Leben fristet. Kein Hoffnungsschimmer, kein Aufatmen, kein unbekümmertes Lachen. Stattdessen dunkel im Geist. Dunkel im Gewissen. Dunkel im Miteinander. Dunkel wie im Tunnel, dessen Ausgang keiner kennt.

Gotteskind, lass dich von der Dunkelheit dieser Welt nicht einholen. Erkenne vielmehr, dass Gottes Gnadensonne dich erfasst hat. Wir alle wissen, dass der Teufel regiert. Doch mitten in der Nacht, die uns schaudern lässt, soll Licht leuchten. Jesu Licht in uns! Und hell wird es nur dort, wo die Herrlichkeit Jesu aufgeht. Regelrecht aufgeht. Sonst bleibt alles dunkel. Alles!

»Aus Finsternis soll Licht leuchten!« (2. Korinther 4,6). Wie denn? Musste es nicht umgekehrt heißen: In die Finsternis soll Licht leuchten? Aber da steht: Aus Finsternis soll Licht leuchten. Herausleuchten. Darum geht es also. Aus uns heraus! Das ist gemeint. Wie viel Dämmerschein, wie viel Schatten, wie viel Dunkelheit machen das Leuchten unmöglich.

Warum wurde es denn in jener Stunde, als der Herr Jesus am Kreuz hing, finster? Weil Gott die Sünde der Menschheit auf seinen geliebten Sohn legte. Unsere Sünde! Spüren wir die Tiefe seiner Leiden, wenn er sagt: »Dies ist eure Stunde und die Gewalt der Finsternis« (Lukas 22,53)? Sünde hat immer mit Finsternis zu tun. Deswegen hasst unser HERR jede Dunkelheit in uns. Die Sünde des Unglaubens, des Hochmuts, der Verzagtheit, der Eitelkeit, des Sorgens. Die Sünde, nicht vergeben zu können. Deshalb ruft er uns zu: »Aus Finsternis soll Licht leuchten!« Es soll! Das ist ein Befehl!

Wie steht es mit der Bruderliebe? Mit Gemeinde, Ehe und Familie? Mit unserem Verhältnis zueinander im Blick auf Moral und Reinheit?

Ganz gleich, es genügen oft schon banale Dinge, um einen Streit vom Zaun zu brechen. Da steht Alt gegen Jung und umgekehrt. Da geht es um Sitzordnungen, Posten, Machtgehabe, um einzuführende Neuheiten, ums Wohlfühlen im Gottesdienst, um Nebensächlichkeiten und Rechthabereien. Doch wo Spannungen und Streit in einer Gemeinde geduldet werden, schlagen wir uns gegenseitig die Lichter aus. Kein Wunder, wenn es dann immer dunkler wird und wir von der Finsternis bedrängt werden. Der HERR hasst Dunkelheit und Finsternis, weil er Licht ist. Keine Finsternis ist in ihm.

Fasse daher den heiligen Entschluss: »Herr Jesus, vergib! Nimm alles fort, was dein Licht in mir verdunkelt. Ergreife neu mein Sinnen und Denken. Durchleuchte mein Herz.« Nein, keiner muss an seinem Leben herumpolieren. Das führt nur zur Selbstbetrachtung. Der Lichtglanz, der aus unserem Leben herausleuchtet, ist die Folge der inneren, ständigen Verbundenheit mit dem Licht, das Jesus heißt.

19. April

Erwarten!

Niemand wartet gern. Warten will gelernt sein. Wie schnell reißt da der Geduldsfaden. Wer in den Urlaubsmonaten in den Verkehrsstau gerät, dem bleibt gar nichts anderes übrig, als abzuwarten – manchmal stundenlang! Oh, wie es dann in uns zu kribbeln beginnt! Wartesaal – Wartezimmer – Wartezeichen. Wir warten, weil uns die Umstände dazu zwingen. Warten ist ein Zeitproblem. Doch Erwartung ist eine innere Einstellung, die voller Spannung auf Erfüllung ausgerichtet ist.

Was erwartest du? Ist nicht bei vielen der innere Zustand auf Null – ohne Spannung, ohne innere Erwartung oder berechtigte Hoffnung? »... **seinen Sohn aus den Himmeln zu erwarten!**« (1. Thessalonicher 1,10). Damals wartete Simeon auf den Trost Israels, auf die Geburt Jesu, weil der Heilige Geist auf ihm war (Lukas 2,25). Und wie wurde seine Erwartung zur Freude! Erwartungslosigkeit ist daher Mangel an geistlicher Fülle. Darum sind erwartende Christen immer Menschen, die dem Herrn Jesus völlig hingegeben sind. Sie kommen nie leer und enttäuscht aus seiner Nähe zurück.

Christsein ohne Erwartung ist fade. Wer von seinem HERRN nichts mehr erwartet, den hat der Zeitgeist eingeholt. Gebets- und Bibel-stunden, die persönliche Stille, die Jugend- und Kinderarbeit: Ob vieles vielleicht deswegen so armselig ist, weil wir es nur noch mit einer Null-Erwartung absolvieren? Wir warten – aber erwarten nicht?! Dabei haben wir doch das Recht, etwas von unserem HERRN erwarten zu dürfen – oder? Es ist geradezu göttliche Logik, wenn Paulus in Römer 8,32 sagt: »... wie wird Gott uns mit seinem Sohn nicht auch alles schenken?« Da beten wir, und der HERR schenkt es. Doch weil wir es im Grunde gar nicht erwarten, beachten wir es nicht.

Lass uns Erwartende werden. Denn nur das gefällt unserem HERRN. Wirf daher alle Lustlosigkeit und allen Unmut aus deinem Herzen! Glaubende sind Erwartende, die die Verheißungen Gottes als Geschenk ansehen und mit dem Auspacken beginnen. Ob wir dann auch in ähnlichen Worten mit der Bibel sagen können: »Ich freue mich über deine Zusagen wie jemand, der ein großes Geschenk erhält« (siehe Psalm 119,162)?

20. April

Die Zeit ist immer jetzt!

Es gibt Zeitpunkte, in denen wir unser oft schuldvolles Schweigen brechen müssen. Und diese Zeit ist **jetzt**! Die Welt brennt lichterloh. Unsere Kinder, unsere Familien tragen schon den Brandgeruch an ihren Kleidern. Müsste nicht längst ein schmerzerfüllter Aufschrei durch die Gemeinden der Christen gehen? Stattdessen resignieren viele, weil sie sich nicht in der Lage sehen, der Flut von Finsternis, Grausamkeit und Perversität mutig den Kampf anzusagen. Natürlich wird der HERR am Ende siegen! Ganz gewiss hält er auch heute eine herrliche Rettung für alle bereit, die ihre Zuflucht zu ihm nehmen. Aber wie wird Gott unser oft schuldvolles Schweigen beurteilen? Warum zucken wir ängstlich vor geistlichen Auseinandersetzungen zurück, wo wir doch sonst so gern bezeugen, auf der Seite des Siegers zu stehen?

Der Herr Jesus sagte zu Paulus: »Fürchte dich nicht, sondern rede, und schweige nicht! Denn ich bin mit dir, und **niemand soll dich angreifen, dir Übles zu tun …**« (Apostelgeschichte 18,9-10). Schließlich bewahrt der Herr alle, die ihn lieben. Wo aber sind heute die Männer und Frauen, die so sehr von ihrem HERRN und seiner Liebe durchdrungen sind, dass sie einfach nicht schweigen können? Gottes Ehre steht auf dem Spiel! Wo sind heute die tapferen Kämpfer Gottes, die die Liebe zur Wahrheit und die Treue zum HERRN und zu seinem Wort wie ihr eigenes Augenlicht hüten?

Werde wieder neu brennend im Geist, glühend in der Liebe, ansteckend im frohen Zeugnis für den Herrn Jesus. Sprich aus, was den HERRN ehrt. Scheue dich nicht, das zu sagen, was er gesagt haben will, weil es gesagt werden muss! Lass es nicht zu, dass dein Umfeld, deine Familie, dein Freundeskreis von den schmutzigen Fingern gotteslästerlicher »Medienmacher« beschmiert wird. Sollte es nicht eine Ehre für uns Christen sein, den Dreck, der uns pausenlos in den Massenmedien begegnet, in die Mülltonnen zu verbannen? Bitte schweige nicht länger! Steh auf, wenn in deiner Gemeinde die Gottesfurcht schwindet. Brich eine Lanze für deinen geliebten HERRN, auch wenn es unter Zittern und Tränen sein muss. Fürchte dich nicht! Dränge im Namen Jesu die Schmutzbrühe in die Kloake zurück. Bekenne dich zur Wahrheit des Evangeliums. Halbherzige Leisetreter und Softis sind dem HERRN ein Gräuel. Weg mit dem verlogenen Toleranzgehabe, das um einer völlig falsch verstandenen Harmonie willen das ewig rettende Evangelium verrät.

Darum sprich es aus, sag es, wer wirklich frei und glücklich macht! Sei Licht der Welt! Sei Salz der Erde! Scheue dich nicht. Tritt nur mutig an die Front. Dort, an Jesu Seite, ist der einzig sichere Platz. Dein Mühen lohnt sich tausendfach. Durch dein tapferes Zeugnis für den HERRN werden andere ermutigt, endlich auch den Mund für den Herrn Jesus zu öffnen.

Sag, ist im Blick auf das herrliche, lohnende Ziel nicht jedes Opfer recht?

21. April

Kraftquelle

Darf ich dir jetzt einen übervollen Krug mit frischem Wasser aus Gottes Kraftquelle reichen? Denn was du jetzt brauchst, ist Erquickung und Aufrichtung. Du sollst nicht länger sagen: **»Was bist du so aufgelöst, meine Seele, und stöhnst in mir?«** (Psalm 42,6).

Es gibt tausend Dinge, die uns bedrängen können. Heute! Die Zeit ist danach, dass wir uns sorgen und um vieles, vieles bekümmert sind. Sehr oft sogar zu Recht! Da ist jemand, der den geistlichen Schlingerkurs seiner einst so klar stehenden Gemeinde beweint. Und nun? Wohin sich wenden? Bei wem Zuspruch und Trost finden? Da steht aber auch das eigene Versagen wie eine schroffe Felswand vor uns, die uns wie eine Klagemauer anstarrt. Und dann die Sorge um die Gesundheit! Die vielen kleinen und massiven Nöte, die uns pausenlos nerven. Wie viele Kissen werden heimlich nassgeweint, weil der Ehepartner sich gegen den HERRN sperrt und die Kinder Wege gehen, die Gott nicht gefallen. Was soll aus ihnen werden, wenn sie den HERRN nicht finden? Kein Wunder, dass unsere Seele, im wilden Sturm der Gefühle zerzaust und voller Unruhe, wie ein hilfesuchendes Kind nach Geborgenheit und Zuspruch sucht. Und zu all diesem hat dann noch gefehlt, dass der Feind die negativen Umstände wie Brandpfeile benutzt, die den Glauben verletzen und Zweifel an Gottes guter Führung provozieren sollen.

Aufgelöste Seelen! Auch bei dir? Stopp! Deine Seele ist in Gefahr. Das Stöhnen und Seufzen deines Herzens kann nur unterbrochen werden, wenn du deine Seele zur Räson rufst: »Warum bist du so aufgelöst? Warum so unruhig?« Wo liegen die Gründe deiner Mutlosigkeit begraben? David gibt seiner Seele einen Stoß in die Seite. Man hat den Eindruck, als wechsle er in diesem Augenblick die Optik und schaue durch das Fernrohr göttlicher Wirklichkeit, um seiner Seele, von frohem Siegesmut erfüllt, den Notausgang der Rettung zu zeigen: »Vertraue auf den Herrn, meine Seele! Sag, warum bist du so aufgelöst, so unruhig in mir? Weißt du denn nicht, wer dein HERR ist, mit dem du es letztlich zu tun hast?«

Diese Zuversicht ist wie Balsam für eine niedergeschlagene Seele. Doch es ist gut, diese Zuversicht energisch und mit Siegesgewissheit zu proklamieren. Auch deine Seele braucht gelegentlich Nachhilfe-Unterricht in Glaubensdingen. Ruf sie aus der alten Trauerleier heraus! Erkennst du im Rückblick denn nicht, trotz oft unverstandener Wege, den roten Faden göttlicher Logik in deinem Leben? Du solltest deiner Seele viel öfter einen aufmunternden Klaps auf die Schulter geben und sie ermahnen, ab heute viel mehr als bisher durch die feingeschliffenen Gläser göttlichen Erbarmens zu schauen.

Und wenn der Feind dir nun wieder einmal die Schwarzweißbilder negativer Erfahrungen vor Augen hält, um deiner Seele eins auszuwischen, dann trumpfe doch voller Freude mit den farbenfrohen Verheißungen deines treusorgenden Vaters im Himmel auf! Lass dir von niemandem und nichts deinen Herrn Jesus madig machen. Er ist für dich – und darauf kannst du ein Lied zu seiner Ehre singen! Wann fängst du damit an?

22. April

Du wirst geliebt!

Es ist so gewaltig, so wunderbar, so unfassbar groß, dass viele es gar nicht für möglich halten: Du wirst geliebt! **»... vom HERRN geliebt!«** (1. Thessalonicher 1,4).

Liegt nicht darin die ganze Seligkeit: vom Herrn Jesus geliebt zu werden? Ob du im Moment mit dieser unerwarteten Liebeserklärung etwas anfangen kannst? Ich weiß, wir sind oft von dieser Gottesliebe recht wenig beeindruckt. Sie erscheint uns vielfach zu abstrakt. Zu unfassbar hoch. Und doch ist sie so unendlich konkret und hautnah im Herrn Jesus zu uns gekommen. Es gibt wenige, die die Liebe Gottes so recht von Herzen genießen. Dabei könnten wir uns doch alle in seinen Armen so unendlich geborgen und wohlfühlen.

Was für ein erhabener Gedanke: Dieser allmächtige Gott, der

Himmel und Erde gemacht hat, bringt es über seine Lippen und macht dir eine umwerfende Liebeserklärung: »Ich liebe dich!« Schade, wenn es dann bei dir nicht zündet. Und das wäre es doch gewesen: mitten in einer brutalen und angstmachenden Welt sich von Gott geliebt zu wissen! Nein, wir Menschen haben die Liebe nicht erfunden. Die kaputte, lieblose Welt um uns herum gibt uns darin sogar Recht! Und dennoch hat Gott die Sehnsucht nach seiner Liebe auch in dein Herz gelegt. Sehnsucht nach Gott! Und es stimmt: Unser Herz ist so lange unruhig, bis es ruht, o Gott, in dir! Was aber, wenn du an seiner Liebe vorbeisteuerst? Bleibst du dann nicht logischerweise an dir selbst hängen? Ja, man kann sich auch in sein »ICH« verlieben. Die Folgen sind unübersehbar knechtisch, traurig und katastrophal. Wer nicht Gottes Liebe erfährt, bleibt im Herzen krank.

Nun weiß ich nicht, wie deine Seele im Moment gestimmt ist. Brauchst du ein Wort der Ermutigung, weil Menschen dich unsagbar enttäuscht haben? Wartest du vergeblich auf Trost und Zuspruch? Diese drei Wörter »vom HERRN geliebt!« können dein Leben total verändern. Wie groß deine Not auch sein mag, wie schwer die Last auf deinen Schultern dich quält: An der Liebe des Herrn Jesus erfährst du innere Heilung. An ihr kann auch dein Herz sich regelrecht gesund freuen! Und draußen, vor der Tür, im Alltag? Lass es dir sagen: Wenn Gott dich liebt, was kümmert dich dann noch das bissige Gekläffe deiner Widersacher? Wenn dein siegreicher Herr dich liebt, dann pfeif getrost auf alles, was dir Furcht einjagen will. Sich vom gekreuzigten und auferstandenen HERRN geliebt zu wissen, klärt jede Frage, stillt jeden Kummer.

Wisse dich gerade **jetzt** von Gott in den Arm genommen. Dann werden dir neue Kraft und neuer Lebensmut geschenkt. Und kümmert dich irgendein Leiden, irgendeine unausgesprochene Not, dann sollst du immer daran denken: Ich bin von Gott geliebt! Er wird dir keine Bitte abschlagen, wenn sie dir zum Allerbesten dient. Der Herr Jesus liebt dich, und genau diese Liebe solltest du ab heute zum Wahlspruch deines Lebens machen. Nur wer seine Liebe genießt, wird von ihr beschenkt, um ihn selbst und andere wiederzulieben. Willst du mehr?

23. April

Vergeudete Jahre?

Verlorene Zeit! Scherbenhaufen! Der Rückblick auf den Trampelpfad unseres Lebens kann uns ganz schön ins Schwitzen bringen. Bitter, wenn manch einer auf Wegstrecken des Versagens zurückschaut und zur gleichen Zeit mit Entsetzen feststellt, dass daran nichts, aber auch gar nichts mehr zu ändern ist. Wer jedoch Leid um seine Niederlagen trägt, wer Trauer fühlt, weil er sein geistliches Elend sieht, dessen Schrei erreicht Gottes Ohr. Das demütige Herz steht auf Gottes Gnadenliste ganz oben! Was Gott damals Israel zugerufen hat, das sagt er auch heute zu dir: »**Ich werde euch die Jahre erstatten, die die Heuschrecke, der Abfresser und der Vertilger und der Nager gefressen haben!**« (Joel 2,25).

Erstatten? Kaum zu fassen! Doch ohne tiefe Beugung und Demütigung vor dem HERRN gibt es keinen göttlichen Schlussstrich unter die verheerende Addition unseres Lebens. Merkwürdig, dass viele unter uns nur noch um ihr seelisches Gefühlsleben besorgt sind, anstatt um ein göttlich geheiligtes Leben zu ringen. Dabei schreit diese Welt nach einer eindeutig glaubhaften Antwort der Christen auf die himmelschreiende Not um sie her.

Sind wir unserer Generation nicht die Antwort schuldig geblieben? Weinen nicht Tausende Mütter um ihre verlorenen Kinder? Kassiert Satan nicht schon brutal die Kleinsten unter uns? Was setzen wir dagegen? Ist es nicht an der Zeit, die Herzen zu zerreißen? Das Angesicht Gottes zu bestürmen? Gott wird nur eingreifen, wenn wir schmerzerfüllt unser Versagen vor ihm bekennen und uns vor ihm beugen. Merkwürdig, wie viele Anfeuerungen und »Bewegungen« es heute gibt, die ohne den Ruf Gottes zur Buße auskommen – die nicht zur Scheidung zwischen Licht und Finsternis führen.

Heilung für unsere Ehen und Familien, Heilung für unsere Gemeinden und unser Land wird nur dann kommen, wenn wir Christen uns vor Gott beugen und demütigen. Nur dann wird der HERR die verpfuschten Jahre erstatten. Nur dann wird es auf den Müllhalden der Herzen geistlich Frühling werden, wenn wir dem Heiligen Geist Raum geben, unser Leben zu durchforschen. Nur der HERR kann zerrissene Herzen heilen, weinende Augen trocknen, Niedergeschlagene trösten, jenen, die am Ende sind, einen Neubeginn schenken.

Erweckung fängt zuerst im Herzen derer an, die bereits nahe am Herzen Gottes sind, denn nur dort, wo Glut ist, kann Feuer zur Flamme werden. Erstattete Jahre! Das heißt doch: Neue Liebe zum HERRN! Anstatt Niedergeschlagenheit, Heilsfreude! Frucht des Geistes! Ströme lebendigen Wassers! Menschen werden gesegnet. Verlorene gerettet. Aus matten Betern werden Überwinder. Aus Resignation wird Sieg. Der Feind muss weichen! Wir erreichen nicht geistlich ausgemergelt, sondern triumphal das herrliche Ziel.

Lass uns jetzt den Anker auswerfen, zur inneren Stille vor Gott kommen, damit er ein Neues an uns tut. Und dann wollen wir mit neuem Mut die Netze auswerfen. Sein Werk tun. Bis er kommt!

24. April

Wie geht es dir?

Du darfst wissen, dass Gott dein Wohlergehen am Herzen liegt. Wir wollen unsere Herzen gegenseitig in unserem Gott stärken und uns dieses Wort zurufen: **»Den Weg der Treue habe ich erwählt!«** (Psalm 119,30).

Viele werden heute dem Herrn Jesus untreu. Oft um des Geldes oder um anderer Vorteile willen. Mancher scheut Spott und Schmach, wenn es darum geht, sich zu Jesus zu bekennen. Tausende werden vom Zeitgeist verschluckt, finden die Welt zuweilen recht attraktiv, sind zu jedem einlullenden Dialog bereit. Sie merken nicht, dass dabei Gottes Wort auf der Strecke bleibt. Massenweise werden heute einst entschiedene Christen vom Lustterror per Bildschirm, Internet und Video in den Bann gezogen. Wie viele Gotteskinder haben sich in gefährliche

Grauzonen verirrt. Du aber sage: **»Den Weg der Treue habe ich erwählt!«**

Allein diese Wahl soll dein ganzes Leben bestimmen. Sind nicht unsere oft ausweglosen Situationen das Resultat unserer Untreue dem HERRN gegenüber? Wie reagierten wir denn, als er in ganz bestimmten Situationen zu uns sagte: »Bleib mir treu!«? Welche Antwort gaben wir ihm durch unser ganz praktisches Verhalten? Als Petrus in der Stunde der Versuchung die Frage Jesu nach der Treue beantworten musste, sagte er mit tiefer Ergriffenheit: »HERR, wohin sollen wir gehen? Du hast Worte des ewigen Lebens.« Und später? Vorbei war es! Verleugnet hat er seinen HERRN, dass uns die Schamröte für Petrus ins Gesicht steigt. Doch wir sind keinen Cent besser!

Lass daher nichts Trennendes zwischen dir und deinem HERRN sein. Die Verführung zur Untreue ist groß. Was dich auch niederdrückt, wälze es auf den HERRN! Hast du versagt? Er ist reich an Vergebung. Nur hier betrittst du Siegesboden. Nur ganz nahe bei Jesus bist du sicher. Wohne bei ihm. Fühle dich wohl in seiner Nähe. Er, der ewig Treue, bewahrt dich. Er hat gesagt: »Meine Augen sind auf die Treuen gerichtet, damit sie bei mir wohnen!« Wer ihm jedoch die Treue bricht, muss sich nicht wundern, wenn er von einer ihm unerklärlichen Unruhe hin und her gescheucht wird.

Lass uns nicht vom HERRN weichen! Auch dann nicht, wenn man uns mundtot machen will, uns verleumdet oder bespuckt. Hat nicht der Herr Jesus dasselbe erfahren? Einsam wird der Weg der Treuen in Zukunft werden. Wenn wir unserem Gott die Treue halten, werden wir uns ganz gewiss aus mancher »Judas-Umarmung« lösen müssen. Doch es lohnt sich, den Weg der Treue zu wählen. Der HERR wird keinen von uns überfordern. Er wird jedoch unsere Liebe zu ihm prüfen, um zu erkennen, ob unser Bekenntnis echt oder nur fromme Makulatur ist.

Nur die Treuen erreichen das Glaubensziel und empfangen reichen Lohn. Sie werden das Wort ihres HERRN hören: »... du getreuer Knecht, gehe ein in die Freude deines HERRN!«

25. April

Gesegnet

»... mit jeder geistlichen Segnung ...« (Epheser 1,3). Irgendwo hatte sie 250.000 Euro in irgendeinem Versteck vergraben. Warum? Die Antwort der 86-jährigen Dame schockte! »Für besondere Fälle!«. wie sie meinte – lebte aber von der Sozialfürsorge.

Gleichen nicht viele Christen dieser törichten Frau – wissen auch nicht so recht, wie reich sie eigentlich »in Christus« sind? Kein Wunder, dass diese fatale Unwissenheit manchem Gläubigen zum Verhängnis wird. Ist das der Grund, weshalb heute viele Christen geistlich kränkeln? Von jedem Windhauch falscher Lehre im wahrsten Sinn des Wortes aufs Kreuz gelegt werden?

Woran liegt es, dass so viele hilflos und völlig verwirrt den endzeitlichen Verführungen gegenüberstehen? Dass sie nicht mehr zwischen links und rechts unterscheiden können? Ist ihnen die Klarheit des Christus abhanden gekommen? Was bedeutet uns der Herr Jesus eigentlich noch? Sind wir noch vom Geist Gottes erfasst? Ist unser HERR und nicht irgendein aufwühlendes Seelenerlebnis die Mitte aller Segnungen? Wo diese Wahrheit nicht sonnenherrlich erstrahlt, wird es gefährlich. Da hat der Feind leichtes Spiel, unsere Seele aufs Glatteis zu führen.

Der Beweis, dass Christus durch den Heiligen Geist unser Herz erfüllt hat, liegt nicht in aufgewühlten Hochgefühlen, sondern im tiefen Bewusstsein innerer Zerbrochenheit und Unwürdigkeit vor Gott. Gesegnet und mit jeder geistlichen Segnung beschenkt bist du! In Christus unendlich reich gemacht! Doch der Schlüssel zu dieser Schatzkammer ist dein Glaube, der nur dann funktioniert, wenn du der Sünde auf allen Gebieten den Kampf angesagt hast. Ohne Heiligung wird niemand den Herrn schauen!

Lass dich zu neuer Hingabe an unseren Herrn Jesus ermutigen, indem du vermehrt sein Angesicht in der Stille suchst. Nur dort empfängt dein Herz göttlichen Trost. Nur dort die Kraft zum Überwinden. Es lohnt sich tausendmal, ihm treu zu sein! Und dann wirst auch du beglückend das Wort aus Psalm 73,25 von Herzen nachempfinden: »Wenn ich nur dich habe, so frage ich nichts nach Himmel und Erde!«

26. April

Siegesgewiss!

Sehnst du dich heute nach einem Wort, das dir neue Glaubenskraft zusichert? Hier ist es! Dein Herr ruft dir zu: **»Jeden Ort, darauf eure Fußsohle treten wird – euch habe ich ihn gegeben«** (Josua 1,3). Doch nun war Mose nicht mehr. Der Mann, der den gesamten Sinai-Umzug die 40 Jahre hindurch geleitet hatte, war gestorben. Und nun lag die riesige Verantwortung auf den schmalen Schultern des Josua. Wie mag seine Seele gezittert haben. »HERR, das, was jetzt auf mich zukommt, das schaffe ich nie und nimmer.« Doch der HERR fragt nicht, was du fühlst. Er erwartet, dass du das tust, was er sagt.

Lange genug war sein Volk, das ja seinen Namen trug, durch die Wüste geirrt. Lange genug hatte es im Mangel gelebt. Hatte nichts von den herrlichen Segnungen des verheißenen Landes genossen. Ach ja, man kann sich schnell an geistliche Konservenbüchsen gewöhnen. Doch heute ruft Gott auch dir zu: »Jeden Ort, auf den eure Fußsohle treten wird, euch habe ich ihn gegeben.«

Kennen wir die Ortsbeschreibung, das Terrain, das Gott uns zugedacht hat? Bemerkenswert, dass die Grenzen Israels festlagen, und zwar nach allen Seiten hin. Bitte schön, die geistlichen Landesgrenzen, die uns Gottes Wort aufzeigt, sind ebenso genau zu beachten. Wehe dem, der nach Lust und Laune predigt und nicht imstande ist, der Gemeinde klare, geistliche Grenzen aufzuzeigen. Nur in den von ihm zugewiesenen Grenzen kann der HERR segnen. Außerhalb der göttlichen Grenzen ist die segnende Hand unseres HERRN nicht mit uns. Außerhalb seiner Gebote geht es uns schlecht. Schließlich müssen wir die Folgen der falschen Wegstrecke oft bitter, bitter ernten.

Wo sind wir falsche Wege gegangen? Lass uns das verheißene Land einnehmen! Der HERR schenke uns den Blick für das, was ihm gefällt. Schluss mit aller Glaubenstrockenheit! Fort mit dieser elenden Lauheit! Hat sie uns jemals Freude und Erfolg gebracht? O wie oft erwischen wir uns bei unseren Überlegungen, pflaumenweiche Kompromisse zu machen. Geh voran! Nimm das Land ein! Der Herr Jesus ist mit dir! Kanaan war der Ort des Segens, und dort erwartet auch Gott seine Leute, uns, die wir seinen Namen tragen.

Was heißt das nun, für den HERRN Land einzunehmen? Nun, ich denke, dass wir zu konkreten, bewussten und konzentrierten Glaubensschritten aufgefordert werden. Hier wird ein Traktat im Name Jesu weitergegeben, dort kraftvoll sein Wort bezeugt, da ein Dienst aus Liebe getan. Frauen nehmen Land ein, indem sie ihren ungläubigen Männern das Wort Gottes vorlegen. Männer bekennen sich mutig an der Arbeitsstelle zu Christus! Eigentlich ist unser ganzes Glaubensleben eine Landeinnahme. Wie viel Land wirst du am Ende deines Lebens für den Herrn Jesus eingenommen haben?

27. April

Wenn die Traurigkeit zur Freude wird

Es ist geradezu erstaunlich, wie oft die Bibel von Freude, Lust, Wonne, Glücklichsein, Jauchzen und Frohlocken redet. Im Allgemeinen ist man der Ansicht: Christen haben nichts zu lachen. Stimmt das? Gewiss nicht! Doch wenn man die vielen griesgrämigen Gesichter betrachtet, ist man geneigt, dieser Annahme wenigstens teilweise Recht zu geben. Übrigens, Christen werden aufgefordert, sich von Herzen zu freuen. **»Es mögen sich freuen alle, die sich bei dir bergen, und jubeln allezeit!«** (Psalm 5,12).

Allezeit jubeln! Ist das nicht übertrieben? Verlangt der HERR hier nicht ein zu hohes Maß an Freude, das wir im Grunde genommen nie erfüllen können? Schließlich gibt es doch unendlich vieles, was uns die Freude lähmt. Wer eine Familie hat oder im Beruf oder im Geschäft seinen Mann stehen muss, der weiß doch nur zu gut, wie picke packe voll

178

unser Sorgenkarren manchmal sein kann und wie mühsam wir uns oft durch die Stunden des Tages schleppen. Da braucht nur noch jemand krank zu werden, wie schnell ist dann unser Vorrat an Jubel zu Ende. Und wer mit offenen Augen durch diese Welt geht, dem vergeht doch das Lachen. Ist es nicht so?

Aber was machen wir falsch? Warum finden wir oft nicht die Brücke zur Freude? Zudem verbietet unser HERR geradezu ein unfrohes Herz und lässt uns durch Jesaja 61,10 sagen: »Freuen, ja, freuen will ich mich in dem Herrn! Jubeln soll meine Seele in meinem Gott! Denn er hat mich bekleidet mit Kleidern des Heils, den Mantel der Gerechtigkeit mir umgetan.« Kurz, uns fehlt die Klarsichtbrille des Heiligen Geistes, der uns den Grund zur Freude deutlich machen will.

Was für eine Nachricht der Freude, dass Gott für uns ist! Welch majestätisches Wort, das uns jeden Grund zur Traurigkeit nimmt! Im Herrn Jesus hat Gott uns bewiesen, wie lieb er uns hat. Und durch jedes Blümchen am Wegrand, durch jedes bunte Blatt, das der Herbstwind verweht, durch jede Schneeflocke lässt er dir diese Botschaft sagen: Du wirst von mir geliebt! Durch jeden Gruß per Sonnenstrahl, durch jeden Atemzug das gleiche Wort: Du wirst von mir geliebt! Und wenn er dich dann noch daran erinnert, dass auch dein Name im Buch des Lebens eingeschrieben ist und niemand dich aus seiner Hand reißen kann – darf dann ein Schmerz oder eine Demütigung, eine Kränkung, eine Sorgenlast dich so zu Boden drücken, dass du die Freude an deinem HERRN verlierst? Es kann keine Nacht so finster sein, dass sie nicht von Gottes Freundlichkeit erhellt wird.

28. April

Heilende Stille

Tempo! Tempo! Überall schreit man uns entgegen: Tempo! Tempo! Räder kreischen, Mopeds knattern, Telefone schrillen, und irgendwo hat ein Nachbar sein Radio aufgedreht ...

Die Nerven sind gereizt. Der Götze Tempo sitzt uns im Genick. Niemand hat Zeit. Und wenn man einen Rentner fragt, dann sagt auch er: »Keine Zeit, keine Zeit!« Komisch, wo ist bloß die Zeit geblieben? Und dabei gewinnen wir fortwährend Zeit. Keiner muss mehr die Petroleumleuchte putzen. Wir knipsen das Licht an – es brennt. Wir sparen Zeit auf der ganzen Linie. Wir besitzen ein Auto, sind überall per Handy erreichbar, sind mit allen technischen Raffinessen ausgestattet. Alles hilft, Zeit zu sparen. Der Schnellimbiss, die Schnellstraße, die Schnellraststätte. Alles muss schließlich schnell gehen. Und dennoch haben wir keine Zeit.

Keiner hat Zeit. Doch Gott hat sie uns gegeben. Er wird von uns auch Rechenschaft darüber verlangen, was wir damit angefangen haben. Können auch wir sagen: »HERR, in deiner Hand sind meine Zeiten!« (Psalm 31,16). Alle Zeiten! Wirklich? Ruiniert nicht das Tempo die Nerven, mordet es nicht die Seele? Wie schnell flitzt ein Tag dahin. Am Ende steht oft nicht viel. Wir müssen lernen, mit der Zeit recht umzugehen. Sie ist eins der kostbarsten Geschenke, die Gott uns gegeben hat. Wie viel Zeit planen wir für Nebensächlichkeiten ein. Sogar zum Schwätzen reicht es noch immer, mag auch die Zeit noch so knapp bemessen sein. Aber wie ist es mit dem Bibellesen? Mit dem Beten? Fehlt wirklich Zeit?

Der französische Philosoph Pascal sagte schon vor 300 Jahren: »Alles menschliche Elend fängt damit an, wenn der Mensch nicht mehr **eine** Stunde allein in seinem Zimmer sitzen kann.« Brauchen wir denn keine Zeit, um einmal in uns zu gehen? Sich neu dem Herrn Jesus anzuvertrauen? Sich in der Stille vor Gott mit neuer Kraft beschenken zu lassen? Wie halten wir das bloß ohne Stille aus? Muss der HERR uns erst auf das Krankenbett legen, damit wir die heilsame Stille kennenlernen?

Auch Paulus brauchte die Stille. Lange Fußmärsche waren ihm gerade gut genug dafür. Dabei konnte er mit seinem HERRN reden. Ebenso ging der Herr Jesus oft in die Stille. Und suchten ihn die Jünger, so fanden sie ihn in der Stille vor seinem Vater. Man hat oft den Eindruck, dass selbst während des Gottesdienstes niemand mehr so recht stille werden kann. Das Programm läuft ab. Kein Wunder, dass dann die persönlichen Nöte unerträglich werden. Dabei hat der HERR gesagt: **»In Stillsein und in Vertrauen würde eure Stärke sein«** (Jesaja 30,15).

Ringet danach, dass ihr stille seid! Wie reich würde dann die Seele beschenkt! Wie tief wäre dann unser Friede! Wie stark unsere Kraft! Wie geduldig unser Herz. Wie fruchtbar unser Leben für den Herrn. Suche daher die Stille. Dein HERR hat dir vielleicht heute etwas ganz Besonderes zu sagen.

29. April

Komm!

»Jeder Tag hat an seinem Übel genug!« So hat der Herr Jesus einmal seinen Jüngern gesagt. Und wir bestätigen das nur zu gern. Gerade deswegen brauchen wir täglich neue Kraft, neuen Trost, neue Hilfe und seinen göttlichen Beistand von oben. Wie viel Herzeleid berührt oft unsere Wegstrecke. Mit wie vielen Nöten müssen wir uns täglich auseinandersetzen. Wohl dem, der einen Retter hat! Wohl dem, der auch unter Tränen nicht von dem lässt, der wunderbar retten und trösten kann. Frage: Hast du den Herrn Jesus lieb? Dann darfst du im Glaubenskampf weder mutlos noch verzagt werden. Es gilt, zur Ehre des HERRN zu siegen!

Damals war der Herr Jesus auf einem Berg, um zu beten. Die Jünger waren im Boot, und Sturm kam auf. Merkwürdig, er betete, während sie mitten auf dem See mit den Wellen und dem Sturm kämpften. Ach, lernten wir es doch, dass die Hände Jesu für seine Freunde vor Gottes Gnadenthron erhoben sind und dass er, der Hohepriester, auch für dich betet. Ist es nicht ein glaubensstärkendes Geheimnis? Wir verstehen oft nicht, warum der HERR dies und jenes zugelassen hat. Sehr oft winden wir uns in der Hand des HERRN, und unser Inneres ist voller Grimm und Kummer. Ach, dass wir doch gerade in solchen Situationen den HERRN nicht mit einem Gespenst verwechselten! Er ist es doch! Und darum darfst du mit Petrus sagen: **»HERR, befiehl mir, zu dir zu kommen!«** (Matthäus 14,28).

Vielleicht stehst du im Moment vor einem Meer von Schwierigkeiten. »HERR, befiehl mir, zu dir aufs Wasser zu kommen!« Vielleicht sind deine Nöte anscheinend ohne jeden Ausweg. »HERR, befiehl mir, zu dir aufs Wasser zu kommen!« Wenn du aufrichtig danach suchst, wirst du Jesu liebevolle Stimme hören: Komm! Und Petrus ging. Er stieg über die Bretterwand. Er verließ seinen wackeligen Kahn. Er blickte nicht auf das Grauenvolle unter sich. Er sah auf seinen HERRN. Doch in dem Augenblick, als er sich von dem Ungeheueren unter ihm beeindrucken ließ, versank er in den Fluten. Doch er war nahe beim HERRN und rief: »HERR, rette mich!« Und der HERR hat ihn gerettet. Er hat geholfen, und er wird es auch bei dir tun. Nur glauben musst du es. Und zwar jetzt!

Der Herr Jesus hat deine Tage abgemessen. Keine Last wird dich zu Boden zwingen, wenn du ihm vertraust. Nicht großen Glauben brauchen wir, sondern Glauben an einen großen Gott. Es nützt gar nichts, in Gefahr angstvoll und aufgeregt zu sein, das lähmt unsere Gedanken. Man muss seine Last auf den HERRN abwälzen. Schwierigkeiten sind der Boden, auf dem Gott sich offenbaren kann. Die dunkelsten Stunden sind immer vor Tagesanbruch.

30. April

Gott hält sein Wort!

Israel: Heilsgeschichte zum Anfassen. Das kleine Land, Brennpunkt ewiger Erlösungsabsichten Gottes. Ein Bilderbuch mit seinen Hügeln, Bergen, Seen und Gewässern. Hier hat sich unser Herr Jesus in vielen Wundern und Zeichen seinem Volk als Messias offenbart. Die Ausgrabungen bezeugen, und die Steine in Israel schreien: Gottes Verheißungen gehen immer in Erfüllung! Er hat gesagt: **»Ich habe entworfen, und ich werde es auch ausführen«** (Jesaja 46,11).

Komm und sieh! Israel ist der Sekundenzeiger auf Gottes Weltenuhr. Trotz aller Hetze von außen erfährt Israel immer wieder das, was David in Psalm 23 bezeugt: »Du bereitest vor mir einen Tisch angesichts meiner Feinde.« Ach, wer kann Gottes Gnade und seine ewigen Heilsgedanken begreifen? Wie kleinkariert und engstirnig, wie verengt sind wir oft in unserem geistlichen Denken. Wie oft versuchen wir, den ewigen unbegrenzten Gott in unser Denken einzuordnen.

Nicht zu fassen, dass wir dem, der alle Geschicke in seiner allmächtigen Hand hält, so wenig zutrauen. Wir kuschen vor den Goliaths dieser Welt. Sind beeindruckt, wenn sie mit ihren Säbeln rasseln und mit großen Worten ihre Show abziehen. Es kann doch bei uns etwas nicht stimmen, wenn wir mehr über die oft so verlogene Politik oder die aktuellen Börsennachrichten informiert sind als über unseren großen Gott und über seine wunderbaren Pläne, die er mit uns und der Welt hat. Er hat entworfen, und er wird es auch ausführen, so steht es geschrieben. Basta! Er, der große Planer, macht keinen Fehler! Unser Gott braucht keinen Radiergummi. Das Wort Irrtum kennt er nicht. Alle Verheißungen Gottes werden erfüllt. Alle! Kein Wort, das von ihm kommt, geht verloren! Gott ist in allen Punkten perfekt. Der HERR ist wunderbar!

Hat der Herr Jesus dich erlöst? Dann gehörst du ihm! Dann bist du Erbe einer unvorstellbaren Herrlichkeit. Lass es dir sagen, dass Gottes Tisch auch für dich gedeckt ist! Was klagst du noch über deine augenblicklichen Umstände? Bist sehr beunruhigt, über so manche Not in deiner Familie besorgt? Du hast vielleicht Probleme mit deiner Gesundheit? Schwierigkeiten in deinem Beruf? Reibereien mit Menschen, die dir nicht wohlgesonnen sind? Gott weiß um alles. Sein Plan ist gut für dich! Er hat ihn entworfen, und er wird alles so ausführen, wie er will. Niemand wird ihn daran hindern, auch dir wohlzutun. Nein, dein Gott schläft nicht. Er wird dich niemals verlassen, ganz gleich, wie groß die Not im Moment auch sein mag.

Wirf daher alle Verzagtheit von dir. Gottes Plan für dein Leben liegt schon vor Grundlegung der Welt fest. Schließlich haben wir es mit einem ewigen Gott zu tun. Der Herr Jesus erwartet jedoch, dass du nun mutig dein Vertrauen in ihn setzt. Nur dann erfährst du ihn. Gott hält sein Wort. Verlass dich drauf.

Mai

1. Mai

Liebe rechnet nicht

Was immer dich im Moment bewegen mag, lass dich neu zur völligen Hingabe an den HERRN ermutigen. »Opfern will ich dir aus freiem Antrieb ... denn **aus aller Not hat er mich errettet**« (Psalm 54,8-9). Hier platzt der Dank aus allen Nähten. Wo gibt es das noch, dass einer Gelegenheit zum Opfern sucht? Kennen wir noch etwas von der Spontaneität aufrichtiger Liebesbezeugungen dem HERRN gegenüber?

David freute sich geradezu, seinen Gott mit einem zusätzlichen Opfer zu überraschen. »HERR, hier bringe ich etwas, womit du gar nicht gerechnet hast!« Ach, was Liebe alles kann! Liebe muss man nicht erst auf die Sprünge bringen. Liebe ist immer kreativ. Der Liebe fehlt es nicht an originellen Ideen und Einfällen. Das hatte Maria in Johannes 12,1-8 schließlich bewiesen. Sie überschüttete im wahrsten Sinn des Wortes ihren HERRN mit sehr kostbarer Salbe, mit dem, was ihr wertvoll war.

Ach, was sind wir doch alle vom Grunde unseres Herzens aus Egoisten – Menschen, die in allem so berechnend sind. Wir tun uns schwer, über den eigenen Tellerrand hinwegzusehen, weil uns unsere eigenen Interessen über alle Maßen gefangen nehmen. Da geben wir uns zwar dem HERRN hin, opfern Zeit, Kraft, Geld und unser ganzes Leben, aber gleichzeitig machen wir es so wie die Jünger und fragen: »HERR, aber was wird uns dafür?« David ist da ganz anders. Er schaut darauf, was der HERR **für ihn** getan hat. Sein erfrischendes Bekenntnis zum HERRN steckt an. Es macht nachdenklich zugleich. Wie steht es mit unseren Empfindungen, dem HERRN zu opfern? Wie mit unserer Liebe zu ihm? Schließlich ist es die Liebe, die ja auch in Ehe, Familie und Gemeinde die Temperatur regelt. Ich habe noch keine Ehe, keine Familie, keine Gemeinde gefunden, die Liebe hatte und dann trotzdem darüber klagte, dass alles in die Brüche ging. Wo Liebe fehlt, da wird schließlich jedes Opfer zur Qual.

Welcher Anlass reißt uns aus der verhängnisvollen und gefährlichen geistlichen Müdigkeit heraus? Paulus sagt es so: »HERR, du hast mich zuerst geliebt, und darum liebe ich dich!« So sollte es sein. Ist es so? Wir haben Zeit für alles – aber oft so wenig Zeit für Gott. Viele gehen für ihre weltlichen Chefs aus Pflichterfüllung über ihre Kräfte, geben Kraft und Gesundheit dafür her. Doch leider muss sich unser Gott oft mit dem schäbigen Rest unseres Lebens begnügen, wertlose Brocken, die wir ihm übriglassen. David freut sich: »HERR, ich opfere dir aus freiem Antrieb mein Leben, meine Kraft, mein Hab und Gut, mein alles. Dort, wo der Blick für das Ewige verkümmert, erlischt unser geistliches Leben.

Wann platzt bei uns der Dank aus den Nähten? Grund dazu hätten wir doch! Und an Gelegenheiten, dem HERRN mit Freuden zu dienen, fehlt es nicht!

2. Mai

Das lässt keinen kalt!

Lamm Gottes! Jesus Christus! Geschlachtet für unsere Sünden! **»… der keine Sünde getan hat, noch ist Trug in seinem Mund gefunden worden, der, geschmäht, nicht wiederschmähte, leidend, nicht drohte, sondern sich dem übergab, der gerecht richtet«** (1. Petrus 2,22-23). Wen packt nicht die Tiefe dieser Gedanken bis ins Innerste? Wer bleibt bei diesen Worten unberührt? Wer empfindet bei dieser Schilderung keine tiefe Liebe zu dem, von dem hier geschrieben ist? Oder lässt uns das kalt? Mit einigen salbungsvollen Worten unsererseits ist es nicht getan. Schließlich geht es um unser Todesurteil, das Jesus Christus auf sich genommen hat. Wie oft sprechen wir von der Lammesnatur Jesu! Wie anders ist er doch als wir! Wie schäbig muss im Vergleich zu ihm der Frömmste unter uns erscheinen.

Was sind wir im Gegensatz zu ihm, angesichts aller Anstrengungen und mühevoller Einsätze, Stunden voller Kämpfe und Anstrengungen? Auch wenn wir noch so vorsichtig Kurs halten, Abweichungen muss der HERR allzu oft feststellen. Macht uns das noch betroffen? Er hat sich ganz und völlig gegeben. Er ist mit dem beladen worden, was wir verschuldet haben! Mit all unserer Schlechtigkeit und Sünde. Mit all ihren grausamen fatalen Folgen. Wie oft reden wir Oberflächliches, nehmen es nicht allzu genau mit unseren Worten. Bitteres und Süßes sprudelt zugleich aus unserem Mund. Wie schnell sind wir beleidigt und reagieren empfindlich und unwillig. Wie leicht werden Worte zu Giftpfeilen. Wir alle sind sehr intelligent, Böses zu ersinnen, doch mit dem Guten tun wir uns oft sehr schwer. Wir neiden, splittern, trennen, kapseln ab, polarisieren, suchen die Art von Christen, die unseren fleischlichen Vorstellungen entspricht.

Seltsam, dort, wo der Herr Jesus Gemeinschaft des Glaubens fordert, suchen wir **unser** Privatprogramm zu verwirklichen. Wo er vom Distanzieren von der Sünde und von unbiblischen Verwicklungen warnt, sind wir nachsichtig und wollen barmherziger sein als er. Wie tun wir uns so schwer in der Verwirklichung seines Willens. Da pochen wir auf unsere Rechte. Doch Jesus gab sein Leben in den Tod, damit wir nicht in der Hölle landen. Er sühnte unsere Sünde, damit wir gerettet würden.

Wer ist bereit, Jesu Wesen als Vorbild für sein eigenes Leben anzuerkennen? Wer ist willig, konsequent in seine Fußspuren zu treten? Vielleicht kommen Zeiten, wo unser Bekenntnis zu Christus uns Kopf und Kragen kostet – und dann? Vielleicht kommen Zeiten, in denen wir Flagge zeigen müssen. Wer weiß?! Doch wenn wir jetzt schon versagen, jetzt schon widergöttlichen Wesenszügen in unseren Gemeinden und in unserem eigenen Leben freien Lauf lassen, was wird sein, wenn unser Leben auf dem Prüfstand steht? Der Lohn, die Krone, die Herrlichkeit ist aufbewahrt für die Treuen.

Sollen die anderen von uns denken, was sie wollen, wenn es nur unser aufrichtiges Bestreben ist, Jesus ähnlicher zu werden.

3. Mai

Segensreiche Begegnung

Paulus kommt! Jedenfalls hatten die Gläubigen in Rom es so seinem Brief entnommen. Der Gedanke, die Geliebten des HERRN zum ersten Mal zu sehen, machte ihn überglücklich. Sein Sehnen galt allein ihrem geistlichen Wohl, ihrer Glaubensfestigkeit. Hatte er sie nicht immer wieder auf betendem Herzen vor den Thron Gottes gebracht? Nahm er nicht Anteil an ihren Fragen, an ihren geistlichen Nöten?

Ja, es gibt Begegnungen, die vom HERRN sind. Sie hinterlassen Segensspuren. Ob Herzen aufgerichtet oder belastet werden, liegt nicht zuletzt auch an uns. Am Gesprächsinhalt unserer Reden. Gehören wir zu solchen, durch die andere gesegnet werden? Wie hatte doch der HERR diesen wütenden Saulus von Tarsus verwandelt! Mit fast mütterlicher Fürsorge tat Paulus jetzt alles, um die im Glauben jungen Christen zu ermutigen. Das war sein Trost, wenn es jenen, die dem Christus angehörten, wohl ging. Ob wir uns nicht unter unser Versagen beugen müssen?

Wie oberflächlich erkundigen wir uns oft nach dem Wohl derer, die Gott uns anvertraut hat. Ob wir deshalb selbst oft so ungetröstet und geistlich niedergeschlagen sind, weil wir nur den eigenen Lebensbereich im Blickfeld haben? Wir, wir und nochmals wir ...? Doch unser Herr zeigt uns, dass gerade der getröstet wird, der andere tröstet. Dass gerade der aufgerichtet wird, der andere aufrichtet. Dass gerade der reichen Segen empfängt, der sich in Jesu Dienst verzehrt. Darum sagt unser Herr ja auch: **»Geben ist seliger als Nehmen«** (Apostelgeschichte 20,35). Nur wer gibt, wird reich, wer weitergibt, behält.

Müssen wir nicht auch einmal unsere Besuche und Begegnungen unter die Lupe nehmen? Gegebenenfalls müssen wir da an manchen Stellen gehörig umdenken. Ist es uns deutlich, dass wir tatsächlich einander brauchen, die wir Glieder am Leib Christi sind? Wie beeinflussen wir einander? Werden Glaubensgeschwister durch das erquickt, was ich mit meinem Herrn Jesus erlebe? Werden sie angespornt, unserem Vorbild nachzuahmen?

Nein, wir dürfen weder versagen noch glaubensmüde werden, dürfen weder straucheln noch entmutigt auf der Nase liegen bleiben. Wir müssen aufwachen – aufstehen und kämpfen! Der Kampf ist des HERRN. Um den Sieg müssen wir nicht bangen, der ist längst am Kreuz erkämpft. Wirf daher deine Glaubensnot, deine Familienprobleme, deine Krankheitssorgen, deine Zweifel, deine persönliche Last dem Herrn Jesus vor die Füße. Lass dich ermutigen, der HERR wird dir leuchten. Die kleinste Flamme, vom HERRN entzündet, ist stärker als die dunkelste Nacht!

4. Mai

Nicht wanken!

»Die auf den Herrn vertrauen, sind wie der Berg Zion, der nicht wankt, der ewig bleibt!« (Psalm 125,1). Ist das nicht ein überaus ermutigendes Wort? Wer will uns da noch aus der Verankerung reißen? Majestätisch ist diese göttliche Zusage: Du darfst sein wie der Berg Zion! So ist es, und nicht anders. Ob Stürme oder Tornados an dir rütteln, ob Nebelschwaden oder Hagel, ob Blitz- und Donnerschlag dir Bange machen wollen, unbekümmert, furchtlos und unerschrocken darfst du wie der Berg Zion sein, der feststeht und nicht wankt, der ewig bleibt. Nur dem HERRN musst du vertrauen! Das ist der Schlüssel zu Gottes Verheißungen.

Der Zweifelnde dagegen ist wie ein Blatt im Wind, das hin und her getrieben wird und irgendwo liegen bleibt. Ich bin gewiss, dass auch du dem HERRN vertrauen willst, denn du bist daran interessiert, dass die Ziele Gottes auch in deinem Leben erreicht werden – oder? Zeig mir einen, der, obwohl er dem HERRN vertraut, zuschanden wurde. Du wirst ihn nicht finden. Unser HERR hat niemals gesagt, dass wir Kopf und Herz an den Sorgen und Nöten und vielerlei Verantwortungen zerbrechen sollen. Er will nur eins: unser kindliches Vertrauen! Fällt uns das denn so schwer?

Da wollen wir doch alle denkende Menschen sein, Menschen, die mit wachen Sinnen die Dinge so sehen, wie Gott sie sieht. Wir wollen uns folgerichtig benehmen und reagieren dennoch so unlogisch, sind oft ungeübt im Glaubenskampf und verzagen bei der erstbesten Gelegenheit jämmerlich, als sei unser HERR überhaupt gar nicht existent. Hab keine Angst vor den Unsicherheiten des Lebens. Keiner ist so wunderbar abgesichert wie der, dessen Vertrauen der HERR ist. Gleicht denn der Berg Zion einem Sandhügel? Steht er nicht auf ewig fest und unbeweglich? Schließlich ist es die Residenz des himmlischen Königs. Und du darfst sein wie der Berg Zion, wenn du dem Herrn vertraust. Worauf hast du deine Füße gestellt?

Zur Versagergeneration zu gehören, das wäre doch schrecklich – oder? Undenkbar, in der Reihe derer zu stehen, die dem HERRN den Rücken gekehrt und ihre geistliche Kraft und Vollmacht verloren haben, weil sie vom Trend der Zeit verschlungen worden sind. Noch hat der Herr uns hier gelassen. Darum sei stark! Die Mutigen bewahrt der HERR! Gewiss, in der Welt ist es dunkel geworden. Umso heller darf das Licht des Christus aus deinem Leben strahlen, weil du aus der Kraftquelle von oben gespeist wirst. Unser HERR segne dich tief und reich.

Und nun? Hand ans Werk! Sei mutig und stark. Die ihrem Gott vertrauen, werden nicht wanken!

5. Mai

Erquickung

Wenn durch Frost und Eis hindurch die ersten Frühlingsblumen blühen ... Wenn nach dunklen Leidenstagen die Sonne wieder scheint ... Wenn trotz tausendfacher Nöte sich dennoch Türen öffnen ... Wenn Traurigkeiten schwinden und Frieden einkehrt ... Das ist Erquickung! **»Er erquickt meine Seele«** (Psalm 23,3). Heißt das nicht, dass er dann auch zur rechten Zeit handeln wird? Dass er deine Seele vor dem Abgrund bewahrt und deinen Fuß vor dem Sturz in die Tiefe zurückhält?! Zwar bleiben uns Kampf und Widerstand gewiss – aber es bleibt auch Erquickung! Vergiss es nicht!

Hat er nicht die Last der vergangenen Jahre sorgsam in seinen guten Händen abgewogen? Musst nicht auch du voller Dankbarkeit mit mir bekennen: Er führte mich von Kraft zu Kraft? Selbst in tiefster Talsohle menschlicher Unzulänglichkeiten ließ der HERR auch für mich Quellen der Erquickung sprudeln. Waren nicht meine notvollen Begrenzungen für ihn Möglichkeiten, mich neu zu stärken? Auch wenn Stunden der Glaubensmattheit kamen, machte er dann sein Wort wahr: Er erquickt meine Seele!

Ja, Gottes Bach ist auch für dich reich an Wasser. Daraus darfst du gerade jetzt trinken und dein Haupt erheben, denn es liegt eine neue Wegstrecke vor dir, die du noch nie gegangen bist. Vielleicht ängstigst du dich vor morgen, sorgst dich, weil deine Kraft keine großen Sprünge mehr zulässt. Sei nicht besorgt: Er erquickt auch deine Seele! Dein Gott hat Stärkungen längst mit eingeplant. Seine Betreuung ist schließlich vollkommen. Seine Pflege einmalig. Warum warten wir eigentlich immer so bedenklich lange, wenn uns Kraft und Hilfe mangeln?

Jeder Autofahrer ist da besser auf der Hut, wenn der Motor klappert. Er dreht doch nicht zuerst das Fenster runter, um mehr Luft zu schnappen, sondern fährt sofort zur Werkstatt, damit Abhilfe geschaffen wird. Doch Erquickung wird uns nicht bei rasender Durchfahrt geschenkt. Zeiten der Erquickung sind immer Zeiten der Stille. Ob wir das Anhalten verlernt haben? Ohne des HERRN Erquickung bleiben wir auf der Strecke. Wer den Tank seiner Seele leer fährt, ist selbst schuld. Schließlich hat er vergessen, rechtzeitig den göttlichen Service anzulaufen. Wer leer fährt und liegen bleibt, gefährdet dazu andere. Dagegen sind vom HERRN erquickte Menschen selbst eine Erquickung für andere. Wir können in unserer dunklen und vom Teufel regierten Zeit nichts Besseres tun, als im Glauben die ganze Kraft und Fülle für jeden Schritt unseres Lebens in Anspruch zu nehmen.

Eine Schande, wer sich nicht erquicken lässt! Nur Erquickte können recht kämpfen. Nur vom HERRN Erquickte sind bereit, neue Glaubens-einsätze zu wagen. Erquickung ist jedoch nie Selbstzweck. Der Ernte-arbeiter trinkt, um seinen Körper fit zu halten, damit die Ernte einge-bracht werden kann. Präpariere dich mit Kraft von oben, denn es gibt Arbeit für dich.

193

6. Mai

Er bleibt derselbe!

Wie schnell doch die Zeit dahinrast. Alles ist der Veränderung unterworfen. Nur einer bleibt derselbe: **»Nein, ich, der HERR, ich habe mich nicht geändert«** (Maleachi 3,6). Wie gut, dass wir das wissen. Herzlich zu gratulieren ist dem, der sich auf ewig an diesen wunderbaren Gott gebunden weiß.

Im Allgemeinen fühlt sich der Mensch von seinem wechselhaften Schicksal geplagt. Nichts Beständiges ist in seinen Händen. Er rafft und rackert. Und wenn er davongeht, bleibt nichts als Enttäuschung zurück. Aber für uns, die wir dem HERRN gehören, ist diese herrliche Zusage ein frohmachender Trost:»Ich, der HERR, ich habe mich nicht geändert!« Ach, dass wir das doch nie vergäßen! Sähe unser Verhalten dann anders aus? Wie liebevoll ist doch diese Vorstellung des HERRN. Hier werden unsere Herzen vom Lichtglanz eines ewig treuen Gottes erwärmt. Wenn Menschen uns belügen, und die besten Freunde versagen und uns enttäuschen, wenn alles pleitegeht und kein Stein mehr auf dem anderen bleibt: Er verändert sich nicht! Sein Wort steht felsenfest. »Es lügt nicht, der Israels Ruhm ist!« (1. Samuel 15,29). Er ist kein Mensch, dass er sein Wort bricht. Er ist immer der ewig treue Gott, derselbe, der er von Anfang an war. Und er ist es auch heute noch! Täglich erleben wir Gottes wunderbares Wirken. Die Unveränderlichkeit Gottes war für seine Nachfolger zu allen Zeiten ein Trost und der Inhalt ihrer Lieder.

Vielleicht fühlst du dich im Augenblick bedrängt und angegriffen? Doch ist es etwas Ungewöhnliches, wenn Angriffe und Provokationen uns herausfordern? Wer an des HERRN Seite steht, muss immer mit Angriffen rechnen – auch von Mitchristen. Ein treuer Gottesmann sagte: »Wer an des Feldherrn Seite steht, ist immer ein sicheres Ziel für den Feind.« Doch sei ermutigt, dein HERR verändert sich nicht. Er hat gesagt, dass dein Kampf sein Kampf und sein Sieg der deine sein soll! Du darfst still sein, während er für dich kämpft. Der HERR wird dich zur passenden Zeit rechtfertigen. Er hat es gesagt. Verlass dich auf sein Versprechen. Er hält sein Wort. Er hat sich nicht verändert – er nicht!

Doch nun zu uns. Auch wir wollen treu sein. Schließlich gehören wir ihm, dessen Name der »ewig Treue« heißt. Wir wollen standhaft sein in allem und konsequent zugleich. Und weil Halbherzigkeit und Lauheit uns um den Sieg bringen, wollen wir wie Gott alles Halbe und Launische hassen! Bleib tapfer und treu, fest und entschlossen. Dein Gott steht dir zur Seite. Er bekennt sich zu Standhaften.

7. Mai

Gute Besserung!

Schon einmal über Fröhlichkeit nachgedacht? **»Ein fröhliches Herz bringt gute Besserung, aber ein zerschlagener Geist vertrocknet das Gebein«** (Sprüche 17,22). Den meisten scheint die Fröhlichkeit abhanden gekommen zu sein. Fröhlichkeit gehört schließlich in die Kinderstube vergangener Zeiten, sagt man. Außerdem passt sie nicht in die Landschaft harter Lebensrealitäten.

Nun können wir aber dieses Bibelwort nicht einfach in die Mottenkiste packen mit der Aufschrift: »Nichts für heute!«, denn hier redet der HERR zu uns. Wusstest du, dass der HERR von uns erwartet, dass wir fröhliche Leute sind? Damit wir uns recht verstehen, hier ist nicht die Ausgelassenheit gemeint, die sich für einige Augenblicke ausklinkt, um endlich mal wieder lachen zu können. Diese Fröhlichkeit hat eine völlig andere Qualität. Sie ist ein Gottesgeschenk. Sie ist von oben gewirkt. Sie ist realitätsbezogen, weil sie sich nicht von den Dingen der Welt erdrücken lässt, sondern von den göttlichen Tatsachen ausgeht. Weil sie sich an den herrlichen Gnadenstand erinnert, in dem der Erlöste stehen darf. Weil man als Gotteskind trotz großer Widerstände und Alltagsprobleme unbekümmert sein darf. Weil man einem Vater im Himmel angehört, der unendlich treu und liebevoll für seine Kinder sorgt und nicht zulassen wird, dass ihnen ohne seinen Willen auch nur ein Haar gekrümmt wird.

Es ist kein Geheimnis, dass sich die Leute von heute regelrecht totärgern! Etwa 80% der Krankheiten haben psychosomatischen Hintergrund, weil die Menschen ihre Seele im Kerker der Sorgen umkommen lassen und keinen Grund erkennen, weshalb man sich überhaupt noch freuen sollte. Es würde uns allen rundherum (auch gesundheitlich) wesentlich besser gehen, wenn wir uns dieses Bibelwort zu Herzen nähmen: **»Ein fröhliches Herz bringt gute Besserung!«**

Die Geschichte vom verlorenen Sohn lehrt uns auch, dass der Vater Fröhlichkeit befiehlt, denn das Alte ist schließlich vergangen. Die ersten Christen waren fröhliche Leute. Mit Liedern auf den Lippen gingen die tapferen Blutzeugen in den Tod. Sie waren gepackt von der himmlischen Berufung, von der ewigen Seligkeit, einem Gott anzugehören, der seinen Sohn für sie dahingegeben hatte, damit sie auf ewig sein Eigentum seien, Erben himmlischer Herrlichkeiten!

Und wir? Sind wir bekennende Christen? Bekennende Christen sind fröhliche Leute, die auch in Stunden der Anfechtung sich in ihrem HERRN geborgen wissen. Bekennende Christen haben deshalb immer den Blick auf ihren HERRN gerichtet. Sie wissen, dass die Freude am HERRN ihre Stärke ist und sind auf jeden Fall das beste Aushängeschild für das Evangelium. Die Fröhlichkeit in Christus bestimmt die Atmosphäre, in der andere sich wohlfühlen. Der HERR liebt, die fröhlichen Herzens sind, denn Fröhlichkeit ist auch eine Art, Danke zu sagen!

8. Mai

Ich will!

Sag selbst, ist es nicht eine Freude, dem HERRN zu dienen? Erkennt man an der Spontaneität unserer Reaktionen, dass wir den Herrn Jesus über alles lieben? – Josua hatte seinen wunderbaren Gott durch all die Jahre der Wüstenwanderung erfahren. Für ihn war völlig klar, dass sein Leben mitsamt seiner Familie und seinem Haus allein dem HERRN gehörte. Wie auch immer die Entscheidungen der anderen ausfallen würden, sie sollten wissen: **»Ich aber und mein Haus, wir wollen dem HERRN dienen«** (Josua 24,15).

Leider ist es der größte Triumph für Satan und die Feinde des Kreuzes Christi, wenn die, die nach außen hin vorgeben, dem HERRN zu dienen, in Wirklichkeit mit der Welt liebäugeln und ihren Lüsten frönen. Sind sie es nicht, die den Christennamen schänden? Den Glauben in Verruf bringen? Den Herrn abermals kreuzigen? Weg also mit aller Halbherzigkeit! Unser Herr achtet die Freiheit jedes Einzelnen. Er lässt aber auch jedem die Freiheit, verloren zu gehen und in die Hölle zu fahren. Wer ein Kind Gottes sein will, der sei es ganz, und zwar mit Tat und Wahrheit. Der erspare sich die vergebliche Mühe, Gott **und** der Welt dienen zu wollen.

Josua wusste sich nicht nur für sich, sondern auch für seine Familie verantwortlich. Wir auch? Es gelingt immer weniger, eine geordnete Familie aufzubauen. Kein Wunder, dass die gesamte Nachkommenschaft labil, geschädigt, neurotisch gestört und oft sozial fehlentwickelt ist und somit haltlos in den antichristlichen Fluten ertrinkt. Immer weniger Eltern führen ihre Kinder zu Jesus! Immer weniger Großeltern sehen ihre Aufgabe darin, betende Hände aufzuheben, um die Heranwachsenden vor den Thron der Gnade zu bringen. Wenn Väter, Mütter und Großeltern nicht mehr auf den Knien ihre Kinder der Welt und Satan abringen, ist die heranwachsende Generation für Gott verloren!

Wo ist heute der Aufschrei der Eltern, die für ihre Kinder wegen der »Innenweltverschmutzung« ihrer Herzen noch auf die Barrikaden gehen? Wo sind die Väter, wo die Mütter, die mit Argusaugen über das geistliche Wohl ihrer Kinder wachen? Nein, wir wollen unsere Kinder nicht weltfremd erziehen, ihnen jeglichen Kontakt zur Welt verwehren. Für eins müssen wir aber sorgen: Dass sie lernen, sich nicht in der Welt zu beschmutzen. Ein Kind zur Selbständigkeit zu erziehen, heißt noch lange nicht, es seinem Eigenwillen ohne Korrektur zu überlassen. Wer zeigt ihnen noch die Maßstäbe Gottes, um zwischen rein und unrein, heilig und unheilig zu unterscheiden? Wenn Gott für uns Eltern keine heilige Autorität mehr ist, dann werden die Kinder auch uns nicht mehr als achtbare Autorität anerkennen.

Lass uns füreinander beten und uns ermutigen, im Kampf für das Evangelium unsere Kinder nicht zu vergessen. Wo wir versagt haben, wollen wir Buße tun und uns neu dem HERRN weihen.

197

9. Mai

Begleitet

Wie geht es dir? Mancher würde jetzt sagen: »Ach, wenn du nur wüsstest, wie es in meinem Inneren aussieht! Der Lebensdruck mit all der Hektik ist kaum zu ertragen. Ich fühle mich verunsichert, habe Angst vor der eigenen Courage. Grüble zwar viel, aber wage wenig. Am liebsten würde ich meine Koffer packen und irgendwohin abhauen, wo mich keiner kennt und sieht.« Dennoch tust du Jahr für Jahr deinen Dienst, erfüllst Tag für Tag deine Pflicht. Im Rückblick sagst du dir: »Tatsächlich, bis hierher hat der HERR geholfen! Aber was wird morgen sein?« Lass dich durch einen Gedanken aus Gottes Wort ermutigen: **»Denn mein Engel wird vor dir hergehen ...«** (2. Mose 23,23).

Mose hat das erlebt! Und auch du sollst es erfahren. Dein HERR hat längst Schritte unternommen, um auf dein Rufen zu antworten. Du darfst es tröstlich wissen, dass er nicht nur die Positionen deiner Wege absteckt, sondern selbst Start und Ziel ist. Überall, wohin du kommen wirst, wird der Herr Jesus längst vor dir sein. Er hat die Strecke längst abgeschritten, bevor deine müden Füße das unbekannte Land betreten.

Auch Israel hat das erfahren. Als Pharao ihm nachgejagt und das Volk in Panik geraten ist, war der HERR längst vorausgegangen und hatte die Fluten des Roten Meeres geteilt. Überall, wo Israel sich gelagert hat, hat es sich ins gemachte Nest gesetzt. Wie treusorgend, gnädig und zuvorkommend ist doch der HERR! Des Tages und des Nachts ist er vor ihnen hergegangen und hat ihre Wege durch ein gefährliches Land gebahnt. Es lohnt sich, diese Liebe unseres HERRN einmal in aller Stille zu betrachten.

Hat der HERR jemals seine Leute schutzlos fortgeschickt, sie ihrem Schicksal überlassen? Selbst als die Jünger in jener Nacht auf offener See allein im Sturm Not gelitten haben, ist er zur Stelle gewesen. Als Maria am Grab geweint hat, ist er da gewesen. Als die Emmaus-Jünger niedergeschlagen Jerusalem verlassen haben, ist er neben ihnen hergegangen. Und sie haben es noch nicht einmal gemerkt, dass er es gewesen ist. Darum, fürchte dich nicht! Selbst wenn es durchs Tal des Todes geht, ist dein Gott längst für dich hindurchgegangen, um dich auf der anderen Seite in seine Arme zu nehmen. Das glaubensvolle Erfassen dieser Wahrheit gibt Trost und führt zugleich in die Verantwortung. Denn wenn er da ist, bevor ich ankomme, kann es dann noch Unpünktlichkeit oder ungeistliches Larifari in unserem Leben geben? Privattouren im Urlaub oder auf Geschäftsreisen, wo uns niemand sieht? Der HERR reinige uns von allem gedankenlosen Handeln ihm gegenüber.

Und nun wollen wir mutig die Hand ans Werk legen und es fest in unser Herz hineinnehmen: »... mein Engel wird vor dir hergehen.« Erwarte es jetzt, dass die nächsten Schritte voll Überraschungen sind, denn dein HERR geht dir voran, wenn du auf seinen Wegen gehst.

10. Mai

Herzenswünsche

Wer hat sie nicht? Die meisten gehen nie in Erfüllung. Fälschlicherweise folgern viele daraus, dass sich aus diesem Grund das Leben nicht gerade von der freundlichsten Seite zeigt. Für die meisten heißt das Leben nämlich: Hoffnungen begraben! Aber für dich soll genau des Gegenteil gelten: Herzenswünsche gehen in Erfüllung! Darum rufe ich dir zu: **»Habe deine Lust am HERRN, so wird er dir geben, was dein Herz begehrt!«** (Psalm 37,4).

Nicht allzu viele haben den Schlüssel zu diesem Geheimnis entdeckt. Es gibt Gründe dafür: 1. Wir drehen uns leider oft nur um unsere eigenen Wünsche und vergessen dabei völlig die Interessen Gottes. Wir meinen, dass die Erfüllung unserer Wünsche letztlich auch die Sinnerfüllung unseres Lebens sei. 2. Auf der anderen Seite tun wir leider so, als habe unser Gott überhaupt kein Interesse an unseren kleinen und großen Sorgen und Problemen. Wer wagt es da noch, mit dem Luxus der Herzenswünsche zu ihm zu kommen?

Sicher hast auch du ungestillte Sehnsüchte, von denen niemand etwas weiß. Doch dein HERR kennt sie längst. Hast du sie nicht oft im Gebet vor ihm genannt? Doch ohne Erfolg, wie es schien. Möchtest du, dass der HERR deinen Herzenswunsch erfüllt? Wir dürfen aber nicht meinen, dass der HERR auf unser Rufen antwortet, wenn wir die Erfüllung seiner Gebote nur als Mittel zum Zweck ansehen. Schließlich kennt er unsere Motive und weiß, was der Beweggrund unserer Gedanken ist. Darum: Habe zuerst deine Lust am HERRN, an dem Leben in seiner Gemeinschaft und an den Segnungen seiner Gnade. Denn etwas Widergöttliches kannst du in seiner Gemeinschaft gar nicht wünschen. Etwas aber, was der in Liebe zu Gott geheiligte Wille begehrt, kann der HERR nicht versagen.

Bemerkenswerte Reihenfolge, nicht wahr? Zuerst Lust am HERRN und **dann** die Wünsche des Herzens! Nicht umgekehrt. David sagt in Psalm 5,4: »In der Frühe richte ich dir ein Opfer zu und spähe aus.« Also **zuerst** der HERR und dann die Gnadenerweise, die du gespannt erwarten darfst. Es ist allzu logisch, dass die Lust am HERRN nur Wünsche nach sich zieht, die auch das Herz des HERRN erfreuen. Gibt es etwas Schöneres, als mit Gottes Willen übereinzustimmen?

Ja, der HERR will deine Herzenswünsche erfüllen. Doch zuvor gilt, was der Herr Jesus in Matthäus 6,33 sagt: »Trachtet **zuerst** nach dem Reich Gottes und nach seiner Gerechtigkeit, und alles andere wird euch hinzugefügt werden.« Unsere Schwierigkeiten und Missgeschicke des Alltags nehmen in dem Maß ab, wie wir dem HERRN den ersten Rang einräumen. Für viele bedeutet dies ein segensvolles Umdenken. Und wenn deine Geduld hart auf die Probe gestellt wird? Sei dir sicher, es dient dir nur zum Allerbesten.

11. Mai

Gott vor Augen!

Unter dem Gnadenhimmel Gottes lässt es sich leben! Wer sollte nicht von seiner Güte umgeben sein? **»Die Güte des Herrn aber währt von**

Ewigkeit zu Ewigkeit über denen, die ihn fürchten« (Psalm 103,17). Was für eine herrliche Gewissheit, dass dieser große Gott uns so zugetan ist! Sollten wir diese Verheißung nicht über jeden Tag unseres Lebens wie ein Transparent ausbreiten?

Leider sieht aber die Wirklichkeit oft anders aus. Wir fürchten uns. Doch nicht vor Gott. Es sind die ungewissen Zeiten, die undurchsichtigen Situationen, die uns das Fürchten beibringen. Es sind die Sorgen des Lebens, die uns Bange machen. Doch anstatt in den Gnadenhimmel hineinzuschauen, sind wir mit unseren Problemen derart beschäftigt, dass unser Gottesbild bis zur Kümmerlichkeit in unseren Herzen verkommt. Gottesfurcht heißt, ihm in Ehrfurcht zu begegnen!

Von einer Gottesangst ist hier nicht die Rede. Wer Angst hat, flieht, weil Schuld quält und verklagt. Haben wir Grund zur Flucht vor Gott, wenn wir unser Leben vor ihm in Heiligkeit führen? Wenn wir uns des Blutes unseres Herrn Jesus Christus rühmen, weil wir bei Gott in Gnaden sind? Entweder wir fürchten die Welt und ihre Autorität, fürchten Satan und sein Heer, oder wir (ehr)fürchten den HERRN. Beides zugleich geht nicht. Man kann nicht den HERRN fürchten und sich zugleich von den Sorgen des Lebens erdrücken lassen. Man kann nicht den Herrn Jesus respektieren wollen und gleichzeitig dem Kommandoruf der Welt gehorchen. Entweder-oder! Jemand sagte treffend: »Als ich Gott ins Auge schaute, habe ich die Menschenfurcht verloren!« Aus diesem Grund bekennt David in Psalm 16,8: **»Ich habe den Herrn stets vor Augen; weil er zu meiner Rechten ist, werde ich nicht wanken!«**

Erkennen wir, worauf es ankommt? Welches Gottesbild trägst du in deinem Herzen? Bist du beeindruckt von dem Gedanken, dass er, der lebendige Gott, dir in Jesus Christus zum Vater wurde? Dieser ewige, unveränderliche, unwandelbare, immerwährende Gott. Er hat auch dir seine ewige Güte zugesprochen. Sind wir noch imstande, über seine Heiligkeit nachzusinnen? Über seine unausdenkbare Klarheit und Reinheit, die uns durchaus zum Zittern bringen kann? Sind wir noch in der Lage, in der herrlichen Schöpfung seine Allmacht zu begreifen, die uns majestätisch vor Augen tritt? Nehmen wir uns noch Zeit, über die göttliche Herrlichkeit nachzudenken, die ja Abglanz seiner Heiligkeit ist? Schließlich sind wir Anwärter seiner Herrlichkeit.

»Wie groß bist du, mein Gott, und wie unendlich tief hast du dich liebevoll zu uns geneigt. Hast uns deinen Sohn gegeben und mit ihm alle Herrlichkeit!« Nein, das sind keine frommen Sprüche, die uns das Leben verzuckern sollen. Das ist göttliche Wahrheit, die uns beglückt. Darum habe Mut! Dein Vater im Himmel liebt dich, und seine Güte ist auch über deinem Leben.

12. Mai

Erinnerungen

Unvergesslich sind mir die schrecklichen Bilder vom Hochwasser. Wohngebiete verwandelten sich über Nacht in riesige Seenplatten. Es sah verheerend aus. Für viele war die Katastrophe komplett.

Heute erleben wir Dammbrüche der Sünde. Eigentlich müsste man diese Welt zu einem riesigen Katastrophengebiet erklären. Da werden ungehemmt christliche Normen und ethische Werte von den Fluten widergöttlicher Gesinnung weggespült. Unterdessen steigt der Pegel des Unheils und grauenhafter Verführung unaufhörlich weiter. Mancher flüchtet in höhergelegene Stockwerke, um nicht von der stinkenden Dreckbrühe schlimmster Zustände erfasst zu werden. Die Welt muss der grässlichen Wahrheit ins Auge sehen: Sie treibt dem ewigen Verderben entgegen!

Wen wundert es, wenn da viele niedergeschlagen in die Zukunft blicken?! Lohnt sich dieses Leben eigentlich noch? Nur zu verständlich, dass ein wahrer Christ geistlich regelrecht Atembeschwerden bekommt, weil es ihm den Hals zuschnürt. Weil er händeringend der weltweiten Verführung Satans zuschauen muss. Gibt es keine Hoffnung für diese Welt? Nein, keine, wenn sie Jesus Christus ablehnt. Schockierend wird das Erwachen sein, wenn die Verlorenen einmal erkennen müssen, dass sie sich um den Preis ihrer Seele geirrt haben. Doch für Gotteskinder gilt: **»Kommt, lasst uns dem HERRN zujubeln, lasst uns zujauchzen dem Fels unseres Heils«** (Psalm 95,1).

In unserem Herrn Jesus haben wir den Standort ewiger Sicherheit. In ihm haben wir eine wunderbare Zuflucht. In jedem Sturm des Lebens weiß er, uns zu bewahren. Der Herr Jesus allein ist der Fels unseres Heils. Aus ihm entspringt die unaufhörliche Quelle erfrischenden Wassers und unerschöpflicher Segnungen. Wir haben tatsächlich alles, aber auch alles in ihm: Rettung, Vergebung, Befreiung und ewiges Leben! Eigentlich fehlt es uns an nichts!

Eigentlich könnten wir uns täglich gegenseitig gratulieren, diesem allmächtigen HERRN angehören zu dürfen. Lass uns daher gemeinsam unserem HERRN das zurufen, was unser Herz für ihn empfindet. Oder ist unsere Seele ausgebrannt, leer und kalt geworden? Der Herr Jesus wartet darauf, dass wir ihm sagen, wie lieb wir ihn haben, und dass es für uns eine Ehre ist, ihm dienen zu dürfen. Nein, wir dürfen nicht hoffnungslos verwirrt wie diese Welt im Netz unheilvoller Umstände festhängen.

Komm, lass dich in die Stille vor ihm mitnehmen. Wird nicht nur hier unsere Seele getröstet? Empfangen wir nicht nur hier die Liebkosungen unseres HERRN? Komm, lass uns auf den Felsen steigen, nur so lassen wir die Wolken irdischer Konflikte hinter uns zurück.

13. Mai

Überraschungen

Wer mit offenen Augen durch diese Welt geht, kann sich vor Jammer und Herzeleid nicht verstecken. Die totale Hoffnungslosigkeit der jungen Generation bedrückt uns. Menschen ohne Gott! Wir sind bedrängt, wenn wir die Flachheit und die Vordergründigkeit des Lebens sehen.

Doch was ist mit uns, die wir von Gottes froher Botschaft erreicht wurden? Haben wir nicht Grund zu großer Freude?! Und jetzt die Fenster des Herzens auf! Die Menschen sollen es sehen, dass wir durch den Herrn Jesus das große Los gezogen haben. Und das ist die herrliche Verheißung: »Ein fröhliches Herz hat ein ständiges Festmahl!« (Sprüche 15,15). Das ist die beste Werbung für das Evangelium.

Israel tat sich oft sehr schwer damit, Gott für die erfahrenen Segnungen zu danken. Wie oft erinnerte sie der HERR daran: »Vergiss nicht alle meine Wohltaten!« Der Herr Jesus schenke dir einen dankbaren Rückblick und ein Herz, das mit den Wohltaten Gottes rechnet. Wer nichts erwartet, wird nicht beschenkt. Wer nicht glaubt, dessen Hände bleiben leer. Wer nicht mit Gottes Eingreifen rechnet, dessen Leben bleibt ohne Überraschungen.

Und was die Zukunft betrifft: Mach dir darüber keine Sorgen, denn Gott hat seinen Leuten zugesagt: **»Prüft mich doch, ob ich euch nicht die Fenster des Himmels auftun und Segen ausgießen werde bis zum Übermaß«** (Maleachi 3,10). Ja, auch in schwerster Zeit offenbart Gott sich als der liebende Vater, der seine Kinder mit Gutem zu überraschen weiß. Daran hat sich nichts geändert.

Was erwartest du von ihm? Dein Gott weiß auch dir Gutes zu tun, wenn dein Leben ihm ganz gehört.

14. Mai

Nicht matt werden!

Wenn unser Herr Jesus den Seinen Mut macht und Paulus die Gemeinde Gottes auf das lohnende herrliche Ziel hinweist, dann wollen wir es auch mit diesem Bibelwort tun: **»Deshalb ermatten wir nicht, sondern wenn auch unser äußerer Mensch aufgerieben wird, so wird doch der innere Tag für Tag erneuert. Denn das schnell vorübergehende Leichte unserer Bedrängnis bewirkt uns ein über die Maßen überreiches, ewiges Gewicht an Herrlichkeit«** (2. Korinther 4,16-17).

Was für Aussichten! Erneuert von Tag zu Tag, so dürfen wir eine Wegstrecke nach der anderen in der Kraft Gottes zurücklegen. Der Teufel nimmt ja bekanntlich die Leute besonders aufs Korn, die ihrem HERRN die Treue gelobt haben. Angefochten von allen Seiten, steuern sie dennoch tapfer auf das Ziel zu. Doch der Herr Jesus hält seine Leute aufrecht. Die Mattgewordenen stützt er, den Müden gibt er Kraft nach seiner Verheißung. Der Traurige findet Trost.

Wir wissen aber auch um den geistlichen Notstand der Gemeinde Gottes von heute. Wir beklagen ihn mit vielen Christen. Deshalb wollen wir uns zurufen: »Wachet und betet, damit Gottes obige Verheißung erfüllt werden kann.« Die meisten sind längst im feingesponnenen Netz endzeitlicher Verführungen gefangen. Die Weltbruderschaft ging auf Kosten biblischer Wahrheiten. Der fromme Mystizismus, ein Gemisch aus christlicher Kultur und fernöstlicher Religion, hat viele in den Bann gezogen. Da werden seelische und körperliche Erlebnisse vielfach als geistliche Erfahrungen gedeutet. Die alte Botschaft vom Kreuz Christi gilt nicht mehr. Vielerorts ist sie dem »neuen Kreuz« gewichen. Man sagt: Pass dich an! Setz dich durch! Als Christ kannst du ruhig mitmachen.

Aber, Bruder, Schwester, wir wollen doch nicht an der falschen Front mit fleischlichen Waffen kämpfen. Wir wollen doch nicht des Verrats an der Sache Jesu schuldig werden und dort feige ausweichen, wo wir auch einmal gegen den Strom geschwommen sind. Leid und Drangsal sind nichts Fremdes, wenn sie uns widerfahren. Haben die Menschen den HERRN abgelehnt, wie können sie dich und mich annehmen?

Sei aber unbesorgt, der HERR gibt das Ruder im Weltgeschehen nicht aus der Hand. Er hat die Macht, auch deine Wege und Schritte sicher zu lenken. Scheue nicht die Mühe der letzten und konsequenten Schritte. Christus gemäß aufrecht gehen und sich keinem ungöttlichen Kompromiss beugen, das heißt: dem Christus würdig zu wandeln! Schließlich ist es doch die Sache des Königs aller Könige, an der wir gemeinsam stehen. Hat er uns nicht zu seinem Reich und zu seiner Herrlichkeit berufen? Lass dich ermutigen!

15. Mai

Kreiselchristen

Wer kann die Tiefe der grenzenlosen Liebe Gottes begreifen? Hier und da wird noch über das Leiden Jesu am Kreuz nachgedacht und gepredigt. Ob es noch die Herzen erreicht, noch die Seele erschüttert? Schließlich ging mein Heiland für mich ans Kreuz, trug für mich die Dornenkrone, wurde für mich blutiggeschlagen. Er hat für mich die grauenhafte Gottverlassenheit am Kreuz erduldet, gab für mich sein Leben in den bittersten Tod. Anlass war meine Sünde. Die Antwort war seine Liebe. Wie stark werden wir noch von der Macht dieser Liebe Jesu ergriffen? Ich bin der gute Hirte, sagte der Herr Jesus zu seinen Jüngern. Und dann hing ihr geliebter HERR selbst am Kreuz. Der Hirte starb für seine Herde. **»Ich bin der gute Hirte; der gute Hirte lässt sein Leben für die Schafe«** (Johannes 10,11).

Ist es nicht unendlich tröstlich, dass ihm nun kein Leid mehr verborgen ist, da er jeden Schmerz an sich selbst erduldet hat? Dass er nun jeden Kummer, wie immer er auch heißen mag, kennt und versteht? Dass er längst durch das Tal des Todes gegangen ist, bevor wir hindurch müssen? Wie reich sind nun die Segnungen seines Sieges für uns. Ja, unser HERR ist auferstanden! Unser HERR lebt! Er regiert das gesamte Weltgeschehen und wird alles zum Preis seiner Herrlichkeit vollenden.

Nun sag selbst, was willst du noch mehr? Dieser gute Hirte ist Triumphator über jede Macht der Sünde, des Todes und des Fürsten dieser Welt. Darum ist er auch HERR deiner Lage und all deiner Schwierigkeiten. Seine Auferstehungskraft will auch dein Leben verändern. Er will dich mit Kraft aus der Höhe füllen. Gib dich neu im Gebet dem HERRN hin. Sag ihm, dass du ihn inniger lieben möchtest als bisher. Er will dich fähig machen, alles zu überwinden, was dich im Moment so jämmerlich zu Boden drückt. Wem der Herr Jesus die Schuld vergeben hat, wer vom Gesetz der Sünde und des Todes freigesprochen ist, der darf sich auf den Tag freuen, da er seinen Heiland schauen wird.

Man wagt es kaum zu sagen, aber es ist so, denn sein Wort bezeugt es: »Wir werden sein wie er, und wir werden ihn sehen, wie er ist!« Sind darum nicht alle Leiden dieser Zeit wertlos und nicht zu vergleichen mit der Herrlichkeit, die an uns offenbart werden soll? Müssen nicht alle Nöte des Alltags angesichts solcher Zukunftsfreude zurückweichen?

Ich weiß, Selbstmitleid ist des Teufels Wunderwaffe. Damit macht er uns zu »Kreiselchristen«, die sich nur um sich selbst drehen. Damit verhindert er Lob, Dank und Anbetung, auf die unser HERR mit Recht wartet. Wen wundert es, wenn wir dann von einer Verwirrung in die andere fallen, wenn wir die geistlichen Gaben, den Erfolg und die Segnungen höher bewerten als ihn selbst? Daher noch einmal die Frage: Wie tief sind wir von der Liebe unseres HERRN ergriffen?

16. Mai

Was erwartest du?

Was erwarten wir Christen von der Zukunft? Es ist doch interessant, einmal mit der Bibel einen Blick auf die Erwartungen vorangegangener Männer Gottes zu tun. Es fällt auf, dass sie alle Wartende waren. So warteten sie zum Beispiel auf die Erfüllung der göttlichen Verheißungen. Sie warteten auf das Gelobte Land. Sie warteten auf den Trost Israels. Sie warteten auf den verheißenen Messias.

Lang ist die Ahnengalerie der wartenden Glaubensväter bis in unsere Zeit. Es ging mir ganz neu auf, dass wir als Gemeinde Jesu mitten in unserer teuflisch hektischen Zeit mit all ihren Versuchungen Wartende sind. Unser HERR ruft uns zu: **»Seid Menschen gleich, die auf ihren HERRN warten«** (Lukas 12,36). Wartende sind nämlich wachsame Menschen. Schließlich will keiner den Anschluss verpassen – die entscheidende Stunde versäumen. Wartende sind nicht die mit den ineinander verschränkten Armen, die es mit dem Appell ihres HERRN nicht so ernst nehmen, wenn er sagt: »Handelt, bis ich komme!« Beides ist nämlich dran: zu warten **und** zu arbeiten!

Auf den HERRN Wartende sind mit wachen Sinnen bei der Arbeit. Sie scheuen weder die Hitze des Tages noch die Mühen steiler Wege. Sie nehmen in Kauf, was kommt, weil schließlich alles eine Frage der Zeit ist, denn ihr HERR kommt! Sie scheuen nicht die einsamen Stunden und die Zeiten, wenn es mal knüppeldick kommt. Sie verzweifeln nicht gleich, wenn der Boden unter ihren Füßen zittert. Müssen nicht alle Sorgen, alle Pein und Qual mitsamt der Angst und Niedergeschlagenheit vor dem schwinden, der da kommt?

Preis den HERRN! Denn von ihm wird gesagt: »Der Kommende wird kommen und nicht säumen!« Es ist nur noch eine Frage der Zeit, hörst du? In welcher Herzensverfassung wird der HERR uns finden, wenn er erscheint? Hoffentlich gleichen wir nicht jenen, die immer fünf Minuten vorher scheinheilig aktiv werden und so tun, als gehörten sie immer schon zu der wartenden Aktivgruppe Jesu. Wartende sind Wachende, sind Arbeitende und Wirkende, die der HERR glücklich preist. Es sind Betende, die stets mit der Kommandozentrale nach oben verbunden sind. Es sind standhafte Leute, die im Kampfgewühl weder die Übersicht noch den Blick für den verzagten Bruder an der Seite verlieren.

Wartende wollen wir sein! Denn dann gehören wir zu den Wachenden, zu jenen, die die Welt so sehen, wie sie wirklich ist, weil sie die Bibel kennen und sich nicht von Augenblicksstimmungen anderer beeinflussen lassen. Wartende sind verantwortungsvolle Kämpfer, die nicht gleich die Flinte ins Korn werfen, während die Ernte verdirbt. Wartende Leute sind freudig Hoffende, die ihre Herzen und Hände rein halten, weil ihr HERR kommt! Es sind Menschen, die um die tägliche Vergebung wissen und die sich danach sehnen, rein erfunden zu werden, wenn der Herr Jesus erscheint.

Daher scheuen wir keine Mühe und keinen Aufwand, das Evangelium in die Welt zu tragen. Wir dürfen nicht versäumen, was wir zu tun schuldig sind!

17. Mai

Wie reich bist du?

Da fand man einen einsamen, alten Mann auf einer zerschlissenen Matratze – tot! Sein kahles Zimmer zeugte von unsagbarer Armut. Alle bemitleideten den alten Mann. Doch wie war man schockiert, als man eine große Menge Geld fein säuberlich eingenäht in seiner Matratze fand. Unvorstellbar! Da liegt einer arm, zerlumpt und heruntergekommen auf seinem Reichtum und verhungert, weil er nichts mit seinem Reichtum anzufangen weiß. Ein reicher Mann, und dennoch so arm wie eine Kirchenmaus.

Ob uns das nicht auch so ähnlich in geistlichen Dingen ergehen kann? Ob unser HERR nicht auch über uns den Kopf schüttelt? Denn schließlich sind uns ja auch Reichtümer Gottes und tausendfache Verheißungen gegeben. Doch leider gleichen auch wir oftmals mehr einem Bettler als einem Königskind. Wir sind bekümmert über mancherlei Niederdrückendes. Und dabei würde uns der HERR doch so gern helfen und uns mit Gutem beschenken. Es wäre doch blamabel, wenn wir im Himmel einmal vor ihn treten müssten: »Herr Jesus, es war fürchterlich auf Erden«, und der HERR dir antwortete: »Na klar, denn du hat ja meine Verheißungen außer Acht gelassen.«

Nein, wir können und dürfen es uns nicht leisten, die Verheißungen Gottes ungenutzt liegen zu lassen, während sie für jeden von uns da sind. Schlimm, wenn Königskinder unter ihrer Würde leben! Darum: »Lasst uns das Bekenntnis der Hoffnung unbeirrt festhalten, denn **treu ist er, der die Verheißung gegeben hat**« (Hebräer 10,23).

Es geht hier also um zwei Dinge: um unsere Hoffnung und um Gottes Treue! Der Blick in die Zukunft darf bei Gotteskindern daher nicht getrübt werden. Hoffnung ist nämlich die stärkste Antriebskraft für ein Leben in der Heiligung. Wo Hoffnung fehlt, wird es lebensgefährlich. Wie oft beschäftigen wir uns eigentlich noch mit der »Fülle des Reichtums«, der uns in Christus geschenkt worden ist? Darum sind wir es ihm schuldig, auch standesgemäß zu leben! Wir führen unser Leben nicht nur in den eigenen vier Wänden, sondern auch vor der unsichtbaren Wirklichkeit.

Ein guter Rat: Wenn du morgens aufwachst, solltest du, bevor ein anderer Gedanke dich beschäftigt, fragen: Auf welche Verheißung Gottes will ich mich heute stützen? Eine Hilfe wäre, sich bereits beim Zubettgehen ein Verheißungswort einzuprägen und dieses am Morgen sofort wieder aufzugreifen. Und dann stehe unbekümmert auf. Lerne es wieder ganz neu, dich an deinen HERRN zu klammern, anstatt über die Sorgen zu klagen. Dass Anfechtungen auch in Zukunft nicht ausbleiben, steht außer Frage. Doch Gottes Treue ist der Trumpf in deiner Hand.

18. Mai

Dein Herzenswunsch

Nirgendwo steht, dass der Herr Jesus uns nur das schenkt, was nützlich und heilsam ist, wiewohl beides stimmt. Er ist bereit, dir auch deinen Herzenswunsch zu erfüllen. Dies alles verbindet sich in einem Herzen, das Gott liebt und den HERRN fürchtet. »Nahe ist der HERR allen, die ihn anrufen«, so steht es in der Bibel. Gott hat uns seine Nähe zugesagt. Das tröstet!

Gewiss, jeder Tag hat seine Plage. Aber hat er auch sein Gebet? Wie oft haben wir uns die Nöte selbst eingebrockt, weil wir dem Herrn Jesus treulos aus der Schule gelaufen sind. Wie schwer fällt es uns dann, die Suppe auszulöffeln. Wer kann das schon? Sind wir nicht schnell mit unserer Selbsthilfe am Ende? Wie tröstet uns doch die Treue und Fürsorge unseres HERRN, dass er, trotz unserer selbst verursachten Pleiten, immer wieder bereit ist, unseren Schaden zu beheben.

Welch ein wunderbarer HERR, der in allem zu helfen weiß, wenn unser banges Herz Alarm schlägt. Ein Anruf genügt! Die Leitung zum Vaterherzen Gottes ist immer frei. »Nahe ist der HERR allen, die IHN anrufen« (Psalm 145,18). Einen Vers weiter heißt es: »Er erfüllt das Verlangen derer, die ihn fürchten.« Erfüllt! Ja, du hast richtig gelesen.

Wir sollten viel mehr von diesen heilsamen Anrufen Gebrauch machen. Würde unser Leben dann nicht mehr von dem Glanz seiner zugesagten Gegenwart überstrahlt?

Ganz gleich, was dich bekümmert, ob Krankheit, Seelenkummer, Angst, Einsamkeit, Zweifel oder ob Sorgen und Nöte dich schrecken wollen. Wer sich dieser frohmachenden Zusage von Tag zu Tag anvertraut, ist göttlich abgesichert. Schließlich hat er es uns versprochen: »Ich will dich nicht versäumen, noch verlassen«, er hat zugesagt, seine Augen über dir offen zu halten. Ja, wenn du rufst, wird er dir antworten. Er wird immer als der zur Stelle sein, der er ist.

Wissen wir wirklich, wer er ist? Mein Herz jubelt, wenn ich in Jesaja 9,5 lese, dass er der Wunderbare, der Berater, der starke Gott, der Vater der Ewigkeit, der Friedefürst ist. Welcher Vater achtet nicht auf die Stimme seines geliebten Kindes, wenn es sich in Not und Problemen befindet? Ich ermutige dich, entschieden und treu den Weg des HERRN zu gehen! Nur dann wirst du nicht unter den Lasten des Lebens zerbrechen, sondern von Sieg zu Sieg eilen, bis du das herrliche Ziel bei ihm erreicht hast.

19. Mai

Freundlich ist der HERR!

Auch bei schönstem Sonnenschein kann sich die Seele Schnupfen holen. In solchen Zeiten ist es gut, ihr einen besonderen heilsamen Anschauungsunterricht zu verordnen. Hier ist er: »... **anzuschauen die Freundlichkeit des HERRN«** (Psalm 27,4).

Wir wissen, dass Gott in allem der ewig Vollkommene ist. Auch in seiner Freundlichkeit. Es erquickt unser Herz, dass trotz aller Fehler, trotz allen Versagens und mancher Treulosigkeit in unserem Leben seine Freundlichkeit uns wissen lässt, dass er uns dennoch unendlich liebt. Dass er dort, wo wir nur trübe Tage erwarten und wir vielleicht vor innerem Kummer krank werden, weil alles schief zu gehen scheint, uns längst den Tisch in seiner liebevollen Freundlichkeit gedeckt hat. Ach, dass wir nur den Blick dafür hätten!

Wie schnell können uns die Sorgen des Lebens den Reichtum in Christus verdecken. Woher kommt eigentlich die angstvolle Unruhe? Woher die grauenvollen Befürchtungen, was die Zukunft betrifft? Etwa daher, dass wir, anstatt in das freundliche Angesicht unseres HERRN zu schauen, auf die Gegebenheiten der Welt starren? Für David gab es nur eins: Er schaute die Freundlichkeit des Herrn an und dachte über sie nach! Das war das Geheimnis seines glücklichen Herzens.

Schau auch du einmal zurück, der du Jesu Eigentum bist. Wie wunderbar hat der HERR dich bisher geführt. War seine Freundlichkeit und Güte, seine liebevolle Begleitung nicht deutlich spürbar? Wer durch das Blut Jesu erlöst wurde, dem lacht die Sonne der Freundlichkeit Gottes. Auch in dunklen und trüben Stunden! Unser Herr Jesus meint es so gut mit uns. Ja, auch dann, wenn wir gar nichts von seiner Freundlichkeit und liebevollen Fürsorge spüren.

Meinst du etwa, dass sich Gottes Freundlichkeit wie eine alte Münze abgenutzt hat? Meinst du, dass er es aufgegeben hat, dich mit seinen Augen zu leiten? Denkst du, dass er dich in seiner Gunst heruntergestuft hat, weil du weniger wert bist als andere? Der Feind deiner Seele will nicht, dass du in Gottes freundliches Angesicht schaust. Er will den Blickkontakt mit deinem HERRN unter allen Umständen verhindern. Doch der Herr Jesus ist die offenbarte Freundlichkeit Gottes. Wir müssen es wieder ganz neu lernen, unseren HERRN zu bestaunen. Nur dann wird unsere Seele gesund.

Was wird sein, wenn der ewige Tag, der »Morgen ohne Wolken« anbricht! Wenn wir sein freundliches Angesicht sehen! Lass dich schon jetzt in die Arme deines Heilandes schließen. Höre sein freundliches Reden mit dir: »Ich werde es für dich vollenden!« (Siehe Psalm 138,8.) Du hast einen wunderbaren, freundlichen HERRN! Vergiss das bitte nicht! Und nun mutig ans Werk! Die Welt braucht Jesus!

20. Mai

Nur Gutes vom HERRN!

Etwa 75 Jahre war sie alt. Mit weinenden Augen stand Frau M., die bis dahin den Heiland noch nicht kannte, vor mir. Die grausame Welt mit ihren täglichen Hiobsbotschaften quälte sie unsagbar. Angst und Enttäuschungen standen ihr ins Gesicht geschrieben: »Ich halte es in dieser Welt nicht länger aus!«

Und wir Gotteskinder, die wir unseren HERRN als Sieger von Golgatha bekennen? Sind wir nicht auch oft von dieser Denkart angesteckt? Zerbrechen uns den Kopf über dies und jenes. Wir fühlen uns getäuscht, angegriffen, ausgelacht, benachteiligt, hintergangen, erfolglos! Die Sorgen des Lebens schrecken uns. Wie schnell ist da unsere Seele in Not. Wie sehnen wir uns oft vergeblich nach geistlicher Kraftnahrung von oben. Halten vergeblich nach göttlichen Segnungen Ausschau. Diesen Notstand kennt unser Vater im Himmel längst, bevor wir zu ihm kommen. Er hat vorgesorgt: **»Tue deinen Mund weit auf, und ich werde ihn füllen«** (Psalm 81,11).

Denke an die Schwalben, die ihre Jungen füttern, wie die Kleinen den Hals recken und den Schnabel gierig aufsperren, um einen guten Happen zu ergattern. So sollst auch du deinen Mund öffnen. Sperrangelweit, hörst du? Niemals hat ein Gotteskind vergeblich seinen Mund geöffnet, wenn es die Voraussetzungen des Segens erfüllt hat. Sagt nicht die Bibel, dass Gott kein Gutes denen vorenthalten wird, die in Lauterkeit wandeln?!

Wie weit öffnest du den Mund, da doch der HERR auch dich mit Gutem von oben und geistlichen Segnungen beschenken möchte? Dir geschehe nach deinem Glauben, sagt Gottes Wort. Es ist doch bemerkenswert, dass der HERR immer von der Fülle redet. Er ist bereit, immer überfließend zu schenken. David hat das gekannt und gejubelt: »Mein Becher fließt über!« Der HERR schenke dir ein sehnsuchtsvolles geistliches Verlangen nach der Speise, die er für dich zubereitet hat. Nein, nicht nur das Beste, sondern das Allerbeste wartet auf dich. Vielleicht stehst du im Augenblick vor schwierigen Aufgaben – der HERR wird dir gewiss eine Portion Kraft dazulegen. Ganz gleich, was dir fehlt, ob Trost, ob Frieden, ob Freude oder Geduld. Nahrung, die er gibt, ist immer göttliche Spitzenqualität.

Komm, öffne weit deinen Mund. Erwarte, dass dein Vater im Himmel erfrischende, wohlschmeckende, kräftigende und heilende Nahrung des Segens für dich hat. Schade, wenn Sorgen und Kummer deinen Mund verschließen und dich davon abhalten, deinen Mund zu öffnen.

21. Mai

Hin zu Jesus!

Da hat der HERR sein Volk Israel mit wunderbarer, starker Hand und großer Kraft aus Ägypten herausgeführt. Unvorstellbare Segnungen hatte er ihnen garantiert. Auf ewig sollte Kanaan ihnen gehören. Doch kaum hatte Mose dem Volk den Rücken gekehrt, zwangen sie Aaron: »Mach uns einen Gott, der vor uns herzieht!« Was daraus geworden ist, wissen wir ja. Das goldene Kalb brachte Israel in religiöse Raserei. Durch Tanz und Jauchzgesänge verehrten sie ihren neuen geistlichen Mittelpunkt. Es ist einfach nicht auszudenken, dass ein derart gesegnetes Volk so schnell auf seinen Gott verzichtet und ihn auf die Abschussliste setzt. Welch grauenhafte Abgründe verführbarer Herzen tun sich da vor uns auf. Man kann über Israel nur die Hände über dem Kopf zusammenschlagen und den Kopf schütteln, denn so etwas wäre uns natürlich nie und nimmer passiert.

Wirklich nicht? Tatsache ist, dass wir heute auf allen Gebieten die »sanfte Verführung« der Christen mitansehen müssen. »New Age«, das »Neue Zeitalter« hat längst gegriffen. Die Quellen der Verführung waren so raffiniert getarnt, dass nur vom HERRN gesalbte Augen Durchblick hatten. Da suchte man sein Heil in der Selbsthilfe-Psychologie. Das Ego wurde zum Götzen. Man öffnete sich kosmischer Kraft, faselte von geistigkosmischer Energie, empfahl, sich den geheimnisvollen Energien zu öffnen, übte sich im positiven Denken, kämpfte für die Wiedervereinigung aller Religionen und Kirchen. Man sprach von der neuen Menschheitsfamilie und förderte »christlichen Götzendienst« durch mystische Meditation und unterschwelligen Okkultismus. Wer kannte sich da noch aus? Die große religiöse Mischmaschine lief auf Hochtouren.

Und jetzt? In der Zwischenzeit hat sich alles zu einem Mammutgebäude verfestigt. Aber mitten in diesem geistlichen Wirrwarr hören wir den Ruf Gottes: **»Her zu mir, wer für den HERRN ist«** (2. Mose 32,26). Der Herr Jesus bewahre uns davor, dass wir in der Endphase diabolischer Auseinandersetzung zum Verräter seines Evangeliums werden. Ein mutiges Bekenntnis ist gefragt. Zu viele haben in ihren Kirchen und Gemeinden zu lange geschwiegen, anstatt tapfer für ihren HERRN herauszutreten.

Lass dich ruhig um Jesu willen auslachen. Nur Überwinder werden gekrönt! Fürchte dich nicht!

22. Mai

Nur noch staunen

Eine bewundernswerte Frau, die Königin von Saba. Sie scheute nicht die Mühe einer weiten Reise, um von der Weisheit Salomos zu hören. Sie war fasziniert davon, wie er Fragen beantwortete und Probleme löste. Sie kam aus dem Staunen nicht heraus und beschloss, Salomo persönlich kennenzulernen. Als sie ihm dann begegnete, **»redete sie zu ihm alles, was in ihrem Herzen war«** (1. Könige 10,2). Und Salomo beantwortete alle ihre Fragen. Nichts war vor dem König verborgen, das er ihr nicht hätte beantworten können. Da hätte man dabei sein mögen!

Bestimmt hast auch du Fragen, die dein Herz bewegen. Wie oft sind sie der Anlass zur inneren Unruhe gewesen. Sie haben dich wie Mücken gepeinigt, die in der Dunkelheit ihr Opfer suchen. Ignorieren? Es nützt nichts, die Fragen kommen dennoch wieder, und die Probleme erheben Anspruch, gelöst zu werden. Dieses Gotteswort ermutigt dich, es ebenso wie diese Frau zu machen, denn du darfst zu deinem HERRN, dem himmlischen König, kommen. Bei ihm darfst du alles, was dich bewegt, quält und bedrückt, loswerden. Mach es nicht so wie der Geschäftsmann, der Ladenhüter als hinderliche Restposten durchs Jahr mitschleppt. Trenne dich davon. Warum die Quälerei deiner Gedanken? Was auch immer dich beschleichen oder gar pausenlos auf dich eintrommeln mag, habe Mut, dir deine Fragen vom Herzen zu reden.

Der Herr Jesus will dich ganz neu beschenken! Nimm daher sein Wort zur Hand. Lies es voller Erwartung und vertraue darauf, dass er dadurch zu dir spricht. Höre nicht auf deine Zweifel. Mach nicht den Fehler, dass du dich mit deinen Problemen beschäftigst, anstatt dich mit deinem himmlischen König zu unterhalten. Vergiss es nicht: Wir haben Zutritt zum Thron der Gnade. Nein, unser König weist keinen wegen dringender Staatsgeschäfte ab. Er hat durchgehend geöffnet. Rund um die Uhr. Jeder ist ihm herzlich willkommen. Jeder!

Sich Sorgen machen kann ein Hinweis auf inneren Hochmut sein, weil wir meinen, unsere »Ladenhüter« seien doch noch irgendwie an den Mann zu bringen. Unsere Probleme seien doch noch irgendwie selbst zu lösen. Wie dumm ist das doch alles! Vieles verpassen wir an Segnungen Gottes, weil wir uns mit dem Vordergründigen, Oberflächlichen zufriedengeben. Wir sind eingeladen, in den Genuss erfrischender Glaubenserfahrung zu kommen.

23. Mai

Vertrautheit

Wie steht es um dein persönliches Verhältnis zum Herrn Jesus? Diese Frage, plötzlich und unverhofft gestellt, bringt manchen in peinliche Verlegenheit. Auf jeden Fall lohnt es sich, über diesen Gedanken einmal nachzusinnen.

Heute darf ich dich an eine wunderbare Aussage des Wortes Gottes erinnern: **»Der HERR zieht ins Vertrauen, die ihn fürchten«** (Psalm 25,14). Ein erstaunliches Wort! Es geht dem HERRN augenscheinlich um eine ganz besondere Qualität unseres persönlichen Verhältnisses zu ihm: um die Freundschaft mit dir! Liegt dir etwas daran? David hat es erfahren, dass der HERR Freund derer ist, die ihn fürchten. Gott selbst ist der Garant, dass die Sache hält und nicht zerbricht. Ob wir bereit sind, die Bedingung, die eine Freundschaft ausmacht, zu erfüllen?

Unfassbar, da bietet uns dieser große, gewaltige und allmächtige Gott seine Freundschaft an! Er hat alles erfüllt, damit es zu einem vertrauten Freundesverhältnis kommen kann. Er hat dafür mit dem Leben seines eigenen Sohnes bezahlt. Liegt dir etwas an seiner Freundschaft? Das Verhältnis zu Jesus hängt allein von deinem Verlangen ab: »Meine Seele hängt an dir, deine rechte Hand hält mich aufrecht!« (Psalm 63,9). Wie zart bemüht sich der HERR, auch dir seine Liebe kundzutun. Wir dürfen unser Verständnis von Freundschaft nicht mit den enttäuschenden und negativen Erfahrungen der Welt füllen. Den Beweis seiner Freundschaft ist er uns nicht schuldig geblieben. Er sagt: »Größere Liebe hat niemand, als die, dass er sein Leben hingibt für seine Freunde« (Johannes 15,13).

Er hat auch dich Freund genannt. Darum darfst du zu ihm kommen, um in aller Offenheit über all deine Fragen und Probleme zu sprechen. Auf der anderen Seite will er dich in seine Geheimnisse einweihen. Du sollst sein Vertrauter sein. Warum also verzagen und schwarz sehen, wenn er dir doch seine Freundschaft zugesichert hat? Du hast keinen Grund, mutlos zu sein, dich zu fürchten. Von Gott Freund genannt zu werden, befreit von Menschenfurcht und Ängstlichkeit. Wenn dein Gott die Übersicht über all die Verwirrtheit dieser Zeit behält, warum solltest du dann voller Unruhe sein?

Achte nur darauf, dass es zwischen dir und dem Herrn Jesus nicht zu einer verhängnisvollen Distanz kommt, denn Freundschaft mit der Welt ist Feindschaft wider Gott. Er hat ein Recht auf deine Liebe.

24. Mai

Beschenkt!

Trotz aller Fehler! Trotz allen Versagens! Wie gut, dass unser HERR bis auf den Grund unseres Herzens sieht und weiß, wie wir es meinen. Da kann kommen, was will. Dennoch gibt es Tage, da liegen wir erledigt auf der Nase. Mutlos blicken wir auf die Berge der Befürchtungen und auf den nicht geringer werdenden Stapel unserer Pflichten. »Das schaffe ich nie!«, stöhnst du. Zu gering ist meine Kraft. Zu jämmerlich sind meine Anstrengungen. Es hat den Anschein, als könne der HERR auch nicht helfen, weil seine Hilfe auf sich warten lässt. **»Aber die auf den HERRN hoffen, gewinnen neue Kraft«** (Jesaja 40,31).

Du darfst dich darum ganz neu mit dem unerschöpflichen Lebensquell verbunden wissen. Gerade jetzt, wenn die Anforderungen und Verantwortungen über das Maß deiner Kraft hinausgehen. In solchen Augenblicken gilt es, die Kraft Gottes, die Fülle der Gnade zu erfassen. Sonst wirst du im Alltagsgewühl zerrieben und aufgezehrt. Nur Glaubensmut und Glaubensgeduld führen zum Ziel! Mit deinem Gott kannst du sogar Mauern der Widerstände durchbrechen.

Was viele Glaubenszeugen vor dir erfahren haben, sollst auch du erleben: Der HERR ist meines Lebens Kraft! Merkst du, wo der Akzent liegt? Auf ihm – nicht auf dir! Wer auf seine armselige Kraft baut, muss jämmerlich zuschanden werden. Wer aber Gottes Gnade mit in seine Überlegungen einbezieht, wird seine Hilfe erfahren. Du darfst mit Zuversicht deine Hand an die Lasten legen, aber es ist dennoch der HERR, der die Gewichte für dich hebt. Rechne doch gerade heute mit seiner Kraft. Er hat sie auch dir zugesagt. Starte nicht in den Tag, als hättest **du** Kraft, sondern wisse, dass **er** deine Kraft ist! Halte die Seile des Glaubens fest und unbeirrt in deiner Hand. Wie sehr der Sturm auch tobt, im Namen des HERRN wird dein Boot nicht kentern.

Sei darum stille und getrost! Dein Herz fasse neuen Mut! Du wirst den Zielhafen göttlicher Bestimmung erreichen! Dein Heiland schenkt dir neue Kraft zum Tragen. Neue Kraft zum Überwinden. Neue Kraft zum Kampf. Neue Kraft zum Vergeben. Neue Kraft überall da, wo du sie brauchst.

25. Mai

Niemals enttäuscht!

Wie steht es mit deinem Glauben? Stimmt er mit dem überein, was die Bibel sagt? Weißt du wirklich, auf was du dich stützt? Wem du glaubst, wer es ist, auf den du dein Vertrauen setzt? Auf Menschen ist kein Verlass. Sie sind wie Laub, das von jedem Windstoß hin und her geweht wird. In Micha 6,1 werden wir aufgefordert: **»Höret doch, was der HERR sagt.«** Das ist tatsächlich die beste Empfehlung. Nur so können wir den göttlichen Gedanken auf die Spur kommen. Darum betet Paulus, dass Christen allezeit mit der Erkenntnis des Willens Gottes erfüllt sein sollen.

Pass auf, dass dir die täglichen Weltnachrichten, Wettervorhersagen, Sportneuigkeiten oder der aktuelle Lokaltratsch nicht wichtiger sind als das Hören auf das, was Gott dir sagen will. Nur dann bewahrst du deine Seele davor, dass dein Herz für Gottes Sache gleichgültig wird. Hast du noch eine Bürde für die, die noch unerrettet sind? Die sich in falscher Sicherheit wiegen? Es ist allerhöchste Zeit aufzuwachen, denn mitten in den Schlafsaal der Gemeinden donnert der Ruf: **»Höret doch, was der HERR sagt!«** Dieser Ruf, auf das Wort des HERRN zu hören, gilt allen! Kein Wunder, dass du oft so niedergeschlagen und traurig bist, weil du vergessen hast, wie mächtig und stark dein Gott ist. Noch redet der HERR, und er ruft dir zu: »Höre doch auf das, was ich dir sage!«

Komm darum endlich einmal zur inneren Ruhe! Schalte den alten Leierkasten deiner Trauerlieder ab, und singe wieder das Lied der Erlösten. Doch singen kann nur der, dessen Ohr hört, was der HERR sagt. Mut bekommt nur, wer weiß, dass der HERR das letzte Wort spricht. Nein, das Geschrei der Welt darf dich nicht erschrecken. Die Stimme des HERRN ist lauter, majestätischer, durchdringender.

Darum suche die Nähe des HERRN, denn er will mit dir reden. Dann wirst du erfahren, was der Prophet Micha bezeugte: »Ich aber will nach dem HERRN ausschauen, will harren auf den Gott meines Heils. Mein Gott wird mich erhören.«

26. Mai

Doch der HERR bleibt treu!

»Die Treuen behütet der HERR!« (Psalm 31,24). Welch ein ermutigendes Wort. Dennoch stimmt diese Aussage nachdenklich. Hängt Gottes Bewahrung etwa von meiner Treue zu ihm ab? Wie sehr schätzen wir doch alle seine bewahrende Hand. Sind nicht auch Christen bedroht und von allen Seiten von Gefahren umgeben? Wie trostvoll ist doch diese Gewissheit für uns, dass er über jeden Schritt unseres Lebens wacht und uns freundlich seine starke Hand reicht.

Doch wie ist es mit unserer Treue zu ihm? Treue – ist sie nicht immer Ausdruck der Liebe? Verbunden mit dem innigen Verlangen nach Gemeinschaft? Ein Eingeständnis: »Ohne dich kann ich nicht sein! Ohne dich, Herr Jesus, der du mich so unendlich liebst, will ich keinen Schritt gehen!« Viele Schwierigkeiten unseres Lebens sind hausgemacht, sind selbstverschuldete Nöte und Probleme, sind Folgen der Untreue.

Oft ziehen wir es vor, eigene Wege zu gehen, uns aus seiner bewahrenden Nähe zu entfernen, unsere eigenen Pläne zu verwirklichen. Ach, wie sind wir doch alle um unsere Freiheiten besorgt, diesen kleinen Privatraum, den sich keiner anzutasten unterstehen soll. Und dann wundern wir uns, wenn es zu Niederlagen kommt. Doch nur die Treuen behütet der HERR!

Keineswegs heißt das aber, dass uns Anfechtungen erspart bleiben. Im Glaubensleben eines Gotteskindes kommt es immer wieder zu Konfrontationen mit dem Gegner, in denen sich der Glaube bewähren muss. Der Psalmist bekennt: »Du hast Menschen über unseren Kopf reiten lassen; wir sind ins Feuer und ins Wasser gekommen, **aber du hast uns** herausgeführt zum Überfluss« (Psalm 66,12). Auch wenn der Feind es noch so gezielt auf uns abgesehen hat, es bleibt dabei: »Der HERR behütet die Treuen!« Deshalb sind wir zur Treue aufgerufen. Nicht aus Zwang, sondern aus Liebe zu unserem HERRN. Treusein ist etwas anderes als eine stupide Pflichterfüllung. Treusein ist Ehrensache!

Gotteskind, lass dir doch dieses gewaltige Vorrecht nicht madig machen. Lebe konsequent in den Grenzen, die dir in Gottes Wort aufgezeigt sind, und du wirst einmal herrlichen Lohn für deine Treue aus der Hand deines Heilandes empfangen.

27. Mai

Freue dich!

Allezeit? Schließlich gibt es Tage, die uns nicht gefallen. Da scheint alles kreuz und quer zu laufen. Sorgen und Nöte stapeln sich wie Eisschollen auf, und ein seelisches Tief nach dem anderen legt sich drückend auf unser Gemüt. Und dann sich noch freuen? Gewiss, denn schließlich werden wir dazu aufgefordert: **»Freuet euch im HERRN allezeit«** (Philipper 4,4).

Einmal Hand aufs Herz: Ist das nicht zu viel verlangt? Am liebsten würden wir diesen Bibelvers für uns realistischer formulieren: »Freuet euch **möglichst** allezeit in dem HERRN!« Doch dieser Satz endet nun einmal mit einem göttlichen Imperativ. Das Ausrufezeichen Gottes steht. Gott befiehlt die Freude. Zugegeben, dieses Bibelwort bereitet uns manches Kopfzerbrechen. Da denke ich an eine junge Familie. Finanziell kommt sie kaum über die Runden. Erstaunlich, dass bei dem knappen Einkommen des Vaters alles so gut läuft. Die Kinder sind ordentlich gekleidet, der Haushalt ist wohl versorgt. Und ab und zu gibt es sogar etwas außer der Reihe. Das Geheimnis? Es ist die sorgende, liebe, alte Mutter. Sie hat ein kleines, wohlbehütetes Versteck im Wäscheschrank, voller Hunderter! »Ich brauche nicht alles für mich. Nehmt ruhig, so viel ihr wollt. Ich bin gut versorgt.« Woran denkt diese Familie, wenn sie vor neuen Anschaffungen steht? An das Versteck natürlich, das der Grund mancher Freude ist.

Wo aber liegt bei uns das Geheimnis der Freude? Hier: »Freuet euch in dem HERRN allezeit!« (Philipper 4,4). Wenn wir uns im Herrn Jesus allezeit freuen wollen, kann unsere Freude nicht von den Umständen abhängig sein. Die Quelle der Freude ist Christus. In ihm haben wir alles, was wir brauchen. Denke daran, dass David in Psalm 23 selbst im dunklen Tal aus Gottes Quelle trank. Dass der HERR selbst dort angesichts seiner Feinde ihm den Tisch deckte. Und wenn es in unserem Leben durch schwere Zeiten geht?

Eine liebe Schwester, die jetzt beim HERRN ist, lag mit schwerem Bronchialasthma im Krankenhaus. Hinzu kamen eine Lungenentzündung und entsetzliche Atemdepressionen. Dennoch kamen niemals Klagen über ihre Lippen. So etwas hatten die Ärzte noch nie erlebt. Mitten im Leiden bekannte sie getrost: »Ich gehe jetzt heim zu meinem HERRN. Er hat alles wohl gemacht. Auch wenn ich jetzt Abschied nehmen muss von meinen Lieben. Ja, es gibt auch eine Freude unter Tränen, eine Freude, die ihren Grund allein in Christus hat.«

28. Mai

Er kommt nie zu spät!

»Sei stille dem HERRN, und warte auf ihn« (Psalm 37,7). Auf den ersten Blick scheint das ein ermahnendes Wort zu sein, denn schließlich trifft es ja genau unser Problem: Dieses Stillsein fällt uns oft schwer. Wie kribbelt es uns in Händen und Füßen, wenn wir in aufregenden Situationen zur Untätigkeit verurteilt sind. Wir meinen doch schließlich, dass sofort der entscheidende Eingriff vorzunehmen sei, um die schwierige Sache wieder flott zu kriegen. Doch wie bald stellt sich heraus, dass wir mehr einem Elefanten im Porzellanladen gleichen, als jemandem, der wohlüberlegt und im Frieden Gottes handelt.

Stille dem HERRN sein, heißt doch, dass man mitten im Orkan

seiner Nöte und Schwierigkeiten den schützenden Windschatten des HERRN finden darf. Stille dem HERRN sein, ist etwas völlig anderes, als nur still zu sein, um in innerer Beherrschtheit seine Entscheidungen zu treffen. Wer dem HERRN still ist, hat aufgehört, »Hansdampf in allen Gassen« zu sein, weil er die entscheidenden Stunden Gottes in seinem Leben nicht verpassen will. Dem HERRN stille sein, ist kein gedankenloses Abwarten. Im Gegenteil! Still sein dem HERRN fordert die ganze und gespannte Aufmerksamkeit, die totale Glaubenserwartung. Doch nur der, dessen Herz still dem HERRN ist, kann warten, kann abwarten, weil er weiß, dass Gott seine Sache in jedem Fall wohlmachen wird.

Darum ringe danach, stille dem HERRN zu sein, und lass dir nicht die Ohren vom Feind volllügen, wenn er sagt: »Hilf dir selbst, so hilft dir Gott!« Oh, diese teuflische Unruhe verzagter Herzen! Traust du denn dem Herrn Jesus keine Überraschungen zu? Sei dir sicher, seine Hilfe kommt schneller, als du denkst. Aber ohne dem HERRN stille zu sein, werden wir den Arm Gottes nicht bewegen. Zeige mir jemanden, der dem HERRN still war, der sein Vertrauen auf seinen Heiland gesetzt hat und dennoch enttäuscht wurde! Sei daher stille dem HERRN, und warte auf ihn! Er weiß um deine persönlichen Bedürfnisse und will alles so lenken, dass es dir zum Besten dient und alles zu seiner Verherrlichung gereicht.

Habe Glaubensmut, dich ganz auf die Barmherzigkeit deines HERRN zu verlassen. Er wird es für dich vollenden und dir seinen tiefen Frieden schenken.

29. Mai

Hoffnungsfroh

Eine unbekannte Wegstrecke liegt vor dir. Du weißt nicht, was die Zukunft bringt. Eine klamme Ungewissheit hat dein Herz erfasst. Was wird werden? Doch Gotteskinder dürfen aus gutem Grund mutig nach vorne schauen. Im Blick auf den großen und herrlichen HERRN, der uns geliebt und sich selbst für uns dahingegeben hat, sind uns alle Siege verheißen. Er ruft dir zu: **»Habe keine Angst, denn ich bin dein Gott! Ich stärke dich, ja, ich helfe dir, ja, ich halte dich mit der Rechten meiner Gerechtigkeit«** (Jesaja 41,10).

Auf deinem Weg liegen Schätze ungeahnten Reichtums verborgen, die nur darauf warten, dass du sie ausgräbst. An jedem Tag steht dir eine Überfülle an Gnade und göttlicher Kraft zur Verfügung. Darum sei dein Blick hoffnungsfroh nach vorn gerichtet. Solltest du dir bei deinem Glaubenskampf, der schließlich deine ganze Konzentration erfordert, etwa auch noch deine Herzensfröhlichkeit rauben lassen? Trauerklöße gibt es doch schließlich genug. Du aber lass dein Herz fröhlich sein in Christus, denn er ist reich an Macht, Weisheit, Kraft und Wundertat. Mag sein, dass du im Moment sehr deutlich deine Grenzen spürst. Mag sein, dass du dir nutzlos, vielleicht sogar überflüssig vorkommst. Mag sein, dass sogar über deine Lippen kommt: »HERR, wer bin ich schon, dass du auf mich Acht hast und mich gar in deinen Plan mit einbeziehen willst?«

Erinnerst du dich an Jesu Wunder der Brotvermehrung in Johannes 6,11? Wie der Herr Jesus fünftausend Hungrige mit nur fünf lächerlichen Broten und zwei mickrigen Fischen speiste? Am Anfang war peinliche Verlegenheit und Mangel, am Ende war Sprachlosigkeit und Überfluss. Es liegt also nicht am HERRN, wenn wir im Mangel leben. Diese Geschichte ist der Beweis, dass auch dein Gott sich in jeder Lage, in jeder Situation mächtig erweisen kann. Es kommt nicht darauf an, wie viel oder wie wenig wir in Händen haben, um dem HERRN damit zu dienen oder den Anforderungen des Lebens nachzukommen. Es kommt darauf an, durch welche Hände du dein »Weniges« fließen lässt.

Dem HERRN völlig zu vertrauen, ist schließlich schon immer eine harte Zumutung an den Verstand gewesen. Doch der Glaube ist ein Wagnis, das nie zuschanden werden lässt! Wie unsicher und betreten mögen die Jünger die hungrige Gesellschaft der Fünftausend bewirtet haben. »HERR, diesmal blamieren wir uns aber kräftig. HERR, wie konnten wir uns nur auf all das einlassen, was du uns hier zumutest.« Doch das war die Lektion: Er teilte aus ... so viel sie wollten! Blicke darum nicht auf deine kleine Kraft, auf deine finanzielle Notlage, auf deine anfällige Gesundheit, auf deine Grenzen, die dich einengen.

Lege dein Weniges getrost in seine Hände, und du wirst erfahren, wie wunderbar er handelt.

30. Mai

Das Geheimnis des Dankens

Merkwürdig, wie schnell wir oft Gottes Wohltaten vergessen. Als der HERR die zehn Aussätzigen reinigte, kam nur einer zurück und dankte. Peinliche 10% also nur! Wo waren die neun, die die gleiche Heilung erlebt hatten? Wie kommt es nur, dass wir so undankbar sind?

Viele Millionen Menschen liegen unserem Gott mit Bitten, Wünschen und ihren vielerlei Forderungen in den Ohren. Und erhört er sie, so sind sie mit den empfangenen Gaben so beschäftigt, dass sie darüber den Geber vergessen. Warum fordert Gott uns zum Danken auf? Weil wir durch Dank unserem HERRN die schuldige Ehre erweisen und seinen Namen verherrlichen. Und hier sind wir am entscheidenden Punkt angelangt.

Der Teufel will nicht, dass der HERR gepriesen und geehrt wird. Er ist neidisch und eifersüchtig auf den Thron des Allerhöchsten. Eifersüchtig auf den Lobpreis, der unserem HERRN allein zukommt! Satan findet tausenderlei Tricks, den Lobpreis Gottes zu verhindern. Er hetzt dich von einem Termin zum anderen. Er wälzt dir scheinbar unbezwingbare Berge von Sorgen vor die Nase. Und wenn deine geistlichen Gefühle dann im Keller sind, findest du es sehr schwer oder gar unpassend, dann noch ein Wort des innigen Dankes über deine Lippen zu bringen.

Vielleicht hattest du in der Vergangenheit Schweres zu beklagen, hattest Ärger und bist von Menschen maßlos enttäuscht worden, die dir bisher viel bedeutet haben. Nein, das Danken fällt uns schwer, weil wir mit den Sorgen des Lebens beschäftigt sind. Daran haben wir zu kauen. Wir machen es wie der hektische Knödelesser – den ersten Kloß hat er im Mund, den zweiten auf der Gabel und den dritten schon im Blick. Zum Danken fand er keine Zeit. Doch unser HERR wartet auf unseren Dank.

Dabei haben wir so unendlich vieles, wofür wir dem HERRN danken und ihn ehren sollten – auch dann, wenn uns nicht danach zumute ist. **»Ich will dem HERRN singen, denn er hat wohlgetan an mir«** (Psalm 13,6). Wer mit dem Lob Gottes beginnt, erfährt, dass das Leuchtfeuer des Dankes die Finsternis vertreibt. Es erweist seine Kraft wie das Dynamit, das die Basaltblöcke der Widerstände wegsprengt. Die Bibel macht uns Mut zum Lobpreis Gottes. Durch Danken wird unser Glaube gestärkt, denn Danken belebt den Glauben!

Wenn du neue Segnungen erwartest, dann beginne, für den empfangenen Segen der Vergangenheit zu danken. Dann wirst du erfahren, wie sehr dein Herz erquickt wird und der Heilige Geist dich über Dinge hinwegtröstet, die dir vielleicht im Moment viel Not bereiten. »Wer Dank opfert, verherrlicht mich ... und ihn werde ich das Heil Gottes sehen lassen« (Psalm 50,23).

31. Mai

Er ist bei dir!

»Jetzt geht die Hetzerei wieder so richtig los!«, meinte kürzlich jemand. »Mein Urlaub ist vorbei. Jetzt muss ich wieder Umsatz machen, Einkäufe tätigen, Termine beachten. Jetzt geht es wieder zu wie im Taubenschlag – rein und raus! O diese elende Hetzerei!« Leider lässt man sich allzu oft von all der Unruhe und Hast anstecken und mitreißen. Ist es da ein Wunder, wenn sich die vielen unerledigten Dinge förmlich wie in einem Trichter auf einen Punkt konzentrieren und »Druck« machen? Wie schnell hat man dann seinen inneren Frieden verloren und plagt sich mit unruhigen Gedanken herum. Man will es schaffen, aber wird selbst geschafft.

Doch, halt! Dies ist ein Wort an dich: **»Als viele unruhige Gedanken in mir waren, beglückten deine Tröstungen meine Seele«** (Psalm 94,19). Das Wort beglücken wird eigentlich mit liebkosen übersetzt. Gerade jetzt darfst du wissen, dass dein HERR, dem du gehörst, der dich mit seinem kostbaren Blut erkauft hat, dich mit unendlicher Liebe umfängt und hält. Der dir freundlich zuruft: »Kind, ich bin ja bei dir. Lass deine Not mir anbefohlen sein. Ich werde dich auf deinen Wegen begleiten und dich so führen, dass du dich wundern wirst.«

Erinnere dich doch bitte jetzt an seine Allmacht, Barmherzigkeit, Weisheit und Liebe. Was kann schon schiefgehen, wenn er dich bei der Hand nimmt? Komm daher innerlich zur Ruhe. Nimm dir für deinen Herrn eine halbe Stunde Zeit, und gib ihm Gelegenheit, dich an Worte der Verheißung zu erinnern. David bekennt in Psalm 62,6: »Nur auf Gott vertraue still meine Seele, denn von ihm kommt meine Hoffnung.« Dieses Wort gilt auch für dich. Dem Glaubenden erweist es sich wie ein Schlüssel, der alle Panzerschränke unüberwindbarer Probleme knackt.

Lerne es wieder ganz neu, den Schild des Glaubens zu gebrauchen. Du wirst erfahren, dass die feurigen Pfeile dunkler und wilder Gedanken wie feuchte Lappen wirkungslos zu Boden fallen. Auch wenn dir jetzt das Wasser buchstäblich bis zum Hals steht, du hast ja schließlich noch den Mund frei, den Sieg Jesu auszurufen. Ein Lobpreis hat die Gefängnistüren von Paulus und Silas gesprengt.

Unruhige Gedanken verführen uns zu vorschnellem Handeln, zu unbedachtem Reden. Unruhe führt zur Ungeduld und schließlich zum Ungehorsam. Lass dich vom Teufel nicht in das Trommelfeuer der Befürchtungen hineinziehen. Lass deine Seele vom HERRN erquicken, und deine Gedanken werden zur Ruhe kommen! Wenn wir einmal am Ziel seiner Herrlichkeit angelangt sein werden, wird jedermann erkennen müssen, wie wunderbar der HERR uns durch alle Engpässe und Schwierigkeiten des Lebens hindurch getröstet hat.

Juni

1. Juni

Gott hat längst alles geregelt!

»Gott ist vor dir ausgezogen« (1. Chronik 14,15). Darum gibt es keinen Grund, sich ängstlich, voller banger Vorahnungen und Befürchtungen in sein Schneckenhaus zurückzuziehen. Den Weg, den dein HERR dich im Moment gehen heißt, ist er längst vorausgegangen. Überall, wohin du kommst, ist er schon gewesen. Ob in Krankheitstagen, schweren Lebensprüfungen oder zwingenden, schicksalhaften Entscheidungen, du darfst wissen, dass Gott vor dir hergegangen ist!

Wie plagt sich die Seele in stillen, endlos erscheinenden Stunden der Nacht mit allerlei dunklen Gedanken herum. Ein kräftiger Trost für dich zu wissen, dass Gott schon vor dir hergegangen ist, bevor du den ersten Schritt getan hast. Darum sind vor dir Wege, die die Fußspuren deines HERRN erkennen lassen. Es sind vorbereitete Wege für dich.

David hat diesen Zuspruch trostvoll erfahren: »Gott ist vor dir ausgezogen, die Philister zu schlagen ...« David hat also den Sieg aus der Hand des Siegers genommen und den Triumph aus der Rechten des Triumphators ergriffen. Wenn dein HERR nun vor dir hergezogen ist, wie solltest du dich vor unbekannten Wegen fürchten? Oder sind es etwa nicht die Wege Gottes, die du gehst? Wer seinem Heiland folgt, darf gelassen, ruhig und ohne Aufregung und Hektik seine Straße ziehen. Darum gebiete deiner Seele in dir, zur Ruhe in Gott zu kommen.

Unser HERR warnt uns aber auch vor Passivität und Träumerei. Er will nicht, dass wir uns treiben lassen. Er erwartet, dass du ihm glaubst, dass deine Hand mutig und entschlossen das Schwert des Glaubens umfasst, damit er dich zum Sieg führen kann. »Gott ist vor dir ausgezogen!« bedeutet schließlich auch ein Leben in seiner Nachfolge, das voller neuer Entdeckungen und Abenteuer ist. Schade, wenn wir uns an den tausenderlei Schwierigkeiten des Lebens zerreiben, anstatt im Glauben Gottes wunderbare Führung zu erwarten.

Beobachte einmal am Morgen deine Gedanken zwischen Badezimmer und Frühstück. Überprüfe deine Überlegungen, wenn du dich nach dem

Aufstehen im Spiegel begrüßt. Gerade dann solltest du dir diesen Satz zurufen: »Mein Herr ist schon vor mir ausgezogen!« Klebe dir diesen Satz an den Spiegel oder an den Kühlschrank. Vergiss ihn nie! Denke daran, bevor dich die Stunden des Tages erreichen, hat er sie schon für dich siegend durchschritten. Alle Verheißungsworte der Bibel sind letztlich Grüße der Liebe, die dich ermutigen sollen, mutig deine Straße zu ziehen. Dem Herrn Jesus hinterher! Gottes Wege sind immer effektiv.

Und nun schnüre voller Zuversicht dein Päckchen, das der HERR dir zugedacht hat, und denke daran: Dein Gott ist dir vorausgegangen!

2. Juni

Weggeräumt!

In welche Richtung gehen deine Gedanken? Sind sie mehr mit dem beschäftigt, was dein HERR sagt, oder mit dem, was du befürchtest? Bist du von der Tatsache erfüllt, dass dein HERR in jedem Fall in der Lage ist, augenblicklich deine Schwierigkeiten zu beseitigen? Oder bist du fortwährend von den negativen Umständen deines Lebens beeindruckt? Lass dich ermutigen: **»Für den HERRN gibt es kein Hindernis!«** (1. Samuel 14,6).

Hüte dich daher, Gedanken der Verzagtheit in dir aufkommen zu lassen. Entmutigungen kommen nie von Gott. Meine auch nicht immer gleich, hinter jedem Windhauch einen aufkommenden Orkan befürchten zu müssen. Es gibt schließlich geborene Schwarzseher, aber leider auch sogenannte Berufsoptimisten. Beide stehen nicht auf dem Boden der Realität. Die einzige Tatsache, die für uns als Christen zählt, ist schließlich der unerschrockene Glaube an die Allmacht unseres HERRN.

Ob Feinde dich von vorn erschrecken, ob Hunde hinter dir her die Zähne fletschen, ob Wölfe sich von fern dir nähern und ihr schauerliches Geheul hören lassen: Für den Herrn Jesus gibt es kein Hindernis zu retten. Die Karawane Gottes zieht weiter und ihr HERR an ihrer Spitze.

Aufträge, die der HERR uns gibt, Dienste, die er von uns erwartet, sollten daher nicht unerledigt bleiben.

Aufgepasst! Der Teufel arbeitet schlitzohrig! Allzu erfolgreich benutzt er die verhängnisvolle Unschlüssigkeit der Gläubigen, um sie matt zu setzen. Dein HERR jedoch erwartet von dir Eifer für seine Sache. Überlasse ihm deinen Beruf, deine Zeit, deine Kraft, dein Geld, deine Talente, alles, was er dir anvertraut hat. Ergreife die Initiative. Tue mutig des HERRN Werk. Alle 24 Stunden gehören dazu. Er hat Frucht zugesagt und Sieg verheißen. Warum also bis morgen warten, wenn er dir heute schon einen entscheidenden Sieg zugedacht hat! Rechne mit dem HERRN und mit seinem Sieg!

Sind unsere Probleme nicht deshalb so vielschichtig und verworren, weil wir allzu erwartungslos und geistlich unkonzentriert sind? Wenn wir den Anschluss an unseren Herrn Jesus verlieren, macht uns der Gegenwind zu schaffen. Dann müssen wir mit eigener Kraft gegen Schwierigkeiten mühevoll ankämpfen und uns Wege durch das Gewühl unseres Lebens bahnen. Dabei könnten wir es doch viel, viel leichter haben, wenn wir nahe bei ihm bleiben.

Und weil ihm alle Gewalt im Himmel und auf Erden gegeben ist, solltest du unerschrocken das tun, was der Herr Jesus dir aufgetragen hat.

3. Juni

Gott kann nicht lügen!

Und darum sagst du: »Auf Gott will ich mich verlassen!« Wenn das so ist, dann gratuliere ich dir, denn der Herr Jesus sagt in Johannes 5,24: **»Wer mein Wort hört und glaubt dem, der mich gesandt hat, hat ewiges Leben und kommt nicht ins Gericht, sondern er ist aus dem Tod in das Leben übergegangen.«**

Wie viele Menschen haben Angst vor Gottes Gericht, weil Sünde und Schuld ihr Gewissen plagen. Doch der Herr Jesus will Sünde vergeben und unser Leben frei und glücklich machen. Erst dann können wir getrost in die Zukunft schauen, wenn wir Frieden mit Gott haben. Wer Jesus als seinen Retter angenommen hat, der hat ewiges Leben, der hat die Todeslinie überschritten, schaut über das Grab hinaus in eine ewig helle Zukunft. Er muss sich nicht mehr vor dem Gericht Gottes fürchten, sondern darf unbeschwert und mit Frieden im Herzen sein Leben in Gottes gnädigen Händen wissen.

Wie viel Gewicht hat dein Glaube bei Gott? Willst du ihm nicht dein ganzes Vertrauen schenken? Dein Leben unter seine Führung stellen? Wer das ewige Leben empfangen hat, dem ist Gott nicht mehr der heilige Richter, sondern der liebende und barmherzige Vater geworden.

Nun meine Frage: »Hast du schon dieses ewige Leben? Besitzt du schon die Vergebung deiner Sünden?« Es ist ein so befreiender Gedanke zu wissen, dass Gott mir meine Sünde vergeben **hat**, mich begnadigt **hat**, mich als sein Eigentum angenommen **hat**! Ich gehöre auf ewig ihm. Gottes Kind darf ich sein. Was kann dem passieren, der den allmächtigen Gott zum Vater hat?!

Darum noch einmal: Vertraue Jesus Christus dein Leben an. Mach deinen Lebensanker an ihm fest. Er ist der ewige Felsen, deine ewige Sicherheit.

4. Juni

Der Friede Gottes

»Der Friede Gottes ... wird eure Herzen ... bewahren« (Philipper 4,7). Dieser Zuspruch soll all denen eine kräftige Ermutigung sein, die im Augenblick durch Zeiten der Unruhe gehen. Da gibt es manche Angriffe, Spannungen, Auseinandersetzungen und Befürchtungen. Wie sehnt man sich in solchen Tagen nach dem tiefen Frieden Gottes, der alle wilden Wogen der Gedanken glättet. Da wird unser Herz zum Kampfplatz, und wir sind drauf und dran, aus der Fassung zu geraten. Wie unkontrolliert reagieren wir gerade in solchen Situationen. Wie bald müssen wir uns dann eingestehen, dem geistlichen Kampf mit ungeistlichen Mitteln begegnet zu sein. Der Friede Gottes in unseren Herzen weicht der traurigen Anklage: Du hat bitter versagt!

Dennoch, wir werden nicht gefragt, ob wir kämpfen wollen, ob wir Lust dazu haben. Jeder Christ ist zum geistlichen Kampf herausgefordert. Mitten in den Auseinandersetzungen des Lebens dürfen wir um den tiefen Frieden Gottes im Herzen wissen. Sein Friede wird unser Herz bewahren! Das hat er versprochen. Lass dich daher nicht von der Hektik des Alltags bestimmen. Triff keine überhasteten Entscheidungen. Achte darauf, dass du ganz bewusst im Frieden Gottes ruhst, auch wenn die Auseinandersetzungen an Heftigkeit zunehmen. Wir müssen uns vor aller Kompliziertheit des Glaubens hüten, denn der Friede Gottes ist schließlich immer das Resultat göttlich geordneter Gedanken. Wir sollten unserem oft so rebellischen Herzen nicht gestatten, uns den Frieden Gottes zu rauben.

Dazu möchte ich dir vier Ratschläge mit auf den Weg geben: **1.** Freue dich im HERRN allezeit! In jeder Situation. Dazu ist es notwendig, den Blick ganz bewusst auf den HERRN zu richten und sich bei jedem Atemzug an die wunderbaren Verheißungen Gottes zu klammern. **2.** Lass deine Sanftmut und deine Freundlichkeit bekannt werden! Dazu ist es notwendig, dass du deine Verteidigungsstellung aufgibst. Sieh doch, dein HERR ist dir nahe! **3.** Sorge dich nicht! Erwarte, dass dein himmlischer Vater für dich aufkommt. Wie entspannt könnten wir leben, wenn wir uns mehr an seine Treue erinnerten. Ein von Sorgen umnachteter Geist kann den Frieden Gottes nie und nimmer genießen! **4.** Lass deine Gebete und dein Flehen mit Danksagung vor Gott bekannt werden. Dann wird der Friede Gottes, der allen Verstand übersteigt, mächtiger als deine Probleme sein. Er überflutet sie. Nein, die Wasser sollen dich nicht ertränken.

Gotteskinder sind von des Vaters guter Hand auf ewig gehalten. Nur schade, dass uns das oft so wenig bewusst ist.

5. Juni

Einer räumt auf!

Die Sache des Herrn geht dennoch voran, auch wenn viele ins falsche Horn blasen. Unser ist der Sieg, wer will uns verzagt machen? Ja, es hat schon immer etwas gekostet, ein mutiger Kämpfer Christi zu sein. Über den König Josafat wurde gesagt: **»Und sein Herz gewann Mut auf den Wegen des HERRN, und er beseitigte wieder die Höhen und die Ascherim aus Juda«** (2. Chronik 17,6). Josafat war ein Mann, der Mut hatte, mit der Sünde und dem Götzendienst aufzuräumen! Ermutigt auch uns dieses Wort, mit Eifer die Ehre des HERRN zu suchen?

Auch heute sucht der HERR unerschrockene Gotteskinder, die ohne »Wenn und Aber« ihre Stimme erheben und im Namen des HERRN handeln. Sind wir nicht das Salz der Erde? Salz gehört doch in die Suppe und nicht neben den Topf. Wir wollen nicht zu jenen gehören, die sich ängstlich zurückziehen, weil wir uns vor der Meinung anderer fürchten. Oder kann es vielleicht sein, dass uns eine geistliche Immunschwäche zu schaffen macht? Wie ist es mit unserer Abwehrkraft gegen die Sünden-seuche und manche fromm getarnte Verführung bestellt? Tatsache ist, dass wir heute von einer brutalen Finsternismacht überrollt werden. Überall brechen die Dämme. Auf allen Gebieten sind die teuflischen Spuren der Sünde zu sehen. Sie gehen bis tief in die Gemeinde der Christen hinein.

Das Resultat? Eine zweifache Furcht geht uns verloren: die Furcht Gottes und die Furcht vor der Hölle. Eltern haben vielfach keine Bürde mehr für die Errettung ihrer vom HERRN geschenkten Kinder. Man fordert: Predigt doch mehr über die Güte und Liebe Gottes. Predigt mehr über die angenehmen Dinge, die die Menschen untereinander verbinden. Es lebe der Dialog! Es lebe der Rührbesen, der alle Klarheiten beseitig! Stopp! Kein Wunder, dass dann das Wort der Wahrheit verwässert wird und es zu keiner geistlichen Erweckung kommt. Dabei zerbrechen viele unter den Belastungen des Lebens. Haben keine Kraft, dem Zeitgeist zu widerstehen. Und weil man von den Massenmedien fortwährend beeinflusst wird, lassen die Hiobsnachrichten verheerende Spuren im Unterbewusstsein zurück. Menschen werden von Zukunftsangst, Schlaflosigkeit, Depressionen geplagt. Der Geist der Zeit hält viele Christen am Gängelband.

Wo sind heute die treuen und tapferen Kämpfer für unseren HERRN? Wir dürfen nicht schweigen, sonst wird uns Schuld treffen. Auf geht's! Wer auf Gottes Wegen geht, gewinnt neuen Mut!

6. Juni

Gott spricht das letzte Wort!

Volk Gottes – gefangen und weggeführt nach Babylon. Und dann kam der ersehnte Tag, an dem einige die Rückkehr nach Jerusalem erlebten. Doch was sie vorfanden, war niederschmetternd. Verwüstetes Heiligtum. Niedergewalzte Äcker und Gärten. Und wie hatte man sich auf den Neubeginn gefreut! Endlich zu Hause sein! Aber nun sah alles so anders aus.

Ja, es gibt auch Zeiten, in denen wir nur Schutt und Asche vor uns sehen. Wo nur Steine und Felsbrocken auf dem Acker der Berufung Gottes liegen. Da gibt es Schwierigkeiten, die uns das Leben schwer machen. Wie schnell resignieren wir dann und sehen nur noch unsere Probleme. Aber genau in diese Situation hinein ruft dir der HERR ein mutmachendes Wort zu: **»Die mit Tränen säen, werden mit Freuden ernten«** (Psalm 126,5). Kennst du schon das »Obwohl« des Glaubens? Obwohl alles anders als rosig aussieht ..., obwohl gar nichts auf einen Erfolg schließen lässt ..., dürfen wir die Saat des Glaubens, wenn auch unter Tränen, in die Ackerfurchen Gottes legen. Du darfst damit rechnen, dass die Saat aufgeht. Die Herrlichkeit des HERRN ist jederzeit erfahrbar. Du darfst sie erleben. Er will sich dir offenbaren. Es ist etwas so Frohmachendes in dieser Aussage des obengenannten Bibelwortes, dass die Glaubenssaat der Zuversicht göttliche Keimkraft besitzt und alle harten und trockenen Erdschollen durchbricht.

Nur nicht die Aussaat unterlassen! Nicht entmutigt die Flinte ins Korn werfen, auch dann nicht, wenn der HERR uns in Glaubensspannungen erprobt. Braucht es nicht schließlich Zeit, damit die Saat aufgehen kann? Der Gärtner wirft die Saat doch nicht weg, sondern streut sie mit Hoffnung in die Erde und wartet und erwartet. Wie viele Gründe liefert uns der Teufel, um uns vom Säen abzuhalten. Da ist das heillose Durcheinander in vielen Gemeinden, Streit und Trennungen unter vielen Christen. Da sind Unnüchternheit, Verworrenheit, geistliche Flachheit, Eigenliebe und Genusssucht. Es ist erschütternd, wie viele Christen ihre kostbare Zeit dem Moloch Fernsehen opfern. Eltern und Großeltern sehen oft unter Tränen, wie ihre Kinder und Enkel, die einmal mit dem Herrn Jesus gegangen sind, vom Sog der Welt erfasst wurden. Es scheint, als wären alle Gebete umsonst.

Säe weiter! Du wirst erfahren, dass die Saat des Glaubens aufgeht! Auch wenn sich unsere Augen oft mit Tränen gefüllt haben, dürfen wir dennoch mitten in Sturm und Wind die Saat des Glaubens ausstreuen. Es bleibt dabei: »Die mit Tränen säen, werden mit Freuden ernten.«

7. Juni

Du bist in Gottes Hand!

Wie entmutigend auch die Zeiten sein mögen, lass dich durch ein Wort Gottes aufrichten und erfreuen: **»Gott aber ist treu, der nicht zulassen wird, dass ihr über euer Vermögen versucht werdet, sondern wird mit der Versuchung auch den Ausgang schaffen, so dass ihr sie ertragen könnt«** (1. Korinther 10,13). Gott ist treu! Womit haben wir das verdient, wir, die wir oft so untreu sind? Ist es nicht beeindruckend, wie der HERR sich um uns kümmert? Unser Gott ist unendlich gut zu uns. Im Licht der Ewigkeit werden wir staunen, wie der HERR uns gerade in Tagen der Anfechtungen und Krankheiten gehalten und geführt hat.

Doch Teststrecken des Glaubens bleiben auch uns nicht erspart. Sie gehören in das Leben eines jeden Gotteskindes. Der Glaube muss erprobt werden, wenn er echt sein soll. Doch Versuchungen sind noch keine Sünde und Anfechtungen nicht der Beweis, dass Gott uns aus den Augen verloren hat. Der Feind benutzt bei seinen Angriffen gern unsere menschlichen Veranlagungen. Es sind die Bereiche, in denen wir uns entweder stark oder schwach fühlen. Ist jemand von Natur aus Pessimist, dann muss er aufpassen, dass er nicht in Seelentrümmer gerät. Ist er ein Optimist, besteht die Gefahr der Oberflächlichkeit. Gerade in Prüfungszeiten ist es wichtig, sich an Gottes Treue festzumachen. Nur diese Wahrheit bringt Frieden in unser unruhiges Herz.

Wie schnell versuchen wir, uns auf Abkürzungen in der Nachfolge Jesu einzulassen. Abkürzungen, die uns Vorteile versprechen. Doch dabei verlassen wir oft den geraden Weg der Wahrheit. Jede Abkürzung, wie fromm sie auch scheinen mag, führt in eine erneute Niederlage. Vertraue gerade jetzt deinem HERRN deine Wege an. Er wird nicht zulassen, dass Versuchungen und Anfechtungen dich verschlingen.

Wenn wir nur halb so viel seufzten und uns doppelt sooft an Gottes Treue erinnerten, dann sähe mancher Seelenzustand anders aus. Richte deinen Blick fest und entschlossen auf Jesus Christus. Von dorther wird dir jede Antwort kommen. Die Last, die du trägst, ist genau richtig für dich! Und der gute Ausgang deiner Glaubensprobe ist längst in Sicht. Halte dich nur fest am Herrn Jesus. Nur noch ein wenig Ausharren, und du trägst den Sieg davon.

8. Juni

Aufgerichtet!

Dein Gott ist wunderbar! Durch ein einziges Wort kann er zerschlagene Herzen aufrichten. Schau Hiob an, wie gequält er war. Haus und Hof verloren – das gesamte Dienstpersonal mit dem Schwert erschlagen –, alle Söhne und Töchter durch Hauseinsturz ums Leben gekommen. Und er selbst? Vom Scheitel bis zur Sohle voll eiternder Geschwüre, in der Asche sitzend. Stunden tiefster Not und Verzweiflung blieben nicht aus. »Warum, HERR? Warum bei mir?« Seine besten Freunde nahmen ihm schließlich durch ihr törichtes Gerede noch den letzten Funken Mut. Armer Hiob!

Doch wie tröstlich, dass Gott die gesamte Verantwortung für seinen Knecht übernommen hatte. Auch die satanischen Angriffe mit ihren brutalen Folgen. Sieh, wie Gott seine Seele aus der grausamen Grube des Verderbens rettete. Lies bitte die letzten Kapitel im Buch Hiob. Darin erfährst du, wie Gott seinem leidgeprüften Freund begegnet. Er lenkt seine leidvollen Gedanken auf die Größe göttlicher Schöpferweisheit hin und fragt ihn: »... wo warst du, als ich die Erde gründete? Kennst du die Gesetze des Himmels, oder bestimmst du seine Herrschaft über die Erde? Kannst du Blitze entsenden? Wer bereitet dem Raben seine Speise, wenn seine Jungen zu Gott schreien und umherirren ohne Nahrung?«

Hiob verschlägt es die Sprache, als Gott beginnt, Frage über Frage an ihn zu richten. Ganz langsam richtet sich sein gebrochenes Herz aus der Asche empor und beginnt die hellen Hoffnungsstrahlen Gottes zu fassen: **»... jetzt aber hat mein Auge dich gesehen!«** (Hiob 42,5). Seine verzagte Seele erblickt seit langer Zeit wieder die ewigen Dimensionen Gottes. Das »Warum, HERR?« zerschmilzt wie der Eiszapfen in der Sonne.

Immer dann, wenn uns die unsagbare Herrlichkeit des unbegrenzten Gottes deutlich wird, gewinnen wir neuen Glaubensmut. Doch dann, wenn uns Leid und Sorgen erdrücken wollen, wird unsere Seele schnell entmutigt. Deshalb wollen wir uns immer daran erinnern, wie allmächtig und herrlich unser Gott ist, wie unfassbar groß seine Werke sind!

Und nun die Frage an dich: Warum bist du oft so unruhig? Warum ist dein Herz voller Unglaube? Was hat deinen Blick zu deinem himmlischen Vater getrübt? Glaubst du nicht, dass er für dich sorgt? Lieber würde Gott den gesamten Kosmos einstampfen, als dass er dich vergäße. Und nun komm, fasse wieder neuen Mut. Das, was dir begegnet ist, hat er völlig unter seiner Kontrolle.

Vertraue ihm doch. Komm, lass dich neu ermutigen!

9. Juni

Wunderbar gestärkt!

Vor großen Aufgaben und Herausforderungen des Lebens schrecken die Starken nicht zurück. Aber was ist mit denen, die oft die Grenzen ihrer Kraft schmerzlich zu spüren bekommen? Völlig überfordert versuchen sie, ihren Umständen immer wieder eine andere Richtung zu geben. Doch bei allem müssen sie zugeben: »Ich schaffe es nicht!« Die Verzweiflung packt sie. Der Seele erscheinen die kleinen Maulwurfshügel wie unüberwindbare Berge, die nicht zu bezwingen sind. Bügelwäsche, Hausarbeit, längst fällige Besorgungen, Briefschulden, Gemeindearbeit usw. usw.

Da beanspruchen uns Menschen mit tausenderlei Nöten und Schwierigkeiten. Und dann der nervlich gereizte Mann mit seinen beruflichen Sorgen. Die gestresste Hausfrau mit ihren Kindern, die ebenso ihre Wünsche und Forderungen geltend machen. Dann die Ausbildung der Jugendlichen. Dann das liebe Geld, das Geschäft und was sonst noch alles. Man schaut sorgenvoll auf den Blutdruck, plagt sich mit dem Rheuma, mit den Bandscheiben und dem labilen Kreislauf. Das Herz muss all die unsagbaren Spannungen des Alltags verkraften. Du wirst an allen Ecken gefordert.

Denk doch daran, dass deine Nöte und Schwachheiten dem HERRN längst bekannt sind. Mag sein, dass du wie der König Josafat rufst: »... in uns ist keine Kraft vor dieser großen Menge« (2. Chronik 20,12). Gerade in solchen Stunden darfst du wissen, dass dein Gott längst, längst vorgesorgt hat, denn er lässt dir sagen: **»Der Geist nimmt sich unserer Schwachheiten an!«** (Römer 8,26). Dies ist ein Wort für dich! Es ist für jeden bestimmt, der sich seiner Rettung in dem Herrn Jesus gewiss ist.

Auch du sollst erfahren, dass der HERR auf dein Rufen antworten wird. Je geringer deine Kraft, desto größer seine Gnade. Je mehr das Eingeständnis deines Unvermögens, desto größer der Einsatz seiner Macht. Er, der den Meereswellen mit einem einzigen Wort Stille geboten hat, sollte der nicht auch deinen strapazierten Nerven und deiner ängstlichen Seele Stille und Frieden gebieten können? Und sollte er, der die Herzen der Könige der Welt wie Wasserbäche lenkt, nicht auch bewirken können, dass deine ärgsten Widersacher von dir ablassen? Am Ende wirst du immer sagen können: »Der HERR hat sich meiner herzlich angenommen!«

Gehe im Glauben davon aus, dass er die Dinge deines Lebens in seine allmächtigen Hände nimmt und dich wunderbar führt. Begrenze Gott nicht durch dein ABER! Du hast einen starken HERRN! Sind nicht die Schwachen dieser Welt, mit seiner Gnade ausgestattet, stärker als jeder Starke in seiner Selbstsicherheit? Du darfst ein überfließendes Maß an konkreter Hilfe und Fürsorge für dich und deine Lieben erwarten. Wenn Gott für dich ist, wer mag dann wider dich sein?

10. Juni

Sieg oder Niederlage?

»Der hat sich selbst für uns gegeben, damit er uns loskaufte von aller Gesetzlosigkeit und sich selbst ein Eigentumsvolk reinigte, das eifrig sei in guten Werken« (Titus 2,14). Sieg und Niederlage liegen oft dicht nebeneinander. In nur zehn Sekunden hatte Petrus seinen HERRN verleugnet. Nur ein Satz war es, der ihm zum Verhängnis wurde: »Ich kenne den Menschen nicht!« (Matthäus 26,72). Doch der HERR kannte Petrus, und er kennt auch uns. Er weiß, dass wir nicht ohne ihn leben können. Darum hat er sein Blut gegeben, ist für uns gestorben, damit wir in ihm Leben haben. Sein Sehnen war es, uns in die Schar derer einzureihen, die ihm von Herzen dienen wollen.

Erwartet er zu viel, wenn er an unsere Liebe appelliert? Wer aus so großer Verlorenheit errettet worden ist, der sucht schließlich, seine Dankbarkeit und Liebe seinem HERRN gegenüber zu erwidern. Hat er uns nicht vorgelebt, was Freundlichkeit, Barmherzigkeit und Demut ist? Was Güte und Sanftmut heißt? Was Gehorsam seinem Vater gegenüber und Liebe zu ihm bedeutet?

Diese Christusliebe will auch uns bewegen! Sie kann darum nie zu kaltem Formalismus erstarren. Diese Liebe braucht kein Frostschutzmittel, denn sie ist Glut in sich selbst. Sie überlegt nicht berechnend. Sie vergisst sich selbst und ist überströmend. Was die berechnenden Jünger Verschwendung der ausgegossenen kostbaren Salbe genannt haben, ist in den Augen Jesu ein gutes Werk an ihm. Auf die Motive kommt es schließlich an. Solange wir aber noch über gute Werke nachdenken, sind wir unfähig, sie zu tun.

»Eigentlich sollte ich schon lange ...« Es hört sich wie eine Entschuldigung an. Aber darf es eine sein? Ist es kein gutes Werk, Waisen und Witwen in der Drangsal zu besuchen? Zweifelnde zu ermutigen? Trauernde durch ein Wort des HERRN aufzurichten? Umherirrende mit dem Evangelium zu erreichen? Das Werk des HERRN mit meinen Möglichkeiten tatkräftig zu unterstützen? Auf die Motive kommt es an. Darum zählen gute Werke bei Gott nur, wenn sie aus Liebe zu ihm und nicht um des Vorteils oder des Lohnes willen getan werden.

Der Herr Jesus will auch durch dich wirken. Es ist ein großes Vorrecht, ihm dienen zu dürfen. Lass dich zu neuem Eifer für seine Sache bewegen! Die letzte Runde in der Kampfbahn des Glaubens ist eingeläutet! Wie werden wir über die Ziellinie laufen? Hoffentlich als solche, die in dieser Zeit ihrem HERRN treu und mit Eifer gefolgt sind.

11. Juni

Bleibende Werte

Im Zurückschauen liegt oft ein Hauch von Wehmut. Wie gern hätten wir die Augenblicke vergangener Freude festgehalten. Doch die Sekunden ticken unaufhörlich. Sie erinnern uns an die Vergänglichkeit unseres Lebens. Die Welt gleicht einem kranken Menschen, der hoffnungslos und von Schmerzen geplagt seinem Ende entgegensieht.

Welchen Schmerz mag Gott als Schöpfer empfinden, wenn er überall die Auflösung seiner Ordnungen sieht. Die Gebote Gottes werden mit

Füßen getreten. Selbst in unserer Gesellschaft bricht alles Wertvolle auseinander. Was man gestern noch in Ehren hielt, zählt heute nicht mehr. Wer redet noch von Treue, Liebe, Fleiß, Opfer, Hingabe, Selbstlosigkeit, Vertrauen und Achtung? Wer empfindet noch Ehrfurcht vor Gott? Man wäre nicht Mensch, wenn einen diese Dinge nicht tieftraurig machten.

Doch nun möchte unser HERR mit dem Scheinwerferlicht der Ewigkeit unser Leben mit einem wunderbar tröstenden Wort anstrahlen: **»Der Himmel und die Erde werden vergehen, meine Worte aber werden nicht vergehen!«** (Markus 13,31). Diese Verheißung betrifft auch die Zukunft des Volkes Israel. Sie ist der Beweis, dass Gottes Wort sich erfüllt hat und sich weiterhin erfüllen wird. »Meine Worte ...« sagt der HERR. Sie sind Offenbarungen des Höchsten. Sie verraten seinen wunderbaren Plan, sein Programm und sein Ziel mit uns Menschen. Das betrifft das kommende Gericht über diese Welt genauso wie die Vollendung der gesamten Heilsgeschichte.

In unserer gegenwärtigen Hilflosigkeit und menschlichen Begrenztheit erreicht unser ängstliches Herz eine herrliche Nachricht. Der Absender ist kein Geringerer als Gott selbst. Es sind seine Worte der Heiligen Schrift, die zu uns sprechen. Nein, Gott will sich nicht am Ende der Heilsgeschichte schweigsam in die unendliche Ewigkeit zurückziehen. Er will, dass wir begreifen, dass wir Erben seiner Herrlichkeit sind. Es sollte uns daher kein Missgeschick, keine Enttäuschung fassungslos werden lassen. Diese herrliche Zusicherung sollte uns immer wieder frohmachend vor Augen stehen.

Wie schade, dass uns das Aktuelle so schnell den Blick für das Ewige verdrängt. Ich bin sicher, dass darin oft der Grund unserer Niedergeschlagenheit zu suchen ist. Unser Glaube ist leider oft nur auf Gottes Fürsorge für unser tägliches Leben beschränkt. Doch unser HERR will uns die Augen für seine ewigen Dimensionen öffnen! Setze daher deinen Fuß wieder ganz neu auf die Grundlage ewig gültiger Verheißungen. Gotteskind, du darfst wissen, dass obiges Wort auch für dich in jeder Lage seine tiefe Bedeutung hat. Und nun sei getrost und unverzagt.

12. Juni

Aufrecht gehen!

»Du gabst mir den Schild deines Heils, und deine Herablassung machte mich groß« (2. Samuel 22,36). Der Mann, der diese Erfahrung machte, heißt David. Keiner wurde jemals so gedemütigt wie er. Keine Schwierigkeit ist ihm erspart geblieben. All das musste er erfahren: Geringschätzung in der Familie durch seine eigenen Brüder, verfolgt und mit dem Tod bedroht von König Saul, später von seiner eigenen Frau verachtet. Hinzu kam der Kummer mit seinem Sohn Absalom. Dann die große Not durch sein eigenes Verschulden, als er Ehebruch begangen hatte. Doch Gott hielt David bei der Hand. Er ließ ihn nicht fallen.

Was aber ist, wenn unsere Seele matt wird? Wenn wir vergeblich versuchen, aus dem Loch der Widerwärtigkeiten herauszukommen? Wer reicht uns die Hand in Bedrängungen, in Stunden der Resignation und Niedergeschlagenheit? Erkenne wieder neu die Barmherzigkeit deines HERRN, dessen Hand sich dir liebevoll entgegenstreckt. Du sollst wieder ganz neu seine Barmherzigkeit erfahren. Du sollst in seiner Nähe über alle Schwierigkeiten deines Lebens hinwegblicken.

Was tut ein Kind, das mit seinem Vater spazieren geht und die Welt auch gern einmal von oben beschauen möchte? Es sucht sich den besten Platz aus, den es gibt: auf den Schultern des Vaters! Doch um dort hinaufzukommen, ist die Herablassung des Vaters erforderlich. Der Vater neigt sich hinunter, hebt sein Kind hoch und trägt es auf seinen Schultern. Hier darf es sich ganz sicher wissen, weil er es mit beiden Händen festhält. »Deine Herablassung machte mich groß.« Was für ein HERR, der uns auf seinen Schultern trägt!

Gotteskind, pack deine Segel nicht ein, wenn der Teufel seinen Wetterbericht durchgibt und Orkanböen meldet. Mag er nur blasen, dann kommen wir halt schneller voran. Und wenn uns der Wind ins Gesicht bläst? Der HERR kann durch ein einziges Wort dem Toben ein Ende machen. Wenn Gottes Stunde gekommen ist, greift er ein, und zwar so, dass du dich wundern wirst.

13. Juni

Geh hindurch!

Widerstände, Probleme, Auseinandersetzungen, Enttäuschungen, Verleumdungen, Beleidigungen, Zerwürfnisse. Wer kennt die diabolischen Spezialwaffen des Teufels nicht? Sie lähmen deine Kraft. Sie entmutigen dein Herz. Wie schnell verzagst du, wenn Satan es fertigbringt, Durcheinander in deiner Familie oder Verwandtschaft anzuzetteln. Vielleicht spürst du sogar Widerstand von denen, die dir bisher viel bedeutet haben. Du wirst gefordert in Beruf, Gemeinde und Familie. Du spürst deine Grenzen und sinkst nach der Tagesarbeit erschöpft in den Sessel. Mutlosigkeit will dich niederdrücken.

Gotteskind, lass dich nicht aus der Bahn des Glaubens werfen. Dir gilt nämlich auch das Verheißungswort Jesu: **»Siehe, ich habe vor dir eine geöffnete Tür gegeben, die niemand schließen kann«** (Offenbarung 3,8). Bitte beachte: Nicht über die Berge sollst du klettern, sondern durch eine geöffnete Tür führt dein Weg, den der HERR dir zeigt. Er weiß um deine geringe Kraft. Er kennt deine Mühe. Er weiß auch um dein inneres Ringen, um Treue und Standhaftigkeit. Er kennt deine Liebe zu seinem Wort.

Blicke deshalb nicht weiter niedergeschlagen um dich. Erwarte, dass der Herr Jesus auch dir die Tür öffnet, durch die du unbeschwert gehen kannst. Vielleicht ist es kein großes Tor, aber das eine darfst du wissen: Es ist eine Tür, durch die du ohne Mühe hindurchgehen kannst. Der HERR hat sie für dich geöffnet. Sei davon überzeugt, dass er dir auch die feste Gewissheit gibt, dass die geöffnete Tür für dich bestimmt ist. Vielleicht mögen andere deine Entscheidungen belächeln, dich von einem Glaubensschritt abhalten wollen: Geh hindurch! Der Herr Jesus hält die Türklinke in der Hand. Keine Macht der Welt kann dort Türen verschließen, wo der HERR sie für seine Kinder geöffnet hat. In diesem Wissen gehe mutig vorwärts und durchschreite die geöffnete Tür mit Glaubensmut. Dein HERR ist mir dir.

14. Juni

Mut zum Bekenntnis!

Es liegt ein großes Geheimnis im freimütigen Bekenntnis zu Jesus! Wer seinen Heiland bekennt, der hat den Schlüssel zu einem glücklichen und segensreichen Leben entdeckt. Hat er nicht versprochen, die zu segnen, die sich mutig auf seine Seite stellen? Die bereit sind, seine Interessen zu vertreten?

Aber leider sind viele unter uns oft nur Botschafter in eigener Sache. Konsumchristen, die immer nur Segnungen Gottes empfangen, ohne sie weiterzugeben. Ist vielleicht darum die innere Freude so spärlich? Sind darum unsere Probleme so groß? Fallen wir vielleicht darum von einer Niederlage in die andere, weil die eigenen Interessen vorrangig bedient werden? Kein Wunder, wenn wir zu Trauerklößen werden.

Wer die Interessen seines HERRN vertritt, der erlebt täglich die Wunder seiner Führung. **»Jeder, der mich vor den Menschen bekennen wird, den wird auch der Sohn des Menschen vor den Engeln Gottes bekennen«** (Lukas 12,8). Unfassbar, da verspricht unser HERR, jeden vor der großen heiligen Schar der Engel mit Namen zu nennen. Er will sich zu jenen bekennen, die sich seines Namens nicht schämen. Können heute dein und mein Name im Himmel genannt werden?

Segensströme Gottes sind in Vorbereitung für mutige und treue Zeugen, die von der Einzigartigkeit der Rettungsbotschaft Jesu überzeugt sind und dieses herrliche Evangelium weitertragen. Unser HERR wartet darauf, dass wir den Mund für seine frohe Botschaft öffnen. Ist nicht das obige Wort eine feierliche Zusicherung: » **Jeder,** der mich vor den Menschen bekennen wird ...«? Was für eine göttliche Proklamation!

Unser Bekenntnis zu Jesus erstreckt sich auf alle Gebiete unseres Lebens. Auf Zeit, Kraft und Geld, auf Ehe, Familie, Geschäft und Gemeinde. Doch ohne mündliches Bekenntnis verschweigen wir die einmalige Rettung durch den Herrn Jesus. Wie sollen Menschen glauben ohne Verkündigung? Manchmal machen uns die eigenen Probleme des Lebens und die Sorgen des Alltags arg zu schaffen. Doch wer sich trotzdem zu Jesus bekennt, wird erfahren, dass Gott sich dann auch um unsere persönlichen Angelegenheiten kümmert. Ich habe niemals einen freudlosen Zeugen Jesu getroffen!

Der HERR lässt seine Leute nicht im Stich. Bekenne ihn nur mutig, und du wirst erfahren, dass ein göttlicher Glanz auf deinem Leben liegt und eine tiefe Freude dein Inneres erfüllt. Wer seinen Heiland groß macht, der wird von Gott geehrt!

15. Juni

Er weiß um alles!

»Dem allein weisen Gott durch Jesus Christus, ihm sei die Herrlichkeit in Ewigkeit! Amen« (Römer 16,27). Dieses Wort will deine Augen von deiner eigenen Schwachheit weglenken! Du sollst hinschauen zu dem, der alle Weisheit besitzt. Wer mit solchen Worten einen Brief abschließt, wie es Paulus getan hat, der ist zutiefst von der gewaltigen Größe und Erhabenheit Gottes überzeugt. Was für ein Geschenk!

Auch du darfst glauben, dass Gott dir in Jesus Christus begegnet ist. Ist er das? Aber was bewirkt denn dieses Wissen ganz praktisch in deinem Herzen? Es sind drei Überzeugungen: 1. Mein Gott weiß alles! 2. Mein Gott wählt immer richtig! 3. Mein Gott wirkt in seiner Weisheit!

Glaubst du wirklich, dass Gott alles weiß? Es ist schon ein gewaltiger Unterschied zwischen Weisheit und Wissen. Doch was nützt das beste Wissen, wenn es falsch angewandt wird? Unser Gott allein ist weise. Er hat nicht nur Wissen, er weiß auch um die richtige Anwendung. Auch bei dir! Wie gelöst und entspannt sollte uns dieses Wissen machen. Es löst uns von innerer Verkrampfung und von der versteckten Furcht, die unvorhergesehenen Dinge nicht meistern zu können. Fürchte dich nicht! Dein Gott weiß alles. Du darfst ihm vertrauen, dass er auch für dich richtig wählt, dass er die Umstände deines Lebens abwägt und alle Sachlagen berücksichtigt. Traust du ihm das zu? Sagt er nicht: »Ich will dir raten und meine Augen über dir offen halten!«? Für wie weise halten wir eigentlich unseren HERRN? Kann mir der Gedanke, dass er auch für mich richtig wählt, inneren Frieden und kindliche Freude des Herzens schenken? Er, der in seiner Weisheit richtig wirkt und Richtiges bewirkt?

Wie weise würde selbst unser Denken und Reagieren sein, wenn wir uns in der Stille mehr mit dem »allein weisen Gott« besprächen? Das würde ganz gewiss unser Leben von Grund auf verändern. Wir müssen uns sicher alle darunter beugen, dass wir oft so aufgeregt handeln, so gehetzt reagieren und Herzen voller Unruhe haben. Wir vergessen allzu leicht, dass unser Gott allein weise ist und ihm wirklich nichts außer Kontrolle gerät.

Unser kleines Lebensschiff würde gewiss in ruhigere Fahrt gelangen, wenn wir mehr über die drei Resultate nachdächten: Er weiß um alles – auch in meinem Leben! Er wählt immer richtig – auch für mich! Er wirkt in seiner Weisheit – in jeder Lage, die mich betrifft. Was für einen wunderbaren Gott darf ich an meiner Seite wissen!

16. Juni

Er ist für dich da!

»Er sandte sein Wort und heilte sie, er rettete sie aus ihren Gruben« (Psalm 107,20). Wir hätten den Vers sicher umgekehrt zitiert und zuerst die Befreiung aus der Grube in Aussicht gestellt, dann die Heilung und dann sein Wort. Doch am Anfang jeder Gottesoffenbarung steht immer zuerst sein Wort. Es allein hat heilende und verändernde Kraft. So will es auch bei uns dort heilen und wirken, wo wir wund, im Inneren matt oder gar krank geworden sind.

Es ist nur zu verständlich, dass man in widrigen Umständen alles daransetzt, aus der Grube der Nöte, Ängste, Niederlagen, Leiden und Traurigkeiten einen Notausgang zu suchen. Doch der HERR hat längst unsere augenblickliche Situation gesehen. Es liegt ihm daran, uns aus unseren Bedrängnissen zu erretten. Dann wird die Seele von seinem guten Wort erfasst und unser Herz wunderbar aufgerichtet. Ist die

Heilung Hiobs nicht erst erfolgt, nachdem Gottes Wort sein Inneres erreicht hat?

Gottes Wort kommt zu dir in die Grube deines Lebens, um dich aufzurichten. Doch unser HERR will zuerst unser Herz berühren und dann die Umstände wenden. Was letztlich auch zu seiner Verherrlichung dient. Sein Wort ist für eine verwundete Seele die heilende Salbe, denn es hat Trostkraft und richtet dich mehr auf als jedes Multivitamin. Hat unser Gott nicht durch seines Wortes Kraft die Welten erschaffen? Meinst du nicht, dass er dann auch die Macht hat, jedes Durcheinander wieder ins rechte Lot zu bringen?

Wir alle dürfen an seinem Wort innerlich gesund werden. Nimm es, es ist auch für dich da! Lass die Verheißungen seines guten Wortes still auf deine Seele wirken. Gib dem Wort Gottes Gelegenheit, auch an dir seine heilende Wirkung zu beweisen. Georg Müller, der bekannte Waisenhausvater von Bristol, hatte ein ganz besonderes Verhältnis zur Heiligen Schrift. Er las sie im Verhältnis 10:1. Zehn Seiten Bibel und eine Seite aus einem anderen Buch. Und genau das war das Geheimnis seines überaus segensreichen Wirkens. Welchen Stellenwert nimmt das Wort Gottes in deinem Leben ein?

17. Juni

Neue Segnungen

Was würde passieren, wenn wir die Bedingungen Gottes, die er an seine Verheißungen geknüpft hat, erfüllten? »Von diesem Tag an will ich segnen!« (Haggai 2,19). Was war das für ein denkwürdiger Tag? Israels Rückblick auf vergangene Zeiten war mehr als traurig. Missernten, Dürre und Brandkorn hatte es gegeben. Trotz hohen Einsatzes an Kraft und Mühe waren Gewinn und Ertrag eine einzige Katastrophe. Kein Wunder, dass man sich immer mehr um die eigene Achse drehte. Vorrangig war der Hausbau – die noble Einrichtung und das getäfelte Haus. Doch das Heiligtum Gottes lag brach und wüst da! Was blieb, war nicht nur die äußere Kargheit der Ernte, es war vor allem die innere Dürre, die geistliche Auszehrung der Seele. Doch die Heimgekehrten suchten den HERRN, und er antwortete ihnen.

Wer bisher in Sünde lebte, wer in Untreue seinen Weg ging, wer seinen HERRN aus dem Auge verlor, aber in tiefer Beugung über allem Versagen Gottes Vergebung suchte, der durfte Gottes Erbarmen erfahren. Von dem Tag an, als »Stein auf Stein am Heiligtum gesetzt wurde«, als man anfing, den Tempel zu bauen, als man dem Herrn zu gefallen suchte, forderte Gott sein Volk auf, diesen Tag zu beachten. Dieser Tag sollte der Anfang zu neuen Segnungen Gottes sein.

Sehnst auch du dich nach einem geistlichen Neuanfang? Nach göttlicher Fülle und Segnung, die sich auf alle Bereiche deines Lebens erstrecken? Trauerst du über die Wege vergangener Tage, die dürr, fruchtlos und vertan sind? Baue das Heiligtum in der Mitte deines Lebens wieder auf! Der HERR sucht Anbeter! Richte auf, was brach und wüst liegt, und komm zu dem heiligen Entschluss, in Zukunft nur noch deinem HERRN gefallen zu wollen.

Lass dich bitte ermutigen, mit ganzer Hingabe deinem wunderbaren HERRN zu dienen. Du wirst staunen über all die Segnungen deines Lebens, die der HERR auch dir zugedacht hat. Wer seinem HERRN den ersten Platz in seinem Leben gibt, der wird nie zu den »Letzten« gehören. Sagt nicht der Herr Jesus: »Wenn mir jemand dient, so wird der Vater ihn ehren«? Gibt es etwas Schöneres, als ein von Gott Gesegneter zu sein? Welches war der Tag, an dem der HERR in deinem Leben zu segnen begonnen hat? Oder liegt der Tag noch vor Dir?

18. Juni

Wendepunkt

Es gibt eine Aussage in der Bibel, die unser ganzes Leben von Grund auf verändern würde: »**Ich liebe dich, HERR!**« (Psalm 18,2). Nur vier Wörter sind es. Doch erweisen sie sich buchstäblich als Wendepunkt in unserem Leben. Dieses Herzenszeugnis ist wie eine Pontonbrücke, die sicher über alle Stromschnellen und gefährlichen Wasser unseres Lebens führt.

Manch einer hat Schwierigkeiten mit dieser Aussage, weil er sich nicht in der Lage sieht, sie von Herzen in seinem Inneren nachzuvollziehen. Kann man denn jemanden lieb haben, den man nicht sieht? Wie ist es möglich, dieses Wort ehrlich über seine Lippen zu bringen: »Ich liebe dich, HERR!«? Was bewegt jemanden, eine öffentliche Liebeserklärung abzugeben? Vielen Gläubigen fällt dieses Wort gar nicht erst ein. Und wie sehr würde sich der Herr Jesus darüber freuen!

Stattdessen sitzt man allabendlich vor dem Zeitdieb, dem Fernseher, und ist über politische Geschehnisse, über Fußball und Samstagabend-Shows besser informiert, als über die Möglichkeit eines siegreichen Lebens mit Christus. »Ich liebe dich, HERR!« Gerade dieses Zeugnis wäre wie ein Katapult, das unsere Sinne aus aller inneren Umnachtung herausschleuderte und uns ins helle Licht göttlicher Realitäten versetzte. Gibt es nicht tausend Gründe, den HERRN zu lieben? »Herr Jesus, du bist aus Liebe zu mir gestorben, bist barmherzig und treu, hast auch mich errettet. Deine Liebe ist mir sicher. Deine Wunder und deine Barmherzigkeit sind mir wie die lachende Frühlingssonne. Jeder Pulsschlag bezeugt mir, wie sehr du mich liebst.«

Was würde geschehen, wenn ich diese Liebe kindlich erwiderte? Mit einem Schlag würden sich verfahrene Situationen klären und Nöte aufhellen. Was wäre, wenn wir die Temperatur unseres Herzens auf: »Ich liebe dich, HERR!« überprüften? Hier stellen wir die Weichen unseres Lebens. Versagen wir hier jedoch, zieht das Folgen nach sich, und der geistliche Schaden ist unübersehbar. Es liegt nun einmal in der Natur der

Liebenden, nicht anders denken zu wollen als der, dessen Liebe uns kostbar ist.

An der Treue zum Wort Gottes lässt sich schließlich die Echtheit unserer Liebe ablesen. Kann ich dann wirklich anders denken wollen als mein HERR? Wie er über Bekehrung und Wiedergeburt, Hingabe, Taufe, Gemeinde, Ehe und Familie, über Geld und Geschäft, über Freundschaft und meine Grundeinstellung zur Welt denkt? Ich liebe **mich**, HERR! Und schon fangen die Probleme an, um nie wieder aufzuhören. »Ich liebe **dich**, HERR«, und alles bekommt eine völlig neue Dimension und verändert sich zum Allerbesten.

19. Juni

Halte fest!

Ausland! Irgendwo auf einem Marktplatz in Europa. Mit großem Palaver steuert eine ältere Blumenverkäuferin auf mich zu. »Señor, nur eine Blume für Ihre Frau!« Ich will die Frau loswerden und kaufe. Leider kein Kleingeld. Pech also. Ein großer Schein muss gewechselt werden. Plötzlich ein Durcheinander. Sie hat die Finger in meinem Geldbeutel. Anscheinend will sie mir helfen, mit der fremden Währung zurechtzukommen. Später merke ich, dass sie mich bestohlen hat. Der Trick mit der Blume war also nur der Vorwand, um eine umständliche Geldwechslerei anzuzetteln. Wie raffiniert. Nicht umsonst sagt der Herr Jesus dir heute bei all dem Durcheinander in dieser Welt: **»Halte fest, was du hast, damit niemand deine Krone nehme!«** (Offenbarung 3,11).

Die Welt, der Marktplatz des Lebens – überall Sonderangebote. Fleischliche Bedürfnisse werden angestachelt. Verhängnisvolle Leidenschaften geweckt. Mit diabolischer Geschicklichkeit bringt es der Teufel fertig, Gläubige weich zu werben. Nur ein Moment Unachtsamkeit, und schon bist du auf seinen Taschentrick hereingefallen. Eigentlich ist es immer so, dass, wenn Satan als großzügiger Anbieter auftritt, er alles nimmt und nichts gibt. Der Trick ist uralt. Seit Jahren unternimmt er eine riesige Betrugsserie. Die Gemeinde ist in Gefahr! Satan will nicht, dass einmal die Krönungsfeier der Sieger stattfindet. Darum hasst er die Überwinder wie die Pest. Er scheut nichts, demontiert alles, verdirbt und bestiehlt so, dass du es nicht einmal merkst.

Darum sei deine ganze geistliche Konzentration hochaktiv. Halte deinen Heiland, Jesus Christus, fest! Umklammere sein Wort mit energischer Entschlossenheit. Kämpfe mit geheiligtem Willen. Gebrauche das Schwert des Wortes Gottes. Übe dich in geistlicher Disziplin. Lass dich niemals entmutigen. Halte fest, was du hast. Was hast du?

Kannst du mit letzter Überzeugung sagen: »Jesus Christus ist mein Erlöser und HERR«? Wer das sagen kann, weiß sich letztlich auch von ihm gehalten. Niemand wird dich jemals aus seiner Hand reißen. Sei daher unbesorgt und kämpfe den guten Kampf des Glaubens. Unser HERR hat nicht von geistlicher Entspannungspolitik geredet, auch nicht von Selbstfindung, Selbsterfahrung und Selbstverwirklichung. Im Gegenteil! Er sprach von Selbstverleugnung und Hingabe. Die geistliche Irreführung ist so geschickt getarnt, weil sie unter religiösem Vorzeichen geschieht. Man redet von neuen Offenbarungen, die sich nicht mit dem Wort Gottes decken. Deine und meine Treue zum HERRN ist gefragt.

Die dem HERRN die Treue gehalten haben, sind immer jene gewesen, die um den Frieden mit Christus gewusst und den Kampf des Glaubens nicht gescheut haben – damit niemand deine Krone nehme!

20. Juni

Die Positionen bestimmen!

Der Herr Jesus ruft dir zu: Wahrlich, reichlich werde ich dich segnen! Darum gilt dir heute dieses Bibelwort: **»Richte dir Wegweiser auf, setze dir Stangen, richte dein Herz auf die Straße ...«** (Jeremia 31,21). Wegweiser setzen kann jedoch nur, wer Gottes Ziel und Richtung kennt. Es gilt daher, die umgestürzten Wegweiser wieder an Ort und Stelle aufzurichten. Das entmutigte Umherirren soll ein Ende haben! Du sollst mit neuer Freude und zielsicherem Schritt vorwärtsgehen.

Fehlt dir die geistliche Schwungkraft? Wisse, dein HERR will dich von Neuem segnen. Doch er kann es nur, wenn wir die Bedingungen dazu erfüllen. Darum richte dir Wegweiser auf, damit das Ziel deines Glaubens deutlich wird. Auf dem Wegweiser deines Lebens kann nur der eine Name stehen: JESUS! Dieser Wegweiser bewirkt Ermutigung, Trost, Sicherheit, Freude, Ansporn, Überwinden der geistlichen Müdigkeit. Dein HERR will dir neu begegnen.

Darum achte auch auf die Stangen, denn sie dienen zur Wegabgrenzung. Sie erinnern an Disziplin, an die Fähigkeit, sich selbst zu kontrollieren. Wie wichtig Stangen besonders in der Winterzeit in den Bergen sind, weiß jeder, der sich in diesen Regionen auskennt. Wer sie nicht beachtet, begibt sich in Gefahr! Richte dir Stangen auf, sagt uns Gottes Wort. Erkenne die Weggrenzen, die Markierungspunkte. Nein, wir können Gott nicht zwingen, uns außerhalb seines Wortes zu segnen.

Wie schwer im Augenblick auch dein Weg sein mag, du darfst erkennen, dass der HERR dich von Neuem segnen will. Lass dich bitte daher niemals auf bequeme Schleichwege ein, die Abkürzungen versprechen. Die Versuchungsgeschichte Jesu beweist, dass des Teufels Köder immer »Abkürzung« heißt! Abkürzung jedoch ist Ungehorsam, ist ein Verlassen des Weges des HERRN. Säge deshalb dem vom HERRN dir auferlegten Kreuz nichts ab. Ein verkürztes Kreuz ist leichter zu tragen, aber es taugt nicht für Krone und Siegeslohn! Nur innerhalb der Grenzen, die uns Gottes Wort steckt, wird dir ein überlaufendes Maß des Segens geschenkt. Setze dir nur mutig die Stangen an deinen Wegesrand, die sein Wort dir zeigt, und du wirst erkennen, dass sich dir augenblicklich die Segenskanäle Gottes öffnen.

Unser HERR will aber auch, dass wir von Herzen seine Wege lieben, und darum fordert er uns auf: Richte dein Herz auf die Straße! Dort liegen Aufgaben, die der HERR für jeden bereithält. Hier sind Herausforderungen, die den Glauben erproben. Auch du sollst segensreiche Erfahrungen mit deinem HERRN machen. Darum richte dein Herz auf die Straße. Es werden dir vielleicht in den nächsten Tagen Menschen begegnen, die der HERR gerade für dich bestimmt hat. Du sollst ihnen zum Segen werden, weil auch du ein Gesegneter bist!

Die Straße, der Weg, der Pfad, der vor deinen Füßen liegt, ist des HERRN! Auf Gottes Spuren wirst du dich niemals verirren.

21. Juni

Nur keine Bange!

Wie dankbar sind wir für ein gutes Wort, das uns zur rechten Zeit gesagt wird. Spüren wir nicht oft die Grenzen unserer Kraft? Da will die Arbeit kein Ende nehmen. Die Verpflichtungen, Besorgungen und Alltagslasten scheuern oft den müden Rücken wund. Und das Schlimmste ist, in solchen Phasen sich mit dem Gedanken herumzuschlagen: Von meiner Not nimmt sowieso keiner Notiz. Wer kennt letztlich schon meine privaten Sorgen?

Bist du gerade jetzt in solch einer Lage? Hegst du solche Gedanken in deinem Herzen? Gerade dir gilt folgendes »Eiltelegramm« Gottes aus Philipper 4,19 ganz persönlich: **»Mein Gott wird alles, was ihr bedürft, erfüllen nach seinem Reichtum in Herrlichkeit in Christus Jesus!«** Genauso, wie dein HERR mit deinen Sünden fertig wurde, wird ER es auch mit deinen Bedürfnissen. Vielleicht hast du einen großen Haushalt, hattest ein gut gehendes Geschäft. Vielleicht schleppst du dich mit einer körperlichen Not herum, oder eines deiner Kinder hat dir viel Not gemacht. Oh, wenn du deine Bedürfnisse zu Papier brächtest, du würdest sicherlich schreiben, schreiben, schreiben. Warum tust du das nicht? Der Herr ruft dir zu: »Lass dir an meiner Gnade genügen!« Verlass dich doch auf diese Zusage, die dir auch durch diesen Brief zugerufen wird: Mein Gott aber **wird!**

Dein HERR aber kann auch auf dich jede Gnade überströmen lassen. Deinen Teil an Alltagslast hat der HERR mit weiser Hand bemessen. Denke nicht, dass der Zeiger an der Waage seinen Augen entgleitet. Er hält den Zeiger an der Skala an, wenn es genug ist. Darum tröste dich das obige Wort: Mein Gott aber wird!!! Vielleicht anders als du denkst. Aber er **wird!**

Und wenn dir nun doch die Druckstellen deiner Not arg zu schaffen machen, wenn du nicht mehr ein noch aus weißt? Bitte denke daran: Du darfst ihm alles sagen. Und wenn dich morgen früh die Angst vor dem Ungewissen umschleicht, das täglich auf dich lauert, dann rufe laut: Mein Gott aber wird ...! Er ist doch dein Gott durch Jesus Christus, oder? Wenn du das von Herzen sagen kannst, dann ruhe doch bitte in dieser wunderbaren Verheißung.

22. Juni

Der Wert der Stille

Vielleicht bedarfst du jetzt einer besonderen Glaubensstärkung. Furcht, Spannungen, Müdigkeit, seelischer Kummer machen sich breit. Und dann der Zwang »du musst!«, weil ja die Pflichten rufen. Ganz klar, da folgt irgendwann der Zusammenbruch. Und dann? Wie viel Wert messen wir eigentlich der Stille zu? Wenn wir nicht mehr vor unserem HERRN still werden können, werden wir von der Finsternis gejagt.

Wer nicht still werden kann, krankt an allem. Ist nicht schon längst im Herzen vieler, in der Ehe, in der Familie und in der Gemeinde, der Schaden sichtbar? Da wird empfohlen: »Steige aus durch Gruppendynamik, werde ruhig durch Pillen, erlange die Stille durch autogenes Training. Fehlt dir Vertrauen, dann hilft dir positives Denken.« Doch so spricht Gott der Herr, der Heilige Israels: **»Durch Umkehr und durch Ruhe werdet ihr gerettet. In Stillsein und in Vertrauen ist eure Stärke«** (Jesaja 30,15). Hier liegt die Lösung für Gotteskinder! Nur die Frage ist: Wer hat Mut zur Umkehr? Wer besitzt die Courage, seinen Lebensstil wieder auf »normal« zu stellen?

Wenn wir von Ruhe sprechen, denken wir zur gleichen Zeit, wir verpassten etwas. Wer kann heute noch still sein, ohne gleich Vorkehrungen zu treffen, alles Liegengebliebene nachzuholen? Wenn wir vor Gott stille werden, wird uns die Begebenheit aus Lukas 10 kostbar. Maria hatte das gute Teil erwählt. Warum wohl? Nun, sie hat die

Haltung eines Hörenden eingenommen, der innerlich ganz auf den Sprecher eingestellt gewesen ist. Es heißt: Sie setzte sich nieder, um zu hören. Nein, unser HERR ist eben keine Schnellraststätte, an der wir eben mal schnell unsere inneren Bedürfnisse stillen können. Bei vielen Gotteskindern sind das Fernsehen und der Computer zur Droge geworden. Tatsächlich hat so mancher Entzugserscheinungen, wenn er einmal über einige Zeit seinen Fernseh- oder Computerhunger zügelt. Wir können sagen, was wir wollen, daran gehen wir nicht nur geistlich zurück, sondern kaputt! Was wir uns dadurch einhandeln, ist nie wiedergutzumachen.

Wann hat der HERR das letzte Mal deutlich in der Stille mit dir gesprochen? Die Gefahr besteht aber auch, dass wir in der »reservierten« Stille plötzlich über vieles, vieles ins Nachdenken kommen und das Wort des HERRN nicht zu unserem Herzen sprechen lassen. Wir würden staunen, wie viel Segen und Kraft uns aus der Stille vor unserem HERRN geschenkt würde.

23. Juni

Gott behält die Übersicht!

Da fingert ein Geschäftsmann nervös und sichtlich erschrocken in den Blättern seiner Geschäftsbilanz und starrt auf die »roten« Zahlen: Schulden! Und plötzlich empfindet er nie gekannte, maßlose Hilflosigkeit, weil er sich nun eingestehen muss, dass er in seinem Geschäft total die Übersicht verloren hat. Nein, er schaut nicht mehr durch das Zahlengewirr hindurch.

Solche Augenblicke der Hilflosigkeit sind uns im geistlichen Leben auch bekannt. Was kann da alles an Befürchtungen zum Vorschein kommen, wenn wir einmal geistlich zu ermatten drohen. Wenn sich in uns, durch vielerlei Anlässe, das Gefühl der inneren Vernichtung breit macht. Wer kennt das nicht? Da steigen angstvolle Gedanken wie auf Spruchbändern vor unserem inneren Auge auf: Was wird mit meinem

Arbeitsplatz? Was mit meiner Familie? Was mit der Einsamkeit im Alter? Was, wenn Krankheit droht und man von den Stürmen des Lebens durcheinandergerüttelt wird? Es ist dann schnell mit der kühlen Gelassenheit vorbei, der wir uns oft rühmen. Doch mitten hinein in solche Überlegungen dürfen wir uns an jenes tröstende Wort aus der wunderbaren Schatzkammer Davids erinnern: **»Als mein Geist in mir ermattete, da kanntest du meinen Pfad!«** (Psalm 142,4).

Wenn dein Inneres in Ängsten ist, so hat doch dein HERR für dich die Übersicht behalten. Wenn sich Schwachheit deiner bemächtigt und dir das Steuerruder aus der Hand geschlagen wird, so kennt doch dein HERR den dir vorgezeichneten Pfad deines Lebens. Es ist wunderbar zu wissen, dass ein Mann wie David auch diese Tiefen durchlebte. Dass auch er in seiner inneren Not zu seinem HERRN geschrien hat und dann diese herrliche Erfahrung mit seinem Gott machen durfte! Nein, da kommt es eben nicht zu der erwarteten Katastrophe! Dein HERR hält Wache! Du darfst unbesorgt sein. Nein, du verpasst nichts. Du versäumst nichts. Im Gegenteil! Du darfst ganz still und getrost auf dem geistlichen Nebengleis obengenannte Erfahrungen machen. Unser HERR kennt für die Seinen eben kein Abstellgleis!

Und deswegen darfst du auch die kleinen und großen Dinge des Alltags ihm überlassen. Er wird alles für dich vollenden, so dass du schließlich sagen kannst: Du, HERR, hast mir geholfen und mich getröstet! Es bleibt dabei: Dein Gott behält die Übersicht, auch wenn die Nebelwand vor deinen Blicken nicht weichen will. Du bist in sicherer Hand! Vertraue ihm nur. Es wird alles gut!

24. Juni

Alle Gewalt und Macht ist sein!

Diese Welt steht vermehrt unter dem Zeichen der Angst und Ungewissheit. Doch unser Leben steht unter einem starken HERRN! **»Mir ist gegeben alle Macht im Himmel und auf Erden!«** (Matthäus 28,18).

Wohin richten wir unsere Blicke? Etwa auf die starken Umstände des Lebens? Lassen wir uns etwa davon beeinflussen?

Als der Prophet Elisa und sein Knabe von Feinden umzingelt wurden, öffnete der HERR die Augen des ängstlichen jungen Mannes, und er sah den Berg voller feuriger Rosse und Wagen des HERRN. Als Stephanus von seinen Mördern umringt wurde, schaute er fest zum Himmel und sah die Herrlichkeit Gottes und Jesus zur Rechten Gottes stehen. Der HERR will, dass du deinen Blick fest auf ihn richtest. Er will nicht, dass du Angst hast. Du darfst mitten im Wellengang ruhen. Das Boot schaukelt zwar – aber es kippt nicht. Denn dein HERR ist ein starker Gott! Je mehr sich die Zeit verfinstert, desto dringender ist der Appell des Geistes Gottes an die, die durch das Blut Jesu erkauft worden sind: Fürchte dich nicht! Dein HERR ist mit dir!

Leidensscheu werden wir nur, wenn wir die Blickrichtung auf unseren starken Gott verlieren. Wenn der Teufel uns schon nicht aus der Hand unseres starken Heilandes rauben kann, so versucht er dennoch, in uns die Angst zu schüren. Doch es gibt keine bessere geistliche Reiseausstattung für unseren Weg auf Erden, als die Gewissheit im Herzen zu tragen, bei diesem starken HERRN auf ewig geborgen zu sein. Wie können wir zielsicher kämpfen, wenn wir Angst haben?

Der Mut der Gotteskinder aller Zeiten beruhte auf einer unumstößlichen Gewissheit: Unser Leben steht unter einem starken HERRN! Wir dürfen dir, liebes Gotteskind, in besonderer Weise Mut machen, diesem starken HERRN zu vertrauen! »Der Wolken, Luft und Winden gibt Wege, Lauf und Bahn, der wird auch Wege finden, da dein Fuß gehen kann!«

25. Juni

Was für ein Gott!

Da hofft man heute mehr denn je auf ein Wunder, das die Welt mit einem Schlag aus ihrer verzweifelten Lage befreit. Man sucht nach einem

Berater, einem starken Mann mit Zukunftsperspektiven. Einem, der endlich Frieden schafft! Aber man hält vergeblich Ausschau. Doch Gott hat auf die vergebliche Friedenssuche längst die Antwort gegeben. Jesus Christus ist in diese Welt gekommen! Der Friede Gottes ist da! Wie blind ist doch der Mensch. Er lässt das Geschenk Gottes unbeachtet. Und gerade Jesus wäre **die** Antwort auf alle Probleme, die die verzweifelte Menschheit in Angst und Schrecken versetzen.

Die frohe Nachricht von der Geburt Jesu gilt nicht nur zur Weihnachtszeit. Sie gilt zu jeder Zeit: **»Denn ein Kind ist uns geboren, ein Sohn uns gegeben, und die Herrschaft ruht auf seiner Schulter; und man nennt seinen Namen: Wunderbarer, Berater, starker Gott, Vater der Ewigkeit, Friedefürst«** (Jesaja 9,6). Es ist an der Zeit, dass wir uns an jedem Tag seines wunderbaren und herrlichen Namens erinnern. Hat er uns nicht in der Vergangenheit sichere Wege geführt? Haben wir nicht an seiner starken Hand Trost und Hilfe erfahren?

Gotteskind, der Schöpfer des Universums ist dein Vater! Und diesem HERRN gehört dein Leben! Mag sein, dass deine Wege im Augenblick ohne jeden Hoffnungsschimmer dunkel vor dir liegen. Vielleicht stehst du vor einer zwingenden Entscheidung. Fürchte dich nicht! Erinnere dich bitte: Man nennt seinen Namen »Wunderbarer«! Darfst du nicht mit Recht erwarten, dass Gott auch in deinem Leben Wunderbares tut? Er will seinem Namen Ehre machen.

Es könnte sein, dass du im Augenblick ziemlich ratlos bist und dir die Weggabelung Kopfschmerzen bereitet. Welche Entscheidung soll ich treffen? Welchen Weg gehen? Ängstlich hältst du deine Schritte zurück. Sollte es dich nicht trösten, dass er auch für dich ein sicherer Berater sein will? Frei von jedem Irrtum? Vielleicht hast du Kummer in deiner Familie. Oder es liegen irgendwelche Probleme wie Betonklötze auf deiner Seele. Anstatt zu murren oder in Depression zu verfallen, solltest du dich daran erinnern, dass es deinem HERRN jetzt sehr wohl darauf ankommt, dich darauf aufmerksam zu machen, dass er ein starker Gott ist. Gott kann mit dem Hauch seines Mundes jeden Giganten, der sich dir entgegenstellt, zu Boden zu schleudern.

Sorgst du dich um deine Zukunft? Vergiss es nicht, dass er der Vater der Ewigkeit ist! Bleib nicht am Heute hängen!

26. Juni

Und dann ausgerechnet ich ...? Hätten das nicht Worte Jeremias sein können, als Gott ihn gerufen hat, sein Zeuge in einer bösen und gottlosen Zeit zu sein? Ich bin sicher, keiner von uns hätte einen ängstlichen Jeremia für den passenden Mann gehalten. Ein richtiger Haudegen hätte er unserer Meinung nach sein müssen, ein Mann, der gewohnt war, mit Feinden die Klinge zu kreuzen. Doch Jeremia war sensibel und empfindsam. Außerdem war er jung und hielt sich nicht für einen guten Redner. Doch wie kam es, dass ausgerechnet seine Lebensjahre in diese schlimme Zeit des Niedergangs hineinfielen? Es gibt nur eine Antwort: Gott hat es so gewollt! **»Ehe ich dich im Mutterleib bildete, habe ich dich erkannt, und ehe du aus dem Mutterschoß hervorkamst, habe ich dich geheiligt«** (Jeremia 1,5). Auch du lebst nicht zufällig in dieser Zeit! Hättest du nicht genauso gut 200 Jahre früher leben können? Doch du lebst heute! Es ist Gott, der es so gewollt hat. Nein, du hast dir diese Zeit nicht auswählen können. Dein HERR hat den Tag deiner Geburt und auch die Zeit bestimmt, in der du heute lebst. Es ist die Zeit, in der die Sünde gefeiert wird. Doch am liebsten möchte man fortlaufen.

Doch Gott sagt: »Hier geblieben!« Resigniere nicht über all die Dinge, die dich niederdrücken. Verzweifle doch nicht, weil dein Weg ein einsamer wird, nur weil du deinen Herrn Jesus liebst und es einfach nicht übers Herz bringst, mit der Welt mitzumachen. Gott hat einen Auftrag für dich! Deshalb erkenne einmal, dass du nicht durch Zufall in dieser Zeit lebst. Sieh, es ist der HERR gewesen, der dich **vor** deiner Existenz erkannt hat. Er, der ewige Gott, hat dich im Voraus geheiligt, sein Werkzeug zu sein. Die Frage bleibt natürlich, ob du seinem Auftrag gerecht wirst. Ja, du darfst ihm dienen trotz deiner ängstlichen Natur. Trotz deiner sensiblen Art. Trotz deiner Hilflosigkeit. Weißt du, warum?

Nun, Ängstliche, Sensible und Hilflose klammern sich umso fester an ihren HERRN. Und gerade das sind die Starken der Endzeit, die sich mit all ihrer Ängstlichkeit und ihrem Unvermögen restlos auf ihren HERRN werfen und sich an ihn klammern. Sei unbesorgt, er hat so viel Gnade in dein Leben hineingelegt, dass du die Möglichkeit hast, ein tapferer Streiter Jesu, ein treuer Zeuge Gottes zu sein. Du bist unsagbar reich in ihm.

Das obige Bibelwort wird in dem Augenblick zu einer göttlichen Offenbarung, wenn du anfängst, dem HERRN für ein Leben zu danken, das er aus göttlicher Vorschau zuvor erkannt und geplant hat. Darum freu dich darüber, dass du **heute** lebst. Fasse Mut. Durchschreite deine Tage mit kraftvollen Schritten. Dein HERR ist mit dir! Nein, du hast keinen Grund, mutlos und verzagt zu sein.

27. Juni

Unruhig?

Mit harter Hand wird die Welt wie ein Feigenbaum geschüttelt. Man mag die »Hiobsmeldungen« der Tagespresse aus Politik und Wirtschaft gar nicht mehr hören. Überall Unruhe und das stückweise Eingestehen: Wir stecken fest! Viele halten den Atem an und warten auf den großen Knall.

Tatsächlich, man könnte Platzangst auf diesem Planeten bekommen, wenn man nicht wüsste, dass Gott alles unter seiner Kontrolle hält. Doch wer kennt nicht das Überschwappen der Unruhe dieser Welt in sein eigenes Herz? Plötzlich ist sie da, und die Fragen und Sorgen bedrängen uns. Wie gut, dass der HERR volles Verständnis für unsere Situation hat – ja, auch für deine Lage, auch für deine innere Unruhe. Der Apostel Paulus schreibt im 2. Korintherbrief 7,5: »Unser Fleisch hatte keine Ruhe, sondern in allem waren wir bedrängt; von außen Kämpfe (Auseinandersetzungen), von innen Ängste (Furcht).« Doch nun kommt seine Erfahrung mit Gott, die auch deine werden soll: **»Aber der die Niedrigen tröstet, Gott, tröstete uns ...«** (2. Korinther 7,6).

Bist du auch so weit unten, dass du dich zu den Niedrigen zählst?

Gott hat versprochen, die zu heilen, die zerbrochenen Herzens sind. Er verbindet ihre Wunden. Die meisten von uns finden es sehr schwierig, sich von ihrem HERRN trösten zu lassen. Ach, wenn doch der HERR nur die Probleme lösen würde! Aber darin besteht eben nicht immer der Ausweg, dass Gott die Schwierigkeiten sofort wegnimmt. Gerade im Leid, in der Angst und in der Not erweist sich ja die Kraft göttlichen Trostes, dass man es eben aushalten kann und in der Bewährung stark wird. Er, dein HERR, schenkt dir den geistlichen Durchblick durch Dunkel und Vorhang.

Doch nur der wird getröstet, dem der HERR sich in seiner Liebe offenbaren kann. Wie oft tut er es durch sein Wort, durch einen Bruder, durch eine Schwester oder vielleicht durch diese Worte, die du im Moment liest. Darum, vernimm einmal die liebevolle Stimme deines HERRN, wenn er zu dir spricht: »Fürchte dich nicht, ich bin es, der dich beschützt!« Darum komm und lass dich trösten, indem du auf den gewaltigen HERRN blickst. Von ihm darfst du alles, aber auch alles erwarten.

28. Juni

Sei nicht missmutig!

Vor Jahren kletterte ein Mann bei einer Zeltevangelisation auf das Podium und rief ins Publikum: »Ich bin glücklich, das sieht man mir an!« Und dann erzählte er von seiner Begegnung mit dem Herrn Jesus. Wer von uns könnte sich diese Überzeugung spontan zu eigen machen? Ist nicht die Freude bei vielen recht rar geworden? Stattdessen hat eine unerklärliche Bedrückung die Herzen vieler erobert.

Die Macht der Finsternis hat es schon immer verstanden, ihr Geschäft mit der Angst zu machen, und viele sind bereits auf den Leim gegangen. Vollgepfropft mit negativen Nachrichten des Tages aus aller Welt, begibt man sich zur Ruhe. Eigentlich erwartet man schon nichts Positives mehr. Die Angst vor dem politischen und wirtschaftlichen Bankrott macht viele missmutig. Wie unkalkulierbar ist alles geworden. Doch Angst lähmt! Sie macht unfähig, froh den Weg des Glaubens zu gehen. Darum ruft der Herr uns zu: **»Fürchte dich nicht vor plötzlichem Schrecken, noch vor der Verwüstung der Gottlosen, wenn sie kommt: Denn der HERR ist deine Zuversicht, er behütet deinen Fuß, dass er nicht gefangen werde«** (Sprüche 3,25).

In keiner Zeit war das Wort so aktuell wie heute. Worauf schaust du? Du hast vier Möglichkeiten: 1. Angst vor plötzlichem Schrecken; 2. Angst vor Verwüstung, Krieg, Chaos; 3. Angst, von den Folgen einer hereinbrechenden Katastrophe gefangen genommen zu werden. 4. Der HERR ist meine Zuversicht! Er behütet mich! Wer mit **dieser** Herzenseinstellung lebt, wirkt entspannt und zuversichtlich.

Doch wo gibt es das heute noch? Müsste sich nicht gerade jetzt herausstellen, wie wertvoll der Sieg von Golgatha ist? Während andere mit den Zähnen zu klappern beginnen, darfst du, liebes Gotteskind, ein Loblied anstimmen: Jesus ist Sieger! Er hat mich für die Herrlichkeit erkauft, nein, seiner Hand entreißt mich nichts! Doch wer von der Welt angeschimmelt ist, der empfindet bei diesen Worten eine innere Abwehr. Warum eigentlich?

Liebes Gotteskind, alle, die wir den Heiligen Geist haben, müssen zum echten Christusbewusstsein zurückkehren. Nur so erlangt das Evangelium wieder die ganze Überzeugungskraft. Christen sind Menschen, die sich nicht auf das Niveau einer Tagespolitik herunterziehen lassen sollten. Du erwartest schließlich nicht das, was die Welt erwartet.

29. Juni

Das ist Sieg!

Da stand Bruder P. am Krankenbett seiner lieben Frau. Ihre Stunden waren gezählt. Tage voller Schmerzen und Not mussten durchschritten werden. Nun galt es, Abschied zu nehmen. Ich werde die Begebenheit nie vergessen, als mir Bruder P. mit Tränen der Dankbarkeit berichte: »Als meine Frau die Augen schloss, rief unser ältester Sohn, überwältigt und innerlich tief ergriffen von der Realität des Heimgangs der Mutter: ›Vater, das ist kein Sterben, das ist Sieg!‹« Es bleibt dabei: **»Gott aber sei Dank, der** (auch) **uns den Sieg gibt durch unseren Herrn Jesus Christus«** (1. Korinther 15,57).

Siegen ist keine Glückssache. Wer siegen will, muss an der Seite des Siegers seinen Platz eingenommen haben. Außerhalb der Nähe Jesu sind wir weder bewahrt noch geborgen, noch sicher. Wie oft hören wir die erleichterten Worte: Gott sei Dank! Doch unser HERR hat es so eingerichtet, dass diese Dankbarkeit der Grundton unseres Lebens sein darf. Er gibt uns allezeit den Sieg! Nun sind die Tage der Bewährung für die Gläubigen angebrochen. Nun wird offenbar, auf welcher Seite wir unseren Platz eingenommen haben. Jetzt gilt es, den Sieg Jesu überdeutlich zu proklamieren.

Vielen fehlt der innere Schwung dazu. Da sind Sorgen und Bedrängnisse in der Familie. Vielleicht belasten dich finanzielle Dinge so stark, dass du nicht mehr recht beten kannst. Hast du etwa das Empfinden, dass sich alles gegen dich erhebt? Vielleicht wollen finstere Gedanken dich verschlingen. Da ist dein Mann oder deine Frau gegen dich, weil du ein Eigentum Jesu bist. Es könnte auch sein, dass du sehr benachteiligt wirst, weil du dich in der Firma offen zum Herrn Jesus bekannt hast und nun der Spott beginnt. Was auch immer, Gott sei Dank! Er gibt dir den Sieg durch den Herrn Jesus Christus. Wann? In diesem Augenblick! Dein Heiland will für dich die Sache regeln. Dein Erlöser ist stark. Vertraue ihm doch. Der Sieg ist schon da! Du kannst niemals verlieren, wenn du an Jesu Seite stehst.

Übrigens, es ist Jesu Art, aus jedem für dich vielleicht aussichtslosen Fall einen Triumph zu machen. Lass dir daher bitte den Durchblick schenken. Schau hin zum Kreuz. Es ist leer. Der Sieger hat seinen Thron eingenommen und erwartet nun, dass du nichts Geringeres tust, als in seinem für dich erfochtenen Sieg zu leben. Daher sage es laut im Glauben: »Herr Jesus, ich entscheide mich für den Sieg, den du mir am Kreuz erworben hast.« Und du wirst die Ketten der Belastung, der Bindung, der Trübseligkeit von deiner Seele fallen hören. Es kommt jetzt auf deinen inneren Standort an.

30. Juni

Gott ist für dich!

Ein Wort mit Inhalt: im Krieg gefallen, im Ansehen gefallen, in Sünde gefallen, unter die Räuber gefallen, sich selbst gefallen. Wohin fallen wir nicht alles? »Mögen wir doch in die Hand des HERRN fallen, **denn seine Erbarmungen sind groß!**« (2. Samuel 24,14). Wohin lässt du dich fallen? Vielleicht ist deine Not im Augenblick zu schwer, als dass du sie lösen könntest. Der Teufel will, dass du mit all deiner Bedrückung in die Grube der Verzweiflung fällst. David, der obiges Wort mit angsterfülltem Herzen redete, wusste, dass es für ihn nur eine Lösung gab: Ich lasse mich in die Hand des HERRN fallen!

Was immer auch deine Not ist, wie schlimm auch deine augenblickliche Lage sein mag, rechne mit Gottes Erbarmen. Ob du selbst durch Sünde deine Not verschuldet hast oder die Verhältnisse dich ängstigen, es gibt ein »sich in die Hand des HERRN fallen lassen«! Der Teufel hasst diese Herzenseinstellung wie die Pest. Er weiß, wenn Menschen sich auf Gottes Erbarmen verlassen, hat er verloren. Jeder Dritte ist seelisch angeknackt. Die Zahlen treffen auch auf angrenzende Nachbarstaaten zu. Und wenn wir so weitermachen, steuern wir einem Irrenhaus entgegen. Die Invasion aus der Unterwelt Satans hat längst begonnen. Der Teufel mit all seinen Kumpanen befindet sich mitten im Generalangriff. Das erklärt, dass für viele die unerklärliche Angst des Herzens zunimmt. Und weil man sich nicht in die Hand des HERRN fallen lässt – mitten in sein Erbarmen hinein den Absprung wagt wird die Seele mit Beruhigungsmitteln betäubt. Man hat ja so viele davon! Das Vertrauen in die Pillen und Kügelchen ist groß. Tatsache ist jedoch, dass Medikamente nur Probleme verdrängen. Lösen kann sie nur der HERR! Warum setzen wir also unser Vertrauen nicht in die Allmacht Gottes?

Haben wir vergessen, dass sich unter uns schon längst die treue und liebevolle Hand des HERRN geöffnet hat? Spring doch! Warum zögerst du? Hast du etwa kein Zutrauen? Wer nicht in die Hand des Herrn springt, ist sowieso verloren. Er wird gepackt von den unbarmherzig zugreifenden Zahnrädern der Finsternis, die da heißen: Angst, Sorge, Verzweiflung, Selbstvorwürfe, geistliche Umnachtung. Ich rufe dir daher im Namen Jesu zu: »Spring in Jesu Hand, spring mitten hinein in seine Wundenmale!« Sie sind der Beweis, dass er dich unaussprechlich liebt. Fehlt dir Heilsgewissheit? Fehlt dir die innere Ruhe und Ausgeglichenheit? Spring in die Hand des HERRN! Diese Hand wird dann auch deine Wellen glätten. Fehlt dir das Zutrauen in Gottes gute Absichten mit dir? Spring in die Hand des HERRN! Seine Hand ist nicht zu kurz, um dich zu retten.

Warum zweifelst du? Reiß dich aus den Fangarmen der Grübelei. Nur dann kommst du vom Denken zum Danken.

Juli

1. Juli

Du bist nicht vergessen!

»Besser, den Spatz in der Hand als die Taube auf dem Dach!« Den
saloppen Ausspruch kennt jeder. Ein Spatz – also der letzte Vogel, dem
wir unsere Beachtung schenken. Wen nervt in der Mittagsruhe nicht das
schrille Zirrrpzirrrp aus dem Spatzenschnabel? Auf diese grauen
Krachmacher können wir verzichten, oder? Der müsste noch gefunden
werden, der einen Spatz als Singvogel im Käfig hielte. Spatzen stehen bei
uns nicht hoch im Kurs. Wenn die Spatzen jetzt wüssten, wie wir
Menschen über sie denken, würden sie sicherlich noch grauer! Doch halt!
Unser HERR nimmt gerade die Spatzen zum Anlass, um uns an diesem
Graugefieder seine Wertschätzung deutlich zu machen. Er sagt: »Nicht
einer von ihnen ist vor Gott vergessen« (Lukas 12,6). Gott vergisst die
Spatzen nicht! Keinen einzigen.

Bist du nicht wertvoller als sie? Wir versinken deswegen oft in
Selbstmitleid und Gram, weil wir meinen, Gott hätte uns abgeschrieben.
Da sind Gebete, die auf Erhörung warten. Warum schweigt Gott so
lange? Warum antwortet er nicht auf mein Rufen? Warum? Wie viele
Männer der Bibel quälten sich in Stunden innerer Zweifel und Niederlagen mit diesem Gedanken herum, dass Gott sie vergessen habe. Grausam,
entsetzlich und unerträglich erschien ihnen diese Vorstellung. Das
Gefühl der Gottverlassenheit brachte sie fast um den Verstand. »Hat
Gott vergessen, gnädig zu sein?« (Psalm 77,10). Und seien wir ehrlich
mit uns selbst, hätte unser HERR nicht hundertfachen Grund, uns
tatsächlich abzuschreiben? Wir hätten nicht ein einziges Argument
dagegen. Schauen wir nur unser tägliches Versagen an. Doch er vergisst
uns nicht! Im Gegenteil! Er argumentiert sogar dagegen. Berührt die
innigsten Gefühle im Menschen, indem er fragt: »Vergisst etwa eine
Mutter ihren Säugling? »Sollte selbst diese vergessen, **ich werde dich
niemals vergessen**« (Jesaja 49,15).

Paulus nimmt diesen Gedanken in Römer 8,35 auf und fragt: »Wer
wird uns scheiden von der Liebe Christi?« Gibt es ein größeres Argument

als die Liebe des Christus zu uns armseligen Geschöpfen? Was immer auch kommen mag: Du bist nicht vergessen! Und wenn die Angriffe gegen das klare, biblische Evangelium immer heftiger werden? Wenn man heute meint, dass man doch nicht mehr so direkt von Sünde oder dem einzigen Weg der Rettung durch Jesus reden dürfe – weil das ja intolerant sei –, dann wird deutlich, dass nichts mehr deutlich ist.

Sei darum nicht entsetzt, wenn Persönlichkeiten in unseren Tagen, die einmal klangvolle Namen trugen, Verwirrung anstiften, in Sünde fallen und Gotteskinder durch ihr »süßliches Geschwätz« scharenweise hinter sich herziehen. Sei nicht entsetzt, wenn man sich von der Heiligen Schrift verabschiedet und sich sein eigenes Evangelium zimmert. Es ist Endzeit. Ein für treue Kämpfer einsamer Weg. Deine Glaubenshände seien daher wie das Efeu, das sich um den Stamm hinaufwindet, der JESUS heißt. Und weil kein Sturm der Welt ihn kippen kann, ist deine Sicherheit garantiert.

2. Juli

Nur nicht einschlafen!

»Glückselig, der wacht!« (Offenbarung 16,15). »Herr Jesus, mache du mich wach, denn wenn ich schlafe, merke ich es ja nicht!« Ums Wachbleiben geht es. Gerade heute. »Werde wach!« – »Merke auf!« – »Höre!« Der Ruf zur Wachsamkeit schallt durch die ganze Bibel. Wir erinnern uns: Paradies, Schlange, Verführung durch Satan. Wer geistlich überleben will, muss die Verführungstricks des Feindes kennen. Die Taktik? Immer dieselbe: Sünde – Traurigkeit, Schläfrigkeit. Auch die Jünger waren vor Traurigkeit eingeschlafen (Lukas 22,45).

Und was ist mit der Unnüchternheit, dass wir die Dinge nicht mehr sehen, wie sie wirklich sind (1. Thessalonicher 5,7)? Was ist mit Leichtfertigkeit und Oberflächlichkeit? Gott tadelte sein Volk Israel sehr hart, als es ohne seinen göttlichen Begleitschutz in den Kampf zog. Die Pleite folgte. Und dann Gottes Vorwurf: »Ihr hieltet es für ein Leichtes ...« (5. Mose 1,41). Oder denk an den Hochmut. Er ist die Wurzel von Widerspenstigkeit und Eigenwille. Jeremia grämte sich: »Meine Seele wird im Verborgenen weinen wegen eures Hochmuts« (Jeremia 13,17). Die Folge? Gefangenschaft! Und was ist mit dem schlechten Einfluss?

Damals bestieg der König Rehabeam mit berechtigten Hoffnungen den Thron seines Vaters. Doch er verwarf den Rat der Alten. Erfolg? Er und sein Volk landeten in der Katastrophe. Wer göttliche Beratung verachtet, wird verführt, den fegt der Zeitgeist in den Straßengraben. Der wird von der Welt vereinnahmt. Und was ist mit den Schönrednern? Viele treue Gotteskinder werden durch sie innerlich verwirrt. Paulus prangert das an: »Durch süße Worte und schöne Reden verführen sie die Herzen der Arglosen!« (Römer 16,18). Und was ist mit Heimlichkeiten, Diplomatie und mangelnder Offenheit? Hiob gibt offen zu: »Mein Herz ließ sich im Geheimen betören« (Kapitel 31,27). Oder denk an die teuflische Gerissenheit der falschen Toleranz. Religiöses Einheitsbestreben, wo es keine Einheit geben kann (2. Korinther 6,14). Und was ist mit dem Vorbild? Wie viele werden heute durch »das Bild« verführt, sei es durch schlechte Filme oder Videos, von den anderen bildtechnischen Möglichkeiten ganz zu schweigen!

David entschloss sich: **»Ich habe den HERRN stets vor Augen; weil er zu meiner Rechten ist, werde ich nicht wanken«** (Psalm 16,8). Das Anschauen prägt! Bleib wach! Schlaf nicht ein! Weder vor Traurigkeit noch vor Erschöpfung. Und wenn uns dennoch einmal die Müdigkeit übermannt, dann sollte es wenigstens heißen: »Ich schlief, aber mein Herz war wach« (Hohelied 5,2). Der Herr Jesus beschenke dich mit neuer geistlicher Frische und der Freude, die die im Herzen haben, die auf ihn warten! Wird er dich wachend finden, wenn er kommt?

3. Juli

Nervös?

Kein Wunder! Denn das Leben fordert Entscheidungen. Aber wann und welchen Knopf drücken? Lieber hinterherhinken oder vorauspreschen? Bremsen oder Gas geben? HERR, gib Weisheit! Doch wo fängt Weisheit an? Nicht dort, wo wir uns eingestehen, dass uns Weisheit fehlt und wir zu jedem Fehlurteil fähig sind, wenn der HERR nicht lenkend und ratend unsere Gedanken beeinflusst, damit wir weise handeln können? Demütigt uns das? Unser HERR liebt es, wenn wir ihm unsere totale Hilflosigkeit bekennen. Je mehr uns das Gefühl der Ohnmacht und der Begrenztheit plagt, desto fester werden wir uns schließlich an den HERRN klammern.

Die Bibel empfiehlt in solchen Fällen: **»Wenn aber jemand von euch Weisheit mangelt, so bitte er Gott ...«** (Jakobus 1,5). Der HERR gibt gern. Er schimpft uns nicht aus. Daher, fort mit aller falschen Vorsicht, die sich lieber hinters Nichtstun verschanzen will, anstatt mutig Glauben zu beweisen! Weg mit aller Dreistigkeit, die zum fleischlichen Handeln drängt, ohne sich vorher mit der göttlichen Oberleitung kurzgeschlossen zu haben! Sind nicht die Glaubenshelden von jeher hilflose Leute gewesen? Bettelnde Krieger? Hinkende Wanderer? Das hat der Herr Jesus auch dir versprochen: **»Im Weg der Weisheit unterweise ich dich!«** (Sprüche 4,11).

Die Weisheit Gottes ist das göttliche Fingerspitzengefühl, so zu handeln, dass die Spuren des himmlischen Meisters sichtbar werden. Einen guten Pianisten erkennt man nicht an der plumpen Treffsicherheit der Noten, sondern am einfühlsamen Anschlag der Klaviertasten. Wie beklagenswert, wenn uns diese göttliche Dosierung fehlt, weil es an göttlicher Weisheit mangelt. Ein Koch wirft auch nicht alle Zutaten in den Topf und behauptet dann, es käme einzig und allein aufs kräftige Umrühren an. Wenn uns göttliche Weisheit fehlt, sind wir nichts anderes als geistliche Tollpatsche. Kein Wunder, dass wir dann verletzen statt heilen. Mit Worten und Taten, Gesten und Bemerkungen niedermachen statt aufrichten. Bekümmern, statt ermutigen. Und weil Alter nicht vor Torheit schützt, stehen wir alle in Gefahr, drauflos zu wirtschaften. Ist die Fehlerquote unserer Entscheidungen vielleicht deshalb so hoch, weil wir so selbstsicher sind?

Da ist man heute regelrecht darauf getrimmt, Situationen und Gemeindefragen geschäftsmäßig per Management abzuhandeln. Nach dem Wirtschaftsprinzip zu entscheiden, ob sich eine Sache lohnt oder nicht. Ich fürchte, wir verlassen uns allzu sehr auf unsere langjährige Berufs- und Lebenserfahrung anstatt auf die Führung des Heiligen Geistes. Passt er noch zwischen Termine, Predigtlisten, Meinungen und Mehrheitsbeschlüsse?

Und weil der HERR auch den Verstand unter die Kontrolle des Heiligen Geistes bringen will, wird eine Persönlichkeit geformt: Da wird ein Mensch glaubensstark und nüchtern, klardenkend und zielsicher, diszipliniert und tüchtig, weil er christusbewusst denkt und handelt. Christus ist seine Weisheit. Darum darf er sich getrost darauf verlassen, dass Gott die Knoten löst, wie verworren sie auch sein mögen. Übrigens, zur Weisheit gehört auch, abwarten zu können.

4. Juli

Seelennebel

Nebelleuchten am Auto – eine feine Sache. Doch leider vergessen wir allzu oft, die Nebelleuchten in unserem Herzen anzuknipsen. Machen wir doch einen Besuch bei Hiskia in Jesaja 38. Bedrängnis und Sterbensangst haben ihn gepackt. Doch dann knipst er die Nebelleuchten seiner Seele an – richtet sein Augenmerk hinauf zu Gott und ruft: »O HERR, ich bin in Bedrängnis! Tritt als Bürge für mich ein!« (Vers 14). Und die Erfahrung? **»Du aber hast dich meiner Seele herzlich angenommen«** (Jesaja 38,17). Du hast meine Seele liebevoll vor der Vernichtung zurückgehalten! Der Absturz fand nicht statt.

Und wenn es doch unten durch geht? Vergiss nicht: Du fällst nie tiefer als in Gottes Hand! Leider gibt es Christen, die im Ausmalen geradezu Spezialisten sind: Sorgenberge mit schwärzesten Schatten – Leidenswege in schrillsten Farben. Doch für die alles überragende Person Jesu fällt ihnen nur schwaches Gekritzel ein. Was für eine Schande! Es fehlt das glaubensvolle »Du aber«! Kein Wunder, dass unsere Seele bei diesem jämmerlichen Anschauungsunterricht weint! Kein Wunder, dass die Frohe Botschaft nach außen hin ihre Attraktivität verliert.

Gotteskind, hat der Herr Jesus dich nicht aus tiefster Nacht und Hoffnungslosigkeit errettet (Kolosser 1,13)? Hat er dich nicht mit allem beschenkt, was zum Leben und zur Gottseligkeit notwendig ist (2. Petrus 1,3)? Hat er dich nicht in einen unvorstellbar herrlichen »Gnadenstand« versetzt: Erbe Gottes und Miterbe Christi zu sein (Römer 8,17)?! Anstatt dem HERRN die Ehre zu geben und mit Hiskia auszurufen: »Der HERR hat mir geholfen, darum will ich singen!«, erwarten wir nichts Gutes, genau wie die Welt! Fürchten uns vor morgen! Erschaudern vor den Schreckensnachrichten der Welt. Darum, knips die Nebelleuchten deines Herzens an! Der Glaube erblickt göttliche Dimensionen.

Erinnere dich daran, dass es bei Gott keine Finsternis gibt. Gott ist Licht! Und weil sein Lichtschein auch unser Herz getroffen hat, sollen wir uns nicht so benehmen, als wären wir die Nachtwächter der Nation. Kinder des Lichts sind wir! Welch ein erhabener Titel! Was haben wir daher noch mit den Werken der Finsternis zu schaffen? Warum gibt es noch so viele ungeordnete Dinge und ist noch so viel Streit unter Christen? Warum noch so viel Eifersucht, Hochmut, Überheblichkeit und Besserwisserei untereinander? Was haben wir noch mit Unwahrheit, Unsauberkeit, Streit und Ungerechtigkeit zu schaffen? In welche Richtung gehen wir eigentlich? In Gottes Herrlichkeit? Wie werden wir dem gegenübertreten, der uns geliebt und sich selbst für uns in den Tod gegeben hat? Unser Leben als Dank für Golgatha? Wirklich? Längst sind tiefe Buße und eine neue Hingabe an den HERRN fällig. Warum beschäftigt sich unser Herz so wenig mit dem, worauf es letztlich ankommt?

Kein Wunder, dass wir dann nicht mit frohem Herzen sagen können: »Der HERR war bereit, mich zu retten!« Dieses wunderbare Gnadenpanorama sollte eigentlich unsere Herzensstimmung ausmachen. Oder nicht?

5. Juli

Du bist nicht vergessen!

Versteht Gott etwas von dem, was bei uns abläuft? Nimmt er Notiz davon, wie wir uns abrackern, uns den Schweiß von der Stirn, die Tränen aus dem Gesicht wischen? Oder ist sein Thron so weit von uns weg, dass wir meinen, seinen Augen völlig entschwunden zu sein? Dass das klar ist: **»… das Auge des HERRN ruht auf denen, die ihn fürchten, die auf seine Gnade harren«**(Psalm 33,18). Gott mutet uns Spannungen zu. Wir sollen lernen, den Umständen des Lebens nicht mehr Beachtung zu schenken als dem HERRN selbst. Und dennoch tun wir das. Leider!

Kannst du sagen: »Herr Jesus, ich respektiere dich mehr als meine augenblicklichen Sorgen«? Vielleicht macht dir im Moment ein körperliches Unwohlsein Not, und du fürchtest dich vor dem, was kommt. Kannst du sagen: »Herr Jesus, ich achte dich höher als alle Befürchtungen? Ich lasse nicht von dir, auch wenn tausend Ängste mich lähmen wollen und meine Seele sich durch enge Gassen zwängt. Ich klammere mich an deine Gnade!«? Das Bewusstsein, dass der HERR dich nie aus dem Blickfeld verliert, soll dir gerade jetzt tiefen Frieden geben. Gottes Auge ruht auf all jenen, die ihn fürchten, die mit seiner Gnade rechnen und darauf warten, dass er seine Zusagen erfüllt. Zwar sind seine Gnadenerweise oft anders als unsere Wünsche und Vorstellungen, doch eins kann Gott nicht: die enttäuschen, die ihm vertrauen.

Stell dir vor: Myriaden Engel umgeben den heiligen Thron Gottes. Wissbegierig schauen sie auf die Erde. Gespannt, was Gott mit solchen tut, die ihr Vertrauen auf ihn setzen. Wird der HERR jemals sein Wort brechen? Täte er es, wäre er ein Lügner, und seine Heiligkeit wäre dahin. Ich stelle mir vor, wie die Engel dichtgedrängt auf den Rängen des himmlischen Stadions stehen und neugierig auf Gottes Volk, das in der Kampfbahn des Glaubens läuft, hinunterblicken. Sie sehen unseren Kampf wider Satan und Sünde.

Und was für ein geistlicher Kampf ist heute im Gange: Falsche

Anpassung, falsche Brüder, falsche Toleranz, unbiblische Einheitsbestrebungen auf Kosten der Wahrheit von Gottes Wort, aufgeweichte Moral, verfinstertes und total verdrehtes Gottesverständnis, wo alles, was mit Gott und Gemeinde zusammenhängt, nur noch Spaß zu machen hat. Fährt uns dieser Gedanke nicht unter die Haut: Der Himmel schaut zu!? Doch Gottes Augen durchlaufen die ganze Erde, um sich an jenen mächtig zu erweisen, die ihr Leben restlos an ihn gebunden haben. Doch welch ein Trauerspiel geben wir Christen ab, sowohl im persönlichen Leben als auch in der Gemeinde! Wie oft muss sich der HERR unser schämen!

Kannst du dir dagegen den Jubel im Himmel vorstellen, wenn Gott den Glaubenden zum Sieg verhilft? Wenn sein Name durch Siege im Leben derer geehrt wird, die nicht von ihm lassen? Sie haben ausgeharrt. Sie sind bei ihm geblieben. Sie haben in Zeiten der Spannung nicht resigniert, sondern sind tapfer geblieben. Sie haben auf Gott gehofft und sich nicht vom Zeitgeist einwickeln lassen. Sie sind es, die den Triumph des Glaubens davontragen. Und nun mutig dem Herrn Jesus vertraut. Es lohnt sich tausendfach!

6. Juli

Nur Gutes!

Hier ein wichtiger Gedanke als Ermutigung: **»Gott aber gedachte, es gut zu machen ...«** (1. Mose 50,20). Dieses Wort steht am Ende einer traurigen Geschichte. Die Familientragödie Jakobs wandte sich, als Gott eingriff. Es ist geradezu rührend, wie sich auf einmal Herzen finden, die vorher völlig ineinander verhakt waren.

Was soll man in einer solchen Lage tun? Beten?! Hat man das nicht schon immer getan? Auswege suchen? Hat man sich nicht immer wieder den Kopf zerbrochen? Die Fakten radiert keiner weg. Doch wie schlimm auch die Widerstände sind, wie sehr sie uns das Fürchten lehren, das eine bleibt: Gott aber gedachte, es gut zu machen! Trotz all unseres Versagens.

Viele Gotteskinder gehen deshalb gebeugt ihren Weg, weil sie so mancher Tiefschlag getroffen hat. Ein aufrechte Gang ist nicht mehr möglich. Kummer zieht die Seele in den Staub. Wie gut, dass der große Regisseur im Himmel aus all dem Durcheinander des Lebens noch das Allerbeste machen kann. Nein, man fällt nicht ins bodenlose Loch, wenn man trotz eigener Schuld den Ruf zum Vertrauen auf Gott nicht überhört. Gott aber gedachte, es gut zu machen! Daran wollen wir unser Herz festmachen. Darauf ist Verlass. Was für ein wunderbarer HERR!

Mit diesem Begleitschutz darfst du die nächste Wegstrecke unter die Füße nehmen.

7. Juli

Ergreife die Initiative!

Wie gut, dass wir sagen dürfen: »Herr, ohne dich können und wollen wir nichts tun!« – »Ohne dich können und wollen wir keinen Berg bezwingen.« Doch manchmal wird uns bange. Dennoch haben wir keinen Grund, in dieser verrücktgewordenen Welt mutlos zu werden, in der alles von der Leine gerissen zu sein scheint. Kein Gotteskind sollte die Flinte ins Korn werfen. Im Gegenteil! Gegen die Niedergeschlagenheit gibt es nur ein wirksames Mittel: Die Initiative ergreifen! Und darum sagt Gott: »Steh auf, iss!« (1. Könige 19,5). Er befiehlt es! Erwarte daher nichts Spektakuläres.

Der Geist Gottes hätte doch damals seinen niedergeschlagenen Elia für einige Augenblicke in den Himmel entrücken können. Diese Erfahrung hätte Elia sicher genügt, um, mit neuer Kraft erfüllt, an die Arbeit zu gehen. Doch das geschah nicht. Im Gegenteil! Elia musste das Normalste der Welt tun: aufstehen und essen! Was tun wir, um Niedergeschlagenheit zu überwinden? Vielleicht hilft es uns auch nur für kurze Zeit. Doch irgendwann hat uns die Niedergeschlagenheit wieder eingeholt.

Wir sollten von der wunderbaren Seelentherapie Gottes lernen. Unser

HERR, der Schöpfer aller Dinge, hat uns erschaffen. Jeder Pulsschlag wird von ihm kontrolliert. Er allein weiß, wie unserer Entmutigung beizukommen ist. Tu daher das Nächstliegende. Tu es im Geist Gottes. Mach deine Gedanken am Herrn Jesus fest. Verlass dich auf seine Treue. Er verlässt seine Leute nicht. Er hat zugesagt, dass in dem Augenblick seine Kraft in dir wirksam wird, wenn du aufstehst und zu essen beginnst. Du wirst dann Dinge tun, die du vorher nicht für möglich gehalten hast. Steh auf und iss!

Wenn wir uns im Glauben aufraffen, Gottes Hand ergreifen und sein Wort, das Brot des Lebens, in uns aufnehmen, werden wir eine höhere Lebensebene betreten und den Nebel im Tal zurücklassen.

8. Juli

Achtung: Miesmacher!

Dass der Feind nicht schläft, ist die Erfahrung aller Christen, die die Nachfolge ernst nehmen. Immer wieder kommt es zu Attacken. Nein, wir sind noch nicht im Himmel, wir sind noch nicht im verheißenen Land.

Als Mose damals in Schwierigkeiten war und das Volk zu verzweifeln drohte, weil ihnen der Weg versperrt war, schloss der Feind daraus: Sie irren ziellos im Land umher, die Wüste hat sie eingeschlossen (2. Mose 14,3). Das flüstert der Feind auch uns gern ins Ohr. Da haben wir den Weg mit dem HERRN begonnen. Sind ihm aufs Wort gefolgt. Wir haben uns Mühe gegeben, ihm zu gefallen. Haben den ersten Schritt im Glauben gewagt – und dann? Ja, dann kamen Schwierigkeiten und Probleme. Und – schwups war auch er zur Stelle: der Miesmacher! Satan, der Provokateur! Schon immer hat er es mit hinterhältigen Fragen probiert. Damals bei Adam und Eva und heute bei uns: »Wo ist nun Gottes Verheißung? Wo ist dein Gott, dem du doch angeblich vertraust?« Wie weh tut der Spott. Gefährlich wird es, wenn wir dann glauben, dass die Wüste uns tatsächlich eingeschlossen hat, anstatt darauf zu warten, wie der HERR die Hindernisse wegräumt und die Probleme löst.

Nein, der Wüstensand um uns herum ist nicht die Realität, die uns umgibt, sondern dieses Wort ist die Wahrheit: **»Du umgibst mich mit Rettungsjubel!«** (Psalm 32,7). Wenn das kein Trost ist!

9. Juli

Fröhlich weiter!

Der Tag ist so, wie er ist! Du weißt nicht, was dir in den nächsten Stunden begegnen wird. Das Alltagsgewühl hat dich wieder! Dir begegnen Gegebenheiten, die du nicht ändern kannst. Vielleicht hast du aber auch schon einen Brief geöffnet, dessen Inhalt nicht gerade Sonnenschein verheißt. Rechnungen, die auf Begleichung warten, während in deiner Kasse Ebbe ist. Nein, man kann sich diese Alltagstemperaturen nicht aussuchen!

Auch Gotteskinder marschieren wie jeder andere durch Schwierigkeiten, Leid und Unrecht. Doch wie dunkel der Weg auch oft sein mag, unser Gott lässt uns nicht in fortwährender Unruhe. Das hat auch der Kämmerer aus Äthiopien erfahren, als er mit der Rolle des Jesaja nicht zurechtgekommen ist. Er hatte Fragen über Fragen. Doch es blieb nicht dunkel. Das suchende Herz fand Antwort. Philippus erklärte ihm das, was er wissen musste. Dann wurde es hell! Und die Folge von allem? **»Er zog seine Straße fröhlich weiter!«** (Apostelgeschichte 8,39). Warum denn? Es gibt nur eine Antwort: Dieser Mann hatte endlich die Antwort auf die Frage nach dem ewigen Ziel gefunden.

Ich habe mir immer wieder die Frage gestellt, wie wohl der Kämmerer in seinem heidnischen Land sein Christenbekenntnis ausgelebt haben mag. Er, der einmal sehr nachdenklich ausgezogen war, um die Wahrheit kennenzulernen. Und nun kehrt er zurück, hat denjenigen persönlich in seinem Herzen erfahren, welcher der Weg, die Wahrheit und das Leben ist. Und das hat sein ganzen Denken verändert. Es ist immer so: Wer dem Herrn Jesus begegnet ist, der darf seine Straße fröhlich ziehen. Trotz aller Schlaglöcher auf den Straßen dieser Welt. Wie rätselhaft sich auch die Wege dieses Mannes für uns verlieren: Jetzt durfte er wissen, dass der Herr Jesus ihn führt. Und dass alle Dinge jetzt auch in seinem Leben zum Besten dienen. Hat das nicht jeder von uns erfahren, der sein Vertrauen in diesen gnädigen und allmächtigen Gott gesetzt hat?

Ich wünsche dir diesen frohen Ausblick nach vorn, weil Gott über dir liebevoll seine Augen offen hält. Und weil du dich dem Herrn Jesus anvertraut hast, wird er auch deine Wege so lenken, dass du den Weg nach Hause nicht verfehlst. Lass bei allem die Freude am HERRN deine Stärke sein! Du hast allen Grund dazu.

10. Juli

Taktisches Durcheinander

Wie lange noch dauert die Zeit, da Gott seinen Zorn und seine Gerichte gnädig zurückhält? Wer mit offenen Augen durch die Welt geht und gleichzeitig mit den Worten der Bibel vertraut ist, sieht, wohin der Hase läuft. »Wir müssen uns zusammenschließen, um stark zu sein!«, ruft man. Nur so können wir die momentanen Schwierigkeiten überwinden. Es fließt zusammen, was zusammengehört! Wirklich? Die kleineren Bäche, wie immer sie auch heißen mögen, werden zusammengeleitet, und so wird aus den Rinnsalen plötzlich ein mächtiger, reißender Strom.

Erinnern wir uns noch: Die Globalisierung wurde ein geradezu magischer Begriff unserer Zeit. In dieser grenzüberschreitenden Gesellschaft, in welcher der Einzelne von der Masse erdrückt wird, leben wir nun. Auch die Ökumene, der Zusammenschluss von Kirchen und Religionen, fällt unter den Begriff »religiöse Globalisierung«. Und das alles auf Kosten der Wahrheit des Evangeliums. Und mittendrin sind wir, die Gemeinde des lebendigen Gottes. Wird uns nicht Angst und Bange, wenn wir uns – oft so zwecklos – gegen die Windböen der Endzeit stemmen? Was können wir schon ausrichten?

Schon David klagt in Psalm 11,3: »Wenn die Grundpfeiler umgerissen werden, was richtet da der Gerechte aus?« Trotzdem wollen wir nicht verzagen! Gott ist mit uns! Sein Wort steht ewig fest:

»Die auf den Herrn harren, kriegen neue Kraft, dass sie auffahren mit Flügeln wie Adler!« (Jesaja 40,31). Wer Adler kennt, weiß, wie ein Adler reagiert, wenn die erste Sturmböe sein Gefieder packt. Er breitet seine Flügel aus und lässt seine Schwingen gleiten. Mühelos!

Auch in unserem Leben gibt es hin und wieder Gewitterstürme. Die Endzeit ist kein müheloser Spaziergang. Angriffe und Nöte bleiben keinem von uns erspart. Es hat keinen Sinn, vor diesen Dingen davonzulaufen. Im Gegenteil! Unser HERR hat Lösungen für uns bereit. Es ist Hilfe vom Allerhöchsten in Sicht! Gott will gerade das Widerwärtige benutzen, um uns im Glauben weiterzubringen. Starre nicht wie gebannt auf die unmöglichen Umstände.

Denke daran: Die auf den HERRN harren, kriegen neue Kraft! Habe Mut, denn diese Verheißung gilt auch dir!

11. Juli

Beziehe Gott mit ein!

Es gibt Situationen, die uns ganz schön ins Schwitzen bringen können. Da ist oft guter Rat teuer. Doch nichts ist so verzwickt, dass es Gott nicht entknoten könnte. Und erfahren haben es Tausende, dass die Auswege beim HERRN sind. Lass es dir durch ein Wort Gottes, das damals dem Abraham gegeben wurde, zurufen: **»Ich bin der HERR, der ich dich herausgeführt habe ...!«** (1. Mose 15,7).

Gotteskinder dürfen sich nämlich glücklich schätzen, weil des Erlösers starke Hand ihr jämmerliches Dasein beendet hat. Auch aus deinem »Ur in Chaldäa« hat dich Gott herausgeführt. Er gab deinem Leben Inhalt und Format. Doch Gott will nicht nur herausführen, um uns dann unseren eigenen fantasievollen Überlegungen zu überlassen. Er will auf sicheren, guten Wegen weiterführen. Damals hatte Sarai, die Frau des

Abraham, ihrem Mann einen törichten Rat gegeben. Wir lesen in 1. Mose 16 davon. Was daraus wurde, wissen wir ja: Nun haben wir die Bescherung! In Ismael und Isaak und ihren Nachkommen liegen sich Todfeinde gegenüber. Die Welt trägt schwer an dieser Last.

Auch unser Leben hinterlässt Spuren, Resultate von Entscheidungen, deren negative Folgen oft unübersehbar sind. Für manchen ist die Rückschau mehr als schmerzlich. Doch was immer auch geschehen ist, es ist genug Gnade für jeden von uns da. Auch für dich! Sei daher guten Mutes und getrost! Gott kann auch auf krummen Linien gerade schreiben. Dennoch will der Herr uns vor zukünftigen Bauchlandungen bewahren. Es tut Ihm schließlich auch weh, wenn eins seiner Kinder in Not gerät. »HERR, bewahre uns daher vor der leichtfertigen Art, mit der wir oft gedankenlos unsere Entscheidungen treffen. Bewahre uns davor, unsere Vorstellungen zu verwirklichen, ohne zuerst unser ›Arbeitspapier‹ von dir abzeichnen zu lassen, uns bei dir rückzuversichern, ob unsere Vorstellungen auch deinem heiligen Willen entsprechen.«

Beziehe daher ganz bewusst deinen HERRN in all deine Pläne mit ein. Lass ihn teilhaben an deinen Wünschen und Träumen. Erzähle ihm kindlich all deine Überlegungen. Sag es ihm, wie es dir ums Herz ist. Dabei wirst du recht bald merken, wie liebevoll und zart der Heilige Geist den Rotstift ansetzt und dir hilft, Falsches und Halbes in den richtigen Stand zu versetzen. Dein Gehorsam wird tausendfach belohnt. Deine Freude randvoll. Dein Herzensfriede tief und reich. Und trotz all deiner Widersacher wird dein Gott dir den Tisch decken – mit neuen Segnungen dich beschenken (Psalm 23,5).

Alle Welt soll es sehen: Dein Gott ist für dich! Wer mag da wider dich sein? Sei sicher, dein himmlischer Vater meint es überaus gut mit dir. Pflege den vertrauten Umgang mit ihm, und du wirst aus dem Staunen nicht mehr herauskommen.

12. Juli

Komm ans Licht!

Ist es nicht so? Früher heimlich verabreicht – heute auf offener Straße: Drogenkonsum. Früher im diffusen Licht – heute per Mattscheibe vor einem Millionenpublikum: Okkultismus! Ob sexuelle Exzesse, nackte Gewalt, Wirtschaftsverbrechen – die gesamte Szene duldet keine Hinterhöfe mehr. Alles drängt schamlos auf die Plattform der Öffentlichkeit. Die Kloaken der Finsternis schütten ihre stinkende Brühe über uns aus. Kinderseelen werden geopfert. Die im Grundgesetz verbürgte Menschenwürde kommt unter den Hammer. Darüber hinaus sterben Tausende in schmutzigen Kriegen – vor unserer Haustür und anderswo. Menschheit, wohin? Doch dass der Herr Jesus siegt, bleibt ewig ausgemacht! (Lies Philipper 2,9!)

Das Bild ist schwarz, das sich uns bietet. Auch wir Christen leiden darunter. Von wem soll die Welt vor dem ewigen Verderben gewarnt werden, wenn nicht von uns? Wer zeigt ihr den Weg der Rettung, wenn nicht wir? Hat der HERR uns nicht mit einer so wunderbaren Botschaft beschenkt, die Kraft hat, Menschen zu verändern? Nein, wir dürfen nicht schweigen und uns wie Feiglinge ducken, während täglich Menschen massenweise ins Verderben rasen und wir um die befreiende Lösung wissen. Wir dürfen uns nicht vor der Supermacht der Finsternis ängstigen und uns, bedrängt von negativen Gedanken, wie ein geprügelter Hund in die Ecke verkriechen. Wir haben doch den allmächtigen König und HERRN auf unserer Seite! Wir müssen nicht aalglatt den Herausforderungen der Zeit aus dem Weg gehen, nur weil wir die Auseinandersetzung fürchten. Wir dürfen mit Siegeszuversicht den Namen, der über jeden Namen ist, über die Lippen bringen: JESUS – unser HERR, Sieger über jede Finsternis und jede Macht!

Keiner muss mehr im Keller seiner Gefühle hausen, keiner verzagen – auch du nicht! Niemand hat an der Seite seines HERRN Grund, sich die Augen auszuweinen. Sprich darum im Glauben den Namen JESUS mit Autorität mitten in deine Probleme und Schwierigkeiten, mitten in das Bollwerk teuflischer Widerstände hinein. Wenn du errettet bist, hast du Zugang zu Gottes Gnadenthron, bist das Kind seiner Liebe, Anwärter seiner Herrlichkeit, Teilhaber seines Sieges. Viele haben es verlernt, unter Spannungen zu leben, dem Druck der Verhältnisse standzuhalten. Denke daran, die Entmutigungen des Lebens sind oft wie die Weichmacher, die unsere Glaubensfestigkeit aushöhlen wollen. Tritt mit Mut und Zuversicht in die Spuren vorangegangener Glaubenskämpfer, die überwunden haben! Sie haben durch ihr Leben den Herrn verherrlicht! Nichts fürchtet der Feind mehr als Herzen, die ihre ganze Gedankenwelt dem Sieg Jesu unterstellt haben. Die nicht an Pleite denken, sondern den Sieg des HERRN in alle Lebensbereiche einbeziehen.

Wir wünschen dir nun die Erfahrung des Tapferen, der von Sieg zu Sieg eilt und anderen durch sein mutmachendes Vorbild Bahn bricht! Glaubst du, dass der HERR in deinem Leben siegen will?

13. Juli

Dein HERR wird damit fertig!

Kampf? Und dabei würden wir doch so gern unser Behütetsein genießen. Doch daraus wird nichts. Die täglichen Konflikte halten uns auf Trab! Ganz gleich, wohin wir blicken, überall starrt uns das heulende Elend an. Völker erheben sich. Zurück bleiben Schutt, Asche, Armut und Elend. Die Welt wird zum Schrotthaufen. Wo bleiben wir? Wo unsere Hoffnung? Wo das Licht des Evangeliums? Zuweilen fühlen auch wir uns untergepflügt – an die Wand gedrängt, von Krankheitsnöten angefochten. Und voller Ungeduld erwarten wir das Eingreifen Gottes, der uns außerdem noch so manche menschliche Nervensäge vom Hals schaffen soll. Lass es dir sagen: **»Unser Gott wird für uns kämpfen!«** (Nehemia 4,14).

Du hast also keinen Grund, mutlos zu sein. Warum gehst du gebeugt durch den Tag? Liegt deine Mutlosigkeit etwa darin, dass du dem Feind zu viel Beachtung schenkst? Dadurch machst du ihn zum Götzen. Und das ist Sünde. Denke daran: Das, was unser Leben beherrscht, das ist unser Gott. Wie oft frage ich mich: Woher kommt es, dass viele Gotteskinder mit versteckter Traurigkeit zu kämpfen haben? Dass die Freude fehlt und bittere Züge die Lippen zusammenpressen? Wäre es jetzt nicht an der Zeit, Gott mit frohem Herzen zu loben?

Wer der Wucht der Wellen ausweichen will, hat nur eine Chance: Er muss sich ducken. Biete daher dem Feind keine Angriffsfläche. Überlass dem Herrn Jesus die Auseinandersetzung. Fliehe in die Stille zu ihm. Beuge dich unter die Hand deines allmächtigen, himmlischen Vaters. Nur in dieser Herzenshaltung vor Gott betrittst du Siegesboden. Dem Demütigen gibt der HERR Gnade. Wisse dich unter seiner liebevollen Fürsorge. Nein, die Wellen werden dir nichts anhaben können. Überlass dich ihm. Wirf ihm daher alles zu Füßen, was dein Herz beunruhigt. Er wird damit fertig. Nur ducken musst du dich – beugen unter seine gute Hand. Registriere daher getrost und voller Zuversicht: Mein Gott wird für mich kämpfen!

Liegt der Sieg über deine Probleme nicht in seinem Interesse? Bist du in seinen Augen nicht kostbarer als ein Edelstein? Er liebt dich unendlich. Lass uns um eine Herzenserweckung beten! Der Gott aller Gnade, der Vater der Erbarmungen und der Gott allen Trostes, wird deine Sache regeln. Vielleicht siehst du im Augenblick noch schwarz. Doch schau den Regenbogen mitten in den dunklen Wolken deines Lebens. Er ist ein Zeichen der Treue Gottes. Ja, du darfst ihm jetzt schon dafür danken, dass er einen herrlichen Sieg für dich vorbereitet hat. Nimm im Glauben diese Verheißung in Besitz.

Lass dich nicht länger vom Kriegsgeschrei deiner Widerwärtigkeiten beeindrucken, sondern freue dich über die Verheißung: Mein Gott wird für mich kämpfen! Nur dann wird dein Herz still. Und weil Gott für dich ist, wer sollte es dann wagen, dich anzutasten?

14. Juli

Schiffbruch?

Tagelang im Orkan – an Schlaf nicht zu denken. Regennasse Kleidung, die am Leib klebt. Den Tod vor Augen. Alle Hoffnung ist hin. Plötzlich der Kommandoruf des Paulus: **»Seid guten Mutes, ihr Männer!«** (Apostelgeschichte 27,25). Ja, ich weiß, Paulus hatte die Mannschaft vor Beginn der Romreise eindringlich gewarnt, in See zu stechen. Schließlich stand der Winter vor der Tür. Stürme waren angesagt. Doch dann weht ein sanfter Südwind. Die Besatzung warf alle Befürchtungen über den Haufen. Und los ging's. Etwas Sanftes, Angenehmes war das Vorzeichen für ein Unwetter. Merkwürdig, der Feind bringt es in unserem Leben oft fertig, uns in einem Gefühl der Sicherheit zu wiegen, damit wir nur ja nicht auf die Stimme Gottes hören. Doch Ungehorsam Gott gegenüber lohnt sich nie. Man tut nichts ungestraft. Der Wirbelsturm wird sich erheben. Darum: Achte auf Gottes Termine!

Des Teufels Methode ist es immer gewesen, dass »fremde Seeleute« in Gottes Sache reinreden wollen. Sanfte Südwinde in unserem Leben sind nicht immer eine Einladung, die Anker zu lichten und loszufahren. Mancher hat das bitter bereut. Der eine sagte voreilig einer ungeklärten Geschäftsverbindung zu. Der andere ging vorschnell eine zweifelhafte Partnerschaft ein. Vorsicht vor sanften Südwinden! Auch treue Christen sind gefährdet, unbedachte Entscheidungen zu treffen, die sich recht bald katastrophal auswirken. Dabei hat Gott doch so deutlich seinen heiligen Willen offenbart. Es ist besser, mit Bedacht seine Schritte zu setzen, als loszustürmen, nur weil die augenblicklichen Südwinde so angenehm sind. Wer jedoch seine Schritte im Glauben setzt, darf wissen, dass er nie zu spät kommt. Fasse dein Herz in Geduld. Warte ab, bis der HERR eindeutig grünes Licht gibt. Dein Vertrauen wird belohnt.

Und wenn's doch passiert ist, was dann? **Habe guten Mut!** Der Herr Jesus lässt uns nicht in unseren oft katastrophalen Umständen umkommen. Du und ich, wir dürfen Mut haben, wie sehr auch das Segel zerfetzt und der Schiffsrumpf eingebeult ist. Jesu Barmherzigkeit bringt uns ans rettende Ufer. Doch sei dir im Klaren darüber, dass nur der allmächtige Gott es kann! Und im Blick auf seine Liebe zu dir und mir habe ich die große Freude, auch dir zuzurufen: **»Habe guten Mut!«** Schlimm wäre allerdings, wenn wir unsere verfahrene Situation beschönigten oder sogar andere für unser Scheitern verantwortlich machten.

Bring mutig dein zerschlagenes Lebensschiff in die Werft Gottes. Unter den barmherzigen und allmächtigen Händen deines himmlischen Vaters wird alles wieder gut. Doch pass auf, dass dich das nächste Mal nicht wieder ein angenehmer Südwind zu einer unbedachten Handlung verführt, die du irgendwann später bitter bereuen wirst. Achte daher auf Gottes Termine. Dann brauchst du weder Wind noch Wellen zu fürchten. Dein Gott lotst dich sicher in den ersehnten Hafen.

15. Juli

Die Schatztruhe Gottes!

Es gibt Zeiten, in denen uns unsere geistliche Armut zur großen Not werden kann. Wir spüren zuweilen schmerzlich die Unfähigkeit zum Handeln. Und wenn wir dann noch vor unbezwingbaren Bergen plötzlicher Schwierigkeiten und kniffliger Aufgaben stehen, verlieren wir den Mut: Wie können wir es schaffen, den Millionen Unerretteter das Evangelium zu bringen? Und schon sind wir dabei, unser eigenes Versagen mit all den dazugehörenden Pleiten zu registrieren. Kein Wunder, dass dann jeder Elan zu glaubensfrohem Wagnis schwindet. Was aber soll das eigentlich? Haben wir denn ganz vergessen, mit wem wir es letztlich zu tun haben?

Dem alle Macht im Himmel und auf der Erde gehört, der ist unser Auftraggeber! Was soll das Gezeter? Wir haben keine Zeit, Versäumtes zu beklagen. Die Ernte muss eingebracht werden. Es ist Zeit, für den HERRN zu handeln! Merkwürdig, dass unsere Hände oft so erbärmlich mager gefüllt sind, während er doch seine himmlischen Schatztruhen mit seinem göttlichen Reichtum bis zum Bersten gefüllt hat. Sie stehen dir zur Verfügung. Um einen reichen Vater im Himmel zu wissen und selbst am Hungertuch zu nagen, ist ein Widerspruch in sich selbst. So liegt im Anrufen seines heiligen Namens schon ein öffentliches Glaubensbekenntnis. Und genau das ist es, was unseren HERRN zum Handeln bewegt! Auch dir gilt dieses starke Wort göttlicher Verheißung: **»Er ist reich für alle, die ihn anrufen!«** (Römer 10,12).

Der kleine Junge, der sich plötzlich einer Horde raufender Kerle gegenübersieht, wird nicht voller Angst in der Gegend herumschreien, während er doch seinen Papa in der Nähe weiß. Wird er nicht hörbar seinen Namen rufen? Rufe als ein Glaubensbekenntnis mitten in den Sturm deiner Nöte hinein den Namen, der über jeden Namen ist: JESUS! Und du erfährst augenblickliche Rettung. Glaube es doch! Nirgendwo in der Bibel lese ich, dass wir für unser geistliches Wohl allein zuständig sind. Keine Stelle gibt es in der Heiligen Schrift, die uns ermahnt, sparsam mit der geistlichen Kost umzugehen und auf die Notration ein Auge zu halten. Im Gegenteil! Wo werden wir ermahnt, die geistlichen Kalorien mit der Briefwaage zu zählen?

Unsere geistliche Armut rührt daher, dass wir nichts Großes vom HERRN erwarten, sondern mit kleinen Fingerhüten zu ihm kommen, während ganze Bruttoregistertonnen göttlicher Wohltaten auf uns warten. Die Bibel sagt: »Schmecket und sehet, wie freundlich der HERR ist« (Psalm 34,9). Und weiter ruft Gott zum geistlichen Appetit auf: »Tue deinen Mund weit auf, damit ich ihn fülle« (Psalm 81,11).

Du hast einen reichen Vater im Himmel, vergiss das nicht. Nein, du bist kein Bettler von Gottes Gnaden. Wenn du Jesu Eigentum bist, hast du auch ein Anrecht auf sein göttliches Versorgen. Was fehlt dir? Geduld, Liebe, Freude, Friede. Ein Anruf genügt, er hört dich. Kümmert dich irgendein Leid? Fühlst du dich von Menschen bedrängt? Ruf seinen Namen an. Er hat versprochen, auch dich zu erhören.

16. Juli

Kleine Brötchen backen?

Lohnt sich die Sache eigentlich? Wo bleibt der Nutzen? Ist der Aufwand nicht zu groß? Der Erfolg zu mickrig? Jeder hat schon einmal so gedacht, und zwar immer dann, wenn er kurz davor war, die Flinte ins Korn zu werfen. Doch hier ist die Antwort, die Gott dir persönlich gibt: **»Es gibt doch Lohn für den Gerechten!«** (Psalm 58,12). Vergiss das nicht! Beachte das kleine Wort **»doch«**. Es ist ein Triumphzeichen Gottes auf all die Entmutigungen deines Herzens. Oh, dieses herrliche DOCH aus Gottes Mund. Es ist des HERRN Argument für alle, die am erfolgreichen Ausgang seiner Wege zweifeln.

Die Familientragödie des Jakob beweist es. Da werfen die leiblichen Brüder den Josef aus Eifersucht in eine Grube und verkaufen ihn für lumpige Silberstücke an eine ägyptische Karawane. Doch dann kommt eine Hungersnot, und die ganze Sippschaft sitzt in der Klemme. Aber da wendet sich die Geschichte mit den Worten: **Doch Gott ...!** Und Josef antwortet seinen verängstigten Brüdern: »Doch Gott hat mich vor euch hergesandt ..., um euch am Leben zu erhalten« (1. Mose 45,7). Was für ein Happy-End. So macht es der HERR immer.

Wenn wir am Ende sind, setzt er sein »Doch« dagegen. Wenn uns die Nerven bersten wollen und der Hund des Nachbarn durch sein pausenloses Gekläffe uns auf die Palme bringt, wenn die Kinder draußen mit dem Fußball fortwährend gegen das Garagentor treten und die Milch in der Küche überläuft, wenn das Telefon andauernd klingelt, wenn der Autoschlüssel verlegt und jeder im Haus beschuldigt wird, stopp! Atme tief durch, und setze mit kühler Überlegung diese drei Wörter dagegen: »Doch der HERR ...!« Er will dich aus deiner verfahrenen Situation herausretten. Dabei ist er bereit, auch den geringsten Glauben als Sieg zu belohnen.

Vielleicht betest du schon jahrelang für deinen ungläubigen Mann. Und wie du um die Seelen deiner noch nicht erretteten Kinder ringst, weißt du am besten. Wo aber bleibt die Antwort? Verzage nicht! Wenn du durch Umstände an dein Haus gebunden bist, während andere scheinbar problemlos ihr Leben genießen, lass es dich nicht verdrießen: Es gibt **doch** Lohn für den Gerechten! Deine Arbeit ist nicht vergeblich. Der HERR hat längst Notiz von deinem mühevollen Einsatz genommen. Doch du musst noch abwarten, du bist noch nicht am Ziel.

Das eine darfst du aber wissen, dass kein Gramm auf der Waage Gottes von all dem fehlen wird, womit du ihm treu gedient hast. Du treuer Beter, du eifriger Schriftenverteiler, du freudiger Geber, du sollst wissen, dass dir dein Lohn sicher ist. Halte durch! Die Treuen werden einmal Gottes Thron umgeben. Und den jetzt noch Zaghaften werden die Augen übergehen vor Freude und Glück, wenn der HERR die belohnen wird, die in allem Gottes Ehre suchten. Am Thron Gottes werden wir uns wiedersehen, um dann seinen Namen zu preisen und seine Gnade zu rühmen.

17. Juli

Sing dem HERRN ein Lied!

Auf nüchternen Magen? Einfach so? Ohne Grund? Nur weil uns jemand dazu auffordert? Eigentlich eine Zumutung. Singen kann man doch nur, wenn man in Stimmung ist! Doch hier lag die Sache völlig anders. Gott hatte Israel Grund zum Singen gegeben. Durch Debora und Barak wurden nämlich die Feinde Israels besiegt. **»Wach auf, sing ein Lied!«** (Richter 5,12).

Und wir? Nein, zum Singen ist uns nicht zumute. Moment mal, hat Gott uns etwa vergessen? Hat er etwa die Feinde über uns herfallen lassen? Ist wirklich kein Grund zum Singen da? Auch dann nicht, wenn wir an Jesu Kreuzestod denken? An seinen herrlichen Sieg über Satan, Sünde und Tod? Was ist mit den tausend Beweisen seiner Liebe zu uns? Wirklich kein Grund zur Freude? Wach auf, wach auf, sing ein Lied! Niedergeschlagenheit zehrt an deiner Substanz. Traurigkeit schwächt, und negative Gedanken zerstören deine Kraft. Sie dringen in deine Seele wie todbringende Killerzellen und richten sie zugrunde. Doch ein fröhliches Herz bringt gute Besserung, sagt die Bibel in Sprüche 17,22.

Nun müsste man eigentlich nur noch den Grund zu einer pausenlosen Fröhlichkeit finden. Moment mal – haben wir ihn denn nicht? Wie käme die Bibel denn sonst dazu, uns aufzufordern: »Freut euch! Freut auch allezeit; und nochmals sage ich euch: Freut euch!« (Philipper 4,4). Viele sind Weltmeister im Klagen, obwohl der HERR sie aus dem tiefen Abgrund ewiger Verlorenheit herausgeholt hat. Andere dagegen finden es fast schick, eine tiefsinnige Miene aufzusetzen, während sie doch diese Wahrheit regelrecht genießen sollten: Die Freude am HERRN ist unsere Stärke! Wie armselig und kurzatmig ist doch die Freude derer, die ohne Jesus und damit ohne eine frohe Zukunft sind, denen nur das furchtbare Erwachen vor einem heiligen Gott bleibt, der Sünde verdammen muss! Wie entsetzlich, an den Sterbebetten der Unerretteten zu stehen und ihnen keinen Trost zusprechen zu können, wenn sie den Herrn Jesus ablehnen.

Kennst du den Herrn Jesus als deinen persönlichen Erlöser? Bekennst du das mit einem unumstößlichen freudigen JA? Oder fehlt dir die frohmachende Gewissheit deiner Rettung? Erinnere dich daran, dass dich Gott vor Grundlegung der Welt geliebt hat. Dass du ein Erbe himmlischer Herrlichkeit bist – errettet für die Ewigkeit, um mit allen Erlösten eine ungeahnte Seligkeit zu genießen. Erinnere dich an dein ewiges Ziel. Denke an dein ewiges Zuhause in Gottes Residenz. Hat er dich nicht 20, 30, 40 Jahre hindurch wunderbar getragen? Und dir fällt es jetzt tatsächlich schwer, ihm ein Loblied zu singen?

Vergiss für einige Augenblicke deine Schwierigkeiten. Schieb den Vorhang deiner trüben Gedanken zur Seite und lass die Sonnenstrahlen deines Vaters im Himmel in deine geistliche Kellerwohnung fallen. Auf, sing dem HERRN ein Lied! Wach auf! Ach, du kannst nicht singen? Auch wenn du wie ein Rabe krächzt, ist dennoch dein Lied in den Ohren Gottes ein Freudenfest.

18. Juli

Auch das noch!

Umziehen! Kisten schleppen. Möbel durch den Hausflur hieven. Einpacken – auspacken. Und dann das heillose Durcheinander. Da trägt ein Nachbarsjunge, sichtlich hilfsbereit, eine Vase durch den Hausgang. »Pass aber auf damit, die Vase ist von Papas Chef«, mahnt ein Kind ängstlich. Und schon ist es passiert. Die Scherben landen dann im Mülleimer. Nein, die Vase war nicht besonders kostbar, doch ihr Wert bestand darin, dass sie ein Geschenk von Vaters Chef war. Die Person, die dahinterstand, machte sie erst wertvoll.

Wem gehörst du? **»Ich gehöre dem HERRN!«** (Jesaja 44,5). Weißt du eigentlich, wie wertvoll du bist, der du dem Herrn Jesus gehörst? Schade, dass uns das oft so wenig bewusst ist. Die Person, die ihr kostbares Blut für dich gegeben hat, macht dich wertvoll in Gottes Augen. Wertvoll um Jesu willen! Kann es denn wirklich sein, dass unser Verhalten völlig andere Rückschlüsse zulässt? Dass wir uns so benehmen, als gehörten wir der Welt? Damals sagten die Erlösten Israels: Ich gehöre dem HERRN! Das war eine klare Absage an jede andere Autorität, die einen Eigentumsanspruch geltend machen wollte.

Ich gehöre dem HERRN! Mich hat diese Klarstellung sehr froh gemacht, weil ich davon Herrliches ableiten darf. Auf dem Leben eines von Gott erlösten Menschen liegt nämlich der heilige Rechtsanspruch des Allerhöchsten. Kann ich dann noch dem Satan Konzessionen machen? Mich der Welt anbiedern, während ich dem Herrn Jesus gefallen sollte? Und damit sein Rechtsanspruch deutlich wird, hat er uns seinen Heiligen Geist gegeben. Er wohnt in uns! Wie könnten wir mit ruhigem Gewissen diese heilige Majestät durch ungöttliches Verhalten beleidigen? Ich gehöre dem HERRN! Wenn die Sorgen überhand nehmen und dein Glaubenslicht zu flackern beginnt, sage: Ich gehöre dem HERRN! Wenn Satan dir trübe Gedanken einflüstert und dich zur Sünde provozieren will, sage: Ich gehöre dem HERRN!

Ob bei der Arbeit oder zu Hause oder bei deinen tausendfachen

Mühen, denk daran, dass du in den Augen Gottes unsagbar wertvoll bist, weil der HERR Jesus sein Blut für dich gegeben hat. Er wird nie zulassen, dass du ihm wie diese Vase aus den Händen gleitest – dass dein Leben zu Bruch geht. Seine Hände sind behutsam. Sein Handeln mit dir überaus liebevoll und sicher. Darum noch einmal: Sind die Eigentumsverhältnisse ein für alle Mal geklärt? Dann kann kommen, was will. Keine Zukunftsangst darf dich mehr bedrücken. Keine Todesfurcht dich schrecken.

Wenn du morgens aufstehst und dich abends zu Bett legst, sag es immer wieder: Ich gehöre dem HERRN! Und wenn Versuchungen dich belästigen wollen und Satan sein Letztes tut, zeig hin auf dieses Wort. Lass dich nicht beeindrucken, wenn dich ein Heer von Finsternis umringt. Du gehörst dem HERRN. Das ändert alles. Weißt du auch, dass du ihm darum zu besonderer Loyalität verpflichtet bist?

19. Juli

Gedankenbomben

Es gibt tausenderlei Dinge, die uns den Schlaf rauben können. Da werden die Nächte zu Ewigkeiten. Wie soll man nur die vielen Probleme lösen? Bei diesem Gedankenbombardement suchen wir angestrengt, Lösungen zu erzwingen. Die Folge ist Unfriede des Herzens. Der Herr Jesus sagt dir durch sein Wort: **»Er schafft Frieden in deinen Grenzen!«** (Psalm 147,14).

Schon mal über die Grenzen Gottes nachgedacht? Grenzen Gottes sind Bewahrungslinien, Orientierungsdaten, auch in unserem Leben. Grenzen Gottes sind Abgrenzungen von Zuständigkeitsbereichen – sind Sicherheitszonen. »Herr, zeige mir die Segensräume in den von dir mir zugedachten Grenzen.« Gott legte damals auch Israel die Landesgrenzen fest. Es waren heilige Grenzen. Gott versprach, sein Volk allein in diesen Grenzen zu segnen. Kein Mensch kann Gott jemals zwingen, uns außerhalb seiner festgesetzten Grenzen zu segnen. Er legt auch die Grenzsteine in unserem Leben fest. Gottes Wort zeigt die Markierungspunkte auf. Wer sie überschreitet, muss sich nicht wundern, wenn er Gott die Grundlage zum Segnen entzieht.

Aber jetzt bitte nicht Segen mit Erfolg verwechseln. Der HERR gewichtet. Er wägt ab. Wir lassen uns leicht von Zahlen, Massen, Mengen und Methoden blenden. Doch den geistlichen Wert misst er. Er ganz allein. Es fällt auf, dass uns die Bibel von tragischen Grenzüberschreitungen berichtet. Adam und Eva beim Sündenfall, David und Bathseba durch den Ehebruch, Salomos Götzendienst und sein Ende, Israels Unglaube in der Wüste. Das alles hinterließ schlimmste Folgen, zog Leid, Tränen, Tod und Elend nach sich.

Wie viele Ehen könnten glücklich sein, wenn sie Gottes Grenzen beachtet hätten. Wie viele Familien würden funktionieren, wenn sie Gottes Grenzen respektierten. Wie vielen Gemeinden würde ein geistlicher Frühling geschenkt, wenn sie die heiligen Grenzen in Gottes Wort erkennen würden. Wie viel Frieden hätte unser Herz, wenn wir nicht immer und immer wieder voller Ungeduld den Treibsatz zündeten und wie eine Rakete über Gottes Grenzen hinausschössen. Wir ersparten uns viele Wunden und Beulen. Unsere Nerven lägen nicht bedenklich blank. Unser Herz wäre gelassen, voller Glaubenszuversicht – und das mitten in den oft harten Realitäten des Lebens.

Nein, nicht immer bleiben uns Schwierigkeiten erspart. Auch innerhalb der Grenzen Gottes nicht. Sie sind jedoch lösbar! Sie ziehen keine verhängnisvollen Resultate nach sich. Wenn du dich in Gottes Grenzen aufhältst, darfst du wissen, dass er dir grenzenlosen Frieden schaffen wird. Über kurz oder lang. Verliere daher nicht den Mut, weder zu Hause noch in deiner Gemeinde, weder am Arbeitsplatz noch da, wo der HERR dich hingestellt hat. Sei zuversichtlich, dein Gott schafft Frieden in deinen Grenzen.

20. Juli

Die Gnade hält dich!

»Und nun befehle ich euch Gott und dem Wort seiner Gnade!«
(Apostelgeschichte 20,32). Paulus nimmt Abschied. Seine Worte sind
bewegend, seine Freunde sind nicht imstande, die Tränen zurück-
zuhalten. Hatte die Liebe des Christus sie nicht in den vergangenen
Jahren zusammengeschweißt? Wie viele Gebete sind aus dem Herzen des
Paulus für die Gemeinde in Ephesus zu Gott aufgestiegen. Viele wurden
durch seinen Dienst getröstet und erbaut. Wie hat er ihnen das Geheimnis des Christus vor Augen gemalt.

Paulus, unser geliebter Bruder, deine Worte sind vom Herrn gewesen,
und sie haben auch unser Herz erreicht! Doch nun trennen sich die
Wege. Paulus geht nach Jerusalem. Er weiß nicht, was auf ihn zukommt.
Und jetzt lässt er die Geliebten des HERRN zurück. Man spürt die
innere Bürde um die Gemeinde. Doch er weiß, an wen er sie bindet.
Nicht an eine Person. Nicht an Menschen, die alle letztlich doch nur
enttäuschen. Er bindet sie an den HERRN, seinen Gott. Und sein Appell
ist herzergreifend, flehentlich: »Bleibt dem HERRN treu!« Denkt daran,
dass nach meinem Abschied der Feind auf der Lauer sein wird. Er wird
die Herde nicht schonen. Und wie Recht hatte Paulus. Pausenlos griff
der Feind an. Rücksichtslos war sein Sperrfeuer auf die Treuen gerichtet.
Doch letztlich biss er auf Granit. Sagt Gottes Wort nicht: **»Der Engel
des Herrn lagert sich um die her, die ihn fürchten, und er befreit
sie«** (Psalm 34,8).

Er wird auch deine Gerechtigkeit ins Licht hinausführen. Sei nur
getrost und sehr stark im HERRN ermutigt. Wenn dir auch jetzt die
Zukunft total verhangen scheint, gerade in diesem Augenblick streckt dir
der Herr Jesus seine gnädige Hand entgegen. Du solltest sie im Glauben
festhalten und getrost nach vorn blicken. Denke immer daran: Es wird
dir kein Haar gekrümmt ohne seinen Willen. Und sollte dir die
Bedrängung der Umstände zu stark werden, erinnere dich daran: Er hat
längst für dich den Ausgang geschaffen, so dass du alles mit Gottes Hilfe

ertragen kannst. (Lies 1. Korinther 10,13!) Gottes Gnade ist Trumpf! Gnade heißt: Gott hat immer die größere Möglichkeit. Auch wenn dir mal das Wasser bis zum Hals steht, es ist Gnade für dich da. Die reißenden Ströme werden dich nicht überfluten, und das Feuer wird dich nicht verbrennen. Wisse dich ganz an den allmächtigen Heiland gebunden, was auch kommen mag.

Und wenn die Sterne vom Himmel fallen, Jesus Christus, unser Fels, bleibt unverletzbar. Sicher und fest steht er mitten in der Brandung des Weltgeschehens. Und dieser Felsen ist deine ewige Sicherheit!

21. Juli

Das Geheimnis neuer Segnungen

»... und wir bitten dich um deinen Segen!« So beten wir oft. Sehnen wir uns nicht mit Recht danach? Hat Gott nicht eine Fülle von Segen für uns bereit? Wie steht es aber nun wirklich mit der Ausbeute des Segens Gottes in unserem Leben? Oder ist es damit recht armselig bestellt? Aber, was ist letztlich Segen? Etwa nur eine reiche Addition halbwegs mühevoller Arbeit? Wir wissen, dass Jakob Gott nicht losließ und rief: Ich lasse dich nicht, du segnest mich denn!

Auch wir spüren, dass Segnungen Gottes innige Berührungen mit seiner unmittelbaren Friedensnähe sind. Sie sind ein Teilhaben an seiner Freundlichkeit und Liebe. Ein Genießen seiner innigen Zuneigung. Sie sind der Beweis verblüffender Aufmerksamkeiten unseres fürsorglichen Vaters im Himmel. Es sind Erfahrungen der Seele, die nur der kennt, der vertrauten Umgang mit ihm hat. Und nun stelle ich mir vor, wie ein Kavalier seiner Liebsten einen wunderschönen Strauß dunkelroter Rosen mitbringt. Doch anstatt die Rosen in die Vase zu stellen, lässt sie diese in der Garderobe verwelken. Unaufmerksamkeit, Undank oder Nachlässigkeit? Wie groß würde sein Rosenstrauß wohl das nächste Mal ausfallen?

Machen wir das mit unserem Herrn Jesus nicht auch oft so? Wir haben wenig Zeit, seine Liebe zu uns zu bewundern. Haben oft nur einen knappen Dank übrig, um dann schleunigst zur Tagesordnung über-zugehen. Wir würden viel mehr Gottes segnende Hand erfahren, wenn wir mehr dankten. Der HERR würde uns mit noch reicheren Segnungen überschütten, wenn wir einen Blick für sein liebendes Herz hätten. Willst du mehr Segen? Sehnst du dich aufrichtig danach? Dann fange ganz neu an, zu loben und zu danken: **»... ich will dich erretten, und du wirst mich verherrlichen«** (Psalm 50,15).

Sag ihm feierlich, dass du verblüfft bist, weil er es so gut mit dir meint, obwohl du es nicht verdient hast. Dann wirst du sehen, dass der Herr Jesus dich mit neuen Segnungen überrascht. Und je mehr du seine grenzenlose Freundlichkeit zu erkennen suchst, desto tiefer wirst du von der Qualität seiner Liebe erfasst werden. Auch mitten im Leid? Ja! Auch in momentanen Anfechtungen? Ganz gewiss! Aber warum schon danken, bevor wir das Erbetene in Händen halten? Weil wir dadurch unserem HERRN zutrauen, dass er seine Geliebten nicht enttäuschen wird. Im Himmel werden nur dankbare Menschen Gottes Thron umgeben. Aber warum wollen wir erst im Himmel mit unserer Dankbarkeit beginnen, während sie uns heute schon die Türen zu Gottes großen Segnungen öffnen will?

Lass uns darum mit Lob und Dank nicht knausern, denn Gott hält neue Segnungen bereit.

22. Juli

Jetzt reicht es!

Kennst du das auch? Das Maß ist voll. Der Krug läuft über. Die Stimmung ist bis aufs Äußerste gespannt. Die innere Gereiztheit bringt das Fass zum Überlaufen. Und dabei wollten wir doch dem HERRN in seiner Lammesnatur immer ähnlicher werden. Doch sag einmal, schreit nicht so manche Ungerechtigkeit tatsächlich zum Himmel? Hätten wir nicht dann und wann auch einmal das Recht, so richtig auf den Putz zu hauen, weil Menschen auf unserer Nase ihr Festival veranstalten? Oder ist ein Christ eben doch dieser ausgemachte Trottel, der immer und zu allem Ja sagen muss, weil das eben so in das fromme Klischee passt?

Jeder Psychologe rät: »Lassen Sie mal so richtig den Hund von der Leine.« Doch Gott sagt: »Lass ab vom Zorn und lass den Grimm! Entrüste dich nicht, es führt nur zum Bösen« (Psalm 37,8)! In Prediger 11,10 geht die Heilige Schrift noch einen Schritt weiter und sagt: »Entferne den Unmut aus deinem Herzen und halte Übel von deinem Leib fern!«

Manchmal geschieht etwas, das uns tatsächlich in große, innere Not und Schwierigkeiten bringt. Und was wir auch machen, es ist unmöglich, dieser Situation etwas Erfreuliches abzuringen. Wir sind niedergedrückt. Mitten hinein ertönt der Funkspruch des Heiligen Geistes: Lass den Verdruss fahren! Man muss ja nicht immer gleich total entrüstet, gereizt oder bissig reagieren. Unmut, Zorn und Verdruss drängen, Übles zu tun. Und das ist immer das Gegenteil von Freude. Es ist eine Art, die das Gemüt belastet. Ein Schmerz, der deine Aufmerksamkeit in eine völlig falsche Richtung drängt. Gib ihm den Laufpass! Korrigiere deine Gedanken. Denke an etwas, das dir Freude macht. Ganz jämmerlich sind doch hier die Positivdenker dran, die sich immer an etwas erinnern müssen, was ihre Gedanken mit einer Art Glücksgefühl erfüllt. Aber diese Lunte brennt nicht lange, und am Ende dieser Zündschnur kommt das böse Erwachen.

Ein Christ aber darf sich an den Herrn Jesus erinnern und freimütig seiner Seele auf die Schulter klopfen: **»Sei stille dem Herrn, und warte auf ihn«** (Psalm 37,7). »Befiehl dem Herrn deinen Weg, und warte auf ihn, er wird handeln« (Vers 5). »Und du wirst deine Lust haben an Fülle von Heil« (Vers 11).

Der HERR sieht, wie dich die Umstände im Moment anbohren, wie dich Menschen provozieren. Klinke deinen Unmut aus! Dieser Willensakt – durch Gottes Gnade – bringt dir augenblicklich innere Befreiung. Der Herr wird dir dabei helfen. Vergiss aber nicht, deinen Gedankengang wieder ganz fest in Gottes Kraftquelle einzuhaken; denn von dort kommt dir großer Trost und gute Hoffnung.

Du musst dich nicht zermartern. Du darfst deine Gedanken an deinen HERRN abkommandieren. Soll doch der Teufel seinen Gedankenterror anbringen, wo er will. Bei dir nicht! Genieße daher wieder einmal so richtig den tiefen Frieden Gottes und die Freude, die in dem

Bewusstsein liegt, dem allmächtigen Gott, der dich unsagbar in Jesus Christus liebt, auf ewig zu gehören.

23. Juli

Du wirst geliebt!

Kindergeschichten treffen oft den Nagel auf den Kopf: »Kommt mit! Wir gehen Kirschen klauen.« – »Nein, da mach' ich nicht mit.« – »Aber warum denn nur?« – »Wegen meines Vaters!« – »Wegen deines Vaters? Hast du etwa Angst vor ihm?« – »Nein, das nicht. Aber ich habe Angst, dass ich meinem Vater weh tun könnte, wenn ich so etwas tue!«

Wie ist das eigentlich bei uns? Da geht's nicht ums Kirschenklauen. Es geht um unser Verhältnis zum Herrn Jesus. Wie sensibel sind wir da eigentlich noch? Die Zeit ist danach, dass wir durch tausenderlei Reaktionen unserem Gott die Ehre abschneiden, ihn beleidigen und betrüben. Da ist kein Gebiet ausgenommen. Der Feind setzt alles daran, dich und mich regelrecht aufs Kreuz zu legen. Keine Versuchung ist ihm zu plump, kein Trick zu gerissen – nein, bloß sich jetzt nicht von ihm verschaukeln lassen. Bloß nicht dem allgemeinen religiösen Mischmasch auf den Leim gehen. Bloß jetzt nicht dem Trend der Zeit in die Falle laufen.

Ich bin oft erschrocken darüber, wie fernsehverliebt und illustrierten-versessen manche Christen sind. Kein Wunder, dass sie kaum noch Zeit für die Bibel haben. Viele sind deshalb geistlich immunschwach geworden. Haben auf moralischem Gebiet Schlagseite bekommen, weil sie ihre Sinne nicht unter göttlicher Zucht hielten. Und unsere Kinder? Eine wahre Dreckbrühe haben die Massenmedien über unser Volk ausgegossen. Und wir stehen mitten drin. Wir und unsere Familien. Fliehen können wir nicht. Aber welche Antworten geben wir nun unseren Kindern? Welche Appelle hören unsere Gemeinden? Wie zeigen wir ihnen den klaren Weg der Wahrheit durch den Wirrwarr von Sünde und Sumpf?

Bei vielen bleibt die Heilige Schrift auf der Strecke. Und dabei ist es doch sein Wort! Das Zeugnis seiner unendlichen Liebe! Darum: **»Lasset uns lieben, denn er hat uns zuerst geliebt«** (1. Johannes 4,19). Das allein ist die Antwort auf die alarmierenden, antigöttlichen Geschehnisse unserer Zeit. An der Liebe zum Herrn Jesus entscheiden sich Sieg oder Niederlage. Was hindert uns, ihn mehr zu lieben als bisher? Fällt uns das wirklich so schwer, ihn mit ganzer Kraft, mit allen Fasern des Herzens zu lieben? Er hat uns die Sünde vergeben, uns von Satans Ketten befreit, uns mit seinem Heiligen Geist beschenkt. Er hat uns zu Gotteskindern gemacht, uns seinen Frieden ins Herz gesenkt. Er hat uns eine ewige, herrliche Heimat bereitet. Und auf dem Glaubensweg hat er uns seine Hilfe fest zugesichert. Selbst wenn wir schlafen, er wacht über uns. Wenn wir versagen, er bleibt dennoch treu. Wenn wir ihn betrüben, zahlt er nicht mit gleicher Münze heim.

Er liebt dich! Ihn zu lieben, zieht sehnsuchtsvolles Erwarten nach sich. Es ist die beste Medizin, die heilende Antwort auf deine augenblicklichen Nöte. Es ist die beste Leuchtkraft für das Evangelium. Glaubhaft, kraftvoll, unwiderstehlich.

24. Juli

Und jetzt?

Sauer und aufgebracht schlägt der Entrüstete auf den Tisch und ruft voller Enttäuschung: »Aber das ist doch das Letzte!« Kennst du auch solche Augenblicke? Es gibt Dinge, die wir einfach nicht unterkriegen, weil sie uns über den Kopf gewachsen sind. Egal, was es ist. Probleme, Schwierigkeiten, Sorgen oder Angriffe. Wie oft haben wir selbst resigniert zugeben müssen: »Wir sind die Allerletzten!« Wir fühlen unsere Ohnmacht angesichts der wütenden Kräfte des immer stärker werdenden antichristlichen Aufbruchs der Endzeit. Wir spüren unsere klägliche, kleine Kraft und sollten doch gerade jetzt so stark sein, weil die Zeit nach Halt und Hilfe schreit.

Als Gideon im Buch Richter, Kapitel 6, seinen Weizen mahlte, versteckte er sich vor dem Feind. Kam er sich nicht auch wie der Letzte vor? Als David in der Wüste vor Saul floh und wie ein räudiger Hund gejagt wurde, kam er sich nicht auch wie der Letzte vor? Als unser HERR bespuckt und gegeißelt, geschlagen und ans Kreuz genagelt wurde, musste selbst er sich nicht auch wie der Allerletzte vorkommen? Du bist also in allerbester Gesellschaft, wenn du dich wie der Letzte fühlst. Und genau hier hinein ruft dir der lebendige Gott ein überaus trostvolles Wort zu: **»Ich, der Herr, bin der Erste, und bei den Letzten bin ich derselbe«** (Jesaja 41,4).

Mich hat das Wort unendlich froh gemacht. Unser HERR ist derselbe in seiner Herrlichkeit, in seiner Heiligkeit, unendlichen Liebe, seiner Güte und Gnade, Barmherzigkeit und Treue. Er verändert sich nicht. Auch wenn die Endzeit uns als die Letzten bestimmt hat: Unser HERR ist der, der von Anfang an ist. Wie majestätisch tritt uns diese Wahrheit entgegen! Seine Wunderkraft sprengt alle unsere Vorstellungen. Seine Weisheit, dir zu raten, ist atemberaubend. So wie er zu Abraham, Mose, Josua, zu vielen Propheten gesprochen hat, so wie er sich Paulus und vielen Tausenden treuen Glaubenskämpfern in seiner wunderbaren Gnade erwiesen hat, so will er auch dir begegnen. Er kennt keine Müdigkeit, von Abnutzung ist bei ihm nie die Rede. Seine tausendfachen Verheißungen sind taufrisch wie am ersten Tag.

Du siehst also, dass du überaus getrost und freudig in den Tag gehen kannst. Diese herrliche Wahrheit steht! Lege die Betonung aber bitte auf das richtige Wort: **Ich bin der HERR!** Von da aus fließt dir Frieden zu. Von dorther muss jeder notvolle Gedanke ängstlich kuschen. Denn er ist HERR, dein HERR! Warum mit Bangen durch die Zeit gehen? Warum mit Sorgenfalten die Zeitung lesen und den Nachrichten lauschen? Warum seine Seele bedrängen lassen von all den finsteren und perversen Dingen dieser Zeit, die uns auf Schritt und Tritt begegnen?

Reiß das Himmelsfenster auf, hol tief Luft, saug deine Lungen voll mit göttlichem Sauerstoff. Und dann setze die Fanfare des Sieges an deine Lippen und schmettere in die Dunkelheit der Zeit dein Lied: Mein HERR ist der Erste, und auch bei mir ist er immer noch derselbe! Dann wird dein Gedankengang in die Friedensspuren Gottes gelenkt werden. Und deine Zuversicht dein Herz erfreuen. Dann wirst du zwar sagen: Ich bin der Letzte – aber er, mein HERR, ist der Erste, und das ändert alles. Stimmt's?

25. Juli

Oase in der Wüste

Dein Vater im Himmel sagt dir: »Ich werde die Wüste zum Wasserteich machen!« (Jesaja 41,18). Wüsten sind Situationen unseres Lebens! Kennen wir sie nicht zur Genüge? Überall Steine, Geröll, Dornengestrüpp, Widerwärtigkeiten und Frust. Kaum ein Fortkommen. Es hat den Anschein, als würde die Wegstrecke immer länger. Und dabei die quälenden Gedanken: Wie lange noch, HERR? Hast du etwa auch an Gottes Zeitplan herumgegrübelt? Hat er nicht gesagt: Ich komme nicht zu spät? Herr Jesus, du siehst doch, dass alles verdorrt. Du siehst doch die hängenden Köpfe, die sauren Mienen, den leisen, bitteren Zug um die Mundwinkel. Wie lange noch, HERR?

Ja, deine augenblickliche Lage ist alles andere als rosig. Deine Logik sagt dir, dass endlich die Wende zum Guten geschehen muss, wenn nicht alles in die Brüche gehen soll. Wie oft sagt ein Mann in der Bibel: Meine Zunge klebt mir an meinem Gaumen ... ausgedörrt ist mein Herz! Wüstensituation. Nichts geht mehr. Und genau dahinein fällt das Wort Gottes: **»Ich werde die Wüste zum Wasserteich machen«** (Jesaja 41,18). Ich werde es tun, sagt der HERR, und keiner sonst. Und er tut es. Vielleicht nicht heute, aber er tut es.

Sein Wort sagt: »Die Elenden und Armen suchen nach Wasser, und es gibt keins. Ihre Zunge vertrocknet vor Durst. Ich, der HERR, will sie erhören ...!« Nimm daher einen kräftigen Schluck aus der Feldflasche Gottes und wisse zugleich, dass dein HERR von diesen Wohltaten schwindelerregend viele besitzt. Noch eine kurze Wegstrecke liegt vor dir. Halte aus. Schau in die Zukunft. Sie gehört Gott! Lass dir nicht vom Teufel die Ohren vollheulen. Stimm nicht ein in den Wechselgesang von Niederlagen und Enttäuschungen. Es sind nur noch wenige Schritte zum Ziel. Deine Wüste mit all den negativen Erfahrungen wird der HERR bald zum Wasserteich machen. Geh im Vertrauen auf ihn getrost weiter. Dann werden sich dir Möglichkeiten eröffnen, von denen du vorher nie geträumt hast.

Du hast kein Recht, den Mut zu verlieren. Neben dir marschieren deine Zeitgenossen. Sie sind hoffnungslose Geschöpfe, zerschunden von der Sünde. Oft voller Hass gegen sich selbst und gegen andere, wegen der fatalen Umstände ihres Lebens. Wund von all den sogenannten Schicksalsschlägen. Doch du dagegen bist ein gesegneter Hoffnungsträger. Auf dir liegt die gütige Hand des HERRN, und du hast die Antwort auf das heulende Elend in unseren Tagen, weil du einen Heiland hast. Solltest du daher die rettende Botschaft verschweigen, weil dir im Moment die Lasten des Lebens zu schwer werden?

Schreib es deiner Seele ins Stammbuch: Mein HERR wird meine Wüste zum Wasserteich machen! Darum lass dein Herz nun in diesem wunderbar starken, allmächtigen und liebenden Gott ruhen.

26. Juli

Verlass dich auf den HERRN!

Er sagt: »**Mein sind Rat und Hilfe!**« (Sprüche 8,14). Zu beidem ist der Mensch unfähig. Hat er Rat, braucht er Hilfe, ihn zu verwirklichen. Hat er Hilfe, fehlt ihm das Konzept zum Handeln. Doch unser HERR hat beides: Rat **und** Hilfe, und zwar für jeden Tag. Für jede Lage. Für jedes Problem. Wenn wir mit dieser Gewissheit durchs Leben gehen, braucht uns nicht bange zu sein. Die Bibel nennt ihn »wunderbarer Rat«, Helfer aller, die in Not sind. Bei Menschen ist oft guter Rat teuer. Von Hilfe ganz zu schweigen. Doch unser HERR gibt beides. Er gibt ohne Vorleistung. Längst hat er einen Ausweg aus Pleiten, Pech und Pannen. Schnell ist er zur Stelle, wenn's darum geht, entscheidende Hilfe zu leisten. Aus lauter Gnade! Und so allumfassend, dass wir nur über seine Weisheit staunen können. Gott ist treu!

Von woher holst du dir Rat und Hilfe? Wen rufst du an, wenn es klemmt und der Karren im Dreck steckt? Wir können nur hoffen und beten, dass wir die liebevolle und hilfreiche Beratung des Allerhöchsten nicht gering achten. Schließlich hat er den totalen Einblick in unser

Lebenschaos. Er überschaut Kurven, blickt durch Dickicht und Mauern. In weiser Vorausschau wägt er unsere Wege ab. Warum also auf eigene Faust etwas riskieren? Warum selbst die Hand ans Steuer legen? Doch verzage nicht, wenn Gottes Eingreifen auf sich warten lässt. Er hat die Qualität der Zeit mit einkalkuliert. Seine Verheißung steht fest: Ich werde nicht zu spät kommen!

Noch eins: Die Welt ist ohne Rat. Ihre Konzeptlosigkeit ruft unser Mitleid hervor. Die Völker der Welt brauchen Jesus! Wir werden in den nächsten Jahren ein totales Chaos in Familien und Ehen erleben. Warum? Weil die Menschen an ihrer Hilflosigkeit zerbrechen. Nein, wir wollen unsere Hoffnung nicht auf Ehre, Macht, Geld und Gesundheit setzen. Das alles ist nichts ohne den HERRN. Wir wollen der Welt vorleben, was es heißt, Rat und Hilfe von dem zu empfangen, dessen kostbares Blut für uns am Kreuz geflossen ist.

Was immer im Moment deine Seele bedrängen mag, du darfst wissen: Sein ist Rat und Hilfe! Mögen die Schwierigkeiten zunehmen und die Wolken der Zukunft immer undurchdringlicher werden, sein kostbarer Rat ist uns sicher. Seine Hilfe zögert nicht. Sobald es in seinem Plan ist, wird er dir helfen, dir wohl tun. Sei darum unverzagt. Lass den Missmut fallen, und reiße die dunklen Vorhänge vor den Fenstern deines Unglaubens herunter, damit die Sonne seiner Hilfe durchbricht.

27. Juli

Klammere dich fest!

»Unter dir sind ewige Arme!« (5. Mose 33,27). Wer kennt nicht die Augenblicke, in denen der Boden unter den Füßen zu schwinden beginnt? Die entsetzlichen Bilder plötzlicher Katastrophen stehen uns immer wieder vor Augen. Eine Geschichte hat mich sehr beeindruckt: Da waren zwei Kinder. Ein Junge und ein Mädchen. Sie wollten einen schmalen Gang durch einen Tunnel passieren. Doch dann geschah das Entsetzliche. In unmittelbarer Nähe raste ein Zug auf die beiden Kinder zu. Voller Entsetzen riss das ältere Mädchen den kleinen Bruder an sich und schob ihn eilig in eine ausgehauene Felsspalte. Es konnte sich gerade noch ganz dicht neben den kleinen Bruder zwängen – während der Zug mit ohrenbetäubendem Tosen an ihnen vorüberraste. Geistesgegenwärtig schrie es seinem kleinen Bruder immer wieder ins Ohr: »Klammere dich an den Felsen, Johannes. Klammere dich an den Felsen, Johannes!«

Wie viel Stürme sind dir schon im Leben begegnet? Ob du dann auch immer daran gedacht hast, dich ganz fest an den Felsen, der Jesus heißt, zu klammern? Nur dann wird dein unruhiges Herz still, wenn du den Pulsschlag seines Herzens hörst. Es gibt keinen sichereren Platz, als sich an den Felsen der Rettung zu klammern. In Jesu Wunden haben wir, wie die Kinder in der Felsspalte, sichere Zuflucht. Was auch an Zweifeln und Unruhe dein Inneres in Kummer, Angst und Schrecken versetzen will, der heranbrausende Zug der Vernichtung wird dich nicht erreichen, wenn du deine Rettung in Jesus, dem Felsen, suchst. Ich habe noch niemanden getroffen, der es ganz mit Jesus wagte und dann am Ende enttäuscht wurde. Im Gegenteil! Wer dem Herrn Jesus vertraut, der ist in Sicherheit! Was auch die Zukunft bringt: Klammere dich fest an deinen HERRN!

Nein, die Welt kommt nicht zur Ruhe. Es brodelt und tobt an allen Ecken. Wer wagt es noch, großmäulig mit seiner Standhaftigkeit und Stärke zu prahlen, wenn er um die Gefahren der Verführung durch Satan und der eigenen Selbstüberschätzung weiß? Wir kommen nur ans Ziel, wenn wir uns in Gottes Liebe bergen und uns von seiner Gnade gehalten wissen. Gottes Erlöste sind mit einer zweifachen Sicherung umgeben. Der Herr Jesus sagt: Niemand wird sie aus meiner Hand reißen – ich und der Vater sind eins.

Die Zeit ist danach, dass überall gerissen und gezerrt wird. Da sind Zweifel an Gottes Führung, Angst um die Zukunft, Not in Ehen und Familien, Mangel an Glauben, Weltliebe, Bitterkeit und Schuld, die nicht vor das Angesicht Gottes gebracht wurden. Und all dies zerrt und rüttelt am Glaubensgefüge. Wenn auch die Katastrophen wie Schnellzüge auf uns zurasen und wir um unser Leben bangen, dann wird deutlich, wie wunderbar sicher wir an der Seite unseres HERRN ruhen dürfen. Klammere dich an den Herrn Jesus!

28. Juli

Mein Vater!

Vielleicht ist dir ein Richter bekannt. Schau ihn dir an, wenn er in seiner Amtstracht sein hohes Amt verwaltet. Irgendwie betrachtet man einen Richter mit Respekt. Würdest du es wagen, ihn anders anzusprechen als Herr Richter? Ich denke, dass niemand, der auch nur einen Funken von Ehrerbietung kennt, solch eine Respektsperson mit bürgerlichem Namen anreden würde. Unser Taktgefühl gebietet uns, seinen Titel zu gebrauchen: Herr Staatsanwalt oder Herr Bundesrichter. Nach den Amtsstunden, wenn er seine Robe abgelegt hat und zu Hause in Zivil seinen wohlverdienten Feierabend genießt, kommt sein kleiner Sohn ins Wohnzimmer gerannt, fällt ihm in die Arme und sagt liebevoll: »Papa!« Keiner käme auf den Gedanken, dass das nun eine unverfrorene Dreistigkeit sei. Der Vater wünscht sogar, dass er von seinem Sohn so und nicht anders angeredet wird. Mögen die Leute am Gericht ruhig Herr Richter sagen. Sein Sohn sucht vertrauensvoll den Platz an Papas Seite und flüstert ihm zutrauliche Dinge ins Ohr.

Wenn du ein Gotteskind bist, dann gilt auch dir: **»Unser Vater, der du im Himmel bist!«** (Matthäus 6,9). Dann darfst du mit Freudigkeit sowie kindlicher Liebe und Freimut vor ihm, dem ewigen und heiligen Gott, erscheinen und »mein Vater« sagen. Gerade dann, wenn die Winde der Trübsal uns um die Ohren pfeifen und unser kleines Schiff gegen die Felsen geschleudert wird, ist es unvorstellbar wohltuend, »mein Vater« sagen zu dürfen, weil er ja weiß, in welcher Lage wir uns befinden. Wir können uns daher mit dem Gedanken trösten, dass seine starke Hand das Steuer des Schiffes festhält. Wenn auch die Glieder vor Schmerzen zittern und unser Kelch bis zum Rande mit Bitterkeit gefüllt ist, dürfen wir »mein Vater« sagen, »dein Wille geschehe!«.

Mit großer Genugtuung habe ich das Wort aus Psalm 142,3 gelesen: »Ich schütte mein Anliegen vor ihm aus, meine Not erzähle ich vor ihm.« Und wie können Kinder erzählen! Sie kennen nicht das Gefühl der Unverschämtheit, wenn es um die zu erfüllenden Bitten geht. Warum auch? Schließlich ist dem Vater alles möglich; denn er hat Kraft, ist klug und meint es mit seinen Kindern so gut. Wie viel mehr unser Vater im Himmel?!

Genieße doch bitte wieder ganz neu, oder vielleicht zum ersten Mal, das Bewusstsein, dass dein himmlischer Vater dich unsagbar liebt. Dass niemand dich aus seiner Hand reißen kann. Lass Lügner lügen, lass den Teufel sein Schlimmstes tun. Aber achte du darauf, dass nichts und niemand dich daran hindert, am Vaterherzen Gottes zu ruhen.

Als der Herr Jesus seinen Sieg am Kreuz vollendet hatte, waren seine letzten Worte an seinen Vater gerichtet: »Vater, in deine Hände übergebe ich meinen Geist« (Lukas 23,46). Auch du darfst getrost Anfang und Ende deines Weges in den guten Händen deines himmlischen Vaters wissen. Er wird es für dich vollenden und deine Sache ins rechte Lot bringen, wie verfahren auch jetzt im Augenblick deine Wege scheinen. Verlass dich auch dann darauf, wenn du im Moment kein Durchkommen siehst. Dein himmlischer Vater sorgt für dich. Und dein Glaube wird eine reiche Belohnung finden.

29. Juli

Der Durchblick!

Am Morgen sah man die Bescherung. Feinde hatten die Stadt umzingelt. Pferde und Kriegswagen standen in Stellung. Die wilde Hetzjagd der Syrer auf Elisa, den Propheten Gottes, konnte beginnen. Kein Wunder, dass dem jungen Begleiter des Elisa das Herz in die Schuhe rutschte. »Ach, mein Herr«, rief er in seiner entsetzlichen Hilflosigkeit. Wir sind verloren. Die letzte Stunde hat geschlagen. Nun heißt es, mit dem Allerschlimmsten zu rechnen. So mag er gedacht haben. Elisa war da ganz anderer Ansicht. Er wusste, dass seinem treuen Begleiter nur eins half: von Gott geöffnete Augen! Und kurz entschlossen betete er **»Herr, öffne doch seine Augen, dass er sieht«** (2. Könige 6,17). Nein, es heißt nicht, mit dem Schlimmsten, sondern mit der Allmacht Gottes zu rechnen.

Mit was rechnest du, wenn sich Fäuste wider dich erheben und der Feind seine Waffe in Anschlag bringt? Auf was stützt du dich, wenn sich Schwierigkeiten und Probleme verwirrend ineinanderverknoten und du den Würgegriff des Angreifers verspürst? HERR, öffne ihm die Augen! Lies einmal dieses Kapitel. Es ist gefährlich, wenn wir mehr von der Heeresmacht des Feindes beeindruckt, als von der Herrlichkeit und Allmacht Gottes überzeugt sind.

Konnte der lebendige HERR schon deine Augen für seine Herrlichkeit und Größe öffnen? Die List und Taktik des Feindes ist so perfekt, dass Gotteskinder in Stunden der Glaubensspannungen oft nur den Blick auf die Schwierigkeiten fixiert haben. Doch der Herr Jesus will geöffnete Augen. Er will den alles verändernden, göttlichen Denkprozess in Gang setzen. Er möchte mutige Glaubensdenker in seinen Reihen, die dem Feind ohne Knieschlottern in die Pupille schauen und ihn mit einem Wort der Bibel niederstrecken. Diese Zeit erfordert einen von Gott geklärten Durchblick. Viele innere Nöte blieben uns erspart, wenn wir kompromissloser die wunderbaren Verheißungen Gottes ausprobierten. Hat Gott nicht gesagt: »Und prüft mich doch darin, spricht der Herr der Heerscharen, ob ich euch nicht die Fenster des Himmels öffnen und euch Segen ausgießen werde bis zum Übermaß?« (Maleachi 3,10).

Da sieht vielleicht die geplagte Mutter nur Windeln, schmutzige Wäsche, Schulprobleme und die Erwartung ihres Mann. Und mittendrin die Kleinen, die plappernd und schreiend die ganze Bude auf den Kopf stellen. Geöffnete Augen für diese so wichtige Arbeit der Mutter kann nur der Herr schenken. Ist sie nicht die Erste, die das Kind das Beten lehrt und zu Gott hinlenkt? Und wie ist es mit den vielen Alleinstehenden, die oft nur mit sich selbst beschäftigt sind? Wie leicht laufen sie an den vom HERRN geschenkten, schönen Dingen des Lebens achtlos vorbei, weil ihnen geöffnete Augen für die Überraschungen Gottes fehlen.

Der HERR schenke uns allen geöffnete Augen für seine Herrlichkeit und Allmacht und vor allem auch einen Blick für seine Wohltaten in unserem Leben.

30. Juli

Gib mir dein Herz!

Sehnt sich nicht jeder im Innern seines Herzens nach den besagten Streicheleinheiten, nach inniger Zuneigung und Verstehen? Wo finden wir in dieser brutalen Welt noch den heimeligen Zufluchtsort, an dem die gehetzte und aufgescheuchte Seele zur Ruhe kommt? **»Gib mir … dein Herz!«** (Sprüche 23,26). So bittet Gott. Gib es mir, damit ich es heile von all den zermürbenden Dingen und Gedanken, die dich im Moment zugrunde richten wollen.

An wen haben wir unser Herz eigentlich abgegeben? Von woher erwarten wir mit Recht die Erfüllung unserer geheimen Sehnsüchte? Von Freunden oder nahestehenden Bekannten? Von denen, die uns am allerliebsten sind? Oder vom sicheren Wohlstand, der uns einige Jahre Beschaulichkeit beschert? Wer erwartet schon Gutes von der Welt? Sie hält schließlich selbst die Brocken in der Hand. Wer dem großen, allmächtigen HERRN sein Herz schenkt, dem eröffnen sich völlig neue Perspektiven. Der sieht diese Welt mit all dem Klamauk in einem anderen Licht. Der sieht klar! Was früher furchterregend und respekteinflößend vor ihm stand, verkümmert angesichts göttlicher Realität zu letzter Jämmerlichkeit.

Wem gehört mein Herz? Wohin habe ich es abkommandiert? Unter die Pranke eines wütenden Menschen? Oder unter die liebenden Hände dessen, der mich mit göttlichem Leben ausfüllt, der mich befähigt, dem zu dienen, der Himmel und Erde gemacht hat? Unter die Hand des Herrn, dessen Blut für mich am Kreuz auf Golgatha geflossen ist, dessen ewige Liebe mir gilt? Ach, wie erlöst atmeten wir auf, wenn wir unser Herz dem in die Hände gäben, der nur Gedanken des Friedens mit uns hat. Dann bekäme auch das uns oft beherrschende, geschäftige Leben plötzlich ein völlig anderes Gewicht. Dann würden Sorgen und Nöte, die uns jetzt wie Granitsteine trotzen, zerbröseln, wenn der heilige Gott sie anbliese. Dann würden all die kleinen und großen Dinge des Lebens zur Räson gerufen. Kuschen müssten sie. Er hat das Kommando!

Bei Flugreisen ist man immer froh, wenn man seine Papiere und Reisetickets sicher im Handgepäck verstaut hat. Ich bin so froh, dass wir auch das Handgepäck unseres Lebens in sichere Hände geben dürfen. Wollen wir es neu lernen, ihm, unserem großen Gott, auch die letzten Habseligkeiten unseres Lebens anzuvertrauen. Die Dinge, über die wir noch gern selbst bestimmen möchten, die wir nicht aus der Hand geben wollen. Vielleicht sind wir deshalb für Gott belegt, weil wir die Hände für neue Segnungen nicht frei haben. Weil unser unruhiges Herz sich an dem leidigen Handgepäck zugrunde richtet.

Gib mir ... dein Herz, bittet der Herr Jesus. Von hier aus sind alle Ausgänge des Lebens, sagt die Bibel. Wenn er unser Herz in den Griff bekommt, hat er auch die Fäden zu all unseren Aktivitäten in der Hand. Auf einmal spüren wir, wie leicht sich unsere Schritte bewegen, wie sicher wir unsere Füße setzten. »Herr, dir in die Hände sei Anfang und Ende, sei alles gelegt.« Spätestens dann entdecken wir, dass Gott sich mit unserem Herzen liebevoll verbunden hat. Was für eine Entdeckung!

31. Juli

Gipfelkreuz

Wie wird es aussehen? Meinst du nicht, dass der Herr Jesus für dich schon längst das Schönste reserviert hat? Er weiß, seinen Kindern Gutes zu tun. Da kannst du ganz sicher sein. Und wenn es durch Tage der Anfechtungen und Prüfungen gehen muss? Wie gern hätten wir oft die Zeit der Lasten verkürzt. Doch es geht um alles. Darum: **»Selig ist der Mann, der die Versuchung erduldet; denn nach seiner Bewährung wird er die Krone des Lebens empfangen, die Gott denen verheißen hat, die ihn lieben«** (Jakobus 1,12). Was für eine Aussicht! Gotteskinder steuern auf das Leben zu, während die Welt – ohne es zu merken – am Leben vorbeirast.

Lass deinen Blick darum nicht in die Tiefe deiner Bedrängnis schweifen. Jeder Bergführer weiß, dass der unerfahrene Bergwanderer nur dann sicher auftritt, wenn er seinen Blick fest auf das richtet, was vor ihm liegt. Bitte nicht nach unten schauen! Wer das dennoch tut, muss sich nicht wundern, wenn ihm schwindelig vor Augen wird. Schau darum nicht auf die Schwierigkeiten. Hänge nicht den unruhigen und furchteinflößenden Gedanken nach, die sich dir pausenlos in Erinnerung bringen. Lass dich nicht vom Klagelied deiner Seele unterkriegen. Schau bergauf! Allein das macht Mut. Blicke auf das Gipfelkreuz!

Wie leicht kann Glaubensschwäche uns den Schweiß auf die Stirn treiben. Und weil wir um unsere Ohnmacht wissen und keiner von uns für sich garantieren kann: Blicke auf das Gipfelkreuz! An diesem Kreuz unseres Heilandes hängt unser Herz und Leben! Und nun mutig voran. Wer zagt, unterliegt!

August

1. August

Eindrücke

»... von außen Kämpfe, von innen Ängste« (2. Korinther 7,5). Moment mal, das hört sich ja an, als würde da einer gehörig durch die Mangel gedreht. Wer jedoch das ganze 7. Kapitel des 2. Korintherbriefes liest, spürt sofort, dass hier ein Mann spricht, der trotz tiefster Bedrängnis mit Trost und überreicher Freude erfüllt ist, dass hier ein Glaubenskämpfer aus der Schule plaudert und seinem Herzen Luft macht. Paulus hatte den HERRN in schweren Stunden seines Lebens erfahren und bekennt dann noch: »Ich bin mit Trost erfüllt, ich bin überreich an Freude ...«

Mit welchen Schwierigkeiten haben wir zu kämpfen? Besonders beim Beten vielleicht? In der Stille vor dem HERRN? Da sind plötzlich die **Eindrücke von außen!** Das Fragen nach dem Nutzen meines Betens. Da beten schließlich Hunderte für eine Sache. Welchen Unterschied macht es, ob ich nun auch bete oder nicht? Bin ich mir sicher, dass Gott meine Gebete erhört? Ganz bestimmt erhört er die Gebete der anderen, aber meine? Sind sie nicht unbedeutend? Niemals! Deine Gebete sind kostbar in den Augen des HERRN. Lass dich nicht entmutigen von den niederzwingenden Eindrücken von außen.

Aber da sind auch **Eindrücke von innen!** Die Flüstertöne, die uns weismachen wollen, dass die Zeit des Betens viel zu lang ist. Warum dem Beten so viel Zeit einräumen? Wenn Satan etwas hasst, dann sind das die Gebetszeiten. Und wie hat unser HERR gebetet! Dabei war sein Arbeitstag doch angefüllt mit pausenlosen Begegnungen mit Menschen; sie suchten ihn auf, wollten seinen Rat, brauchten seine Hilfe und fanden göttlichen Trost. An keiner Zeit wird so viel gespart wie an der Gebetszeit. Eindrücke von innen sind hinterhältig und kraftraubend, es sind die Flüstertöne des Feindes.

Und was ist mit den **Eindrücken von gestern?** Dem Entmutigenden aus vergangener Woche? Erinnerungen an Sünde? Negativen Erfahrungen aus vergangener Zeit? Enttäuschungen von nahestehenden Freunden?

Dem störenden Ballast von gestern?! Wodurch Paulus von Gott getröstet wurde, ist mir im Moment völlig gleich. Die Tatsache, dass er ihn getröstet hat, ist mir kostbar. Gott hat Mittel und Wege, auch dich aufzurichten. Gerade jetzt! Trotz innerer Kämpfe und äußerer Ängste! Trotz existentieller Not.

Schaue auf Jesus! Denn es geht schließlich um die **Eindrücke von oben!** Es geht um Trost und Zuspruch, um Weisung und Stärke aus der himmlischen Heimat. Es geht um Erquickung aus den Kraftquellen nie endender Gottesfülle. Lass dich von oben her beeindrucken. Lass dich von der Liebe Gottes in die Arme nehmen. Schau in das Herz des Herrn Jesus. Es schlägt für dich. Du brauchst dich nicht vor Menschen zu fürchten. Sie sind wie Laub im Wind. Baue auf die Verheißungen Gottes, jetzt, in diesem Moment, und die Freude Gottes senkt sich in deine Seele.

2. August

Restposten

Vielleicht wendest du deinen Blick mit Seufzen zurück, weil du dir eingestehen musst: Nichts als wertloses Zeug ist geblieben! Letzte Woche hattest du alles in Gottes Hand gelegt, und dann ging dennoch vieles kreuz und quer. Und nun diese Niedergeschlagenheit. Dieses Gefühl der Nutzlosigkeit. Alles hinwerfen? Nein, nicht hinwerfen, sondern einsammeln. Die Bruchstücke unseres Lebens dem Herrn Jesus hinlegen, damit er alles gut macht. **»Er heilt, die zerbrochenen Herzens sind, er verbindet ihre Wunden«** (Psalm 147,3). Ist das nicht ein mutmachendes Wort?

Das Wenige, das Nicht-Attraktive, die beschämenden »Restposten«, die gar nicht ins Gewicht fallen: Er will diese Bruchstücke wie ein Puzzle zusammenfügen. Er wird nicht zulassen, dass das geringste Teilchen verloren geht. Und was können wir dem HERRN schon anderes als unseren schäbigen Rest bringen? Es möge sich keiner entmutigt fühlen, der in Aufrichtigkeit dem HERRN dienen wollte, aber letztlich nur Scherben geliefert hat. Sollte nicht am Ende immer das Eingeständnis zu finden sein: HERR, wir haben getan, was wir konnten! Letztlich müssen wir immer zugeben, dass wir nur unnütze Knechte sind. Schmerzt das? Setzt das etwa unser Ehrgefühl in den Staub? Oder dämpft das unseren Eifer und beugt uns zur Mutlosigkeit? Etwa in dem Sinn: Es hat ja sowieso alles keinen Wert?!

Was für einen herrlichen Heiland haben wir doch. Er ist es, der uns auffordert, mit unseren Brocken zu ihm zu kommen. Nein, du brauchst nicht zu verzweifeln, wenn dein Leben im Augenblick mehr einer Bruchlandung gleicht als einem geordneten Dienst für Gott. Du sagst: Oh, diese Hemmungen beim Zeugnisgeben für Jesus! Dieses Drucksen, wenn es darum geht, einen Kranken zu besuchen. Ach, was stottere ich mir da oft zusammen. Ich möchte doch so gern den Namen Jesu groß machen und der Sache des Evangeliums dienen. Gerade dich will der HERR befähigen, denn er heilt und verbindet, was krank und kaputt ist.

Was dich auch niedergeworfen hat, steh auf. Bleibe nicht entmutigt liegen. Fasse die starke Hand deines Gottes: Er heilt zerbrochene Herzen und verbindet ihre Wunden. Übrigens steht dieses Wort in einem beachtenswerten Zusammenhang, denn der folgende Vers fährt fort: »Er zählt die Zahl der Sterne, er ruft sie alle mit Namen« (Vers 4.)

Sollte der Gott, der alles erschaffen hat, der alles durch das Wort seiner Macht trägt, nicht auch an seinem geliebten Kind interessiert sein?

3. August

Was nun?

Zauderer sitzen auf einem Berg voller Kenntnis und Wissen wie die Glucke auf ihren Eiern. Sie wissen um Gottes Auftrag, und dennoch haben sie keinen Mut, ihre Segel in den Wind zu setzen und den von Gott gebotenen Kurs anzusteuern. **»Und nun, was zögerst du?«**

(Apostelgeschichte 22,16). Es ist Zeit, Dinge zu tun, die Gott augenblicklich von uns erwartet.

»Steh auf, lass dich taufen und deine Sünden abwaschen, indem du seinen Namen anrufst!« Das waren Gottes Worte an Saulus von Tarsus. Gott erwartet, nachdem wir zum Glauben an ihn gekommen sind, augenblicklichen Gehorsam. Er hält nichts von Erörterungen, Debatten, Diskussionen. Er will, dass wir voranschreiten, damit die Sache des HERRN nicht auf die lange Bank geschoben wird. Oh, diese Zauderer! Diese Berufszögerer, die immer nur Pausen einlegen und sich pflegen und dadurch nie das Glaubensziel erreichen.

Abraham gehorchte, ohne zu zögern, als er den Auftrag erhielt, seinen Sohn zu opfern. Wir dagegen hätten Dauerkonferenzen abgehalten und, wenn möglich, Gott einen Gegenvorschlag unterbreitet. Doch Abraham wurde zum Vater aller Glaubenden ernannt. Das elende Zögern bringt uns um den vollen Segen. Christen, die hinterherhinken, sind wie der Nachtrupp des Volkes Israel. Kein Wunder, dass sie fortwährend mit Amalek im Streit liegen (2. Mose 17,8-16).

Hast du irgendwo in der Bibel gelesen, dass Gott den Zauderer gesegnet hat? Ist irgendwo die Rede von einem hinkenden Christen, der siegte? Wir zaudern zu lange. Wir zögern zu oft. Wir wagen nicht mehr viel für unseren HERRN. Wir sichern uns nach allen Seiten ab. Zwar hat Gott die Ungeduldigen ermahnt, aber von Zaudern hat er nie geredet. Wer jedoch mit dem Herrn Jesus auf Tuchfühlung geht, so wie damals die Emmausjünger in Lukas 24, der kann nicht länger zaudern. Dem brennt das Herz, dem werden die Füße flott.

Ein Christ, der in Anfechtungen steht und nicht augenblicklich auf die Worte seines HERRN hört, bleibt viel länger unter Druck. Der muss viel länger die Last der Widerstände spüren. Es ist so – der direkte Weg ist immer der kürzeste, und der prompte Gehorsam erspart viel Leid und Kummer. Zögernde Herzen sind oft mit tausenderlei Zwischengedanken geplagt. Sie wollen es allen recht machen, am meisten sich selbst. Und dabei geben sie vor, ihren HERRN zu lieben. Doch noch nie sah ich einen Verliebten zögern, wenn es darum ging, seine Liebe den anderen wissen zu lassen.

Wir müssen unbedingt zur geistlichen Spontaneität zurück. Alles Zögern ist vom Teufel, wenn der Auftrag Gottes klar auf dem Tisch liegt! Zögere nicht, ein Traktat weiterzugeben, wenn du weißt, dass du es tun sollst. Zaudere nicht, einen Besuch zu machen, wenn dich der HERR daran erinnert. Warte nicht ab, wenn der Heilige Geist dich ermahnt, von Herzen zu vergeben. Halte nicht zurück, wenn du Gutes zu tun weißt.

Der Herr Jesus schenke uns ein Herz, das so emsig ist wie die Biene im Frühling, die eifrig ihren Nektar sucht. Darum zögere nicht, wenn der HERR dein Leben füllen möchte, und halte deinen Krug nicht zurück. Stelle ihn unter die Quelle, und dann gib weiter, was der HERR dir anvertraut hat. Du wirst staunen, wie viel Freude spontanes Gehorchen macht. Und du wirst Gottes Segen viel intensiver und frischer erleben, als je zuvor.

4. August

Der Vater sucht Anbeter!

Es gab eine Zeit, da suchte ich Gott. Und er ist mir durch Jesus Christus begegnet. Diese Entdeckung hat mein ganzes Leben geprägt. Suchende Menschen also! Doch es fällt auf, dass Gott selbst bis heute noch auf der Suche nach uns ist. Suchen heißt, angestrengt hinzusehen, um etwas zu entdecken. Doch was sucht Gott? Hat er nicht alles? Benötigt er etwas, was wir ihm geben könnten? **»Der Vater sucht solche als seine Anbeter!«** (Johannes 4,23).

Anbeter sind selten geworden. Der Vater im Himmel hält deswegen Ausschau nach solchen, die ihn anbeten. Bemerkenswert ist, was Gott sucht. Er sucht seine Ehre (Johannes 8,50). Augenscheinlich kassieren wir sie ab. Er sucht die Treue (1. Korinther 4,2). Augenscheinlich suchen wir überall zuerst unseren Vorteil. Und er sucht Frucht (Lukas 13,6). Augenscheinlich wird unser Leben zu sehr vom Selbst regiert. Er sucht einen einzigen Menschen, dessen Herz auf ihn gerichtet ist, damit er sich an ihm mächtig erweisen kann (2. Chronik 16,9). Augenscheinlich sind wir oft mit Haut und Haar im eigenen Interessenkonflikt verstrickt. Gott, der Vater, sucht Anbeter! Ob du dich finden lässt?

Anbetung ist kein geistlicher Kraftakt, in dem ich Gott etwas von dem schenke, was ich produziert habe. Auch der aufopferungsvollste Dienst ist keine Anbetung, weil im Dienen mein Eifer zu Buche schlägt. Anbetung ist tiefe Bewunderung der Gabe Gottes: JESUS! Wahre Anbeter sind selten geworden. Da, wo der HERR nicht das Thema unseres Herzens ist, steht anderes im Vordergrund: Bitten, Anliegen, Arbeit, Mühen.

Die Endzeit ist frostig. Und wo die Liebe zu unserem HERRN fehlt, bekommt auch die Liebe zum Bruder Frostbeulen. Ist der Herr Jesus Mittelpunkt deines Dienens? Oder ist es nur religiöser Eifer? Menschliche Pflichterfüllung? Ehrgeiz oder religiöse Herrschsucht, die dich und andere zugrunde richten? Um was dreht sich unser Herz? Wenn nicht um ihn, dann sind wir bald verdreht. Wie lange hat Gott schon in deinem und meinem Leben gesucht? Ich sehne mich danach, mit dir den Vater anzubeten und ihm zu sagen, wie wunderbar er ist.

Wir wollen den Vater anbeten, uns Zeit nehmen, ihm unsere Gefühle zu zeigen, ihn wissen zu lassen, wie wir uns glücklich schätzen, dass er uns Jesus zum HERRN und Erlöser gegeben hat.

5. August

Der HERR tut dir Gutes!

Die wenigsten Menschen können mehrere Dinge auf einmal tun, ohne dass etwas anderes darunter leidet. Dennoch kannte ich einen Mann, der ein Buch las, zur gleichen Zeit Radio hörte, den Fernseher laufen ließ und in der Lage war, Schach zu spielen und zugleich auf konkrete Fragen schlüssig zu antworten. Völlig übergeschnappt? Man sollte es meinen. Und wir Otto-Normalverbraucher?

Viele kriegen noch nicht einmal einen einzigen Gedanken für längere Zeit unter Kontrolle. Die Ablenkungen sind allzu stark. Die Zerstreuung in unseren Tagen ist zu massiv. Schon die summende Fliege an der Fensterscheibe oder das rebellische Telefon bringen uns hin und wieder aus der Fassung. Woran liegt es, dass wir in der Gebetsstille so flatterhaft sind? Woran liegt es, dass unsere Seele nicht stille wird, wenn sie Gottes Wort liest? Sind unsere Gedanken wie Fischernetze ineinandergeraten?

Merkwürdig, es hört sich wie ein Selbstgespräch an: **»Kehre zurück, meine Seele, zu deiner Ruhe! Denn der HERR hat dir Gutes erwiesen«** (Psalm 116,7). Ob die Seele sich verlaufen hat? Fast scheint es, als sei sie auf der Suche. Ob sie vergessen hat, dass der HERR von ihr den Dank eines Erlösten erwartet? Und während wir stöhnen und durch die schmalen Gassen unserer flatterhaften Gedanken hasten, hat der HERR längst den Tisch für uns gedeckt. Denk an den verlorenen Sohn. Der Vater wartete! Die Geschichte endete mit einem Fest. Ob der Herr Jesus auch dir Gutes getan hat? Ob du nicht gerade jetzt an seinen gedeckten Tisch zurückkehren solltest? Denke daran, er hat serviert. Für dich ist angerichtet! Mach Schluss mit dem Gedankenbombardement und setz dich an Gottes Gnadentisch nieder.

Ich habe es längst aufgegeben Gedanken zurückzudrängen, während sie mich beim Gebet wie ein Baumspecht betrommeln. Ich mache sie zum Gebet. Ich schreibe sie nieder, um gleich wieder darauf zurückzukommen. Hat Gott nicht gesagt: »Schüttet euer Herz vor mir aus, liebe Leute«? Ich muss nicht sortieren wie beim Hausmüll. Er nimmt alles unbesehen in seine guten Hände, ohne und mit Verpackung. Kehre wieder zurück, meine Seele, zu deiner Ruhe! Denn der Herr hat dir Gutes getan.

Nun kann es sein, dass es beim ersten Anlauf nicht klappt. Warum denn gleich mutlos werden? Wirft denn eine Hausfrau den Hefeteig gleich in die Ecke, wenn es mit dem Durchkneten nicht funktioniert? Unsere Gebete müssen durchgeknetet werden. Oft sind es immer dieselben Formulierungen, aber sie bewirken etwas: Durchbeten durch Durchkneten! Macht David uns nicht Mut in Psalm 27,8, wenn er sagt: »Mein Herz erinnert sich: Suchet mein Angesicht!«?

Was dich auch müde und matt macht oder dir Kummer bereitet hat, kehre wieder zurück. Der Herr hat längst den Tisch für dich gedeckt. Und nun lass es praktisch werden, indem du wieder ganz neu treu jeden Tag diese Stille Zeit hältst und noch innigere Gemeinschaft mit dem Herrn Jesus pflegst als bisher.

6. August

Terminplanungen Gottes

Zwölf Uhr – Zeit, den Mittagstisch zu decken. Eine Frau nimmt ihren Krug, um am Brunnen Wasser zu schöpfen. Sie meint, allein zu sein. Doch plötzlich hört sie eine Männerstimme: »Gib mir zu trinken!« Diese Stimme muss sehr vertrauensvoll gewesen sein; denn ohne Scheu lässt sie sich auf ein längeres Gespräch ein. Wer ist wohl dieser Mann, der ihr das fast Unmögliche anbietet: frisches Wasser aus sprudelnder Quelle?

Um Wasser ging es. Um das Lebenselement, ohne das kein Mensch leben kann. Was mag sie gedacht haben? Ahnt er etwa auch meinen verborgenen Durst? Weiß er um meine Enttäuschungen, um meine Vergangenheit? Um meine Einsamkeit? Ich finde es wunderbar, dass die Bibel auf diese Bemerkung den Finger legt: »**Er musste** durch Samaria ziehen« (Johannes 4,4). Der Herr Jesus wollte diese Frau treffen. Deswegen hat er diesen mühsamen Umweg gewählt. **Er wollte** ihr Antwort auf ihr vergebliches Suchen geben. Wunderbare Terminplanungen Gottes!

Es fällt auf, dass in unseren Tagen die innere Vereinsamung zunimmt, dass Menschen jahrelang ohne jeglichen Kontakt, ohne ein aufrichtiges und freimütiges Gespräch ihre Tage dahinrinnen lassen. Doch mitten in den alten Trott unserer monotonen Alltagsstunden kommt es zu einer Begegnung mit dem Herrn Jesus: »**Ich bin's, der mit dir redet!**« (Johannes 4,26). Ich, dein Retter, HERR und Gott. Ich, der Allmächtige, der den Elenden rettet und den Einsamen in sein Haus führt und dem Bedrängten hilfreich entgegeneilt. Er ist es, der auch jetzt zu dir redet und dir etwas Wichtiges zu sagen hat: »Mich dürstet – mich dürstet nach dir«!

Gewiss gehört diese Frau zu den zahllosen Enttäuschten unserer Zeit. Schließlich hat sie nichts ausgelassen. Fünf Männer hat sie gehabt, und der sechste war nicht ihr Mann. Mit welchem Fingerspitzengefühl nähert sich der Herr Jesus ihrem Lebensproblem. Nein, er stellt sie nicht an den Pranger. Er leuchtet in ihr Herz und erwartet ein offenes, freimütiges

Bekenntnis: HERR, auch ich habe Durst nach Vergebung, nach Frieden – und letztlich Durst nach dir. Wie viele vergebliche Wassersucher gibt es heute. Und mancher Krug ist auf dem Weg der ungestillten Sehnsüchte zerbrochen. Während wir Wasser schöpfen und auf tausenderlei Sehnsüchte Antwort suchen, redet der HERR. Achten wir darauf? Vorbeihören kann sehr schlimme Folgen haben.

Das Leben dieser Frau wurde durch die Begegnung mit dem Herrn Jesus regelrecht umgepflügt! Harte Schollen zerbrachen, weil das Wasser des Lebens sie befeuchtete. Zwar führt der Herr Jesus uns oft Wege, die wir nicht verstehen, aber eins bleibt: Er macht es immer gut! Auch wenn die Umstände dir im Moment unbegreiflich scheinen, sein Reden mit dir heilt auch deine Seele.

7. August

Erntezeit

Fit sein, wenn es drauf ankommt! Den entscheidenden Augenblick nicht verpassen. Einsatz bis zum Äußersten. Schwielen an den Händen. Oft schweißgebadet, schmutzig, durstig, hungrig und ausgemergelt. Bis zur Erschöpfung arbeitend, auch in sengender Mittagshitze, den Blick auf die Arbeit gerichtet. Kein Gedanke an einen 8-Stunden-Tag, die Ernte muss eingebracht werden. Das ist typisch für einen fleißigen Erntearbeiter!

Ein Blick in das aktuelle Weltgeschehen macht deutlich, dass sich schweres Unwetter über unseren Köpfen zu entladen beginnt. Und die Ernte? Milliarden Unerretteter sind es. Ein unfassbarer Gedanke, der uns quält. Unser Herr Jesus sagt daher auch dir: **»Ich habe euch gesandt zu ernten«** (Johannes 4,38). Der heilige Gott ist es, der zu uns redet. Daher haben wir keine Zeit für egoistische Ziele. Keine Zeit zum Träumen, keine Zeit für kraftraubende Reibereien, keine Zeit für Nebensächlichkeiten, die unsere Aufmerksamkeit mindern wollen. Wir haben keine Zeit zum Nörgeln oder über die Fehler und Schwächen anderer zu lamentieren. Keine Zeit, auf Feindgeräusche zu hören, während draußen die Ernte verkommt und kaputtgeht.

Auch dich hat der HERR gesandt, um zu ernten. Wenn du ihm gehörst, hat er dich von Sünde und Schuld erlöst – gereinigt mit seinem kostbaren Blut, ausersehen zum Dienst, bestimmt für eine ewige Herrlichkeit. Ist es so? Dann tritt ein in das Ernte-Team des lebendigen Gottes. Mit uns ist der HERR! Zwar wissen wir, dass Erntearbeit oft sehr hart sein kann. Manchmal geht es bis zur Erschöpfung. Aber die Freude an eingebrachten Garben für unseren HERRN hält uns munter. Von unserem Heiland heißt es, dass er um der vor ihm liegenden Freude willen das Kreuz erduldete (Hebräer 12,2). Er hat uns vorgelebt, was ringender Kampf, Entbehrung und Schmerz um Verlorene bedeutet.

Und wir? Es fällt auf, dass Antriebsschwäche und Niedergeschlagenheit oft mit mangelndem Ernteeifer zusammenhängen. Die Hände gelähmt, im Schoß der Traurigkeit und Resignation vergraben. Ist es im Moment so bei dir? Fehlt dir die geistliche Schubkraft? Lass den HERRN wissen: Hier hast du meine beiden Hände! Und dann handle! Unbeirrt. Er ist mit dir. Zur richtigen Zeit gibt er dir den notwendigen Erquickungstrunk aus seiner Quelle. Am Ende erwartet dich herrlicher Lohn: »Denn was kein Auge gesehen und kein Ohr gehört hat und in keines Menschen Herz gekommen ist, das hat Gott denen bereitet, die ihn lieben« (1. Korinther 2,9).

Darum wirf das Erntegerät nicht in das Dorngestrüpp deiner Sorgen. Lass dich von den Sticheleien des Teufels nicht beeindrucken. Wenn der Feind dich mit depressiven Gedanken beunruhigen, oder dir die Erntearbeit vergraulen will, stell augenblicklich deine Gedanken unter die Befehlsgewalt Jesu. Lass dich ausfüllen von der Gesinnung des Heiligen Geistes. Lern es ganz neu, dich von göttlichen Prioritäten bestimmen zu lassen. Es sind letzte Stunden der Erntezeit! Nur wer das Ziel kennt, scheut die Kosten des Kampfes nicht.

8. August

Ist es immer noch die alte Geschichte, die dich unruhig macht? Sind es immer noch die alten Sorgen, die alten Schwierigkeiten? Wie lange noch, HERR? Ungeduldig zappelt unsere Seele wie ein Fisch im Netz. Wie lange noch? Manches Problem zieht sich über Jahre hinweg. Dauerbrenner, die uns Not machen. Wie lange noch?

Eins haben wir alle nicht: Geduld! Doch ein Christ kann es sich leisten abzuwarten, weil er mit Gottes mächtigem Eingreifen rechnen darf. Geduld wird oft durch tiefe und schwere Wege erlernt. Ungeduld dagegen ist nichts anderes als fleischliche Kurzatmigkeit, wird doch Geduld mit einem langen Atem verglichen. Ungeduld ist niemals die Basis, auf der Gott handelt. Darum lass die Sache, die im Augenblick dein Herz bewegt, getrost vor Gott liegen. Er bestimmt Zeit und Stunde, wo sich auch bei dir die Nebel lichten. Diese Verheißung steht felsenfest: **»Das Warten der Gerechten führt zur Freude!«** (Sprüche 10,28). Was für Aussichten!

Bist du bereit, die Spannung des Wartens zu ertragen? Die schönsten Früchte reifen immer noch in der Stille. Was reifen will, braucht Zeit. Darum Geduld! Und tatsächlich, durch die ganze Bibel zieht sich wie ein roter Faden das traurige Zeugnis der Ungeduld. Warum lassen wir uns bloß immer wieder zum Schnellstart provozieren? Werden disqualifiziert, bevor das Rennen beginnt? Menschen, die abwarten können, sind verankert in dem tiefen Glauben, dass ihr HERR den Zeittakt bestimmt und nie, nie zu spät kommt. Es sind die tapferen Beter, die Ruhe und Frieden ausstrahlen. In deren Nähe werden Glaubensgeschwister und Mitarbeiter ermutigt.

Sauls Ungehorsam in 1. Samuel 15 endete in tiefer geistlicher Verwirrung. Saul konnte einfach nicht abwarten. Er vergriff sich am Werk des HERRN, tat das, was ihm nicht zustand, überhob sich über andere, wählte sich zum Mittelpunkt; doch der Absturz kam. Gott nahm seinen guten Geist von ihm. Warum? Weil er letztlich gar nicht um

Gottes Sache besorgt war. Not und Leid kamen über ihn und seine Familie. Was treibt uns? Wer steckt hinter unserem Handeln? Was sind unsere Motive? Wohin gehen unsere Ziele?

Viele versündigen sich an der Arbeit des HERRN, weil sie die Positionen verdreht haben. Da sitzt das Ego im Chefsessel und der Herr Jesus wird zum Diener degradiert. Bei der Ungeduld geht es stets um die Frage: Der HERR oder ich? Wer hat den Vortritt? Wer darf den ersten Schritt tun? Wer die Entscheidung treffen? Wie ist es mit der Wahl des Ehepartners? Des Berufs? Wie mit Bauen, Kaufen, Investieren? Können wir abwarten, bis Gott grünes Licht gibt? Oder fahren wir generell zwischen Gelb und Rot über die Ampel? Wer nicht abwarten kann, bis Gott die Wege bahnt, der verpasst am Ende immer die Freude.

Warte ab! Dein HERR hat längst schon dein Anliegen zur Chefsache gemacht. Sei nur bereit, mit dem HERRN Schritt zu halten, Gottes Stunde kommt für dich. Er hat es versprochen. Am Ende steht die Freude Gottes, die all dein Warten rechtfertigt.

9. August

Wunderbares Wissen

Die Tageszeitung gelesen? Da will es einer wieder besser als der andere wissen. Wir Leser schlucken nur und nehmen vieles hin, als sei es das Normalste auf der Welt. Meinungs- und Bewusstseinsbildung der Leser, sagt man. Zugegeben, bei vielen hat sich das Bewusstsein verändert. Wir sind umweltbewusster, ernährungsbewusster, gesundheitsbewusster, verkehrsbewusster, energiebewusster geworden. Und schon wieder hämmert man mit neuen Parolen auf das Bewusstsein der Massen ein und verkündet Neues! Es sei Zeit, endlich die neue Weltordnung einzuführen, die antichristliche »Eine-Welt-Idee« in das Denken der Menschen zu installieren. Doch Eingeweihten ist längst klar, dass unserer Generation noch einiges bevorsteht, was ihnen jetzt schon die Knie schlottern lässt.

Doch mitten in die geistige Umnachtung und die vielschichtige Bedrängnis dieser Zeit hören wir Gottes trostvolle Nachricht: **»Ja, der Herr liebt sein Volk! All seine Heiligen sind in deiner Hand, und sie folgen deinen Füßen, jeder empfängt von deinen Worten!«** (5. Mose 33,3). Eigentlich sollte dieses herrliche Wort, dass der ewige Gott uns liebt, dass er uns in seiner Hand hält, dass er es ist, der vorangeht, dass er es ist, der uns beschenkt, unserer Seele einen Freudenschrei entlocken. Doch viele lässt diese herrlichste aller Tatsachen unberührt. Wie schade!

Allzu sehr sind manche in Kleinkrämereien verwickelt und tragen ihre Alltagssorgen wie einen Bauchladen vor sich her. Das miese Gesicht stimmt natürlich mit den Gedanken überein. Dabei sind wir doch, weil wir durch das kostbare Blut Jesu Errettung, ewiges Leben und Frieden mit Gott empfangen haben, unendlich wertvoll für Gott. Es ist ja nicht die Frage, ob der Herr Jesus dich liebt, das tut er ohnehin. Die Frage ist, ob diese Tatsache dein Bewusstsein bestimmt. Er möchte, dass kein anderes Denken uns prägt als dieses: von ihm geliebt zu sein!

Ist nicht dieser ganze Bibelvers wie ein kostbarer Brillantring, der an allen Ecken herrlich funkelt? Sag, hast du die Wahrheit dieser Worte heute schon so richtig von Herzen genossen? Nein? Für religiöse Leisetreter und egozentrische Nörgler, die nur zufrieden sind, wenn die halbe Welt sie beklatscht, ist kein Verheißungswort gegeben. Das Wort des HERRN gilt nur jenen, die sich mutig zum HERRN halten und klar liniert ihren Weg mit ihm gehen. Ob du morgens ins Auto steigst – oder ob du hundert Mal den Kühlschrank auf- und zumachst –, Telefongespräche führst, die dich nerven, ob du die Windeln deiner Jüngsten wechselst oder unverhofft jemand deine Zeit in Anspruch nimmt, ob du im Lehnstuhl sitzt und ganz allein auf deiner Etage wohnst – ganz gleich, dir gilt das obige Wort. Dann wird dir die Erfüllung deiner tausenderlei Pflichten nicht zum Horror, sondern zur wunderbaren Erfahrung.

Auf unsere Antwort wartet der HERR. Sie wird sich in der Praxis der zweiten Satzhälfte des Bibelverses widerspiegeln.

10. August

Die Sonne geht dir auf!

Es gibt Nächte, die bleiben für immer unvergessen. Besonders dann, wenn Gott in stillen Stunden mit uns redet. Auch Jakob hat solche »Gottesnacht« am Pnuel erlebt (1. Mose 32). Er spürte, dass er an einem entscheidenden Wendepunkt stand. Er fühlte die Last seiner Verantwortung, die mit dem Erstgeburtsrecht verbunden war. Morgen sollte er seinen Bruder Esau treffen, dem er vor vielen Jahren das Erstgeburtsrecht mit einem Trick abgeluchst hatte. Eine peinliche Begegnung also. In der Vergangenheit hatte Jakob zwar Gottes Gnade und Barmherzigkeit erfahren, aber wie würde es morgen sein? Und genau in diese Not hinein greift Gott in sein Leben ein. »Da rang ein Mann mit ihm« (1. Mose 32,25). Es dauerte eine Weile, bis Jakob begriff, dass es der lebendige Gott war, der ihn gepackt hatte, der ihn festhielt und mit ihm rang.

Vielleicht sind deine Umstände im Moment ebenso auf Verzagtheit gerichtet. Du spürst: Ich gewinne den Kampf nicht. Und nun greift Gott ein. Doch du merkst es noch nicht einmal, dass die widrigen Umstände in Wirklichkeit vom HERRN gelenkt sind, damit du zu der Erkenntnis kommst, dass all dein eigenes Ringen nutzlos ist. Der Herr Jesus will auch von dir hören, was damals Jakob unter Tränen ausrief: **»Ich lasse dich nicht los, es sei denn, du hast mich vorher gesegnet«** (1. Mose 32,27).

Wie lange rang Jakob mit Gott? Bis zu der Stunde, in der Gott ihm die eigene Kraft nahm und er nur noch seine Hände bittend um seinen HERRN klammern konnte, weil ihm bange war, dass Gott ihn vielleicht ohne seinen Segen entlassen würde. »Ich lasse dich nicht, du segnest mich denn!« Es ist eine wundersame Geschichte. Führt sie doch aus der Verzweiflung ins helle Tageslicht. Jakob rang mit Gott, bis die Morgenröte anbrach. Ausgerungen ... durchgedrungen ... bis wohin? Bis zur Gewissheit, dass Gottes Hand ihn für immer halten wird.

Ganz gleich, was da kommen mag. Das war kein Gebet um Lebensglück und Erfolg. Das war kein Gebet um Segen, das die religiösen

Gefühle befriedigen sollte. Hier betete ein Mann, der endgültig seine egoistischen Ziele zu Grabe getragen hatte. Der wusste, dass alles und jedes jämmerlich scheitern muss, wenn man sich nicht auf ewig an diesen einzigartigen und wunderbar rettenden Gott gebunden weiß. Und darum sagte der HERR damals zu Israel: »Durch Umkehr und durch Ruhe werdet ihr gerettet. In Stillsein und im Vertrauen ist eure Stärke« (Jesaja 30,15).

Immer dann, wenn wir uns restlos, ja wirklich restlos ihm ausliefern, zieht sein Friede in unser Herz. Wenn unser Entschluss feststeht, dass ihm allein und für immer unser Leben gehören soll, erst dann ruhen wir in den starken Armen Gottes. Manches mag jetzt vielleicht nach Niederlagen aussehen. Es kann sein, dass sich der Eindruck sogar noch verstärkt, Gott habe seine Ohren verschlossen. Sei auf der Hut, denn die erfolgreichste Waffe des Teufels ist die Niedergeschlagenheit. Doch diesen Zustand können wir im geistlichen Kampf niemals akzeptieren.

11. August

Quetschfalten

»Herr, du hast meine Bedrückung gesehen« (Klagelieder 3,59). Ist das kein mutmachender Gruß? Der Herr Jesus hat gesehen, was dich bedrückt. Er hat Kenntnis von deiner Not. Nein, ohne Quetschfalten kommt keiner durch diese verrückte Welt. Man wird gestoßen, angerempelt, gepufft, missverstanden, rücksichtslos an die Seite gedrängt. Bedrückungen, von allen Seiten kommen sie. Da sind gesundheitliche Sorgen, Schwierigkeiten im Geschäft, im Beruf, zu Hause bei den Kindern, draußen in der raubeinigen Welt. Überall bekommen wir blaue Flecken. Schlimm, wenn man dann in Zeiten der Bedrängung auf Menschen angewiesen ist. Enttäuschen sie nicht gerade dann? Da ist Bitterkeit nicht mehr weit.

Doch damit keiner auf die Idee kommt, dass er der einsamste und verlassenste Mensch der Welt sei, erinnert Jeremia auch dich an dieses königliche Wort: »HERR, du hast meine Bedrückung gesehen!« Der Feind weiß nur zu genau, wie leicht er durch Entmutigung die Jünger Jesu verunsichern kann. Warum hat der HERR den Heiligen Geist Tröster genannt? Weil er es ist, der herbeieilt, um den Bedrückten Entlastung zu verschaffen. Er sagt: »Der HERR wird deiner Bedrückung ein Ende machen!«

Du fragst: »Aber wie, und wann?« Lass das getrost seine Sache sein. Werde einmal ganz stille vor ihm. Halte fest im Gedächtnis: Kein Haar fällt von deinem Haupt ohne seinen Willen. Nur musst du jetzt deine aufgewühlte Seele zur Räson bringen. Du musst ihr sagen, dass dir der allmächtige Gott diesen herrlichen Zwischenbescheid gegeben hat, dass er die Sache, die dich bedrängt, zum guten Ende bringen wird. Als Israel unter der Knute des Pharao verzweifelte und in großem Elend war, ließ Gott Mose wissen: »Ich habe das Elend meines Volkes in Ägypten gesehen und sein Geschrei wegen seiner Antreiber habe ich gehört; ja, ich kenne seine Schmerzen. Darum bin ich herabgekommen, um es aus der Gewalt der Ägypter zu erretten.« (Lies bitte 2. Mose 3,7-22!) Wie wunderbar hat Gott sein Volk damals errettet. Wie ein Stein fuhren die Ägypter in die Tiefe. Für sie war kein Retter da.

Das Lied der Erlösten hatte nicht die Erlösung zum Thema, sondern die Allmacht, Herrlichkeit und Rettermacht Gottes. Du hast weder Grund noch Anlass, verzagten Herzens zu sein; denn auch mit dir hat der Herr Jesus Absichten der Liebe.

12. August

Geh eine Etage höher!

Wenn auch alles in dieser Welt auf Sturm steht, Gotteskinder dürfen den Frieden Gottes genießen und für ihn auf segensreichen Fischfang gehen. Dass wir danach immer wieder unter Beschuss stehen und der Feind sich an uns rächen will, ist ein alter Hut. Darum wollen wir aufpassen und uns in unseres Herrn Jesus Nähe aufhalten.

Stehst du vielleicht gerade jetzt in einer inneren Zerreißprobe? Beschäftigt dich eine Sache so stark, dass sie dein ganzes Denken in Beschlag nimmt? Fehlt dir das Bewusstsein, dass die starken Hände Jesu dich halten, oder donnern die Brecher über dein Lebensschiff hinweg, dass du meinst, du würdest jeden Augenblick in die Tiefe gerissen? Der Herr Jesus lässt solche Situationen oft zu, damit er seine Allmacht unter Beweis stellen kann. Doch das steht fest: **»Der HERR stützt dich!«** (Psalm 3,6). Er ist es, der dich rettet.

Ganz gewiss sind die Tage böse. So steht es in Epheser 5,16. Die Gefahr ist groß, unser Leben unvorsichtig zu gestalten. Doch was immer auch in deinem Leben geschieht, wie hoch die Wellen der Umstände dich hinauf- oder hinunterschleudern: Lass dich nicht auf eine tiefere Stufe fallen! Anders ausgedrückt: Lass dich weder von sorgenvollen Gedanken verschlingen, noch von den spitzen Worten und hinterhältigen Taten anderer lähmen. Feigheit und Leichtfertigkeit üben bei vielen einen starken Sog nach unten aus. Widerstehe den Einflüsterungen Satans, der dir zuflüstert: »Gib auf, es hat ja doch keinen Wert. Der HERR hat dich verlassen.«

Doch, Gott sei Dank, du musst dich nicht auf diese Stufe fallen lassen. Du hast die Freiheit hinaufzusteigen! Nein, du musst nicht mehr länger Spielball deiner Gefühle sein. Bist du als Gotteskind nicht zur Freiheit berufen? Wie sollten da knechtisches Denken und der Zwang negativer Empfindungen Raum haben? Steig hinauf auf die höhere Etage! Trete bewusst in die Gegenwart deines HERRN. Dieses kindliche Vertrauen ist die Stufe, die nach oben führt.

Jemand erzählte mir ein wunderbares und hierzu passendes Erlebnis: In den Bergen ist ja oft die Nebeldecke so abgezirkelt, dass man mit wenigen Schritten aus einer Nebelbank in den Sonnenschein tritt. Und dann erzählte er mir von einem Haus in den Schweizer Bergen. Die untere Wohnetage lag mitten in einer dicken, undurchdringlichen Nebelsuppe. Man musste das Licht einschalten. Doch nur ein Stockwerk höher im selben Haus war herrlicher Sonnenschein. Dort genossen die Feriengäste bereits die Sonne auf dem Balkon, und ihre Blicke schweiften hinüber zu den Bergen Eiger, Mönch und Jungfrau.

Bleib nicht im falschen Stockwerk sitzen. Lass dich schon gar nicht in den Keller hinunterziehen. Der Platz an Gottes Gnadensonne ist frei für dich! Es sind die stillen Augenblicke des Tages, in denen du hinaufsteigst, um dir von ihm Kraft und Mut zu holen, die Dinge des Alltags zu verrichten. Wann wirst du den Schritt hinauf tun?

13. August

Du bist wichtig für Gott!

»26 Buchstaben hat das Alphabet. Da kommt es doch ganz bestimmt nicht auf mich an«, sagte das kleine »e«. Doch das sah dann so aus: Man hatt- s-hr groß- Schwi-rigk-it-n, di- -inz-ln-n G-dank-n an-inand-r zu r-ih-n. Einmal Hand aufs Herz: Wie wichtig schätzt du deine Mitarbeit im Reich Gottes ein? Schließlich hat Gott auch dich in seinen Plan miteinbezogen. Auch dir hat Gott eine Gabe zum Dienst im Reich Gottes gegeben. Keiner ist unwichtig. Denn: »... **jedem Einzelnen von uns ist die Gnade nach dem Maß des Christus gegeben!**« (Epheser 4,7). Das ist Tatsache! Niemand kann sie leugnen.

Dieses Wort ist wie ein lauter Paukenschlag. Es verkündigt eine gewaltige Wahrheit. Wir können jedoch durch falsches Denken und Handeln unsere Dienstgabe unwirksam machen, und zwar durch Trägheit und Bequemlichkeit. Paulus wusste: Die Gnade zum Dienst für meinen HERRN habe ich nicht vergeblich empfangen. Er sagt: »Ich habe viel mehr gearbeitet als sie alle, aber nicht ich, sondern die Gnade Gottes in mir« (1. Korinther 15,10). Vom fleischlichen Übereifer ist hier nicht die Rede, auch nicht von einer falsch verstandenen Frömmigkeit, die allen biblischen Grund verloren hat. Es geht um die Hingabe des Herzens, das seinen HERRN liebt. Das allein zählt. Nur dann kann Gottes Liebe zu den Menschen sichtbar werden. Auf eigene Faust kann keiner diesen wunderbaren Auftrag erfüllen.

Wie gern setzt sich unser Ego an die erste Stelle, will auf eigene Faust etwas schaffen. Wie gern putzt es sich im Spiegel eitler Selbstgefälligkeit und plustert wie ein Pfau sein Gefieder. Gotteskind, du bist doch vom Herrn Jesus so reich beschenkt. Durch dich will er sein Werk tun. Auch du kennst den Schatz tausendfacher Verheißungen Gottes. Du hast den

Herrn Jesus in frohen und in traurigen Stunden erlebt. Solltest du deine Erfahrungen mit ihm nicht fröhlich weitererzählen?

Du kleines »e« bist unendlich wertvoll in Gottes Augen! Lass dir nicht vom Feind einflößen, der Herr Jesus lege auf deine Mitarbeit keinen Wert. Nein, nein! Glieder am Leib des Christus sind wie Buchstaben, die zusammengehören. Darum noch einmal: Du bist wichtig für Gott. Du wirst gebraucht! Nicht weil du etwas kannst, sondern weil der Herr Jesus auch dich mit seiner Gnade beschenkt hat.

Du kleines »e«, über deinem Leben soll stehen: Heilig dem HERRN! Lass dir nun zeigen, wo du hineinpasst, wo der HERR für dich einen Platz zum Dienst angeordnet hat. Und dann diene ihm fröhlich!

14. August

Taufrisch!

Bist du schon einmal durch braungebranntes, ausgedörrtes Gelände gegangen? Kein Halm, kein grünes Blatt, alles nur welk und dürr. Tiefe Risse geben dem Gelände ein chaotisches Aussehen. Jedes Leben scheint erstorben. Gnadenlos brennt die Sonne weiter, als hätte sie sich gegen das Leben verschworen. Doch dann ziehen graue Wolken auf. Es nieselt und tröpfelt – und dann regnet es. Die steinharte Wüste zeigt plötzlich aufkeimendes Leben. Hier und da ein grünes Gras, ein Blatt, ein Halm. Und in wenigen Tagen ist die leblose, dürre Wüste wie ein grüner Teppich.

Kennst du auch Zeiten geistlicher Dürre? Mühevolle Zeiten? Nur Seufzen und Resignation? Tage, in denen jegliches geistliche Leben auf Sparflamme brennt? Du hast vielleicht keine Erklärung dafür, und dennoch ist es so. Wie sehr sehnst du dich nach einer geistlichen Erfrischung, nach neuen geistlichen Segnungen und nach Erquickungen der Seele. Aber wohin du auch blickst, keine Wolke am Horizont. Doch heute heißt es: **»Reichlich Regen gießt du aus, Gott«** (Psalm 68,10).

Die geistliche Dürre in unserem Leben ist auch ein Hinweis dafür, dass die Verbindung zur Quelle unterbrochen ist. Jeder kennt das Gefühl des Versagens, es nicht geschafft zu haben. Es ist die innere Lähmung, die fatale Art von Müdigkeit, die uns zur Strecke bringen will. HERR, ich brauche neue Kraft! Hör bitte auf, darum zu bitten: Sie ist längst da für dich! Reicher Regen von oben ist für dich bestimmt – Segnungen für dein ausgedörrtes Land! Es ist reicher Regen, der all deine geistlichen Bedürfnisse stillen wird. Du sollst nicht länger ausgemergelt deine Tage fristen. Der Herr Jesus möchte, dass du in geistlicher Frische deine Zeit auf Erden lebst.

Gehörst du ihm mit allen Fasern deines Lebens? Du sollst wissen, dass der HERR des Lebens es nicht liebt, geistlich ausgedörrte Leute um sich zu haben. Du sollst blühen und Frucht bringen! Darum möchte dich der Herr Jesus aufrichten und erfrischen. Alles andere macht seinem Namen keine Ehre. Es ist unmöglich, dem lebendigen Christus zu gehören und ein Leben in geistlicher Dürre zu führen. Dass es trockene Zeiten gibt, wissen wir – Zeiten, in denen uns hin und wieder das Gebet und das Lesen der Bibel Mühe macht. Doch es muss nicht so bleiben. Und es wird es auch nicht!

Suche jetzt Gottes Angesicht in der Stille. Herzlich eingeladen bist du, dich reichlich von seinem Segen überschütten zu lassen. Dieser Tag kann zu einer besonderen Segenswende in deinem Leben werden. Erwarte jetzt im Glauben, dass der HERR zu seiner Verheißung steht.

15. August

Was denkst du?

Gedanken sind es oft, die unsere Seele in Hektik und Sorge stürzen. Verzweifelte Gedanken, traurige Gedanken, misstrauische Gedanken, hasserfüllte Gedanken, die hin und wieder durch positive Überlegungen abgelöst werden. Der Mensch denkt im Karussell seiner Wünsche und Befürchtungen. »Und doch denkt und denkt meine Seele daran und ist niedergedrückt in mir« (Klagelieder 3,20).

Gedanken stehen am Anfang einer Handlung. Gedanken beherrschen und prägen unser Leben. Sie werden vom Zentrum der Persönlichkeit gesteuert. Könnte man Gedanken regulieren, sähe es in dieser schrecklichen Welt um vieles besser aus. Gedanken liefern das Wort, die Tat. Nur wer seine Gedanken unter Gottes Autorität stellt, erlebt die Befreiung seiner Persönlichkeit. Das Von-Gott-her-Denken muss gelernt und eingeübt werden. Wer seinen Gedanken verfällt, ist bald ein Knecht seiner Zwänge. Aus den Gedanken kommt das Böse. Wehe, wenn wir diesen Gedanken nicht eiserne Zügel anlegen. Wehe, wenn wir uns gar mit ihnen in Plaudereien einlassen, dann werden wir bald ein Spielball finsterer Zwänge.

Von welchen Gedanken lassen wir uns beherrschen? Welche Überlegungen führen bei uns das Regiment? Wer gibt die Impulse? Wer steuert unseren Gedanken-Computer? Viele sind deshalb an der Seele krank, weil sie den falschen Gedanken Raum geben. Sie lassen sich nicht von Gottes Geist bestimmen. Wie trostvoll, dass wir unsere Gedanken vom Herrn Jesus bestimmen lassen dürfen. **»Er hat Gedanken des Friedens mit dir!«** (Lies Jeremia 29,11!)

Hier ist die Lösung und Hoffnung für alle, die sich verzweifelt gegen die Übermacht negativer und furchteinflößender Gedanken schützen wollen. Der Apostel Paulus sagt: »Lasst das Wort des Christus reichlich in euch wohnen!« (Kolosser 3,16). Reichlich! Weigere dich, fremdbestimmt zu werden, während du Jesus angehörst. Weigere dich, deine Seele unter den Zwang ungöttlicher Gedanken zu bringen, während dein HERR Gedanken des Friedens mit dir hat. Für viele sind die Massenmedien der geistliche Untergang. Fernsehen, Internet, Hit-Berieselung, Klatschblätter, die öffentliche Meinung und vieles mehr. Das alles steht immer im Widerspruch zu dem, der gesagt hat: Ich habe Gedanken des Friedens mit dir!

Beginne deinen Tag mit den Gedanken Gottes und nicht mit Seufzen. Du bist viel zu schade dafür, deine kostbaren Stunden mit sorgenvollen Gedanken zu vergeuden. Deswegen hab Acht darauf, dass die »Stille Zeit« mit deinem HERRN nicht stiefmütterlich behandelt wird. Nur wer Gottes Wort mit einem verlangenden Herzen liest, hat auch Teil an den Gedanken Gottes. Bei dem ist kein Platz mehr für den Gedankenschrott aus Satans Trickkiste.

Und jetzt stehe mutig auf. Die vor dir liegenden Stunden stehen unter dem Regiment seines Friedens!

16. August

Worte, die heilen!

»Herr Pastor«, sagte sie resolut, »Ihre Krawatte ist zu lang. Es gehört sich nicht für einen Geistlichen, eine so auffällige Krawatte zu tragen. Darf ich abschneiden, was zu lang ist?« – »Natürlich dürfen sie das«, antwortete Spurgeon und ließ es ruhig geschehen. Die unverschämte Frau schnitt ihm tatsächlich ein Stück seiner Krawatte ab. Dann aber erwiderte er: »Und nun, liebe Frau, da jetzt meine Krawatte auf das richtige Maß zugeschnitten ist, darf ich auch bei Ihnen abschneiden, was zu lang ist?« Die Vorwitzige konnte wohl oder übel nicht anders als »Ja« zu sagen. »So geben Sie mir einmal eine Schere, und dann strecken Sie die Zunge heraus, denn sie ist viel zu lang.«

Spielt nicht die Zunge auch bei uns eine herausragende Rolle? Wie oft ist sie schuld an Zerwürfnissen in Familien, Ehen und Gemeinden. Ja, wenn Worte nur Schall und Rauch wären! Doch Worte sind nun einmal Gedankenträger. Und unbedachtes Reden erregt Zank und Grimm. Ein hitziges Wort bringt die Sache zum Überkochen. Böse Worte sind Schwertern gleich: Sie verletzen, richten zugrunde. Doch der Herr Jesus versetzte seine Zuhörer ins Staunen; denn aus seinem Mund gingen Worte der Gnade hervor (siehe Lukas 4,22)!

Wie wohltuend können Worte sein. Wie erquickend ist eine freundliche Rede, wie beruhigend eine zuversichtliche Bemerkung. **»Goldene Äpfel in silbernen Prunkschalen, so ist ein Wort, geredet zu seiner Zeit«** (Sprüche 25,11). Unvergleichlich sind gütige Worte. Sie bauen auf und trösten. Worte, die wir miteinander austauschen, werden zum Fenster der Seele. Man kann hineinschauen. Erkennt der andere, dass in unserem Herzen Wahrheit und Liebe miteinander harmonieren? Auch dann, wenn manche Dinge offen ausgesprochen werden müssen?

Es geht um den göttlichen Gebrauch der Zunge. Ob es da unter den Christen nicht anders aussähe, wenn man im Wortwechsel liebevoll dem anderen zu begegnen suchte, anstatt sich gegenseitig abzuschießen? Wer von der Liebe Christi geleitet wird, der braucht nicht nach Worten zu ringen, um das Wohl des anderen zu suchen. Was für eine Verantwortung liegt im gesprochenen und geschriebenen Wort. Was für ein Potential an göttlichen Gedanken steht uns zur Verfügung. Wer selbst Worte der Gnade aus dem Mund des Allerhöchsten empfangen hat, ist zur Weitergabe verpflichtet. Wer selbst in Glaubensprüfungen die Kraft der Verheißungen Gottes erlebt hat, darf nicht schweigen.

Sprich aus, was der Herr Jesus Großes an dir getan hat! Sag es weiter, was er dir bedeutet. Erhelle durch deine Worte die Dunkelheit, die Stunden der Verzweiflung anderer. Lass es dir vom Herrn Jesus schenken, Botschafter guter Worte zu sein. Schüchtern? Zaghaft? Darf dieses Argument gelten, wenn um uns her die Welt lichterloh brennt und Seelen ohne Rettung sterben? Wir wollen über den Wert unserer Worte nachdenken und dann zur Tat schreiten. Wir sollten beten: »Herr Jesus, gib mir ein Wort der Gnade, damit ich dadurch Herzen aufrichten kann« (siehe Jesaja 50,4).

17. August

Kieselsteinberg

Hast du schon einmal versucht, über einen Kieselsteinberg zu klettern? Du wirst es kaum schaffen. Das Steingeröll wird dich in Schwierigkeiten bringen. Du wirst darin stecken bleiben. Ja, es sind die kleinen Steinchen im Alltag, die uns immer wieder aus der Fassung bringen. Da plagen uns die Ichgefühle, die kleinen Verletzungen der Seele. Da ist das versteckte Murren. Da sind heimliche Undankbarkeiten. Und weil wir nicht über den Berg unserer Schwierigkeiten kommen, ziehen wir täglich unsere Kreise um diesen Kieselsteinberg. Es ist ein mühevolles Stapfen.

Wo hast du deinen Kieselsteinberg? Vielleicht ist er im Laufe der Jahre mächtig angewachsen. Jeder Stein starrt dich an, und enttäuscht kommt es über deine Lippen: »Herr Jesus, habe ich nicht jahrelang für eine bestimmte Sache gebetet? Warum prüfst du so lange meine Geduld?« Und wie antwortete der HERR damals? **»Lange genug habt**

ihr dieses Gebirge umzogen. Wendet euch nach Norden« (5. Mose 2, 3). Heißt das nicht: Überlass mir die Sache? Darum, dreh dich nicht immer im Kreis deiner Gedanken! Dein HERR will die Angelegenheit für dich in die Hand nehmen. Lange genug hast du für dies oder jenes gebetet. Lange genug hast du deinen Kieselsteinberg umzogen – es ist Zeit, dass du weitergehst! Du sollst das Land einnehmen, das der HERR dir gegeben hat. Hörst du sein Rufen? »Macht euch auf, und zieht aus!« (Vers 24).

Wie töricht wäre ein Plantagenbesitzer, der bei der Obsternte an einem Apfelbaum mit unreifen Äpfeln stehen bliebe, um mit einem Haarföhn nachzuhelfen. Lächerlich! Wie viele sind in ihrem Kieselsteinberg stecken geblieben. Doch der HERR ruft dir zu: »Geh weiter!« Es gilt, reife Früchte einzusammeln, die der HERR für dich bereithält. Es ist an der Zeit, dass du ermutigt ihm deine Angelegenheit überlässt.

Lass stehen, was dich so beschwert. Lange genug hast du das Gebirge umzogen, wende dich nach »Norden«, wohin das für dich auch immer sein mag. Auf jeden Fall sollst du nicht länger auf derselben Stelle treten. Der Herr Jesus möchte, dass du mit seiner Hilfe jetzt die Dinge beherrschst, die dich bisher beherrscht haben.

In Obadja 17 steht: »Aber auf dem Berg Zion wird Rettung sein. Und er wird heilig sein!« Ist das nicht ein wunderbarer Gedanke? Es ist der Berg des HERRN. Und dahin gehörst du. Es ist nicht die Schutthalde angehäufter Schwierigkeiten. Es ist die heilige Stätte. Von hier aus wird dir der Sieg werden. Von hier aus werden deine Feinde bezwungen. Von hier aus kämpfst du den guten Kampf des Glaubens. Und nun darfst du gespannt sein, wie der Herr Jesus dich führt. Darfst erwarten, dass er deine Angelegenheiten für dich regelt. Der HERR führt wunderbare Wege.

18. August

Gott schafft es für dich!

Sie waren nicht mit beiden Händen bei der Arbeit. Denn mit einer Hand mauerten sie, um mit der anderen das Schwert zu halten. Arbeit und Wachsamkeit zugleich waren gefragt. Schließlich lag der Feind auf der Lauer. Was für ein sonderbarer Trupp auf dem Baugerüst. Die Leute um Nehemia sollten die Mauer wiederaufrichten. Jerusalem sollte sicher wohnen. Der Gottesdienst sollte wiedereingeführt werden. Doch prompt ballerte der Feind mit sieben Tricks frontal dagegen: offenkundiges Missfallen, Verachtung, Zorn, Spott, Streit, List und Intrigen.

Auch heute liegt das Werk des HERRN unter Beschuss. Doch man kann keinen Menschen täuschen, der die Kraft klarer Bibellehre kennt. Man kann keinen Menschen verführen, der um die Kraft des göttlichen Denkens weiß. Man kann keinen Menschen besiegen, der die Kraft des Lobens und Dankes praktiziert. Diese Aussagen stimmen, sind biblisch, praktisch und nützlich. Wer diese Position einnimmt, kann mit Nehemia – bei allem Niedergang und Abfall innerhalb und außerhalb der Gemeinde – mit Bestimmtheit wissen: **»Unser Gott wird für uns kämpfen!«** (Nehemia 4,14).

Dein Kampf ist sein Kampf. Du darfst sagen: »HERR, du schaffst es, auch wenn die Treuen im Land immer weniger werden. Du schaffst es, deine Erlösten ans Ziel zu bringen. Du schaffst es trotz allem, was uns in dieser Welt niederdrücken will. Du schaffst es, die zu besiegen, die sich deinem heiligen Wort entgegenstellen – die dein Wort verdrehen –, die Doppelbödigen, die Feigen. Die Menschen, die sich in guten Zeiten zur Gemeinde Gottes hielten, doch heute zu Partisanen und Verrätern wurden. Sie waren nicht bereit, die Schmach des Christus zu tragen. Sie buhlten lieber um Anerkennung, fanden es bequem, mit dem breiten Strom zu schwimmen, nur weil sie es sich mit keinem verderben wollten. Sie verwechselten den Christus, das Haupt der Gemeinde, mit Kirchen- oder Gemeindepolitik. Sie predigten einen anderen Jesus als den, der uns in Gottes Wort begegnet.

Vielleicht stehst auch du auf einsamem Posten. Vielleicht jammerst du wie Elia unter dem Ginsterstrauch: »Ich allein bin übriggeblieben!« (1. Könige 18,22). Lass dich nicht entmutigen. Du hast keinen Grund zu verzagen. Der HERR wird für uns kämpfen! Weißt du dich durch sein kostbares und heiliges Blut für ihn und seine Herrlichkeit erkauft? Dann umhüllt dich Gottes konkurrenzlose, einmalige, einzigartige, unvergleichliche, wunderbare Liebe! Da, wo ein Mensch die Liebe Jesu erfährt, haben alle noch so bedrückenden Lebensumstände ihren Schrecken verloren.

Nehemia hielt die Spannungen aus. Er erduldete die Auseinandersetzungen mit dem Feind. Weder floh noch verzagte er. Sein Glaube war echt. Er blieb standhaft. Er demütigte sich unter Gottes Hand und nicht unter die widrigen Umstände. Sein Vertrauen wurde belohnt. Dein Gott wird auch für dich kämpfen. Jetzt glaube es doch! Gib ihm eine Gelegenheit, es dir zu beweisen. Lass dich nicht in ein Wortgeplänkel mit dem Widersacher ein. Er will doch nur deine Aufmerksamkeit. Wer von Jesus wegblickt, ist gefährdet. Wer seinen HERRN im Auge behält, ist unantastbar!

19. August

Befürchtungen?

Was wird aus mir? Jeder weiß, dass kein Lebensweg auf Rosen gebettet ist. Wenn man jedoch diesem Gedanken ein wenig nachgeht, spürt man recht bald, wie sich unmerklich ein grauer Schleier über unsere Seele legt. Und hängen nicht unser Leben und das Glück unserer Ehen und Familien tatsächlich am seidenen Faden? Wer kann schon für seine Gesundheit garantieren?

Und wer weiß schon, ob nicht dieses Jahr sein letztes ist? Und wenn uns auch noch einige Jahre geschenkt werden? Der eine plagt sich mit seinem Ischias herum, andere haben Kummer mit ihrer Pumpe, die schon beim geringsten Witterungswechsel stottert. Ein berühmter Mann sagte einmal: »Das Leben ist nichts anderes, als Hoffnungen zu begraben.«

Stimmt das? Nein! Denn da begegnet uns einer auf unserem Weg, dessen Name Jesus Christus ist. Und genau er sieht, wie wir uns mit unserem Lebensmurks abplagen. Er sieht, dass die Existenznöte uns völlig in Schach halten und wir Sicherheitsmaßnahmen ergreifen, die oft alles andere als einen soliden Glauben zeigen. Um uns das Übel vom Hals zu halten, greifen wir oft zu allzu menschlichen Maßnahmen. Doch unser HERR sieht das. Und genau das macht mich froh und getrost. Dich auch? Ganz behutsam legt der Herr Jesus jetzt seine gute Hand auf deine Schulter und sagt: **»Wirf auf den Herrn deine Last, und er wird dich erhalten. Er wird nimmermehr zulassen, dass der Gerechte wankt«** (Psalm 55,23).

Was bedrückt dich? Wie würdest du deine Last nennen? Welche Namen haben deine Sorgen und Befürchtungen? Wirf sie auf den Herrn Jesus. Er wird dich erhalten. Wer seine Bedrückungen jedoch einfach zu ignorieren versucht, gleicht dem, der seinen Sperrmüll vor dem Haus liegen lässt. Alle sehen die Bescherung! Ist dieses Leben ein Zeugnis für unseren Erlöser? Im Übrigen ist es doch sehr merkwürdig, dass die Lasten, die wir nicht auf unseren HERRN werfen, wie Tausendfüßler sind, die immer wieder an den alten Platz ihrer Herkunft zurückkriechen wollen. Unsere geistlichen Schwierigkeiten rühren oft daher, dass wir es versäumten, mit dem alten Plunder unseres Lebens aufzuräumen.

Unser HERR will nicht, dass wir am Schwergewicht unvergebener Schuld oder an den elenden Befürchtungen, die nichts anderes als Unglaube sind, zugrunde gehen. Er will nicht, dass wir uns kaputt sorgen. Er will, dass wir unbeschwert unsere Straße ziehen.

20. August

Stärkungsmittel

Aufbauspritzen – prima, wenn sie helfen! Doch was, wenn kein Stärkungsmittel mehr wirkt? Wenn einem jeder Halt unter den Füßen schwindet? Die Menschen ohne den Herrn Jesus müssten doch eigentlich neidisch auf uns sein, wenn sie hören, was unser HERR uns sagt: **»Habe keine Angst, denn ich bin dein Gott! Ich stärke dich, ja, ich helfe dir, ja, ich halte dich mit der Rechten meiner Gerechtigkeit«** (Jesaja 41,10). Wie gut doch dieser Zuspruch tut! Endlich einer, der kompetent ist und mit Autorität ein machtvolles Wort in unsere Situation hineinruft. Ich helfe dir je nach Bedarf! Erkennen wir die Steigerung in Gottes Angebot? Stärken, helfen und halten will er. Also eine dreifache Zusicherung an jeden von uns.

Wie ein hilfloser Regenwurm kam sich Israel damals vor. Es sah sich der massiven Bedrohung der Feinde gegenüber. Und genau in diese Situation hinein ruft der HERR dieses wunderbare Wort. Da muss einem doch die Sonne aufgehen! Da strahlt einem doch die ganze Barmherzigkeit der Liebe Gottes entgegen. Es will mir einfach nicht in den Kopf, weshalb wir unseren HERRN oft so lange warten lassen, bis wir endlich »Danke, lieber HERR für deine Zusagen« über unsere Lippen bringen. Stattdessen wursteln wir an uns selbst und an unseren Problemen herum. Fällt es uns denn so schwer, die Kraftlosigkeit zuzugeben?

Es gibt ein wunderbares Wort in der Bibel, das wir uns unbedingt merken sollten: »Schüttet euer Herz vor ihm aus, liebe Leute« (Psalm 62,9). Nun will aber auch das Auskippen gelernt sein; denn wer auskippt und seine Nöte vor dem HERRN offen ausschüttet, der gibt schließlich zu, dass er mit den Dingen seines Lebens nicht fertig wird. Gut, wenn wir es endlich satt haben, auf das Genörgel unseres ungläubigen Herzens zu achten, wenn es sagt: »Dein Gott hat dich verlassen. Keiner mag dich. Du bist allein.«

Wonach du dich auch immer sehnst, nach Stärke, Hilfe oder Halt, er ruft dir zu: »Fürchte dich nicht, denn ich bin mit dir. Habe keine Angst, denn ich bin dein Gott. Ich, der HERR, werde dich erhören, und ich werde Ströme öffnen auf den kahlen Höhen und Quellen mitten im Tal. Ich werde die Wüste deines Lebens zu einem Wasserteich machen und das dürre Land zu einer herrlichen Wasserquelle« (Jesaja 41,10a.18) Welch eine Ermutigung!

21. August

Fürchte nicht den Kampf!

»Steht fest in einem Geist und mit einer Seele zusammen, für den Glauben des Evangeliums kämpft ...« (Philipper 1,27). Während alle Welt von »Frieden machen« redet, wollen wir zum Kampf aufrufen? Spricht das nicht gegen alle Vernunft? Passt das Wort vom Kampf noch in unser modernes Vokabular? Unsere Mentalität geht doch dahin, Toleranz, Partnerschaft, Entspannung und Kompromisse zu suchen. Wofür gilt es schlussendlich zu kämpfen?

Nun, wir verstehen es, dass es hier nicht um eine weltlich kriegerische Auseinandersetzung geht, sondern um den Glaubenskampf, der alles von uns fordert. Es geht um den rettenden Glauben, die frohe Botschaft. Und dafür gilt es zu kämpfen. Schließlich sollen verlorene Menschen für ewig gerettet werden. Der Teufel will nicht, dass sich jemand seinen Klauen entwindet und zu Jesus Christus überläuft. Es gibt keine kampflosen Siege. Wer vom Glauben spricht, muss wissen, dass wir es hier immer mit göttlichen Wahrheiten zu tun haben. Der Glaube zeigt sich in der Hingabe an den Herrn Jesus. Der Glaube hakt sich bei Gott unter und sagt: »HERR, du tust es für mich!« Dieser Glaube ruht in Gott. Der Glaube siegt! Doch ohne initiativ zu werden, lässt sich diese Position keineswegs erobern. Weder in der Gemeinde, in Ehe und Familie noch im Alltagsgeschäft. Der Glaube ergreift immer den Standpunkt Gottes und kämpft mutig gegen Satan, Sünde, Ego und Welt. Paulus kämpfte den guten Kampf des Glaubens.

Und wir? Der Herr Jesus bewahre uns vor jeder fleischlichen Gleichgültigkeit. Nur wer das lohnende Glaubensziel vor Augen hat, wird ein mutiger Kämpfer sein.

22. August

Auf geht's!

Eingeigelt hatte sich Israel. Es fürchtete sich vor den Feinden. Schon so oft musste es eine Niederlage nach der anderen einstecken. Das Volk Gottes auf der Verliererseite! Was für eine Schande! Und wie steht es um uns Christen? Sind wir mit der augenblicklichen Situation zufrieden? Soll alles so bleiben, wie es ist, oder soll es anders werden? Wer aber nur abwartet und zuschaut, verändert nichts.

Jonatan, der Sohn des Königs Saul, wollte Siege für Gott erringen. Saul dagegen verkroch sich mit seiner Elitetruppe. Er fürchtete um sein Leben. Was für ein jämmerliches Bild für einen König! Waren es nicht die Schlachtreihen des lebendigen Gottes, die einmal herrliche Siege errungen hatten? Und jetzt? Auf, lasst uns für den HERRN Glaubenssiege erringen! Nur wer kämpft, gewinnt. Nur wer siegt, wird belohnt. Warum scheust du die Auseinandersetzung im Glaubenskampf? Warum nimmst du schulterzuckend Zeiten bitterer Niederlagen hin? Du meinst, die Feinde seien dir zu stark? Die Umstände zu ungünstig? Deine Kraft zu gering? Dein Glaube zu schwach? Richte deinen Blick auf dieses Wort: **»Für den Herrn gibt es kein Hindernis, durch viele oder durch wenige zu helfen«** (1. Samuel 14,6).

Nein, für den HERRN gibt es kein Hindernis. Nicht ein einziges. Man sollte die Geschichte einmal im Zusammenhang lesen. Jonatan, der Sohn des Königs Saul, ergreift mutig die Initiative. Er überschlägt die Kosten und kommt zu dem Entschluss, seinem allmächtigen Gott zu vertrauen. Er handelt nach reiflicher Überlegung und sagt: Komm, lasst uns für den HERRN kämpfen! Und sein Waffenträger geht mit ihm. Wo nimmt er den Mut her? Ist er ein Wagehals? O nein! Er ist sich seiner Berufung bewusst, denn es gilt, Siege des HERRN zu erringen. Er taxiert die Gegner ein: Unbeschnittene sind es, und außerdem weiß er, dass er ein Gesegneter des HERRN ist. Seine Glaubenshaltung wird deutlich, wenn er sagt, dass das geringste Mittel für den HERRN ausreicht, die gewaltigsten Siege zu erringen. Bravo, Jonatan! Du verpasst die Stunde deines Gottes nicht. Du rechnest zwar mit der Entmutigung durch den Feind, aber lässt dir nicht das Vertrauen in deinen allmächtigen Gott nehmen.

Solche Leute liebt der HERR! Er mag die nicht, die sich feige verdrücken, während andere den Kopf hinhalten. Wer passiv bleibt, wird vom Strom der Endzeit hinweggespült. Wer aber Glaubenskämpfe wagt, hält sein geistliches Leben frisch. Lass uns geistlich nicht bettlägerig werden. Auch nicht zum geistlichen Pflegefall einer Gemeinde verkommen. Lass uns für den HERRN kämpfen, solange noch ein Hauch irdischen Lebens in uns ist.

23. August

Hektik

Mit dem linken Handrücken wischt man sich den Schweiß von der Stirn – mit der rechten Hand greift man nach Kaffee und Kuchen. Schnell überfliegt das Auge die Überschriften der Tageszeitung. Unterdessen kreischt draußen irgendwo eine Kreissäge, kläfft ein Köter, hört man von nebenan Gezeter und Kindergeschrei. Wer hält das eigentlich noch aus, ohne rappelig zu werden? Ich solchen Zeiten sehnt man sich nach heilsamer Stille. Doch wo finden wir noch Oasen der Ruhe in dieser schnelllebigen Zeit? Sind wir wirklich Menschen, die etwas von dem Frieden Gottes wissen, oder macht unsere moderne Unruhe sogar noch andere nervös? Stehen wir nicht in Gefahr, unsere Seele, unser Gemüt, den innersten Wert unseres Gefühlslebens zu verlieren?

Menschen, die immer in Hast sind, werden oberflächlich und flüchtig. Sie neigen gerade als Nachfolger Jesu sehr leicht dazu, alles zu veräußerlichen, irdisch gesinnt zu werden. Kein Wunder, dass man dann seelisch leergepumpt und geistlich am Stock geht. Nach was strebt deine Seele? Was treibt dich in deiner Unruhe rastlos hin und her? Ich habe ein wunderbares Wort Gottes für dich in Jesaja 63,14a gefunden: **»Wie das Vieh, das ins Tal hinabzieht, brachte der Geist des Herrn sie zur Ruhe!«**

Der Geist des HERRN will auch dich von den Bergen der Gefahren und Existenznöte in ruhigere Regionen führen. Das liebliche Tal der Ruhe und Geborgenheit ist ein wunderbares Bild von der Ruhe in einem starken und allmächtigen Gott. Es ist schon ein erhabenes Bild, wenn die Abendsonne die Gletscher der Berge anstrahlt, und unten im Tal die Menschen und das Vieh in den Häusern Schutz und Geborgenheit finden. »So ist der HERR rings um sein Volk« (Psalm 125,2).

Unsere Ängste, Unsicherheiten und der oft kaum zu verkraftende Stress sind manchmal das Eingeständnis, dass wir unsere Sache in Selbstverwaltung genommen haben. Dass wir uns von keinem reinreden lassen wollen. Auch von Gott nicht. Und dabei möchte der HERR uns doch zur Ruhe bringen. Und zwar in allem! Ruhe doch einmal in Gottes Liebe wie das Kind in den Armen der Mutter. Oder müssen wir uns sagen lassen, dass unser »Rappelkopf« auf alles andere als auf die Ruhe in Christus hinweist?

Wir wissen alle um den Mangel an innerer Stille. Doch nur in Christus Jesus, unserem HERRN, gibt es Ruhe. Und diese Ruhe darfst du mitten in deinen Alltagsgeschäften erfahren. Du wirst sehen, dass dir dann die Arbeit viel besser von der Hand geht. Und nebenbei wird der HERR dich vor manchem Übel bewahren.

24. August

Auch das noch!

Kurzbesuch bei Hiob. Schreckliches hat man von ihm gehört. Ein gottesfürchtiger Mann verliert Haus und Hof, dazu auch seine Kinder. Was für ein schwerer Schicksalsschlag! Und nun sitzt der arme Mann wie betäubt in der Asche. Von oben bis unten mit Geschwüren geplagt, todunglücklich ist er. Sein Schmerz kennt keine Grenzen, die Talfahrt seiner Gefühle nimmt kein Ende. Er spürt keinen Boden mehr unter den Füßen. Was für eine Verzweiflung! Angegriffen an Seele und Leib sehnt er nur noch das schnelle Ende seines Lebens herbei. Seine Frau provoziert: »Sag dich los von Gott und stirb.« Und seine Freunde sind armselige Tröster. Kluge Reden halten sie. Vergrößern durch das, was sie diesem armen Hiob vorhalten, nur noch mehr seinen furchtbaren Schmerz. »Oh, Gott, ich verstehe dich nicht mehr. Womit habe ich das verdient? Warum ausgerechnet ich? Gott, warum schweigst du zu meinem Elend? Siehst du nicht meine Not? Warum hörst du nicht auf mein Rufen ...?« Der verborgene Schrei verhallt ungehört im Labyrinth seiner aufgewühlten Seele.

Ist das Geschehen um Hiob nicht von einer besonderen Dramatik? Fast möchte man dazwischenrufen: »Hiob, du treuer Diener deines HERRN, lass dir sagen: Hinter allem, was dich im Augenblick so maßlos aus der Fassung gebracht und in den Abgrund der Verzweiflung gestürzt hat, steckt kein anderer als Satan selbst.« Man muss diese Geschichte einfach im Zusammenhang lesen, um den Kampf zwischen Licht und Finsternis, zwischen Gott und Satan und einem leidenden Hiob recht zu verstehen. Doch dem HERRN sei Dank. Das Ende Hiobs ist herrlich. Doch wann wurden die Weichen zum Guten gestellt? Wann wendete Gott das Gefängnis Hiobs?

»Und der HERR wendete das Geschick Hiobs, als er für seine Freunde Fürbitte tat« (Hiob 42,10). Will der Herr Jesus etwa auch uns sagen, dass wir unseren Gebeten eine völlig andere Richtung geben sollten? Dass wir uns vielleicht allzu lange jammernd um unsere eigenen Bedürfnisse gedreht haben? Vielleicht haben wir noch nicht gelernt, uns allein seinen allmächtigen Händen anzuvertrauen? Merkwürdig, in dem Augenblick, in dem Hiob sich seinem Gott restlos auslieferte und anfing, für seine Freunde zu beten, änderte sich seine Lage. Der leidgeprüfte Mann betet für andere. Hiob ist erlöst von sich selbst. Ist frei geworden für den liebevollen Dienst der Fürbitte. Man möchte meinen: »Hiob, wenn du dich so verhältst, dann kommst du doch an irgendeiner Stelle zu kurz. Musst du jetzt nicht an dich denken?« Weit gefehlt. Hiob kam nicht zu kurz. Im Gegenteil! Es wurde alles herrlicher als vorher.

Ist es dein sehnlichstes Verlangen, dass der HERR dich ganz neu für

andere zum Segen setzen möchte? Dann fange an, für deine Freunde zu
beten. Bete für alle, mit denen dich Gott in Berührung bringt. Dann
wirst du aus dem Staunen darüber nicht mehr herauskommen, was Gott
für dich vorbereitet hat.

25. August

Er bleibt treu!

Der HERR steht zu dem, was er sagt. Er kann nicht anders. Er ist der
ewig Treue. **»Ja, auch weiterhin bin ich derselbe!«** (Jesaja 43,13). Und
wir? Manchmal sollten wir über unseren »Mini-Glauben« erschrecken.
Da haben wir einen so großen Gott und backen oft so kleine Brötchen.
Ich kann mich nicht erinnern, dass der HERR uns in dieser Angelegenheit zur Sparsamkeit aufgerufen hat. Er ist reich für alle, die ihn anrufen.
Er freut sich darüber, wenn er dich mit seinen Überraschungen erfreuen
kann. Es ist traurig, dass viele Christen eher vom großen Maul der
Finsternismächte beeindruckt sind als von ihrem allmächtigen Gott.
Denke an David und Goliath. Ließ David sich von Goliath ins Bocks-
horn jagen? Nein, David vertraute seinem Gott, zielte ruhig und traf.
»Blattschuss!« Ja, mit seinem Gott konnte er nicht nur eine Mauer
überspringen, sondern auch das Großmaul, den größten Feind, zur
Strecke bringen. Darum hast du nichts mehr zu befürchten als deinen
Unglauben. Geh darum nur tapfer deinen Weg mit dem Herrn Jesus
weiter! Dein Gott ist unveränderlich. Er ist der ewig Treue. Was für eine
frohe Gewissheit!

Und was ist mit den anderen? Mit jenen, die noch »draußen« stehen
und ohne Hoffnung sind? Die sich wehren, ihr Leben unter seine
Herrschaft zu stellen? Auch da ist der HERR derselbe. Keinen Buchstaben wird er von dem, was er gesagt hat, wegradieren. Was er der Welt
in ihrer Feindschaft ihm gegenüber angedroht hat, trifft ein. Das Gericht
kommt! Die Tragik ist nur, dass die Welt auf beiden Augen blind ist und
die Zeit nicht beurteilen kann, weil ihr das göttliche Licht fehlt (siehe

Lukas 12,56). »... und sie erkannten es nicht, bis die Flut kam und alle wegraffte« (Matthäus 24,39).

Und wir Christen? Was macht uns so schläfrig und unnüchtern? Beschwerte Herzen sind es. Und darum warnt uns der Herr Jesus vor Völlerei, Trunkenheit und Lebenssorgen (Lukas 21,34). Es geht um geistliche Fitness. Wir dürfen die geistliche Kondition nicht verlieren. Es geht um Tapferkeit, die uns befähigt, bis zum siegreichen Ende bei der Glaubenstruppe zu bleiben. Es gibt nichts Gefährlicheres, als mit sich selbst beschäftigt zu sein. Der Herr Jesus will uns wachend und bei der Arbeit finden, wenn er kommt. Denn plötzlich und überraschend wird er zur Entrückung seiner Erlösten erscheinen (1. Thessalonicher 4,16-18). Was dann die Welt zu erwarten hat, kann sich keiner von uns vorstellen. Dann bricht die totale, geistliche Finsternis über die Menschheit herein. Die grausame Zeit des Endes mit all den Katastrophen und Gerichten Gottes beginnt. Wir haben keine Zeit zu verlieren. Darum wollen wir noch wirken, solange es heute heißt!

26. August

Lass dich nicht provozieren!

Kennst du das? Da stehst du an der Kasse. Hinter dir eine Mutti mit ihrem Kind. Die niedlichen Patschhändchen hat es überall dazwischen. Es sucht sein versprochenes Eis. Doch es dauert! Und dann gibt es Geschrei. Ohne Rücksicht auf Verluste entwickelt sich plötzlich der kleine Liebling zum Tyrannen: Eis haben! Wir lächeln darüber. Aber der Knirps hat genau unsere Blutgruppe. Er hat keine Geduld. Hat die Mutti ihm nicht das Eis versprochen? Wo aber ist es? Steckt nicht in uns allen diese Ungeduld? Wer kann schon abwarten? Die wenigsten. Wir wollen immer alles jetzt und gleich haben. Nichts hassen wir so sehr wie lange Lieferzeiten. Sie stellen unsere Geduld auf die Probe. Nein, wir haben nicht den langen Atem. Wir sind schnell ungehalten, wenn man von uns »hochhalten«, »aufrecht halten«, »standhalten« und »ertragen« fordert.

Geht man der Ungeduld auf den Grund, dann findet man sehr schnell heraus, dass wir alle mehr oder weniger von den Zwängen der Lustbefriedigung gehalten sind. Nichts frisst so sehr an unserer Leibes- und Seelengesundheit wie Eile, Hast und Ungeduld, Hektik und Stress. In Eile kippt man am Morgen den Kaffee hinunter. In Eile rast man zur Arbeitsstelle. In Eile hastet man durchs Menschengewühl eines Kaufhauses, den Blick starr auf die Preise gerichtet, um nur ja kein Schnäppchen zu verpassen. Komisch! Und dabei sind wir doch alle so ausgebrannt und hätten die ruhigen Minuten so dringend nötig. Was ist es, das uns so fertig macht? Der Herr Jesus sagt, es sei die Ungeduld. **»Fasset eure Seelen mit Geduld«** (Lukas 21,19 LÜ '12).

Warum misslingt uns das so oft? Nun, weil wir uns so wenig kennen. Wir schieben alles auf den Teufel, anstatt unserem eigenen undisziplinierten Wesen die Schuld zu geben. Was könnten wir alles schaffen, wenn wir uns aufrafften und in Geduld unseren Arbeiten nachgingen. Jemand schrieb mit Recht: »Der Fluch der meisten Menschen besteht in ihrem ›Nicht-Wollen‹.« Das christliche Leben besteht jedoch durchweg aus geistlicher Tapferkeit. Ungeduld bringt nichts. So murrte Israel schon drei Tage nach der Rettung aus der Gefangenschaft des totalitären Regimes des Pharao. Es war voller Ungeduld. Schließlich hatten sie 430 Jahre am Hungertuch genagt. Oder denken wir an Naaman, den Syrer, aus 2. Könige 5. Der wollte geheilt werden, aber sofort! Doch Gott bestimmte Tagesplan und Zeitpunkt seiner Heilung. Dass Naaman sauer wurde und ihn die Ungeduld packte, hat seinen Grund. Oder denke an Jona 4,8-9. Weil es nicht nach Jonas Vorstellungen ging, wurde er regelrecht ärgerlich und zornig auf Gott und machte ihm sogar Vorwürfe. Geduldig auf des HERRN Rettung warten, heißt jedoch nicht, seine Hände in den Schoß zu legen und dazusitzen. Geduld heißt, die Spannung auszuhalten und damit zu rechnen, dass mein Gott in keinem Fall zu spät kommt, dass die Katastrophe nicht eintritt.

Daher fasse deine Seele in Geduld. Lege sie wie einen Diamantring um dein Inneres. Eine in Geduld eingefasste Seele ist ein schöner Schmuck des Christen.

27. August

Falsche Perspektiven

Da erzählte mir neulich einer die Geschichte von einem Jungen, der im Auto seines Vaters saß und mit ihm durch eine lange Allee fuhr. Plötzlich weinte der Kleine und starrte ängstlich in die Fahrtrichtung: »Papa, aber ganz da vorn passt unser Auto nicht durch!« Wir mögen darüber lächeln. Wie oft geht es uns doch genauso. Von falschen Perspektiven derart beeindruckt, bekommen wir Angst vor dem, was da vorne auf uns zuzukommen scheint. Doch hier ein Wort für dich: **»Auf allen deinen Wegen erkenne nur ihn, dann ebnet er selbst deine Pfade«** (Sprüche 3,6).

Wer ist dieser »er selbst«? Kennen wir ihn wirklich? Und zwar so, wie er sich uns zu erkennen gibt? In seiner Einmaligkeit, Herrlichkeit, Heiligkeit und in seiner unendlichen Liebe und Freundlichkeit zu uns? Ich befürchte, dass wir ihn allzu oft mit unseren eigenen Vorstellungen und Plänen zugedeckt haben. Ist es dann nicht verständlich, dass wir ihn recht bald aus den Augen verloren haben und wie der kleine Junge voller Verzweiflung meinen, »ganz da vorn nicht mehr durchzukommen«? Kein Wunder, wenn Sorge und Entmutigung, Zweifel und Kummer wie der Taktstock eines Kapellmeisters sind. Unbarmherzig ist sein Rhythmus. Der König David bekennt: »Ich habe den HERRN stets vor Augen; weil er zu meiner Rechten ist, werde ich nicht wanken« (Psalm 16,8).

Haben wir etwa vergessen, dass die Heilung für jeden Seelenschaden letztlich nur von unserem HERRN kommen kann? Von ihm allein hängt unser Lebens- und Seelenglück ab. Von wie vielen kleinen, nebensächlichen Dingen lassen wir uns doch vom HERRN abdrängen. Merkwürdig, dass der Sorgenkarren immer wieder vor unserer Haustür stehen bleibt! Dabei genügte nur ein Blick auf unseren allmächtigen Gott, und unser Herz käme zur Ruhe. Nicht umsonst appelliert die Bibel an uns, eine Entscheidung zu treffen, die jede andere Möglichkeit ausschließt: **»Erkenne nur ihn«!** Erkenne Jesus als den HERRN über all deine Wegstrecken an. Lass daher deinen Blick auf deinen Heiland durch nichts ablenken. Mach nicht den Fehler, auf menschliche Ratschläge zu hören, die dein Vertrauen zum Herrn mindern. Triff mutig eine Glaubensentscheidung und sage: »Ich beuge mich unter deine allmächtige Hand. Doch ich bücke mich nicht vor Schwierigkeiten, Sorgen und Ängsten, da du doch mein HERR bist.«

Schau, dem Herrn Jesus liegt unendlich viel an deinem Glück. Wie viel liegt dir an ihm? Welch eine herrliche Verheißung hat der HERR dir heute gegeben. Er selbst will deine Pfade ebnen. Er selbst, und niemand anders! Er hat gebahnte Wege für dich! Vergiss es nicht! Ob Vergebung der Schuld, das Maß der Gesundheit, Gelingen in allen Geschäften des Alltags, für alles ist er zuständig.

28. August

Die Gnade reicht aus!

Der Alltag hat dich im Griff. Du spürst deine kleine Kraft. Es klemmt an vielen Ecken und Enden. Überall scheinen dir die Hände gebunden. Kein Freund ist da, der dir hilft, kein Bruder, der dir rät. Was tun? Resignieren? Aufbegehren? In Depressionen verfallen? Denke an Paulus. Auch er stieß an die Grenzen seiner Kraft. »HERR, ich könnte dir doch viel besser dienen, wenn du mir mehr Kraft zulegtest, wenn du mir die volle Gesundheit schenktest! Ich könnte dir noch viel wirkungsvoller dienen, wenn du mir meine Schwachheit nähmest.« Dreimal flehte er zum Herrn, und dann kam die göttliche Antwort: **»Lass dir an meiner Gnade genügen, denn meine Kraft ist in den Schwachen mächtig«** (2. Korinther 12,9).

Ja, es ist bitter, an Grenzen zu stoßen. Sie machen deutlich, dass wir keine Bäume ausreißen können. Wohl dem, der sich nicht an seinen Grenzen wund reibt, sondern sie als vom HERRN gesetzt akzeptiert. Da ist die angegriffene Gesundheit, sind die bescheidenen Geldmittel. Da sind die Herausforderungen und Verpflichtungen innerhalb der Gesellschaft, da sind Schule und Beruf, Familie, Kindererziehung und

Rentnerdasein. »HERR, ich schaffe das alles nicht.« Und mit lähmendem Entsetzen wird es zuweilen auch dem Chef in der Firma und dem Arbeitnehmer in der Fabrik deutlich: »Ich schaffe es nicht. Wie gnadenlos sind doch die Grenzen meiner Kraft und Weitsicht.«

Bitte, verzage nicht. Einer ist da, der dir jetzt in seinem Erbarmen begegnen möchte. Versuche bitte nicht, mit Kraftakten die Mauern deiner Grenzen zu überwinden. Irgendwann muss sich jeder seine Begrenztheit eingestehen. Denk an das wunderbare Verheißungswort, das der HERR seinem Knecht Paulus gab. Und wie wirkungsvoll hat er ihm doch danach gedient. Am Ende seines Lebens sagte er: »Ich habe mehr gearbeitet als sie alle, aber nicht ich, sondern die Gnade, die in mir ist« (1. Korinther 15,10).

Innerhalb deiner von Gott gesetzten Grenzen hat der HERR für dich grenzenlosen Segen verheißen. Nimm daher die Grenzen Gottes, die dir vielleicht schmerzlich erscheinen, einmal ganz bewusst aus seiner Hand. Lass dich vom Gefühl der Begrenztheit nicht ängstigen. Dein Herr hat Gnade genug, innerhalb deiner Grenzen all deinen Mangel auszufüllen. Ganz gleich, wo bei dir der Ofen ausgegangen ist. Schüttele die Asche deiner Niedergeschlagenheit ab, und lass den Sauerstoff der Verheißungen Gottes an die Glut. Lass dir an seiner Gnade genügen, denn seine Kraft ist in den Schwachen mächtig (vgl. 2. Korinther 12,9). »HERR, führe du! Ich kann allein nicht gehen; ich kenn den Weg ja nicht, der vor mir liegt. Und ich weiß nicht, was mir die Zeiten bringen, drum bitt' ich nur, dass deine Gnade siegt.« Es gibt tausend Beweise in Gottes Wort, dass diese Aussage stimmt.

29. August

Nur Menschenmeinung

Von Menschenmeinungen abhängig? Wir richten uns in den meisten Fällen nach dem, was die Leute wollen. Was die Gesellschaft erwartet. Was der Arbeitskollege und Freund für richtig halten. Es liegt uns im

Allgemeinen sehr viel daran, in den Augen der Menschen gut dazustehen. Der Apostel Paulus erinnert sich selbst: **»... der mich aber beurteilt, ist der HERR«** (1. Korinther 4,4). Solange wir als Menschen in dieser Welt zusammen leben, wird es Auseinandersetzungen geben. Hier fühlst du dich falsch eingeschätzt, dort nicht richtig beurteilt. Und nun bist du niedergeschlagen. Und dabei hattest du es doch so gut gemeint. Es ist gut zu wissen, dass einer da ist, der ins Herz schaut. Ihm ist dein Mühen für ihn und deine Aufrichtigkeit, ihm zu gefallen, nicht entgangen. Es kommt der Tag, an dem wir einmal vor ihm stehen werden. Wie wird er uns an jenem Tag beurteilen? Allein das ist entscheidend. Sollte uns das nicht anspornen, unser kurzes Leben noch viel bewusster vor seinen heiligen Augen zu führen?

Gewiss, keiner von uns ist fehlerlos und ohne Sünde. Da geht es eben trotz guten Willens oft daneben. Wir bedürfen immer wieder neu der Reinigung durch unseren Herrn Jesus. Doch diese Frage sei erlaubt: Ist es unser ganzes Bestreben, unserem Herrn Jesus allein und in erster Linie zu gefallen? Oder schielen wir nach Menschenbeifall und Lob der Leute? Bei allem Versagen und Zu-kurz-Kommen tröste dich der Gedanke, dass die Beurteilung deines Lebens der HERR selbst vornimmt, dessen Liebeswerben dir jetzt schon gilt. Du darfst wissen, dass Gottes Urteil zu deinen Gunsten ausfallen wird, wenn im Beweggrund deines Handelns die Liebe zu ihm zu finden war. Daher stehe in guten und in bösen Tagen zu deinem HERRN. Bekenne ihn noch viel entschiedener als bisher. Und diene ihm von Herzen, denn solche wird der Vater ehren! Und wo eine Wurzel der Bitterkeit deiner Freude in Christus zu schaffen macht, weil gewisse Menschen dir Not bereiten, dann erinnere dich mit Paulus daran: »... der mich beurteilt, ist der HERR«! Darum sei getrost, denn Gottes Liebe gilt dir über alle Maßen. Die innere Wende muss stattfinden. In christlichen Traditionen kann ein Mensch weder Halt noch Trost finden.

Wenige wissen, dass man nur für die Ewigkeit gerettet werden kann, wenn man eine klare Bekehrung erlebt hat, zu neuem Leben aus Gott geboren wurde. Millionen steuern der ewigen Verdammnis entgegen. Das muss uns erschüttern! Daher ist dein Einsatz für den Herrn Jesus überaus wichtig: dein Mühen, dein Beten, dein Geben, dein Traktate-Verteilen. Sei gewiss, dass auch dein Einsatz in deiner Gemeinde dem HERRN nicht entgangen ist. Gehörst du vielleicht zu jenen, die als

»Wächter auf der Mauer« unter dem Glaubensstand der Gläubigen seufzen? Erntest du oft Widerspruch? Der Herr hat längst deine Arbeit beurteilt und sieht die Absichten deines Herzens.

30. August

In die Falle geraten?

Wenn Ärger sich aufstaut, Sorgen nicht weichen wollen, kann das böse Folgen haben. Wem kein Hoffnungsschimmer leuchtet, wem sich keine Hand beim Sturz in die Tiefe entgegenstreckt, dem schaudert mit Recht. Dem gehetzten Zeitgenossen, der voller Eile seinen Frühstückskaffee hinunterkippt – der ohne Rast und Weile dem Kampf ums Überleben ausgesetzt ist –, geht es nicht anders. Nervosität, Bluthochdruck, Magengeschwüre, Schlaflosigkeit, bis hin zum Herzinfarkt – so sieht es aus. Und was ist mit den Einsamen, den Alten, den Alleinstehenden? Fehlt ihnen etwa nicht die Nestwärme und Zuwendung?

Wer in Herzen hineinschaut, kennt die Not. Die Menschen unserer Zeit sind von vielem bedrängt. Da sind Fallen, in die sie hineingeraten sind, Gruben, die sie verschlungen haben. Sie alle haben ihre Namen. Doch Gott sichert dem Glaubenden zu: **»Ich sandte mein Wort und heilte sie. Ich rettete sie aus ihren Gruben«** (siehe Psalm 107,20). So ist eine gute Nachricht auch eine Erquickung für den ganzen Leib. Sie ist eine ermutigende Botschaft, sie ist wie frisches Lebenselixier. Ich will nicht von Krankheiten sprechen, die der HERR aus gutem Grund zuließ. Er weiß, wozu. Ich möchte die Krankheitsnöte ansprechen, die wir uns selbst zufügten, weil wir es nicht gelernt haben, in unserem Gott zu ruhen – auszuruhen. Wir haben oft vergessen, die Gnade Gottes rechtzeitig in Anspruch zu nehmen. Wie viele Tränen könnten wir uns ersparen, wenn wir mehr gehorchten, uns mehr an seine Verheißungen klammerten. Mancher Kummer käme erst gar nicht auf, wenn unsere Seele in ihm Frieden fände. Bei vielen bleibt das Herz deswegen in Unruhe, weil die Not tiefer sitzt. Es ist die innere Zerrissenheit. Wie tröstet daher dieses Gotteswort. Wir dürfen bitten: »HERR, lass mich an dir und deinem ewigen Wort heil werden.« Kann uns denn etwas Besseres passieren, als tief innen in unserer Seele so heil zu werden, dass es den ganzen Menschen erfasst?

Vielleicht brauchst du gerade jetzt einen besonderen Trost, weil Menschen dich verletzt haben. Brauchst Mut und Kraft, Dinge in Angriff zu nehmen, vor denen du dich normalerweise fürchtest. Benötigst inneren Frieden, weil vieles dich bedrängt und deine Seele nicht zur Ruhe kommen will. Hier ist die Antwort: Ergreife die Verheißungen Gottes. Nimm den Herrn Jesus beim Wort. Probier es aus, wenn er sagt: »Fürchte dich nicht, glaube nur!« Du hast kein Recht, dich mit deinen Unmöglichkeiten herumzuschlagen, während er dir helfen will. Nie traf ich einen Menschen, der sein Vertrauen auf den HERRN setzte und dennoch von Gott enttäuscht wurde.

31. August

Keine faulen Kompromisse!

»Wertvoll!« Dieses Prädikat galt einigen in der Gemeinde von Sardes. Wertvoll für Gott! Früher ohne Hoffnung, weil sie Gott nicht kannten. Jetzt aber errettet und für die ewige Herrlichkeit bestimmt. Die schäbigen Kleider der Sünde hatten sie abgelegt, reine Kleider angezogen. Und dann kam die Bewährung. Die Welt lockte, die Lust versuchte, die Sünde probierte, Satan griff an, die Widerwärtigkeiten nahmen zu. Jetzt immer noch den geraden Weg gehen? Immer noch entschieden Jesus folgen? Oder sollte man nicht doch lieber Kompromisse schließen? Flexibel und kooperativ sein? Ist es nicht die Hauptsache, dass man sein Ziel erreicht? Egal, wie?

Wer so denkt, irrt. Schließlich achtet der HERR auf unser Verhalten in der Welt, auf unser Zeugnis vor den Menschen. Auf unsere Einstellung gegenüber der Sünde, auf unsere Kleider, ob sie besudelt sind oder nicht. Ob wir uns irgendwo mit der Welt eingelassen haben oder

treu geblieben sind. Von den Christen in Sardes sagt der Herr Jesus: »...
sie haben ihre Kleider nicht besudelt. Sie werden mit mir einhergehen in
weißen Kleidern; **denn sie sind es wert!**« (Offenbarung 3,4). »Aber,
HERR«, wird da jemand sagen, »siehst du denn nicht, dass uns solch eine
Glaubenseinstellung in Schwierigkeiten bringt? Dass wir von unserer
Umwelt nicht verstanden werden? Dass es einsam um uns wird?« Nur
nicht mutlos werden! Der HERR nimmt Notiz von dir. Er hat deinen
Einsatz längst gesehen. Und er sieht deinen Kampf wider die Sünde, dein
Mühen, Gott zu gefallen. Auf deine Treue kommt es jetzt an. Deine
Liebe zu seinem heiligen Wort ist ihm wichtig.

Viele Christen haben leider ihre Kleider besudelt: Nachtprogramm im
Fernsehen, schlüpfrige Literatur, unkeusche Blicke, ehebrecherische
Gedanken, Vergnügungssucht, Geldgier usw. Sie meinten, es käme nicht
darauf an, wie sie über Sünde und Unmoral denken. Und weil Gott
heilig ist, sollten einigen die Knie schlottern, weil sie ihre Kleider
besudelt haben. Haben nicht die faulen Kompromisse mit der Welt
vielen das geistliche Rückgrat gebrochen? Gott sieht das. Und er wird
niemals darüber schweigen. Doch dem HERRN sei Dank – es gibt
Vergebung. Ein Neuanfang ist möglich. Das Blut Jesu reinigt von aller
Schuld! Er wird aber auch nicht über jene schweigen, die ihm treu
geblieben sind. Ganz groß wird er sie herausstellen. Vor Gott! Und vor
den Engeln! Und er wird sich zu ihnen bekennen, weil sie sich für ihn ins
Gesicht spucken ließen. Weil sie nicht ihre Ehre, sondern die des
HERRN groß machen wollten. Sie sind es wert, geehrt zu werden, sagt
der HERR. Und wenn jemand dem Herrn Jesus dient, so wird der Vater
ihn ehren.

Dein Einsatz lohnt sich! Daher fasse Mut, der du jetzt vielleicht tiefe
Wege um Jesu willen gehen musst. Dein Weg wird sich bald lichten.
Schon in dieser Zeit, denn du bist es wert!

September

1. September

Lass eine gute Spur zurück!

Einer unserer Jungen, damals drei Jahre alt, lief mit seinen nackten Füßchen in der neuen Wohnung hin und her. Verboten war es ihm, über die gerade lackversiegelte Treppe zu laufen. Erst am nächsten Morgen sollte sie trocken sein. Doch der Knirps konnte es einfach nicht verhindern, dass seine kleinen Füßchen dennoch – gegen die Anordnung – wenigstens einmal den Versuch wagten draufzutappen. Und was passierte? Der Fuß klebte fest. Die Spur ist wahrscheinlich heute noch auf der Treppe dieser Wohnung zu sehen – auch nach über 30 Jahren.

Jeder Mensch hinterlässt Spuren. Jede Freundschaft, jede Zeitungslektüre, jedes Erlebnis. Alle hinterlassen ein Erbe, ob es nun die fragwürdige Bekanntschaft oder das amouröse Abenteuer einer Liebschaft ist. Nicht zufällig sprechen wir von Eindrücken. Es sind die Fußspuren der Seele, die viele noch nach Jahren belasten. Wie wäre es einmal mit Hygiene der Seele? Schließlich sind wir doch um alles besorgt und prüfen, was wir essen und trinken, was wir anziehen sollen. Dennoch vergiftet vieles heute unsere Herzen.

Etwa gleichgültig geworden? Stopp! Wir sollten uns zur goldenen Regel ermutigen: **»Prüfet aber alles, und das Gute behaltet!«** (1. Thessalonicher 5,21). Doch was gut ist, bestimmt unser HERR. Nur das vom Heiligen Geist geeichte Gewicht und das vom Wort Gottes informierte Innere sind in der Lage zu prüfen, was Gott gefällt. Und das tut letztlich dann auch unserer Seele unendlich wohl.

Kennen wir die Bibel? Beeindruckt sie uns noch? Oder hat die Welt den Taktstock in der Hand? Kein Wunder, wenn dann mancher in harte Bedrängnis gerät und sich mit sündigen Gedanken herumschlägt. Der HERR wird nicht müde, uns darauf aufmerksam zu machen, dass wir immer wieder neu der inneren Reinigung von Dingen, Ansichten, Trends, Meinungen und Einstellungen bedürfen.

Unser HERR sucht Menschen, die zwischen Licht und Finsternis, zwischen Gut und Böse unterscheiden. Nein, hier sollten wir nicht kompromissfähig sein. Hier ist wahrhaftig letzte Entschiedenheit am Platz.

2. September

Dennoch!

»Mit meinem Gott kann ich eine Mauer überspringen!« (Psalm 18,30). Probleme? Wer hat sie nicht? Schließlich sind jedem Grenzen gesetzt. Irgendwo hat jeder seine Mauer, gegen die er immer wieder vergeblich anrennt. Die Mauer in Deutschland war jahrzehntelang das Symbol der Trennung, des Schmerzes und der Unfreiheit. Wie viel Leid hat die Mauer im Herzen vieler direkt Betroffener verursacht. Ich kann Mauern nicht leiden; sie trennen, bedrücken, sperren aus. Sie treffen ganz empfindlich den Lebensnerv und werden darum oft zu Todesmauern.

Lasst uns einen Augenblick über die Mauern unseres Lebens nachdenken. Schlimm, wenn man sich damit abgefunden hat und das Leben zum Ghetto geworden ist, das nur Hoffnungslosigkeit und Enttäuschung kennt. Wie viele haben sich an die Mauern des Lebens gewöhnt, sich damit abgefunden und am Leben vorbeigelebt?! Schuld an den Mauern unseres Lebens sind übrigens immer die anderen. Und darum sind wir böse auf sie. Es sind Umstände, Menschen, Schicksale, die uns oft bitter werden lassen. Wie mag Gott wohl über die Mauern unseres Lebens denken? Die brutalste Mauer ist immer noch die Sünde. Es sind die ungeordneten, kleinen Probleme des Alltags. Die Dinge, die oft unscheinbar waren und dann heimlich zu Mauern wurden. Kein Wunder, dass diese Mauern erdrücken und für viele zum Grabmal werden.

Für den Herrn Jesus Christus sind die Mauern deines Lebens kein Problem. Der König David in der Bibel hat es ausprobiert: »Mit meinem Gott kann ich eine Mauer überspringen.« Jede! Schon ausprobiert? Versuch fehlgeschlagen? Was mache ich falsch? Worauf kommt es an? Gibt es das berühmte Patentrezept? Sekten und neue Heilslehren gibt es doch heute eine ganze Menge. Bald laufen die einen dem Guru nach, die anderen interessieren sich neugierig für fernöstliche Lehren. Wieder andere gehen den Astrologen auf den Leim. Viele rackern bis zur Erschöpfung für Wohlstand und Aufstieg. Doch jeder Versuch, diese Mauer zu durchbrechen, schlägt fehl. Der goldene Schlüssel zur Überwindung der Schwierigkeiten ist nicht die Auseinandersetzung mit den Problemen, sondern die Überwindung dieser Hindernisse. Nein, nicht durch die Mauer, sondern über die Mauer hinweg. Das ist der Weg, den der Herr Jesus uns zeigt.

Klammere dich an den, der für dich am Kreuz auf Golgatha jede Mauer überwunden hat. Wäre es nicht an der Zeit, wieder einmal neu unseren Glaubensstandpunkt zu überprüfen? Bin ich wirklich an der Seite meines Gottes? Nur dann kann ich den Glaubenssprung wagen. Nur dann ist die sichere Landung gewiss. Oder hängen wir am Fallschirm unserer oft so fromm gehüteten Gefühle fest, die wie immer nicht funktionieren, wenn es darauf ankommt? Gefühlschristen scheitern immer. In Stunden der Bedrängnis fehlt ihnen jeder Bezug zu Gottes Größe und Macht. Wenn sie springen, bleiben sie am oberen Mauerrand hängen. Warum? Weil sie ihr Vertrauen nur halbherzig auf Gottes Verheißungen setzen. Doch Halbherzigkeit wird nicht belohnt.

3. September

Wenn's knüppeldick kommt

Vor Not und Problemen bleibt keiner verschont. Krankheiten und Krisen, wer kennt sie nicht? Gewiss kann man in solchen Fällen den Arzt, den Psychiater oder den Rechtsanwalt aufsuchen, je nachdem. Das Übel einfach zu ignorieren, geht nicht. Wir müssen wohl oder übel Stellung beziehen. Wie gut, um das weit über zweitausend Jahre alte Rezept zu wissen: »Offene Fenster nach Jerusalem!« (siehe Daniel 6,11).

Der Prophet Daniel war ein Mann, der schwer an der Last und Bürde seines verantwortungsvollen Amtes trug. Er hatte ein Volk mitzuregieren, das nicht unter Gottes Regentschaft stand. Seine hohe Stellung brachte ihm manchen Ärger und Verdruss. Neider gibt es überall. Und die Erfolgreichen stehen immer auf der Abschussliste. Kaltschnäuzig und gerissen verfolgten seine Widersacher einen raffinierten Plan. Daniel sollte unter allen Umständen fertiggemacht werden, koste es, was es wolle.

An dieser Taktik hat sich bis heute nichts geändert. Der Feind unseres Herzens stellt Fallen, legt Schlingen, baut Gruben, verstellt seine Stimme wie der Wolf, der Kreide gefressen hatte. Mal poltert er, mal kommt er auf Museumslatschen daher. Er versteht sein Handwerk. Listig, elegant und glitschig, je nach Lage der Dinge, setzt er seine Akzente. Auf diesem Parkett ziehen wir immer den Kürzeren, wenn wir – ja, wenn wir es nicht so wie Daniel machen. Er hatte sein Fenster nach Jerusalem offen, zu seinem Gott hin. Seine Feinde fanden im entscheidenden Augenblick Daniel »… **betend und flehend vor seinem Gott**« (Daniel 6,12). Dieser Mann schaffte sich ein Gegengewicht. Schließlich stand er dauernd unter Stress. Heute der Ärger und morgen kam ihm vielleicht Verheerendes zu Ohren.

Wie hätten wir reagiert? Die Gebetszeit verkürzt? Tüchtigkeit und Mehrarbeit dagegengehalten? Daniel dagegen lief nicht nervös und händeringend in seinem Obergemach auf und ab. Seinen Ärger, seine Aufregung und seine Ängste legte er betend und flehend vor seinem Gott nieder. Dort in seinem Zimmer, abgeschieden vom Rummel der vielen Termine, der Hektik, kam er zur Ruhe. Hast du auch für offene Fenster nach Jerusalem gesorgt? Wirklich, ein wunderbares Rezept, das uns da vor Augen steht.

Mal Hand aufs Herz! Wie oft nutzen wir diese Audienz vor Gottes Thron? Kommt sie nicht allzu oft zu kurz? Sind wir deswegen nicht oft zu dünnhäutig und reagieren genervt? Daniel ließ seine Rivalen einfach abblitzen. Die offenen Fenster nach Jerusalem waren ihm wichtiger. Ich finde das herrlich. Diesen Frieden im Herzen sollten wir doch auch haben. Durch diese offenen Fenster nach Jerusalem weht übrigens göttlicher Sauerstoff in unsere Seelen. Ein wirksames Mittel gegen verdächtige Müdigkeit und geistliche Schlappheit. Nicht umsonst haben unsere Glaubensväter bezeugt: Siege müssen auf den Knien errungen werden.

4. September

Es bleibt nicht dunkel!

»Dem Gerechten muss das Licht immer wieder aufgehen!« (Psalm 97,11). Was für ein Wort! Und dennoch haben es in den vergangenen Jahrzehnten viele erlebt, wie ihnen die Sonne ideologischer Träume unterging. Einen Sonnenaufgang gab's nicht. Regime kippten über Nacht. Könige wurden von Thronen gestoßen, neue traten an ihre Stelle. Und wie oft haben sie gesungen: »... uns geht die Sonne nicht unter!« Und wie haben sie sich alle getäuscht. Die Sonne ist ihnen dennoch untergegangen. Wehmut und Bitterkeit blieben übrig.

Der obige Vers entstammt einer dramatischen Geschichte. Die Philister hatten den kostbarsten Schatz Israels, die Lade Gottes, als Beute entführt. Kurz entschlossen stellte man sie neben den Götzen Dagon. Am übernächsten Morgen lag die Götzenfigur zerschmettert am Boden. Beleidigt fühlten sich da die Feinde. Schließlich war die Bundeslade für sie eine Siegestrophäe, die nun ihren eigenen Götzen schmücken sollte. Doch mit Gottes Ehre war das unvereinbar. Wie lange stehen wir Christen oft auf der Leitung, bis wir begreifen, dass wir nicht zwei Herren dienen können?! Götzenbild und Gottes Heiligkeit nebeneinander? Nie und nimmer!

Gott duldet keine Kompromisse. Missstände der Gemeinden in Korinth und Laodizea hat er hart angeprangert. In diesen Gemeinden gingen fleischliche Unsauberkeit und seelische Unordnung in Unnüchternheit sowie geistliche Überheblichkeit mit einer bisher nie gekannten Lauheit Hand in Hand. Tatsächlich, ein nur zu deutliches Zeichen endzeitlichen Abfalls. Und mitten in diesem Schlamassel stehen wir als Christen und kämpfen den Kampf des Glaubens.

Fühlst du dich auch manchmal allein gelassen? Unverstanden? Bist plötzlich ungewollt in das Sperrfeuer von Missverständnissen und falschen Anschuldigungen geraten? Lass dich nicht entmutigen! Habe den festen Glauben, dich auf das Verheißungswort zu berufen: Dem Gerechten muss das Licht immer wieder aufgehen! Sei dir für deinen

HERRN nicht zu schade, an die Grenze deiner körperlichen Kraft zu gehen. Lass es fest in deinem Herzen stehen: Herr Jesus, du sollst auch durch mein Leben verherrlicht werden. Dann wirst du mitten im Trubel der Zeit Gottes wunderbaren Frieden genießen, der wie ein klarer Gebirgsbach durch dein Leben fließt. Wir wollen die Segenshände unseres Herrn weder durch Unmut noch durch Gleichgültigkeit binden.

Lasst uns neu nachprüfen, ob unser HERR im Zentrum ist.

5. September

Christen sind keine Dummköpfe!

Die Endzeitprophetie geht vor unseren Augen rasch und dramatisch in Erfüllung. Die Ratlosigkeit der Nationen spitzt sich zu. Keiner weiß, was morgen sein wird. Doch Menschen, die mit ihrem HERRN gehen, marschieren zielbewusst voran. Gottes Wort geht so in Erfüllung, wie es geschrieben steht. Darum sind Christen keine Dummköpfe. Ihre Zukunft wird vom Thron Gottes her bestimmt. Sie stehen zwar mit beiden Beinen auf der Erde, doch ihr Herz ist im Himmel. In ihrem Innern tragen sie ein Geheimnis. Sie sind Wartende, die nach ihrem Erlöser Ausschau halten.

»Siehe, er kommt mit den Wolken« (Offenbarung 1,7). Merkwürdig – Wolken stehen immer im Zusammenhang mit Gott. Die Wolkensäule in der Wüste, die Donnerwolken am Sinai. Wolken sind immer ein Zeichen dafür, dass Gott da ist. Ob wir das nun wahrhaben wollen oder nicht. Wolken sind jene Prüfungen und Glaubensexamen, die unsere Verbindung mit Gott infrage zu stellen scheinen. Und dabei kann sich uns Gott gar nicht anders nähern als in der Wolke. Er kommt nicht im grellen Sonnenschein.

Fragst du auch, wenn Wolken am Sorgenhimmel aufsteigen: »HERR, wo bist du?« Doch in diesem Fall gilt es nicht, etwas zu lernen – wir müssen etwas **ver**lernen! Der HERR will, dass wir uns von der Kompliziertheit menschlicher Überlegungen lösen. Wir sollen so mit ihm verbunden sein, wie ein Kind mit dem Vater. Der HERR will unseren Glauben vereinfachen, so dass wir die gleiche Erfahrung wie die Jünger auf dem Berg der Verklärung machen: »Sie sahen niemand, außer Jesus allein« (Matthäus 17,8). Dabei erschraken sie doch vorher, als die Wolke sie überschattete. Augenscheinlich verfolgt die Heilige Schrift in Jakobus 1,2 denselben Gedanken: »Freut euch, wenn ihr in mancherlei Anfechtungen geratet.« Erschreckt nicht, wenn es sich plötzlich bewölkt. Gerade jetzt ist der HERR da!

Wolken sind oft undurchdringlich. Sie nehmen uns die Sicht und die Orientierung. Doch unser HERR ist in der Wolke. Sie umgibt uns wie ein Geheimnis. Ist nicht die Gegenwart unseres Herrn ebenfalls ein Geheimnis? Wir sehen ihn nicht, und dennoch ist er da. Sei daher getrost und unverzagt. Wir leben am Ende der Tage. Ein vom HERRN gereinigtes Leben, das ihm zu gefallen sucht, muss sich nicht fürchten. Ganz gleich, was auch immer kommen mag.

6. September

Beinahe-Unfälle

Puuh! ... noch mal gut gegangen. Es hätte auch leicht anders ausgehen können. Jeder von uns kennt solche Beinahe-Unfälle im Leben, bei denen der HERR seine Hand dazwischen gehalten und uns vor Unglück und Schaden bewahrt hat. Vor dir liegt vielleicht auch ein unbekannter Weg. Es sind Entscheidungen zu treffen, die Folgen haben werden. Du spürst das Risiko. Wird es gut gehen? Gotteskind, lass dich heute dazu auffordern: **»Den Weg deiner Gebote werde ich laufen; denn du machst mir das Herz weit«** (Psalm 119,32).

Es ist eine herrliche Erfahrung, wenn der HERR uns ein befreites und glückliches Herz schenkt. Der Psalmist hat erlebt, dass Gehorsam sich lohnt. Hast du jemals einen Menschen kennengelernt, der dem HERRN gefolgt und dessen Herz hart und verschlossen geblieben ist? Eigene Wege schnüren das Herz zu, und schnell ist man Mitgenosse auf dem breiten Weg, der ins Verderben führt. Ein vom HERRN befreites Leben spürt die Not der Unerretteten. Es leidet unter dem schreienden Elend der Sünde. Wie groß auch die Hoffnungslosigkeit dieser Welt sein mag, wir wollen Freudenfahnen aufstecken, damit die Welt erkennt, dass wir eine lebendige Hoffnung haben!

Gotteskinder sind weder Tagträumer noch religiöse Spinner. Sie rechnen mit der Realität des allmächtigen Gottes, der seine Leute im Triumphzug nach Hause führt. Trotz allem! Darum sei nicht verzagt, wenn auch der Orkan der Verwüstung ab und zu über dich hinwegpfeift. Ducke dich im HERRN! Schließlich führt es auch dazu, dass du deine Wurzeln noch tiefer im Wort deines HERRN verankerst. Wenn Stürme an deiner Glaubensfestigkeit rütteln, sei getrost und unverzagt. Schreibe es fest in deine Sinne: HERR, den Weg deiner Gebote will ich gern laufen; denn du schenkst mir ein fröhliches Herz – du machst mir das Herz weit! Der Weg der Lüge lässt das Herz verkümmern, doch der Weg der Wahrheit ist gerade und führt zum Ziel. Dagegen ist das böse Gewissen wie Sand im Getriebe, aber die Freude am HERRN schenkt Zuversicht und macht die müden Schritte munter.

Lass es dir mit großer Glaubensgewissheit sagen: Auch wenn du mitten im Dunkel keinen Ausweg siehst, so werden dich doch die Lichtstrahlen Gottes erreichen. Dein HERR wird dich nicht in Ungewissheit lassen. Auch auf der untersten Talsohle deiner Gefühle ist er da und richtet dich auf und schenkt deinen Füßen festen Halt.

7. September

Der HERR zuerst!

Unserem großen Gott allein alle Ehre! Er sagt selbst: **»Meine Ehre gebe ich keinem anderen!«** (Jesaja 42,8). Ist es nicht so, dass Gott in dieser Welt, wenn es um Lob, Dank und Anbetung geht, sehr schlecht wegkommt? Die Völker der Welt dagegen geben sich die Ehre. Kirchen und Verbände, Parteien und Kapitalbosse verneigen sich voreinander.

Hohe Namen sind in aller Mund. Und Gott? Wer fragt schon nach ihm in unserer ach so aufgeklärten Gesellschaft. Doch ohne Gott geht es in die Dunkelheit. Ohne Gott wird es nicht funktionieren! Wir können nicht an Gott vorbei. Wir finden nicht zum Frieden, erlangen weder Sicherheit noch Wohlergehen.

Als die Mauer in Berlin fiel, die Ost und West einmal voneinander trennte, riefen die Menschen: »Wir sind das Volk!« Christen müssten hinzufügen: Und Jesus ist unser HERR! Doch unser Volk hat sich gegen Gott entschieden! Kaum jemand liest noch die Bibel. In den Schulen ist die Bibel nur noch ein Literaturwerk unter anderen. Ein Volk aber, das Gott ablehnt, hat keine Zukunft. Haben wir nicht in den vergangenen Jahrzehnten des Wohlstands Gottes Güte erfahren? Während andere Völker unter Hunger und Elend litten, lebten wir wie die Made im Speck. Und nun? Wir haben über unsere Verhältnisse gelebt, sagt man. Doch in Wahrheit liegt hier das Problem: Wir haben Gott nicht für all die Wohltaten gedankt. Wir haben uns selbst auf die Schultern geklopft und unseren Reichtum zum Goldenen Kalb gemacht. Doch Gott will geehrt werden! Seine Ehre gibt er keinem anderen.

Wie mutmachend dagegen, wenn sogar in großen Betrieben Chefs den Mut haben, mit ihren leitenden Angestellten zu beten und ganz bewusst ihre Existenz unter den Segen Gottes zu stellen. Wunderbar hat sich Gott zu ihnen gestellt. Dort, wo wir Gott an die erste Stelle setzen, wird auch sein Segen sichtbar. Auch du darfst die Treue Gottes erfahren. Und hast du seine Hilfe erfahren, sein tägliches Durchtragen erlebt, dann vergiss nicht, dass du ihm Dank schuldig bist. Gib ihm in allem die Ehre. Bestaune nicht deine Tüchtigkeit, denn was du hast, hat dir dein HERR gegeben.

8. September

Wem das Licht aufgeht ...

Glücklich werden, danach richtet sich alles in unserem Leben. Schade, dass es so wenige gibt, die das Geheimnis eines glücklichen Lebens kennen. Hier ein richtungweisendes Wort des Herrn: **»Wenn du dem Hungrigen dein Brot darreichst und die gebeugte Seele sättigst, dann wird dein Licht aufgehen in der Finsternis, und dein Dunkel wird sein wie der Mittag«** (Jesaja 58,10).

An einem Hungrigen und Gebeugten gedankenlos vorbeizugehen, ist herzlos. Schließlich haben wir, was sie brauchen: das Brot des Evangeliums! Die totale Überraschung, dass Gott sie liebt und ihnen helfen möchte. Ist es recht, mit dieser frohen Nachricht ängstlich hinter dem Berg zu halten? Nein, wir gehören uns nicht selbst. Wir sind um einen hohen Preis erkauft worden. Wir haben kein Recht auf unser Leben, während der HERR selbst sein Leben für uns geopfert hat. Wenn wir unser Leben retten wollen, werden wir es verlieren. Wenn wir es aber für den Herrn Jesus hingeben, werden wir es finden.

Die Realität gehört uns! Sei bitte nicht entmutigt über deine kleine Kraft. Es ist doch der allmächtige HERR selbst, der die undurchdringbaren Betonwände auf deinem Weg wie eine Rolltür zur Seite schiebt. Er ist es, der vor dir hergeht. Blicke auch nicht auf das »Wenige« in deiner Hand. Dein Gott will es mehren, wenn du es ihm anvertraust. Ich weiß: Immer dann, wenn wir die Hand an den Pflug legen, sind wir versucht, nach hinten zu schauen. Die Folge sind krumme Furchen! Wenn du um die Vergebung deiner Sünden weißt und dich einer lebendigen Hoffnung rühmst, dann denke daran: Gott gab dir keinen Geist der Furchtsamkeit, sondern der Kraft, der Liebe und der Besonnenheit. Negative Gedanken, Niedergeschlagenheit und Sorgen in deinem Leben sind nicht vom HERRN.

Willst du erfahren, wie Finsternis und Dunkel durch Gottes Hand verschwinden? Willst du erleben, wie Gottes Gnadensonne dich neu erquickt? Erinnere dich an diese Verheißung. Es geht um Hungernde und Niedergeschlagene, die auf Hilfe warten. »Ach, HERR«, sagst du jetzt, »ich bin ja selbst in einem bedauernswerten Zustand. Wie kann ich da noch für andere beten?« War es aber nicht schon immer so, dass gerade in Mangelzeiten der HERR den leeren Lebenskrug füllte? Gib, und es wird dir gegeben. Sei ein Segen, und du wirst selbst reich gesegnet. Wer das tut, dem lässt der HERR sein Licht aufgehen, auch in der dunkelsten Nacht!

9. September

Neue Kraft von oben!

In welch unausdenkbar herrlichen Dimensionen dürfen wir uns aufhalten! Während die Menschen von morgens bis abends dem Vergänglichen hinterherhetzen, dürfen Gotteskinder ihrem HERRN dienen. Er hat ihnen eine ewighelle Zukunft in seiner Herrlichkeit verheißen. Doch es gibt auch Zeiten, da will unser Schritt müde werden. Ob der Herr Jesus sich auch dann unser annimmt, wenn Glaubensschwachheit uns zu schaffen macht? Wenn wir schmerzlich Ohnmacht und Grenzen fühlen? Ganz gewiss! Ich bin so dankbar, dass unser treuer Gott um die Stunden schwindender Kraft in unserem Leben weiß.

Damals im Garten Gethsemane, hat der Herr Jesus umfassend die Niedrigkeit des Menschseins am eigenen Leib erlebt. Selbst er hatte erfahren, wie liebevoll sein Vater im Himmel sich seiner Schwachheit annahm: **»Es erschien ihm aber ein Engel vom Himmel, der ihn stärkte«** (Lukas 22,43). Er, der HERR der Kraft, dem kein Ding unmöglich ist, steigt in unsere Niedrigkeit und wird schwach, weil die Last unserer Sünde auf ihm liegt. Damals bedurfte unser HERR einer besonderen Stärkung.

Sehnst du dich auch danach? Nein, du sollst nicht vor dem Ziel zusammenbrechen! Gottes Liebe versteht dich und sendet dir heute Kraft und Hilfe von oben zu! Aus der Hand des Allmächtigen sollst du Aufrichtung erfahren. Überlass ihm, was deine Seele jetzt niederdrücken will. Der Herr Jesus hat längst alles in seiner weisen Voraussicht mit einberechnet. Ich wünsche dir die Fülle seiner Gnade und die herrliche Erfahrung, dass der HERR in den Schwachen mächtig ist.

10. September

Reichere Segnungen

»Und ich werde mich über sie freuen, ihnen wohl zu tun« (Jeremia 32,41). Möchtest du nicht wieder ganz neu die Wohltaten deines HERRN erfahren? Sehnst du dich nach reicheren Segnungen, nach geistlicher Frucht und frohmachenden Siegen? Hältst du Ausschau nach göttlichem Sonnenschein, der die Nebelschwaden von deiner Seele vertreibt, damit du wieder ganz neu von Herzen singen kannst: »Mir ist wohl, mir ist wohl in dem Herrn«?!

Komisch, da tun wir oft so, als hätte unser himmlischer Vater die Segnungen sehr karg und knapp bemessen. Vielleicht sogar rationiert. Wir benehmen uns wie die Normalverbraucher nach dem Krieg, die mit Lebensmittelkarten auf ihre Zuteilung warteten. Dabei hat unser himmlischer Vater doch die Fülle und freut sich von Herzen darüber, auch dir wohlzutun.

Doch Gottes Wohltaten sind nicht in jedem Fall für den Eigenverbrauch bestimmt. Gotteskinder geben weiter. Sie sind wie goldene Zapfsäulen an Gottes Ozean. Vergiss es nicht: Wer gibt, wird auch empfangen. Geben wir Liebe? Verschenken wir Barmherzigkeit und Trost? Teilen wir Nöte und Lasten mit jenen, die der HERR uns vor die Füße gelegt hat? Jemand hat einmal gesagt: Nur das, was du weitergibst, behältst du. Und wie oft haben wir es erfahren dürfen, dass der Tröstende selbst getröstet wird und der Gebende selbst beschenkt wird.

Du kannst deinen Vater im Himmel beim Wort nehmen. In dem Augenblick, wenn deine Motive gereinigt und dein Wunsch, ihm zu gefallen, dein Handeln bewegt, wird dein Glaube Wunderbares erfahren. Solange die Arbeit für den HERRN besteht, existiert sie nur vom Nehmen und vom Geben. Dieser Segensfluss gründet sich auf das Wort des Apostels Paulus aus Philipper 4,19: **»Mein Gott aber wird ausfüllen all euren Mangel nach seinem Reichtum in Herrlichkeit in Christus Jesus.«** Was für ein gewaltiges Wort: Mein Gott aber wird ...!

Und nun vertraue darauf, dass sich auch für dich die Schatztruhen Gottes öffnen und er dich aus seiner Fülle beschenkt.

11. September

Heimatsucher

Die Menschheitsgeschichte ist der Beweis: Alle sind auf Heimatsuche. Jeder sehnt sich nach Nestwärme und Geborgenheit. Doch die Welt ist kalt und rücksichtslos. Trotz allen materiellen Überflusses denken die meisten nur an sich. Wenn wir die Bilder des Elends in dieser Welt sehen, die Hungernden und Heimatlosen, die ohne ein Zuhause dahinirren, schmerzt uns das. Unsere Welt ist blutrot gefärbt und voller Leid und Tränen. Täglich sterben Millionen ohne Hoffnung. Bei allem Fortschritt bekommen wir weder Hunger, Elend, Krieg oder Krankheit in den Griff. Voller Furcht schauen wir auf das, was auf uns zukommt!

Erwarten wir eigentlich noch etwas Positives, wenn wir die Abendnachrichten einschalten? Der Friede ist verschwunden, die Angst regiert. Die Völker der Welt sind wie ein Würfelbecher geschüttelt worden. Kulturen reiben sich aneinander, mit Hass und Argwohn begegnet man sich. Das einst so sichere Nest ist über Nacht aufgestöbert, und nun flattern viele heimatlos umher. Menschen, die noch vor Jahren weitab in der Ferne ihr Zuhause hatten, begegnen uns jetzt auf der Straße. Das Missionsfeld liegt vor der Haustür. Und nun fragt Gott: Wen soll ich senden? Wer will mein Diener sein? Und weil uns niemand die Mitverantwortung abnimmt, sollten wir uns dem Rufen Gottes nicht verschließen und sagen: **»Hier bin ich, sende mich«** (Jesaja 6,8).

Kann es sein, dass wir mit unserem Gemeindeprogramm so beschäftigt sind, dass wir den Blick für die Realität verloren haben? Dass uns Abertausende durch die Maschen schlüpfen, während der Herr Jesus gesagt hat: Geht hin in alle Welt und verkündigt die Frohe Botschaft? Und wenn er damals seine Jünger zu Menschenfischern machte, dann darfst auch du wissen, dass er zum Auftrag auch die Befähigung schenkt.

Der Herr Jesus schenke dir ein Herz voller Mitleid, den Heimatsuchenden den Weg nach Hause zu zeigen.

12. September

Der HERR geht mit!

Du gehst nicht allein den Weg, der vor dir liegt. Und weil er um deine Ängstlichkeit weiß, sagt er dir liebevoll: **»Ich werde dich niemals vergessen!«** (Jesaja 49,15). Wie wohl das tut. Gott ist so gut zu dir. Wenn du ihn auch oft aus den Augen verlierst, er bleibt treu. Er geht dir nach. Er appelliert an dein Herz und lockt dich mit unwiderstehlicher Freundlichkeit in seine Nähe. Dann sagt er dir: »Ich werde dich nicht vergessen! Das ganze Leben hindurch bin ich bei dir. Meine Hand werde ich über dir halten. Meinen Frieden dir schenken. Meine Liebe zu dir unter Beweis stellen. Da mögen Menschen dich enttäuschen. Ich nicht! ›Da mögen Berge weichen und Hügel zusammenfallen, meine Zusagen stehen. Ich werde dich niemals vergessen‹« (vgl. Jesaja 54,10).

Viele unter uns sind einsam. Mancher fühlt sich allein gelassen. Verzage nicht. Das ist der Lauf der Zeit. Jeder macht irgendwann einmal diese Erfahrung. Doch je älter man wird, desto inniger ist das Liebeswerben unseres HERRN: »Ich werde dich niemals vergessen!« Niemals! Vergiss das nicht, was auch immer geschieht. Wird da der Schritt in das Unbekannte nicht um vieles leichter? Auf ihn ist Verlass. Mit ihm darfst du rechnen. Sein Sieg in deinem Leben soll Wirklichkeit werden. Schade, wenn du deinem HERRN immer und immer wieder mit deinen Eigenbröteleien in die Quere kommst. Lass ihn nur machen. Richte dabei deine ganze Aufmerksamkeit einzig und allein auf die innige Verbundenheit mit ihm.

Und nun unsere Reaktion: Was lassen wir uns seine Liebe kosten? Wo nehmen wir den geistlichen Kampf auf? Ja, es ist leichter, den HERRN nur vor das Herz zu stellen und verzagt an seinem Rockzipfel zu hängen, als mutig Front wider den Zeitgeist zu beziehen. Es ist bequemer, nur

Himmelslieder zu singen, als sich den Auseinandersetzungen an der geistlichen Front zu stellen. Es ist angenehmer, auf dem Berg der Verklärung zu verweilen, als im Tal der Anfechtungen mutig für Gottes Sache Land einzunehmen.

Du weißt, dass der Herr Jesus jetzt von dir in einer ganz bestimmten Sache einen heiligen Entschluss erwartet. Je tiefer die Nacht, desto unerschrockener sei dein Schritt. Je größer der Kampf, desto brennender dein Herz. Je lauter das Poltern des Feindes, desto unüberhörbarer der freundliche Zuspruch deines Gottes: Ich werde dich niemals vergessen! Bist du nun ermutigt?

13. September

Überraschungen

Der HERR führt über Vergangenes Buch! Und weil er die Tage der Zukunft kennt, weiß er auch, was dir begegnet. Eines darfst du getrost wissen: Kein Haar fällt von deinem Haupt ohne seinen Willen. Und weil er um dein Mühen und Arbeiten weiß, ruft er dir zu: **»Deine Mühe ist nicht vergeblich im HERRN«** (1. Korinther 15,58). Was immer du für deinen HERRN getan hast – er hat's notiert. Der Lohn ist dir sicher.

Gewiss, keiner von uns kann sich den Himmel verdienen. Alles, was er uns gab, ist grenzenlose Gnade, unverdientes Geschenk. Und dennoch erwartet der HERR von uns ein Echo auf seine Liebe. Darum bittet er: »Gib mir, mein Sohn, dein Herz!« (Sprüche 23,26). Und hat er dein Herz, dann hat er alles. Wer das Herz verschenkt, hat aufgehört zu zählen, wägt nicht mehr berechnend ab. Wer liebt, gibt sich ganz. Keiner halte daher für Jesu Sache Gaben und Möglichkeiten zurück, die unbedingt eingesetzt werden sollten. Und was die Mühen betrifft, ich bin gewiss: Er achtet mit liebenden Augen darauf, was du für ihn tust. Er sieht deinen Energieaufwand. Er nimmt von deiner Anstrengung Kenntnis.

Kennst du das kleine Mädchen, das mit eifriger Mühe die Lieblingsblumen für seine Mutti suchte? Was freut eine Mutter am meisten? Etwa der Blumenstrauß? Oder das liebende Herz dieser kleinen Blumen-pflückerin? Es ist noch nie anders gewesen: Nur die Mühe eines liebenden Herzens zählt. So sah dein HERR auch all dein Mühen, wenn du dich aus Liebe für ihn einsetztest. Die Beweggründe deines Dienens waren es, die ihn interessierten. Wenn schon der Schluck kalten Wassers vom HERRN belohnt wird (Markus 9,41), was wird erst der empfangen, der sein ganzes Leben in Jesu Hand gegeben hat? Es lohnt sich tausend-fach, dem HERRN zu dienen.

Lass uns hellwach sein. Wer will schon zu jenen gehören, die schlaftrunken umhertappen, die sonntags ihr Gesangbuch in die Hand nehmen und den da vorne alles machen lassen? Die zuhören, ohne innerlich berührt zu werden? Die nie den Versuch machen, einen Menschen zu Jesus zu führen? Solches Leben lohnt nicht. Es ist inhaltslos. Wie werden jene antworten, wenn der Herr Jesus sie fragt: Was hast du aus deinem Leben gemacht, aus den Gaben, die ich dir anvertraute?

Doch was wird das ein Jauchzen sein, wenn unser HERR seinen Treuen die Siegestrophäen überreichen wird! Seine Antwort auf dein Mühen ist unbeschreiblich, unausdenkbar, unvorstellbar herrlich. Denn was kein Auge gesehen und kein Ohr gehört hat und in keines Menschen Herz gekommen ist, das hat der HERR auch für dich bereitet, der du ihn liebst.

Lass dich daher zu noch größerem Eifer für unseren HERRN ermutigen. Am Ende steht die Überraschung.

14. September

Ist denn das möglich?

Die Zeit rast dahin. Wer weiß, was morgen wird? Keiner? Doch, unser HERR! Es läuft alles nach Plan. Dass diese Welt sich seit eh und je verrechnet hat, liegt klar auf der Hand. Kaum hat es eine Zeit gegeben, in der unsere Politiker so zaghaft und unsicher waren, Entscheidungen zu treffen, wie heute. Wofür sollen sie sich auch entscheiden? Die Bibel sagt mit Recht: Die Welt ist ratlos.

Und wir? Jetzt die Koffer packen? Sich verkriechen? Abwarten und Tee trinken? Sich vom Geplärre des Goliat einschüchtern lassen? Wir denken nicht daran! Jetzt ist die Stunde der Gläubigen gekommen. Jetzt ist die Stunde, von der unsere Glaubensväter immer geredet haben. Jetzt heißt es aufwachen, sich fertig machen, marschbereit sein. Unser HERR kommt! Ob wir noch durch Pulverdampf hindurch müssen, ob Feindschaften und Verfolgungen auf uns warten? Eins ist sicher, wir müssen hindurch. Und wir werden es schaffen; denn unser HERR geht voran. Nirgends ist man sicherer als an seiner Seite.

Als damals das Wutgebrüll Goliaths die Tapferen Israels zum Zittern brachte, verkrochen sie sich in Höhlen und Büsche. Die Knie schlotterten und die Herzen bibberten wie ein Lämmerschwanz. Nur nicht hinhören, dachte Saul, sich nur nicht provozieren lassen. Bloß jeder Konfrontation aus dem Wege gehen. Doch dann kam David. Sein Weg kam aus der Stille, und er ließ Saul wissen: **»Seinetwegen verliere keiner den Mut!«** (1. Samuel 17,32).

Bist du im Moment etwa auch entmutigt? Bist du hängen geblieben? Hast du den Kopf eingezogen und den HERRN aus dem Auge verloren? Hast du dich feige verkrochen, als es darum ging, sich zu Jesus zu bekennen? Ich weiß, wir können nur mutig sein, wenn wir unsere Herzen vor dem HERRN gereinigt haben. Je klarer unser Verhältnis zu ihm ist, desto unerschrockener unser Bekenntnis vor den Menschen. Je mehr uns aber Medien, Mammon und Weltgeist bestimmen, desto feiger und anfälliger sind wir, dem Feind zu widerstehen. Es heißt aufwachen! Jetzt! Die regungslos liegen bleiben, sind geistlich tot. Steh mutig auf! Wehe den Mitläufern! Sie haben sich um den Preis ihrer Seele geirrt. Aber wie wird der Herr Jesus uns finden, wenn er kommt? Hoffentlich bei der Arbeit. Hoffentlich hellwach und betend im Einsatz. Das ist die beste Medizin für die heimtückische Schlafkrankheit der Gläubigen in den letzten Tagen.

Weil die afrikanischen Christen kein Gemeindehaus zum Beten hatten, versammelten sie sich irgendwo im Dschungel. Aus verschiedenen Richtungen führten die Trampelpfade bald zueinander. Daran konnte man erkennen, wie ernst man es mit dem Gebet nahm.

Wenn ein Gläubiger die erste Liebe und die Begeisterung für den

Herrn Jesus verloren hatte, ermahnten die anderen Gläubigen ihn mit den Worten: »Bruder, das Gras wächst auf deinem Weg. Lass nicht zu, dass dein Trampelpfad zuwächst!«

15. September

Keine Zeit zu verlieren!

Wie lange werden wir brauchen, um der Welt das Evangelium zu bringen? So fragte man noch vor Jahren. Etwa fünf Jahre, zehn Jahre? Und heute? Unserem HERRN ist diese Welt nicht egal. Ihm macht die geistliche Dürre Not. Er will retten, erlösen und befreien! Er will die geistliche Wüste zu blühenden Feldern machen. Sehnst du dich danach? **»Ich will Wasser gießen auf das durstige und Ströme auf das dürre Land«** (Jesaja 44,3). Wie gut, dass unser HERR es will.

Wollen wir auch? Wo versperre ich persönlich die Kanäle Gottes in meinem Leben? Ist da vielleicht die Sünde geistlicher Gleichgültigkeit, die unserem Gott die Hände bindet? Er beschenkt nur hungrige Herzen, gießt nur in dürstende Seelen aus. Die Glaubensmattheit bringt uns um die schönsten Erfahrungen mit Gott. Wir verpassen das Schönste – ein Leben aus seiner Fülle! Manch einer muss bekennen: HERR, ich halte schon lange meinen Mund verschlossen. Ich habe schon lange meine Hände nicht mehr für dich geöffnet. Schon oft habe ich die Augen vor der geistlichen Not anderer zugemacht. Du bist nur reich, wenn du gibst. Doch, was kannst du geben, wenn du nicht empfängst? Unser HERR hat keine automatische Bewässerungsanlage. Er will, dass wir ihm die Wüste unseres Lebens zeigen. Sind es nicht die Stellen, die uns schon lange jammervolle Mühe machen? Unser Versagen in der Vergangenheit hält ihn nicht davon ab, bußfertige Herzen neu zu segnen.

Nimm doch dieses Bibelwort als eine liebevolle Empfehlung des HERRN, und reagiere spontan und glaubensvoll, indem du sagst: »Herr Jesus, vergib, dass ich mich an Durst und Dürre gewöhnt habe. Hier bin ich, reinige und segne du mich.« Schluss mit der Gleichgültigkeit. Sei nicht zufrieden, wenn du weißt, dass deine Seele gerettet, aber dein Leben durch verlorene Jahre verschwendet ist. Es gilt kein Bangemachen und auch kein Entmutigtsein. Der Herr will dich segnen, damit andere durch dich gesegnet werden. Gottes Forderungen können nur erfüllt werden, weil Gott dich dazu befähigt.

Wer lässt sich zu erneuter Hingabe an den HERRN ermutigen? Wer sich in Jesu Dienst rufen? Das dürre Land deines Lebens soll blühen!

16. September

Sicherheit!

Christen sollten eigentlich Leute sein, denen man die Freude an ihrem wunderbaren Heiland abspürt. Wie kommt es aber, dass es mit der Freude oft sehr armselig bestellt ist? Im Allgemeinen freut man sich, wenn Hoffnungen, Sehnsüchte und Wünsche erfüllt werden. Was bedeutet dir diese Eintragung? **»Freut euch aber, dass eure Namen in den Himmeln angeschrieben sind«** (Lukas 10,20).

Wie kommt es nur, dass es oft mit der Freude nicht so recht klappen will? Von Freude war bei den Jüngern auch nach Ostern nicht viel zu spüren. Sie saßen traurig und verzagt da. Und zudem hatte der HERR sie wie Schafe unter die Wölfe gesandt. Sie fühlten sich hilflos, allein gelassen, den Widerwärtigkeiten und Auseinandersetzungen ausgesetzt. Kann da Freude aufkommen, wenn man sich ratlos und überfordert fühlt?

Liegt nicht auch vor uns oft der riesengroße Berg unüberwindbarer Probleme und Befürchtungen? Verlangt unser HERR nicht zu viel, wenn er uns in seinem Wort nicht nur aufmuntert, sondern befiehlt: »Freut euch!« Waren die Jünger nicht Beauftragte einer frohen Botschaft? Hätte man ihnen einen kleinen Handspiegel vors Gesicht gehalten, wären sie sicherlich über sich selbst erschrocken gewesen. Wo aber lag denn der Grund, dass sie sich wie Trauerklöße benahmen? Sie erinnerten sich noch an den erfolgreichen Diensteinsatz in Lukas 10, der sie total aus der

Fassung gebracht hatte. Sie hatten die Erfahrung gemacht, dass der Name Jesus, der souveräne Sieger über alle Macht der Finsternis war!

Um Erfahrungen mit dem Herrn Jesus zu machen, müssen wir eben auch raus aus den gemütlichen Sesseln und in den Kampf. Doch mit Erfahrungsfreude allein gibt sich der Herr Jesus bei uns nicht zufrieden. Es kommen auch Stunden, die alles andere sind als triumphale Frontgefechte. Es wäre schlimm, wenn wir unsere Freude immer nur von erfolgreichen Erfahrungen ableiten müssten. Der Herr Jesus will daher die Freude von unseren schwankenden Gefühlen und wetterwendischen Stimmungen unabhängig machen. Das kann aber nur geschehen, wenn unser Glaube auf einer objektiven Tatsache beruht.

Es ist also nicht so, dass unser HERR laufend neue Verhältnisse schaffen muss, damit unsere Freude gesichert ist. Unsere Freude darf in der ein für alle Mal geschehenen Tatsache ruhen, dass er der Retter für uns geworden ist und uns in das Buch des Lebens eingetragen hat. Wir haben das neue Leben aus Gott empfangen! Unser Gott schaffte Tatsachen! Darauf dürfen wir bauen! Daher gibt es ja auch die Freude unter Tränen, die im starken Trost liegt, dass göttliche Verheißungen ewig bleibende Tatbestände sind. Sie können niemals von unseren inneren Gefühlsschwankungen beeinträchtigt werden.

17. September

Glückseliges Vergessen

»Vergiss, was dahinten, strecke dich aber aus nach dem, was vorn ist« (Philipper 3,13). Doch leider will das oft nicht so funktionieren, wie es unseren Vorstellungen entspricht. Mancher tritt auf der Stelle. Man kann solches Verhalten mit Kindern vergleichen, die einer Rolltreppe entgegenlaufen. Sie laufen zwar, aber kommen nicht von der Stelle. Ich finde es wunderbar, dass Gotteskinder im Glauben nicht auf der Stelle treten müssen. Sie dürfen vergessen, weil ihr HERR das elende Magnetband mit all den Aufzeichnungen löscht. Darum vergiss, was dahinten liegt! Vergiss jedoch nicht, was er dir Gutes getan hat. Nur dankbare Rückerinnerung ehrt den HERRN.

Hier liegt das Geheimnis eines glücklichen Lebens: Vergiss dich selbst, und vergiss, was andere dir Böses getan haben. Schließe aber mutig den Herrn Jesus Christus in das Zentrum deiner Überlegungen mit ein. Will dich Vergangenes plagen, was du längst unter die vergebende Kraft des Blutes Jesu gestellt hast? Bei ihm gibt es die totale Nulllösung aller Nöte und Probleme. Es liegt also an dir, ob du bereit bist, die alten Gedenkstätten der negativen Erinnerungen niederzureißen. Der HERR will dein Herz zum Frieden bringen. Doch er kann es nur, wenn du in seinem Frieden ruhst. Vergiss daher, was hinter dir liegt – ja, auch die so schmerzlichen Sticheleien böser Zungen.

Du kannst nicht vergessen lassen, du musst es selbst tun. Tue es nach dem Sprichwort: Begrabe den Hund mit dem Schwanz. Nur dann holst du ihn nicht wieder bei passender Gelegenheit hervor. Vergib und vergiss energisch. Lass ruhen, was stinkt, was nur Modergeruch verbreitet. Lass fahren, was dich niederdrückt. Begreife, dass nun einmal die gemeinste Waffe Satans gegen die siegende Schar der Jesusleute das Nicht-vergeben-und-vergessen-Können ist.

Wie gut, dass Erlöste sich nicht nur der Vergebung ihrer Sünden erfreuen können, sondern ihr Leben auch zu neuem Denken befreit ist. Du musst von der Selbstbetrachtung zur Jesusbewunderung kommen. Bist du zu neuem Leben geboren, dann fülle deine Gedanken mit dem, was dich immer wieder zu neuem Lobpreis seines herrlichen Namens bewegt.

18. September

Kraftpotential

Licht und Schatten, Frohes und Betrübliches begegneten dir auf dem Weg. In allem aber hast du deinen HERRN als den mächtigen Bahnbrecher erfahren, der dich von Sieg zu Sieg führte. **»Der Herr ist meine**

Kraft!« (Habakuk 3,19). In diesem Lobgesang rühmt der Prophet das Kommen des HERRN zum Gericht über die Völker und zur Erlösung seiner Auserwählten.

Manch einer schaut vielleicht voller Angst in die Zukunft. Die schwarzen Schatten der Finsternis sind sichtbar. Die Transformation – die Umformung aller Dinge in Gesellschaft, Theologie, Politik, im Finanzwesen und der Informationstechnik hat stattgefunden. Offensichtlich drängt alles dem antichristlichen Weltsystem zu. Wenn falsche Hirten heute die geistliche Entspannungspolitik proklamieren, und das in einer Situation höchster Alarmstufe endzeitlicher Auseinandersetzung, dann heißt das, Arglose durch süße Worte und schöne Reden zu verführen und sie so dem Henker in die Arme zu treiben (Römer 16,18).

Wer nicht gelernt hat, auf die Stimme des guten Hirten zu hören, kommt jetzt unweigerlich unter die Räder. Wir sind nur an Jesu Seite sicher und bleiben nur bewahrt, wenn wir bereit sind, die Schmach des Christus zu tragen. So will er, der auferstandene HERR, auch dir zum Bahnbrecher durch dick und dünn werden. Er, der durch seine Auferstehung von Gott erwiesene Heilige, geht dir voran. Er ist für dich die Hochburg bei steigender Flut. Er tritt dazwischen, wenn fletschende Zähne reißender Wölfe beängstigend nah an deine Seele kommen. Er ist für dich wie ein festes Schloss, dessen Tür er absichert. Der Herr Jesus schließt immer noch die Türen auf und zu.

Fürchte dich nicht! Sei sehr stark und mutig! Beurteile die Weltgeschichte durch die Augen des heiligen und allmächtigen Gottes. Die alte Masche des Widersachers Gottes ist, Mutlosigkeit und Resignation zu verbreiten. Würde die Rechnung in diesem Vorhaben für den Teufel aufgehen, wo bliebe da die Verherrlichung unseres HERRN? Lass uns mutig in die Posaune stoßen und den Schulterschluss der Treuen suchen, in der Gewissheit: Der HERR ist meine Kraft! Und dann voran! Der HERR bahnt den Weg.

19. September

Schweige nicht!

Um das Chaos in dieser Welt aushalten zu können, greifen Millionen zu Alkohol und Drogen. Kümmert uns das? Menschen sterben ohne Jesus! Sie gehen verloren in alle Ewigkeit, ohne Rettung! Darum: **»... wenn du in dieser Zeit irgend schweigst ...«** (Ester 4,14). Dieses Wort wurde in eine Situation hineingerufen, als es für das Volk Gottes in der Gefangenschaft um Leben und Tod ging. Ester hatte es in der Hand, ihren Einfluss vor dem König Ahasveros geltend zu machen, um somit das Verderben und Unheil abzuwenden. »... wenn du in dieser Zeit irgend schweigst ...!«, hatte Mordechai ihr mahnend zugerufen.

Wir wissen es längst: Wer schweigt, macht sich mitschuldig. Und darum dürfen wir uns nicht aus der Verantwortung stehlen. Doch da sind so viele Ausreden, so viele Hindernisse. Da ist so viel Resignation, so viel Passivität, so viel Feigheit und Bequemlichkeit! Allzu schnell reden wir von Schwachheit und kleiner Kraft, kapitulieren vor dem Sog der Endzeit. Zu viele sind verzagt, allzu viele. Gideon erkannte, dass es Zeit war, für den HERRN zu handeln. Auch David, dessen Herz für seinen Gott brannte, beließ es nicht beim Reden und bei der Feststellung des Ist-Standes geistlicher Kraftlosigkeit seines Volkes. Mutig kämpfte er und besiegte Goliath im Namen seines Gottes. Auch wir dürfen nicht schweigen. Wer schweigt, häuft Schuld auf sich.

Fürchtest du dich vor der Verfolgung, vor jenen, die den Leib töten, aber nach dem Töten nichts tun können? Wir dürfen niemals Gottesfurcht mit Menschenfurcht vertauschen. Darum fürchte dich nicht! Die Verheißung »Ich bin bei euch alle Tage« (Matthäus 28,20) ist aber an eine Bedingung geknüpft, die da heißt: Geh hin und handle! Wer ist bereit, die Interessen unseres Gottes zu vertreten? Wer mutig und tapfer, sich zur Klarheit des Evangeliums zu bekennen? Du wirst Gottes wunderbares Wirken in deinem Leben nur dann erfahren, wenn du des Höchsten Sache mit Entschiedenheit vertrittst. Wenn du mutig und unerschrocken zur Wahrheit des Wortes Gottes stehst.

Lass dich niemals auf Experimente mit der Welt ein. Du siehst, wie jämmerlich sie enden. Ihre Ansichten über sittliches Verhalten und Moral sind teuflisch. Ihre Ratschläge für moderne Kindererziehung ebenso. Ergreife du die Initiative für deinen HERRN. Stehe auf! Stelle deine Privatinteressen zurück, denn die Sache Jesu hat Vorrang. Du wirst dann erfahren, dass jene Lasten weichen und solche Nöte ein Ende haben, die dich bisher zu Boden geschmettert haben.

Nein, der HERR wird dich nicht in deinen Problemen untergehen lassen. Wenn es ihm gefällt, Spannungen und Angriffe des Feindes in deinem Leben nicht wegzunehmen, dann wird er dich auf jeden Fall nach seiner Verheißung mit unvergleichlicher Kraft ausstatten, so dass du herrlich überwindest.

20. September

Schnurgerade!

»Wenn es Gott wirklich gibt und Jesus für meine Sünden am Kreuz starb, damit ich ewiges Leben hätte, dann kann kein Opfer für mich zu groß sein ...« (C.T. Studd). Wir durchlaufen die letzte Bahn der Gnadenzeit. Es ist beängstigend, wie brutal die Depots teuflischer Geistesfrucht geöffnet sind und die Menschheit unsittlich perverse, kriminelle und okkulte Praktiken schluckt, als sei es das Normalste von der Welt. Unaufhaltsam wie ein Sturzbach ergießt sich die Dreckbrühe über unsere Generation. Sind wir für diese dunkle Zeit gerüstet? Halten die Schutzwälle, die wir hoffentlich um unser eigenes Leben und um das unserer Familien und Gemeinden aufgerichtet haben? Brennen unsere Lampen? Sind unsere Herzen zum Herrn Jesus ausgerichtet?

»Mose hielt standhaft aus, als sähe er den Unsichtbaren« (Hebräer 11,27). Was für eine Spannung liegt in diesem Wort. Da hatte Gott seinen Knecht in den Dienst gestellt. Was kümmerte Mose die Wut des mächtigen Pharao? Die Machtfrage war für Mose längst geklärt: Gott war sein HERR! Nun galt es, sich zu bewähren. Und er hielt standhaft aus!

Aushalten, das ist ja ein Wort, das wir gar nicht mögen. Wenn Gott unsere Probleme löst und die Schwierigkeiten wegräumt, dann schätzen wir das im Allgemeinen sehr. Aber noch größer ist es doch, wenn er uns in den Belastungsproben, in Leid und Schmerzen, in harten Druckphasen des Lebens Standhaftigkeit schenkt.

Halte aus! Übe dich in Standhaftigkeit. Sei ein bewährter Soldat Jesu Christi. Gern drücken wir uns vor unangenehmen Dingen, fürchten uns vor böser Nachricht. Aber aushalten? Standhaft sein? Nun, das ist nur möglich, wenn unsere geistliche Konzentration von der unsichtbaren Wirklichkeit eines lebendigen Gottes erfasst wird. Bei Gott gibt es weder Dämmerung, Schatten noch Finsternis. Bei ihm ist alles, wohin sein Auge schaut, taghell. Darum sei sicher, dass der Herr Jesus dir nicht mehr auf die Schultern legt, als du tragen kannst. Verzage nicht, habe Mut. Gerade jetzt. Das Ende deiner Einengung ist längst sichtbar. Druckphasen sind immer begrenzt. Bald wird der HERR auch deine Last von deinen Schultern nehmen.

Mache es wie Mose: Er hielt standhaft aus, als sähe er den Unsichtbaren! Es ist nichts Neues, dass ein Lehrer die Noten derer drückt, die sich in der Schule entschieden zum Herrn Jesus Christus bekennen. Wer hat noch nicht erlebt, dass Zeugenmut Nachteile mit sich bringt? Dass ein Leben in der Heiligung ausgegrenzt wird? Der Herr Jesus schenke dir Mut, standfest zu sein. Ein Leben ohne Schwierigkeiten kennt nicht den Trost des himmlischen Vaters. Es weiß nichts vom Rettungsjubel eines Siegers. Nur die, welche standfest bleiben und ihren Blick ohne Wenn und Aber auf ihren HERRN richten, dürfen gewiss sein, dass auf sie am Ende die große Belohnung wartet.

21. September

Wie viel erwartest du?

»Bittet, und ihr werdet empfangen, damit eure Freude völlig sei« (Johannes 16,24). Also ist unser HERR gegen jeden Griesgram. Die

Freude ist nun einmal ein typisches Zeichen des Gotteskindes! Woher also die Niedergeschlagenheit vieler, die bekennen, einen Vater im Himmel zu haben, der für alle Bedürfnisse seiner Kinder zuständig ist?

Natürlich leben wir in der Zeit größter Verführung. Kein Gebiet ist ausgenommen. Aber gerade darum sind wir aufgefordert, unsere geistliche Quelle zu überprüfen, um sicher zu sein, dass es Gottes Kraft ist, von der wir leben. Dass es sein Geist ist, der uns erfüllt und leitet! Lass nicht zu, dass dir irgendjemand den Blick auf Jesus verdunkelt. Was immer es auch sei, es ist vom Feind, wenn es deine Seele traurig macht.

Kommst du der Aufforderung des Herrn Jesus nach: »Bittet, und ihr werdet empfangen, damit eure Freude völlig sei« (Johannes 16,24)? Auf deiner langen Wunschliste sollte als Überschrift stehen: Herr Jesus, verherrliche in allem deinen Namen! Seufzt du vielleicht, weil der Boden in deiner Nachbarschaft hart ist? Weil einige Mitarbeiter in der Firma gegen dich arbeiten, weil du Christ bist? Oder bist entmutigt, weil der Niedergang der Moral innerhalb der Gesellschaft schneller zunimmt, als du erwartet hast? Schaust du mit Bangen auf deine Kinder und Enkel, weil du um Verführung und Sünde weißt. Vielleicht plagt dich aber auch deine eigene geistliche Armut und Kraftlosigkeit, weißt um viele in deiner Gemeinde, denen es ebenso geht wie dir.

Du hast kein Recht, entmutigt zu sein! Dieser wunderbare HERR will all deinen Mangel ausfüllen, ganz gleich, wo der Schuh drückt! Darum bitte, erwarte und empfange, damit deine Freude völlig sei. Es wäre verhängnisvoll, sich ängstlich in die Defensive zu verkriechen. Das ist ein Dauerplatz für ewig Resignierende, aber nicht für dich! Sieh deshalb zu, dass du den Grund deiner Freude nicht in guten Resultaten siehst, sondern in dem Wissen, dass du im Willen Gottes stehst.

Wir können unseren HERRN nicht zwingen, uns außerhalb seines heiligen Wortes zu segnen. Darum sind wir gefragt, welchen Stellenwert sein Wort in unserem Leben hat. Putze den Spiegel deines Herzens blank, indem du allen Unrat und jeden sündigen Gedanken aus deinem Denken entfernst. Nur dann kann er die Himmelssonne reflektieren. Es ist unfassbar, dass es der Teufel immer wieder fertigbringt, unseren starken und allmächtigen Gott in Miniatur zu zeigen, während er dir gigantische Vergrößerungsgläser unter die Nase hält, wenn es um Sorgen und Probleme geht.

Wie viel erwartest du von deinem Vater im Himmel, dessen Kind du bist? Bitte nur zuversichtlich, und vertraue ihm. Er wird dir das schenken, was dir zum Allerbesten dient.

22. September

Seenot

Ans andere Ufer wollten die Jünger fahren. Doch plötzlich, wie aus heiterem Himmel, kam Sturm auf. Mit letzter Kraft versuchten die Männer, sich über Wasser zu halten. Panik und blankes Entsetzen packte sie. Ihr Leben war in Gefahr, und dann riefen sie: »Meister, Meister, wir kommen um!« (Lukas 8,24). Lebenssituationen verändern sich oft beängstigend von einer Minute zur anderen. Die einen rudern verbissen bis zur Erschöpfung und geben schließlich auf. Andere rufen zu Gott, um ihm begreiflich zu machen, dass alles zu scheitern droht: HERR, das Wasser ist schon im Boot! Das muss er doch wissen, oder nicht? Doch mitten im Sturm stellt er die Frage: **»Wo ist euer Glaube?«** (Lukas 8,25). Mit anderen Worten: Es gibt keine Situation, in der wir Wasser und Wellen unterliegen müssen. Wir dürfen natürlich unseren Blick nicht auf den steigenden Wasserstand richten, sondern auf den HERRN.

Ich möchte jedem Mut machen, der im Moment durch die Orkanböen des Lebens hindurchrudert. Vielleicht ist dein Leben in Gefahr. Die Wellen einer Krankheit oder die Angst um deine Existenz schwappen über Bord und füllen dein schwankendes Boot. Eine geradezu teuflische Anfechtung kommt in dir hoch – Angst! Der innere Friede ist dahin. Die Gewissheit deiner Rettung beginnt, sich zu verdunkeln. Vielleicht trägst du Leid um einen lieben Menschen oder bangst um deine Gemeinde, die immer mehr vom klaren Kurs abkommt. Nun sollten wir nicht unnüchtern sein und Augen und Ohren vor den Dingen verschließen, die uns der HERR in seinem Wort längst vorausgesagt hat. Schau ruhig auf den Wellengang, damit du weißt, wo die Gefahr liegt.

Unser Gott möchte keine unnüchternen Positivdenker. Er will

Menschen des Glaubens, die mitten im Sturm Jesu Eingreifen erleben. Wer seine Erwartung in Jesus, seinen HERRN, setzt, ist frei von aller rosaroten Fantasterei. Es gibt nur einen, dem Sturm und Wellen gehorchen. Nur einen, durch den wir das Ziel erreichen. Ein Kurs ohne den Herrn Jesus gleicht immer einem Absprung ohne Fallschirm. »Wo ist euer Glaube?« Mag auch das Wasser kniehoch in deinem Boot stehen, dein HERR ist da. Du sollst gerade jetzt seine göttliche Allmacht und Wunderkraft erfahren. Dein Glaube ist gefragt.

Kontrolliere daher deine Gedanken. Lass in Gottes Hand sie ruhen. Auch für dich wird der HERR aufstehen, wird Sturm und Wellen gebieten. Du bist nicht zum Scheitern verurteilt. Du wirst erfahren, dass sein Wort eintrifft. Vertraue deinem HERRN mit Ausharren. Je dunkler die Welt, desto heller das Licht. Je raffinierter die Verführung Satans und der Angriff der Finsternis auf Leben und Gesundheit der Gläubigen, desto herrlicher der Lohn für alle, die ihrem HERRN vertrauen.

23. September

Und nun glaub es doch!

»... denn kein Wort, das von Gott kommt, wird kraftlos sein« (Lukas 1,37). Dieses göttliche Versprechen gilt auch dir! Mag sein, dass du gerade jetzt irgendwo mit Widerständen zu kämpfen hast. Du siehst kein Durchkommen, nur Blockaden, vermauerte Wege, Schwierigkeiten, innere Nöte, geistliches Mattsein. Was hast du dagegenzusetzen? Denke daran: Du bist nicht auf dich selbst angewiesen. Denke an das Verheißungswort: »Kein Wort, das von Gott kommt, wird kraftlos sein«! Gottes Wort ist voller Dynamik und Dynamit. In seinem Wort entfaltet Gott seine Macht. Gott kennt keine Unverbindlichkeiten. Wie könnte er es auch – er, der Ewigtreue?

Eigentlich können wir es uns doch leisten, gelassen und getröstet in die Zukunft zu blicken und die jeweiligen Situationen mit Gottes Hilfe zu meistern. Ach, wie zappelig sind wir oft, und wie leicht schwappt die

Ungeduld über. Klingt da nicht das Wort wie ein leiser Vorwurf an unser verzagtes Herz: »Denn kein Wort, das von Gott kommt, wird kraftlos sein!«? Doch Gottes Kraft ist stabil und jeden Augenblick abrufbereit, für alle, die ihrem HERRN kindlich und aufs Wort hin glauben. Dort, wo das Wort Gottes Menschen erreicht, verändert es das Leben. Es ist unmöglich, mit Gottes Wort zu leben und dabei der Alte zu bleiben. Wer sein Wort liest und es liebt, der hat Anteil an den Gedanken Gottes.

Schade, dass wir oft so wenig unserem großen Gott zutrauen. Ob das daher kommt, weil wir an falschen Fronten kämpfen und uns vergeblich abmühen, weil wir mit Platzpatronen Löcher in die Luft schießen? Der Herr Jesus ruft uns auf, die Frontreihen zu schließen, die Einheit zu bewahren, Frieden zu halten. Nur dann können dem Satan Seelen entrissen werden, wenn Gottes Wort zuerst seine reinigende und heilende Wirkung an uns tut. Dann werden wir erfahren, dass Gottes Wort wieder durchdringt und uns zu einem neuen zielklaren Denken befähigt.

24. September

Die alles entscheidende Frage

»Hast du mich lieb?« (Johannes 21,17). Das war die peinlichste Frage, die der Herr Jesus Petrus jemals stellte. Es gibt Zeiten, da fragt der Herr Jesus auch uns so. Würde er unser uneingeschränktes »JA« hören? Unser HERR wiegt nicht Leistungen, er erkennt die Liebe! Er will nicht unseren kalten und berechnenden Einsatz. Er sieht auf das, was wir für ihn sind. Nur von daher klärt sich alles, sonst bleibt alles ungeklärt. Nur die, die ihren HERRN lieben, dürfen wissen, dass ihnen alle Dingen zum Besten dienen. Die anderen werden an den Widerständen und Sorgen des Lebens verzweifeln und zerbrechen. Nur an dem uneingeschränkten »Ja! Herr Jesus, ich liebe nur dich!« lässt sich ein lohnendes Leben messen.

Erkennst du die Güte deines Herrn in deinem Leben als ein Werben um deine Liebe zu ihm? Wie viel ist er dir wert? Er, der sein Leben für dich in den Tod gab? Der Satan hat es fertig gebracht, dass die Geliebten Gottes, anstatt mit dem Herrn Jesus in ständiger Gemeinschaft zu leben, sich fortwährend um ihre eigene Achse drehen. Und was hat man nicht alles in den letzten Jahren an vielversprechenden Praktiken in der Seelsorge ausprobiert! Anstatt durch aufrichtige Buße um Erneuerung des Geistes zu ringen, probierte man mit psychologischen Tricks, den Fragen und Problemen beizukommen. Haben wir denn ganz vergessen, dass es Gott nicht um das Nachblättern von Erfahrungswerten von gestern geht, auch nicht um Vergleichsdaten, die in der menschlichen Geschäftsführung von Wichtigkeit sind?

Eine Seelsorge, die nicht unter dem Kreuz Jesu Vergebung, Erlösung und Befreiung erfährt, ist nichts anderes als ein Egotrip, der dem Fleisch gefällt. Steht doch hier der Mensch und nicht Jesus Christus im Vordergrund. Darum stellt unser HERR jedem von uns die alles entscheidende Frage: »Hast du mich lieb?« Nach nichts anderem ist hier gefragt. Allein die Liebe zum Herrn Jesus ist der Motor zu größerer Hingabe, zu vermehrtem Einsatz und zu treuerer Nachfolge. Die entscheidende Frage bleibt: »Hast du mich lieb?«

25. September

Wovon bist du ergriffen?

Fürchtest du dich vor neuen Wegen? Geh zuversichtlich in den Tag. Wie mühsam auch dein Weg sein mag: Dein HERR ist mit dir überall, wohin du gehst. Enttäuschungen bleiben keinem von uns erspart; denn sie sollen uns schließlich noch enger an unseren HERRN binden. Wir dürfen erwarten, dass er uns mit dem beschenkt, was zu unserem Besten dient. Mancher mag sich fragen, woher wohl Paulus die Courage nahm, so zielsicher und unbeirrt seinen Weg zu gehen. Woher er die Kraft bekam, trotz der vielen Probleme innerhalb der Gemeinden nicht den Mut zu verlieren. Wie viele Enttäuschungen und Anfeindungen musste er ertragen. Das alles musste auch dieser treue Gottesmann verkraften.

Aus einer Momentaufnahme gesehen, war Paulus nie ein Mann des grandiosen Erfolges. Ihm liefen nicht die Scharen zu. Im Gegenteil! Einmal schrieb er sogar, dass alle ihn verlassen hätten. Auch jene, die sich einmal treu zu ihm hielten (siehe 2. Timotheus 4,10-11). Dennoch: Paulus blieb standfest. Was war sein Geheimnis? »**Ich bin von Christus Jesus ergriffen** ... und jage auf das Ziel zu« (Philipper 3,12.14). Lohn empfängt nur, wer diese Mühe nicht scheut. Wie gut, dass wir keinen Heiland haben, der die Peitsche über unseren Kopf schwingt. Wir wären schon längst vor Furcht zugrunde gegangen.

Hat nicht der Herr Jesus auch dich als sein Eigentum mit den Händen der Liebe erfasst? Spürst du nicht seine segnende Hand auf deinem Leben? Trotz aller sicherlich oft begründeten Unruhe des Alltags schenkte er dir seinen Frieden. Macht unser HERR uns nicht unsagbar viel Mut in seinem Wort?

Gotteskind, du darfst wissen, dass auch du von der Hand deines Heilands ergriffen bist. Wir wollen keineswegs außer Acht lassen, dass es letztlich immer darauf ankommt, wer unser Leben in Händen hält. Die Gewissheit, von Jesus ergriffen zu sein, lässt jede Prüfung und Übung des Glaubens in einem anderen Licht erscheinen. Wer sich von Jesus Christus ergriffen weiß, der braucht sich über die kleinen, oft so verwirrenden Bauteile seines Lebens nicht mehr den Kopf zerbrechen. Der darf wissen, dass sein Leben unter Gottes Bauleitung steht.

26. September

Abschiedsszenen

Wer kennt sie nicht? Unbeschreibliche Augenblicke spielten sich während der Zeit des Krieges auf den Bahnhöfen ab. Es ging an die Front. Väter ließen ihre junge Frau und ihre Kinder zurück. Eltern trennten sich von ihren Söhnen. Die meisten nahmen Abschied für immer. Wie viele Abschiedstränen werden in dieser Welt geweint – zu Hause, in den Familien, in Krankenhäusern. Das heißt für die meisten nichts anderes, als Hoffnungen zu begraben. Wer ist es, der den Strom der Tränen trocknet? Wer, der trösten und Hoffnung geben kann? Niemand!

Wissen wir eigentlich, wie viele heute mit dem Gedanken spielen, ihr Leben wegzuwerfen? Bringt es nicht nur Leid und Enttäuschungen? Mit billigen Sprüchen wie: »Man muss die Hoffnungslosigkeit unserer Zeit bekämpfen!«, kommen wir nicht weiter. Gibt es tatsächlich keine Antwort auf den himmelschreienden Schmerz in dieser Welt?

Auch die Jünger waren traurig und niedergeschlagen, als ihr HERR vom Abschiednehmen sprach. Trennung tut immer weh. Auch wenn es nur für eine Weile ist. Und gerade in diese traurige und trübsinnige Stimmung hinein sprach der Herr Jesus zu den Jüngern **»... eure Traurigkeit wird zur Freude werden!«** (Johannes 16,20). Deine auch? Sei dir ganz sicher! Dagegen hat die Traurigkeit der Welt keine Verheißung. Sie endet immer in der Verzweiflung. Die Traurigkeit deines Herzens aber will der Herr Jesus in Freude verwandeln. Er will über die Abgründe all deiner Ängste, Befürchtungen und Nöte den Balken seines Kreuzes legen. Aus deiner Dunkelheit soll Licht werden.

Seit Jesu Auferstehen ist für uns Gotteskinder für immer die Sonne aufgegangen. Der Tod, die ewige Nacht und das bange Grauen sind besiegt – Trost und Zuversicht geben sich die Hand. Darum dürfen wir von der Freude des Wiedersehens reden. Unser HERR ist es ja selbst, der uns dieses Wort der Freuden zuruft: »Ich werde euch wiedersehen, und euer Herz wird sich freuen, und eure Freude nimmt niemand von euch« (Johannes 16,22).

Ich bin sicher, dass diese Freude, von der unser HERR spricht, durch ihre Strahlen jetzt schon das Herz bei jenen erwärmt, die bewusst der Sonne entgegengehen. Unser HERR lässt uns nicht in Traurigkeit und Trennungsschmerz verkommen. Zur rechten Zeit schenkt er das passende Wort des Trostes, denn: »Er selbst, der Vater, hat euch lieb!« (Johannes 16,27).

27. September

»Rettet die Familie!«

Dieser Gedanke kam mir, als ich über den geistlichen Zustand vieler christlicher Familien nachdachte. Viele in unseren christlichen Familien sind »reisefertig« zum Ausschwirren! Zu Hause hält sie nichts mehr. Überforderte, verunsicherte Eltern stehen aufmüpfigen Kindern hilflos gegenüber. Manches Haus ist zum Eiskeller geworden. Von Nestwärme keine Spur. Der Einfluss von draußen ist stark wie nie zuvor. Über 80% der Erziehung übernimmt die Schule. Und die kläglichen 20% werden gedankenlos vertan. Das Resultat? Grobe Beziehungsstörungen, Scheidungen am laufenden Band. Alles auf dem Rücken der Kinder. Und die christliche Gemeinde schaut ratlos zu.

Rettet unsere christlichen Familien! Sonst zerschlagen wir uns den Boden zur Verkündigung der Frohen Botschaft. Nur dort ist die Verkündigung vor der Welt glaubhaft, wo Familien die Liebe Gottes, sein Vergeben und sein herzliches Erbarmen erleben! Das hat Auswirkungen! Bei allem geht es um freiwillige »Überordnung« des Christus als HERRN unseres Lebens und gleichzeitig um die gegenseitige »Unterordnung« um des Segens willen. Nur dort, wo der Herr Jesus die »Schirmherrschaft« über unsere Familien übernommen hat, erkennt die Welt, dass sich ein Leben unter seiner Herrschaft lohnt. Wo Vater und Mutter unter dem Schirm des Christus leben, prägen sie die Atmosphäre. Da hört das gereizte Diskussionsgerangel auf. Da finden Herzen zueinander. Da ist Raum zur gegenseitigen Vergebung.

Gut soll es uns gehen! Doch das ist nur dann möglich, wenn wir das Gebot unseres HERRN erfüllen: **»Wandelt auf dem ganzen Wege, den ich euch gebiete, auf dass es euch wohl gehe«** (Jeremia 7,23). Betest du treu mit deinem Ehepartner? Suchst du das längst fällige Gespräch mit deinem Kind? Unter vier Augen? Nicht erst, wenn es zu Problemen gekommen ist? Oder bestimmen dein Terminkalender, das Fernsehen, die Schule und die Einflüsse von draußen oder falsche Freundschaften deine Familienatmosphäre? Das letzte Bollwerk gegenüber den brutalen

Angriffen des Feindes ist nun einmal eine geistlich funktionierende Familie.

Das Geheimnis einer glücklichen Familie ist dort zu finden, wo das Gebot Gottes erfüllt wird: »Wandelt auf dem ganzen Weg, den ich euch gebiete, auf dass es euch wohlgehe!« Für viele scheint ihre augenblickliche Situation hoffnungslos und verfahren. Doch Buße ist immer der Start in eine neue Möglichkeit mit Gott. Unser HERR kann die schlimmsten Wunden heilen – die verfahrensten Wege freilegen. Er sucht Väter, die Mut zur Beugung, und Mütter, die Mut zur Demut haben.

28. September

Wunderbar bewahrt!

Mögen auch die Wölfe um uns herum die Zähne fletschen: Die Karawane Gottes zieht unbeirrt weiter! Ein Blick in die Zeitung oder auf das, was da so von der Medienlandschaft zu uns herüberschwappt, zeigt, dass die Welt in Turbulenzen geraten ist. Der Diabolus regiert! Alles scheint aus den Fugen geraten zu sein. Du aber fürchte dich nicht! Für alle, die dem HERRN gehören gilt: **»Wenn du durchs Feuer gehst, wirst du nicht versengt werden …«** (Jesaja 43,2). Wir kommen nicht unter die Räder! Selbst wenn es durch die Hochöfen des Leides geht, ist der Herr Jesus bei denen, die sich auf ihn verlassen.

Mir geht die Geschichte von Daniel und seinen Freunden immer unter die Haut. Was für eine Gottesnähe! Gott hat noch nicht einmal den Brandgeruch an ihren Kleidern geduldet (vgl. Daniel 3,27). Was für ein Trost für das ängstliche Herz. Sei darum voller Zuversicht. Das Ziel erreichen wir nicht, weil wir so tüchtige Leute sind, sondern weil Gottes Gnade uns hält und durchbringt. Das herrliche Ziel kann uns niemand nehmen. So dürfen wir sogar bei stürmischer Fahrt trotz allem Rauf und Runter die Tage an Gottes Hand genießen.

Erkenne jeden Tag neu das wunderbare Handeln Gottes, damit deine Seele Frieden hat. Und wenn du doch einmal vor Abgründen stehst und die gähnende Tiefe deine Knie schlottern lässt, dann erinnere dich an dieses herrliche Wort: »... wenn du durchs Feuer gehst, wirst du nicht versengt werden!« Wenn wir dann einmal beim HERRN in seiner Herrlichkeit angekommen sind, werden wir vieles zu rühmen und unendlich viel Zeit haben, uns an all die wunderbaren Wege Gottes und seine Bewahrungen zu erinnern. Was wird das für ein Jubeln sein!

29. September

Dankeslieder sind nicht zu überstimmen!

Haben wir nicht einen wunderbaren HERRN? Ist sein Retten nicht beispiellos? Was für eine herrliche Nachricht, dass es einen Erlöser gibt, der Menschen aus ihrer entsetzlichen Hoffnungslosigkeit befreit. Wer sich immer nur vom Trümmerfeld verlorener Schlachten beeindrucken lässt, der muss sich nicht wundern, dass seine Seele Trauerlieder singt.

Stimm ein Dankeslied an. Dankeslieder können vom Feind nicht überstimmt werden. Der Teufel weiß, dass seine Zeit begrenzt ist, darum ist es sein widerliches Mühen, dich und mich in die Knie zu zwingen. Satan kann uns zwar nicht die Gotteskindschaft rauben, uns aber zur Sünde verführen und dabei viel Schmach und Schande auf den Namen unseres Erlösers bringen. Rund um die Uhr ist der Teufel am Werk! Doch es soll ihm nicht gelingen! Gottes heiliges Wort bezeugt: **»Doch wer auf mich hört, wird sicher wohnen, kann ruhig sein vor des Unglücks Schrecken«** (Sprüche 1,33).

Wir sind uns völlig darüber im Klaren, dass der geistliche Kampf zunehmen wird und die geistlichen Klingen in nächster Zukunft hart aneinandergeraten werden. Schließlich ist unser Kampf nicht wider Fleisch und Blut, sondern gegen den Weltbeherrscher dieser Finsternis. Lass dich nicht von der Dunkelheit dieser Zeit niederdrücken. Das hätte gerade noch gefehlt, dass wir an der Seite dieses wunderbaren HERRN und Siegers von Golgatha schwach werden und uns der Angstschweiß auf der Stirn steht. Wir wollen uns in diesem Weltgeplärre auf die Stimme unseres guten Hirten konzentrieren. Nur dann wird diese trostvolle Verheißung frohmachende Wirklichkeit!

So seien unser Leben, unser geistliches Wohl, unsere Gesundheit, unsere tägliche Schaffenskraft in Gottes gute Hand gelegt. Du darfst erfahren, dass es sich tausendmal lohnt, deinem HERRN kindlich zu vertrauen. Nein, nicht voller innerer Unruhe spekulieren, sondern im Frieden Gottes ruhen und glauben! Damit ehren wir unseren HERRN. Trotz alles wilden Getrommels des Teufels halten wir unser Loblied dagegen. Lob- und Dankeslieder sind nicht zu überstimmen.

30. September

Sag es doch dem HERRN!

Manchmal scheinen uns tatsächlich die Kräfte im Stich zu lassen, wenn bei einem langen Marsch das Ziel auf sich warten lässt. Da stellt sich schnell der Unmut ein. Vorwürfe stauen sich an. In großen Belastungsproben des Lebens sind wir alle schnell dabei, den anderen als Blitzableiter zu benutzen, ihn zu beschuldigen oder zu maßregeln. »Sich Luft machen« nennt man das. Doch unser Herrn Jesus erwartet nicht die Explosion der Gemüter, sondern das Ausschütten der Herzen vor ihm. **»Ich schütte meine Seele vor dem Herrn aus«** (1. Samuel 1,15). Das tat Hanna, eine Frau, die unter den verletzenden Worten, ihrer Gegnerin litt. Peninna prahlte mit ihrem Kindersegen, war stolz darauf, weil sie meinte, von Gott bevorzugt zu sein.

Wer kennt die Prahler nicht? Es sind Menschen, die selbstgefällig auf ihre Erfolge schauen und darum auf alles und jedes eine Antwort wissen. Sie beurteilen und verurteilen und wissen nicht, dass sie mit dem Teufel in dasselbe Horn blasen. Hanna richtete ihr Herz auf den HERRN. Ihr Flehen tat sich nicht in lauten Worten kund. Die Bibelstelle zeigt, dass Gott auch die Gedanken der Herzen sieht. Während Hanna betete, schüttete sie ihre Seele vor ihrem Gott aus, und er hörte auf sie.

Ob wir vergessen haben, dass auch wir unser beschwertes Herz ausschütten dürfen? Den Kummer, die Kränkung, all das Bedrückende. Also nicht filtern und sortieren! Wir laufen sonst Gefahr, dass wir eben doch noch etwas zurückbehalten. »Schütte wie Wasser dein Herz aus vor dem Angesicht des HERRN« (Klagelieder 2,19). Wer vor einem anderen auspackt, wird bald wieder enttäuscht alles einsammeln müssen. David sagt in Psalm 142,3: »Ich schütte meine Anliegen vor ihm aus, meine Not erzähle ich vor ihm.«

Die vielen Seelenärzte dieser Welt sind zu bedauern, denn sie kennen den wunderbaren großen Retter nicht, vor dem man seinen Kummer auskippen kann. Nicht Satzbau und Formulierung sind entscheidend, sondern restlose Aufrichtigkeit. Darum komm, und erzähle dem HERRN das, was du vielleicht keinem jemals anvertrauen würdest. Von ihm wirst du niemals enttäuscht.

Oktober

1. Oktober

Wunderbar geborgen!

Kein Mensch kann sagen, was in fünf Minuten sein wird. Wir verfügen nicht über den geringsten Teil zukünftiger Augenblicke. Wir leben im Jetzt. Gott dagegen sieht alle unsere Tage wie einen aufgerollten Filmstreifen vor sich. David bekennt in Psalm 139,16: »**In dein Buch waren alle meine Tage eingeschrieben, die gebildet wurden.**«

In dein Buch alle meine Tage ...! Es ist gut, einmal in Ehrfurcht still zu werden vor diesem großen, gewaltigen Gott. Drängt nicht jedes dieser Worte zur Anbetung? Wer bin ich? Entstanden aus einer kleinen Eizelle von nur zwei zehntel Millimeter, doch ausgestattet mit einem Steuermechanismus, der dafür sorgt, dass wir unseren Eltern gleichen. Kannst du begreifen, dass du und ich aus dem Bruchteil eines Milligramms entstammen und darin der Impuls zu einem menschlichen Körper von 60 Billionen Zellen liegt? Kannst du ermessen, dass Gott in jeden von uns den Atem der Ewigkeit hineingelegt hat und ihn Sekunde um Sekunde pulsieren lässt?

Wir sind das Werk seiner Hände. Auf eine erstaunliche Weise ins Dasein gerufen. Ausgestattet mit der Fähigkeit, Gott unseren HERRN zu lieben mit dem ganzen Herzen, mit der ganzen Seele und mit dem ganzen Verstand. Und mitten in die Zeiten hinein hat Gott dir und mir eine Lebensspanne geschenkt und die Tage eingeteilt. Womit werden wir sie wohl ausfüllen? Etwa mit Missmut und Bitterkeit oder mit Gottesfurcht und einem Wandel, der den Höchsten ehrt? Bei allem Nachdenken über alles Wunderbare, das uns täglich begegnet, erkennen wir, dass das größte aller Wunder die Liebe Gottes zu uns ist. Wer da sagen kann: »Ich gehöre ihm, er hat mich wiedergeboren zu einer lebendigen Hoffnung«, der ist Himmelsbürger, Herrlichkeitsanwärter, Kronprinz, Kind des Vaters ...

Ach, die Worte sind jämmerlich, kläglich versagende Buchstaben, um all das auszudrücken, was uns in Christus Jesus geworden ist. Wie oft habe ich über unser zukünftiges Zuhause nachgedacht. Die Bibel spricht von der Stadt der goldenen Gassen – von lichtdurchfluteter Herrlichkeit –, vom Ort vollkommener Liebe und nie endender Gemeinschaft – von ewiger Freude. Kein Kummer, kein Seufzen, kein Schmerz, kein Tod wird dort mehr sein. Und in der Mitte der unzählbaren Erlösten steht das Lamm, Jesus, unser HERR! Ach, wir Kleinigkeitskrämer, die wir den Staub dieser Erde so wichtig nehmen, wir sollten uns viel mehr mit unserem himmlischen Zuhause beschäftigen!

Das Augenblickliche deiner Tageslast, dein Sorgen und Bemühen in so vielen Dingen deines Lebens, ist nicht zu vergleichen mit der zu erwartenden Herrlichkeit. Und das sollte dir Mut machen, denn das Schönste kommt noch!

2. Oktober

Niedergeschlagen?

»Stehe auf! Warum liegst du denn auf deinem Angesicht?« (Josua 7,10). Josua war entsetzt. Mit Siegeserwartung zog Israel gegen die Stadt Ai. Sie hatten sich Erfolg ausgerechnet. Doch alles kam anders. Geschlagen kamen sie zurück. Und dabei hatte doch alles so wunderbar begonnen. Das Wunder der Jordanüberquerung! Das Wunder der Jerichoeinnahme! Warum sollte Gott jetzt nicht auch auf ihrer Seite sein?

Der Sieg Jesu ist jedoch an Bedingungen geknüpft. Das kleine unpopuläre Wort heißt: Gehorsam. Damals brachte Achan das Volk Israel ins Unglück, weil er vom Verbannten genommen hatte. Das Geld war sein Problem. Der Mammon seine Falle. Und jetzt die Frage: Warum bist du so niedergeschlagen? Warum so missmutig? Liegt es etwa an mir, dass du nicht im Sieg lebst? Waren nicht Bedingungen zu erfüllen?

Siege werden nicht »herbeigedacht«, sondern »herbeigehorcht«. Ach, das doch unser oft so eigensinniges Herz das kleine Wort »Gehorsam« lernen würde. Ungehorsam lohnt nicht. In keinem Fall. Das sagt uns die Bibel. Durch Ungehorsam kam die Sünde in die Welt. Doch durch Jesu

Gehorsam am Kreuz wurde uns der Sieg gegeben! Wenn Niederlagen uns bedrücken, sollten wir nicht Gott die Schuld geben. Als ob er nicht darüber traurig wäre, dass eines seiner Kinder in arger Bedrängnis lebt.

Lass uns zu einem freudigen Ja des Gehorsams finden. Was nützt alle Erkenntnis des Willens Gottes, wenn man nicht bereit ist, ihn durch Gehorsam praktisch werden zu lassen? Wer Sieg haben will, sollte nicht fragen: Wozu das alles, HERR? Warum gerade dieser Weg, HERR, der doch so wenig Erfolgsaussichten verspricht? Wir wollen unsere Nachfolge nicht von »Erfolgsaussichten« abhängig machen. Auch Mutlosigkeiten sollten uns nicht verschlingen. Wenn du Vergebung empfangen hast, dann stehe wieder auf! Die Angelegenheit, die dich niederdrückte, ist doch göttlich geregelt.

3. Oktober

Lasten los werden!

Gott hat ausdrücklich gesagt, dass wir die Sorgen auf ihn werfen sollen. Leider machen wir es oft umgekehrt. Die Zuversicht, die Unerschrockenheit, den Freimut des Glaubens werfen wir über Bord, die Sorgen jedoch retten wir.

Eigentlich unverständlich, denn die Bibel sagt: **»Werft eure Zuversicht nicht weg, die eine große Belohnung hat!«** (Hebräer 10,35). Und dabei sind wir doch sonst so berechnend und fragen immer nach dem Resultat und danach, was unter dem Strich herauskommt. Wie kommt es, dass wir so wenig aushalten – durchhalten –, vorangehen? Selbstmitleid ist der Feind der Seele. Hier liegt der wunde Punkt. Selbstmitleid berät uns falsch. Zu gern beseufzen und bedauern wir uns. Dabei merken wir nicht, dass unsere Glaubenszuversicht im Nu wie ein zerknüllter Briefumschlag im Papierkorb landet. Die Möglichkeit zu einer Belohnung für tapferes Durchhalten ist dahin. Schade!

Wir könnten doch bei den Möglichkeiten, die unser himmlischer Vater uns offeriert, mit unseren Unmöglichkeiten aufräumen. Einer, der nicht mit seinem HERRN rechnet, bewegt niemals Gottes starken Arm. Doch dein Herr will, dass du ihm völlig vertraust, denn es liegt ihm sehr daran, dich zu belohnen. Erwartungslose Kinder gefallen dem Vater im Himmel nicht.

Wirf daher niemals deine Zuversicht über Bord, denn die Phasen der Mutlosigkeit sind deshalb so gefährlich, weil sie dir tausend Argumente liefern, den Glaubenskampf vorzeitig abzubrechen. Rechne gerade jetzt mit dem allmächtigen HERRN, und erwarte, dass er dir hilft. Erinnere ihn an seine Verheißungen. Seine Kraft will auch in deiner Schwachheit mächtig sein. Kennst du das DENNOCH des Glaubens, wenn dich so manche Entmutigung bedrücken will? Halte deine Zuversicht fest entschlossen in der Hand, und wisse, dass sich um deine Hand die Hände Gottes legen.

4. Oktober

Gott ist schneller!

»Ohne mich! Ohne mich ..., das sollen die anderen tun!« Aus Angst vor den Risiken weicht man aus. Dennoch gibt es Situationen, wo es kein Ausweichen geben darf. Da wird Standhaftigkeit verlangt.

Bekennst du noch mutig, dass der Herr Jesus dein Erlöser und HERR ist? Stehst du noch zu allen Aussagen der Heiligen Schrift? Kämpfst du noch den guten Kampf des Glaubens? Oder gelingt es dem Teufel, dir in diesem dramatischen Endkampf, so kurz vor dem Ziel, die Krone zu entreißen? Gehörst du etwa im Verborgenen zu den Abweichlern, die sich den schmalen Weg in der Nachfolge Jesu bequemer machten? Ich habe erfahren, dass es nur auf dem schmalen Weg innere Heilung gibt, während der breite Weg voller Not und Ängste ist. Der sicherste Platz ist immer noch, seinem HERRN zu folgen. Da erspart man sich wirklich viele Schmerzen, und manches Problem kommt erst gar nicht auf.

Dieses Wort möge deine ängstlichen Schritte mit Zuversicht beflügeln: **»Mein gnädiger Gott wird mir zuvorkommen!«** (Psalm

59,11). Gott ist schneller! Das ist die Antwort. Bevor dich die Probleme zu Boden strecken, ist er zur Stelle. Schade, dass uns oft das Bewusstsein, dass Gott schneller ist, in den Stunden der Bedrängnis so schnell verloren geht. Stattdessen nimmt die Zahl der beratenden Komitees und Konferenzen der Arbeitskreise immer mehr zu. Anstatt auf den HERRN zu vertrauen, sind die Macher gefragt! Sie sollen den Karren aus dem Dreck ziehen. Beziehe darum Gott in deine Überlegungen mit ein, dass dein gnädiger Gott dir vorangeht. Ehe du das Problem erreichst und ehe dich die ganze Schwere deiner Befürchtung trifft. Er ist schon da, weil er vorangegangen ist! Er, der gnädige Gott, wird dir zuvorkommen!

Heißt es dann nicht letztlich, dass er deine Feinde besiegt und die Dornen niedertritt, so dass dein Weg gangbar wird? Der HERR hat niemals von dir verlangt, dass du problemorientiert leben sollst. Im Gegenteil! Er will, dass du auf Jesus ausgerichtet bist. Dass du ihn in deine Kalkulation miteinbeziehst. Denkst du schon mit Bangen an morgen?

Danke doch einmal deinem HERRN, dass er schon unterwegs ist und deine Wege so einrichtet, wie er es eigentlich immer in seiner liebevollen Hirtentreue tut. Lass darum dein ängstliches Sorgen. Dein Gott ist schon am Ort des Geschehens! Wie gut!

5. Oktober

Mein Vater!

Es gibt gewiss auch in deinem Leben Augenblicke, in denen du zurückschaust und denkst: Ach, könnte ich noch einmal so unbeschwert wie ein Kind sein! Du erinnerst dich an Zeiten, wo du alles mit deinem HERRN besprochen hast. Wie befreit war da deine Seele. Wie hoffnungsfroh bist du in den Tag gegangen. Wie erwartungsvoll war dein Herz.

Doch nun bist du älter geworden. Hast Erfahrungen gemacht! Bist nachdenklicher geworden. Und mit einem Mal stellst du fest, dass dir deine kindliche Glaubenszuversicht abhanden gekommen ist. Hast du noch Erwartungen an deinen HERRN? Sind noch Wünsche offen, die du vor ihm nicht auszusprechen wagst, weil dein Glaube schwach geworden ist?

Beginne wieder einmal, neu über das unfassbare, wunderbare Verhältnis nachzudenken, dass du Gottes Kind bist! Dass du sagen darfst: Lieber Vater! **»Mein Vater bist du!«** (Psalm 89,17). Manchmal brauchen wir es, dass uns jemand wachrüttelt und uns zuruft: Denk doch daran, dass dein Vater im Himmel mächtig ist, auch deine Probleme zu bewältigen. Doch sind wir ganz falsch beraten, wenn wir meinen, Gott sei nur für unsere Probleme und Sorgen zuständig.

Nein, Kinder Gottes leben in einem königlichen Stand. Und darum sollten sie nicht unter ihrer Würde leben! »Ach, könnte ich noch einmal ein Kind sein, mich von Herzen freuen und vertrauen!« Darfst du das nicht? Mein Vater bist du! Dieser Ausruf des Vertrauens entspringt aus einem kindlichen Herzen. Und genau hier beginnen auch für dich ganz neue Glaubenserfahrungen. Es fällt auf, dass der Herr Jesus, gerade in den entscheidenden Augenblicken seines Wirkens, sehr oft die Worte »Mein Vater ...« benutzte.

Ich möchte dir Mut machen, doch einmal wieder ganz neu über dein Kindverhältnis zum himmlischen Vater nachzudenken – es zu nutzen, auszunutzen! Meinst du, dass dein Vater im Himmel sich nicht über dein Vertrauen freut? Nein, nicht grübeln, sondern mehr vertrauen! Wie ein Kind. So will es dein Vater im Himmel.

6. Oktober

Augen auf!

Die Welt ist zu einem siedenden Topf geworden. Die Hitze der Probleme steigert sich. Wird diese Welt unregierbar? Auf genau diesen Augenblick wartet der Antichrist. Gemäß der Wirksamkeit Satans wird sich die Eröffnung seiner Herrschaft wie folgt abspielen: **»... mit jeder Machttat und mit Zeichen und Wundern der Lüge«** (2. Thessalonicher 2,9). Und weil viele Christen die Absonderung von der Welt vergessen haben und nicht mehr auf Distanz zu ihr gehen, sind sie nicht mehr sensibel für die raffinierten Einbrüche Satans. Viele reden von Erweckung, von Visionen, von Zeichen und Wundern. Wer schaut da noch durch? Wer unterscheidet, ob die Geister aus Gott sind? Tatsache ist doch, dass schon unsere gesamte Generation okkult unterwandert ist. Vom Kindergarten bis zur Oma im Lehnstuhl.

Und die Christen? Wurden sie nicht vor Abfall und Verführung gewarnt? Satan selbst nimmt die Gestalt eines Engels des Lichts an, und es ist daher nichts Großes, wenn auch seine Diener die Gestalt von Dienern der Gerechtigkeit annehmen. Paulus ermahnt: »Und wenn der, welcher kommt, einen anderen Jesus predigt ... oder ihr einen anderen Geist empfangt ... oder ein anderes Evangelium, so ertragt ihr das recht gut« (2. Korinther 11,4). Wer wirklich eine geistgewirkte Erweckung in seinem persönlichen Leben erfahren möchte, muss dazu die Bedingung erfüllen: zurück zur Einfalt dem Christus gegenüber. Daher: »Wachet, stehet fest im Glauben« (1. Korinther 16,13).

Viele haben längst ihre geistliche Keuschheit verloren. Sie sind einem anderen nachgelaufen. »Der HERR wird sich nicht zu ihnen bekennen« (Psalm 16,4). Das, was sie als Segen ausgegeben haben, ist ihnen zum Fluch geworden. Der Teufel baut seinen Betrug gern so nahe wie möglich an die Wahrheit heran. Doch wer sich im Licht aufhält, der sieht die Grenze des Abgrundes deutlich vor sich. Wir brauchen daher heute die Gabe der Geisterunterscheidung mehr denn je. Und weil es eben kein Manna vom Himmel mit verschiedenen Geschmacksrichtungen gibt, kann es auch keinen anderen Jesus, keinen anderen Geist oder ein anderes Evangelium geben. Die Gefahr, vom Weg abzugleiten, ist groß. Die Straßengräben links heißen: geistliche Unnüchternheit und Schwarmgeist, und rechts: ungeistliche Zufriedenheit mit sich selbst und geistliche Blockade.

Doch der Mittelstreifen des schmalen Weges heißt: Einfalt dem Christus gegenüber. Die Garantie, dass wir gut und ohne Totalschaden nach Hause kommen, ist dem gegeben, der sich an den Streifen hält, den uns das Wort Gottes deutlich vor Augen malt. Es sind elf Buchstaben, die sich immer wiederholen: Jesus allein!

7. Oktober

Die Blicke Jesu!

Da las ich neulich eine ergreifende Geschichte. Um Zucht und Ordnung in einem Stamm zu bewahren, hatte ein Fürst strengen Befehl gegeben, dass niemand sich an der Beute vergreifen dürfe, da sie dem ganzen Stamm gehöre. Mit 100 Peitschhieben sollte der Übeltäter bestraft werden. Da geschah das Unfassliche: Die alte Mutter des Fürsten wurde straffällig. Was sollte nun werden? Einen Tag lang zog sich der Fürst in sein Zelt zurück. Dann trat er mit einer strikten Weisung hervor: »Die Strafe wird vollstreckt!« Als der erste Hieb auf den Rücken der alten Mutter heruntersauste, warf der Fürst seinen Mantel über sie, sprang dazwischen, hielt seinen Rücken hin und rief: »Soldaten, schlagt weiter und keinen Schlag weniger!« Die Mutter war gerettet, und zugleich zeigte sein zerrissener und blutender Rücken, wie ernst es dem Fürsten um Recht und Gerechtigkeit war.

Auch unser Heiland hat sich dazwischengestellt. Das Gericht Gottes wurde auf seinem Rücken ausgetragen. Gott hat seinen Sohn leiden lassen. Er tat es für uns. Rettung und Gerechtigkeit sind uns geworden. Sollte solch eine Liebe nicht den letzten Winkel unserer Empfindungen aufwühlen? Leider hat es der Teufel bei vielen fertiggebracht, das Werk von Golgatha zu vernebeln, indem er die Christen pausenlos in Aktion hält. Man trabt von einer Sitzung zur anderen. Hochtourig läuft das Gemeindeprogramm. Dabei ist die Zartheit des innigen Verhältnisses mit Jesus, unserem HERRN, verlorengegangen. Keine Zeit für ihn!

Kann dem HERRN etwa an unserem Eifer gelegen sein, wenn das Herz zur armseligen Funzel der Liebe geworden ist? Wenn uns noch irgendetwas zu herzlicher Hingabe an unseren HERRN bewegen kann, dann ist es der Blick Jesu, der damals Petrus getroffen hat: **»Jesus wandte sich um und blickte Petrus an«** (Lukas 22,61). Dieser Blick muss Petrus durch und durch gegangen sein. Doch die durchlittene Nacht des Heilandes, die pausenlosen Verhöre, die brutalen Fausthiebe der Soldaten und der beißende Hohn der Spötter – das alles konnte ihn nicht daran hindern, dass sein liebender Blick die Augen des Petrus trafen! »Jesus wandte sich um und blickte Petrus an!« Wer hat da noch Mut, mit der Sünde zu spielen?

8. Oktober

Den HERRN vor Augen!

Wie hat sich doch die Welt in den letzten Jahren verändert! Manchmal könnte einem schwarz vor Augen werden. Was leistet sich unsere feine Gesellschaft nicht alles. Und weil die katastrophalen Verhältnisse immer mehr zunehmen, suchen die Menschen woanders ihre Hilfe.

Was man noch vor Jahren prophezeite, ist eingetreten: Nicht der Alkohol, nicht Sex noch Droge sind der Renner, sondern der blanke Okkultismus in all seinen verschiedenen Facetten ist gefragt. Was Not macht, ist die Gleichgültigkeit der Menschen Gott gegenüber. Und diese Gleichgültigkeit hat auch seinen Eingang bei uns Christen gefunden. Für viele lohnt es sich schon lange nicht mehr, gegen den Strom zu schwimmen, für die Wahrheit aufzustehen, für Gerechtigkeit einzustehen, für das Evangelium herauszutreten. Wer hätte das gedacht!

Es gibt nur eine Blickrichtung, die uns vor dem Verderben der Endzeit rettet: **»Ich habe den HERRN stets vor Augen; weil er zu meiner Rechten ist, werde ich nicht wanken«** (Psalm 16,8). Letztlich heißt das doch, dass der Herr Jesus in unserem Leben in allem der Erste sein soll! Er hat den Vorrang. Er hat das Sagen. Wie viele Nebengeräusche des Alltags wollen uns ablenken. Darum müssen wir immer wieder zurück in die Stille! Unsere Seele muss zur Ruhe kommen, muss Himmelsluft atmen, sonst ersticken wir am Zeitgeist.

Komm, lass uns Jesu Angesicht suchen! Nur dann wird unser Glaube stark und unser Herz kann trotz aller Endzeitstürme in den mächtigen Armen Gottes ruhen. Ich wünsche dir in der Stille vor dem HERRN die trostvolle Erfahrung, die in diesem Gotteswort liegt: Der HERR steht zu meiner Rechten, ich werde nicht wanken.

9. Oktober

An Gottes Hand

Hier ist ein Wort großer Zuversicht: **»Ja, dieser ist Gott, unser Gott, immer und ewig! Er wird uns leiten«** (Psalm 48,15). Spurgeon, der große und gesegnete Prediger des Wortes Gottes, kannte wie jeder von uns Augenblicke der Niedergeschlagenheit. Einmal saß er auf einem Pferdewagen und fuhr zu einer Großveranstaltung. Sein Herz war sehr bedrückt. Er dachte an die bevorstehende Evangelisation. Plötzlich fing er lauthals an zu lachen und meinte schließlich zu sich selbst: »Da hat nun Gott die Welt geschaffen und hält das gesamte Universum in seiner Hand, und ich sitze hier und habe Angst. Hat er nicht auch zu mir gesagt: ›Mir ist gegeben alle Gewalt im Himmel und auf Erden‹?« Von da ab gewann Spurgeon Mut, und er verkündigte an diesem Abend unerschrocken die Botschaft, die der HERR ihm aufgetragen hatte.

Wir sollten schon morgens beim ersten Gedanken die Feststellung treffen: »Mein Gott ist für mich, und ihm ist alle Macht gegeben!« Wir benehmen uns oft deshalb so ängstlich und übervorsichtig, weil wir uns diesen großen Gott in all seiner Herrlichkeit und Allmacht nicht vorstellen können. Nein, unser Gott ist nicht das handliche Etwas in Miniaturausgabe. Er ist der Ewigseiende, dessen kraftvolles Wirken niemals in unser menschliches Denkschema passt. Dieser große Gott lässt sich weder die Geschichte dieser Welt noch die Pläne, die er in seiner Weisheit getroffen hat, aus der Hand nehmen. Ihm läuft nichts aus dem Ruder. Auch die Weltereignisse hat er voll unter Kontrolle.

Wie vieles sich auch zusammenbraut, unser Gott hat den letzten Zug auf dem Schachbrett dieser Welt. In jeder noch so fatalen Lage ist der Blick auf den Herrn Jesus wie ein Schneidbrenner, der die Umpanzerung jedes Tresors knackt und uns an seinem Herzen getrost und froh werden lässt. Sage darum vertrauensvoll, was immer auch kommen mag: Unser Gott, er wird uns leiten!

Warum trauen wir ihm so wenig zu? Unser Unglaube bindet ihm die Hände. Leg darum vertrauensvoll deine Hand in seine starken Hände.

Was kann dem geschehen, der diesen ewigen, großen, mächtigen, gewaltigen, herrlichen und wunderbaren Gott zum Beistand hat?

10. Oktober

Gottes Garantie

»Meine Güte wird nicht von dir weichen!« (Jesaja 54,10). Weißt du, was das gerade jetzt in diesem Augenblick für dich bedeutet? Ein Großteil der Bevölkerung blickt mit großer Ungewissheit in die Zukunft. Vielen Menschen ist längst die Zuversicht auf bessere und glücklichere Tage abhanden gekommen. Das, was die Bibel vorausgesagt hat, trifft ein. Die Welt wankt wie ein angeschossenes Wild. Werte und Normen sind längst verdrängt und machen dem Zerfall öffentlicher und privater Moral Platz. Und mitten in diesem Chaos stehen wir als Christen. Umkämpft, oft verunsichert und bedrängt. Von mancher Seite eingeengt und angefochten. Hinzu kommen die täglichen Mühen mit all den bekannten Rackereien.

Wie würde man sich in solchen Situationen über eine Ermutigung oder ein liebes Wort freuen! Hier ist es: »Meine Güte wird nicht von dir weichen!« Für viele ist es einsam geworden. Manch einer hat um Jesu willen sein Zuhause und seine Freunde verloren. Bedrückt dich das? Fühlst du dich in diesem Moment auch wie ein einsamer Vogel auf dem Dach, der einen harten Winter erwartet? Der sich sorgt und sich unruhige Gedanken macht?

Lass dich aus deiner ungeistlichen Träumerei aufwecken. Gilt dir nicht auch diese herrliche Tatsache, dass Gott es ist, der für dich garantiert: Meine Güte wird nicht von dir weichen! Nein, sie wird es nicht! Auch dann nicht, wenn du dem HERRN irgendwann Kummer machen solltest. Auch dann nicht, wenn du sein Herz mit irgendeiner Sünde verletzen wirst. Was haben wir für einen großartigen HERRN, der dennoch treu bleibt, selbst wenn wir untreu werden.

Nein, die Güte Gottes ist auch bei dir keiner Abnutzung unterworfen.

Das göttliche Gütesiegel bricht keiner! Wer auf seinen Heiland vertraut, den umgibt er mit Güte. David bekennt: **Nie** sah ich den Gerechten verlassen, noch seine Nachkommen nach Brot gehen! Unser HERR ist so gut, und es ist ihm eine große Freude, auch dir über alle Maßen wohl zu tun. Du bist in Gottes Güte eingepackt und mit dem Gütesiegel seiner Gnade versehen.

11. Oktober

Verzweifle nicht!

Die Augen mit Tränen gefüllt, das Herz wund und zerschlagen. Eine verzweifelte Frau sucht am Auferstehungsmorgen den toten Rabbi, Jesus, in der Gruft. Sie findet ihn nicht. Dieser Jesus hatte ihrem Leben einmal Ziel, Sinn und eine nie gekannte Freude gegeben. Seine Nähe strahlte Ruhe, Frieden und eine wunderbare Geborgenheit auf sie aus. Und nun war es mit einem Schlag katastrophal finster um sie her. Ihr Jesus war nicht mehr da! Sie suchte ihn und fand ihn nicht. Arme Frau!

»**Warum weinst du? – Wen suchst du?**« (Johannes 20,15). Wer seinen Heiland aus den Augen verliert, weiß auch bald die Richtung nicht mehr! Suchst du etwa den Lebendigen in den Gräbern der Toten? Suchst in liebgewordenen Erinnerungen längst vergangener Zeiten Trost? Es gibt viele Gründe, seinen Heiland aus den Augen zu verlieren. Die dunkle Wand, die sich zwischen unserem HERRN und uns stellt, mag Sünde oder Weltliebe oder Weltsucht heißen.

Oft sind es auch leidvolle Tage und bittere Enttäuschungen von Menschen, die uns den Blick verdunkeln. Wer kennt nicht Tage der Krankheit? Wer weiß nicht um Schmerz, Trauer und Zweifel? Warum weinst du? Wen suchst du? Weinen und Suchen, ja, das tun wir oft! Man möchte es jedem Verzweifelten zurufen: Sieh doch, der Herr des Lebens steht in greifbarer Nähe. Er ist da! Für dich! Wegen dir! Er will jetzt mit dir reden. Deine Situation lässt den Herrn Jesus nicht unberührt. Sag ihm daher getrost alles, was dich bedrückt. Gib ihm aber auch die

414

Gelegenheit, dir zu antworten. »Maria!« Mit wie viel Liebe und innigem Mitgefühl mag er ihren Namen gerufen haben.

Ist es nicht tröstlich zu wissen, dass der Herr Jesus auch deinen Namen ruft und du darum getrost wissen darfst, dass er dich nicht vergessen hat? Dein Flehen und Rufen bleibt nicht unbeantwortet. Lass dich von ihm trösten, denn er hat auch dich bei deinem Namen gerufen. Die Sonne geht dir auf!

12. Oktober

Hörprobleme

Eine verrückte Zeit ist das! Wie wohltuend ist da ein mutmachendes und Orientierung gebendes Wort. Hier ist es: **»Meine Schafe hören meine Stimme«** (Johannes 10,27). Ich glaube, wir müssten verzweifeln, wenn uns nicht im Sprachengewirr unserer Tage die Stimme des guten Hirten sicher wäre. Er weiß, seine Herde in jeder Lage bestens zu bewahren. Bei ihm sind die Schafe sicher. Trotz allem Wolfsgeheule bringt er seine Herde nach Hause.

Die Feststellung »Meine Schafe hören meine Stimme« ist daher so tröstlich, weil unser HERR ja nie seine Stimme verändert hat. Die Stimme unseres guten Hirten ist dieselbe geblieben. Sie ist garantiert gut von all den anderen falschen Stimmen zu unterscheiden, wenn wir in sein ewiges Wort hineinhören. Es sieht heute schlimm in der Welt aus. Das Spektakel, Zeichen und Wunder erleben zu wollen, ist nach wie vor aktuell.

Ist es nicht erschütternd, dass mancher unerfahrene Christ oft leichtfertig Praktiken irgendwelcher Geistesströmungen übernimmt? Die Flut religiöser Fantasterei, ein Gemisch aus Dummheit und Größenwahn, durchsetzt mit blankem Okkultismus und fernöstlicher Religion, hat die gesamte Welt überschwemmt. Man glaubt der Lüge, weil man die Liebe zur Wahrheit, zu den Worten der Bibel, verworfen hat.

Es fällt auf, dass manch ein Prediger des Wortes Gottes im Laufe der

Zeit seine Fahne mehrmals gewechselt hat und heute für Überzeugungen eintritt, die er früher entschieden bekämpft hat. Darum ist es so wichtig, dass wir das Wort aus Hebräer 13,7 ganz neu überdenken: »Gedenket der Lehrer, die euch das Wort Gottes gesagt haben!« Und dann werden wir aufgefordert, den Ausgang ihres Wandels anzuschauen und ihren Glauben nachzuahmen.

Von dem treuen Gottesmann Jugendpfarrer Wilhelm Busch aus Essen hörte ich, dass er täglich außer seiner Stillen Zeit noch eine alte Predigt von bewährten Gottesmännern las. Können wir noch die Stimme des guten Hirten von dem Stimmengewirr der vielen Herdenbesitzer unterscheiden? Es schmerzt, wenn sich nicht gefestige Christen von jedem Wind der Lehre hin und her treiben lassen. Viele sind ohne biblisches Fundament und oft wehrlos dem Druck und dem Totalanspruch der Irrlehren, Sekten und Fanatiker ausgeliefert.

Wer nicht auf Gottes Wort hört, muss sich fragen lassen, ob er überhaupt hört, denn »Meine Schafe hören meine Stimme«. Wer sie nicht hört, ist nicht aus Gott geboren.

13. Oktober

Auf geht's!

Ergreife dieses Wort wie einen Wanderstock, auf den du dich stützt: **»Die Finsternis vor ihnen will ich zum Licht machen und das Holperige zur Ebene!«** (Jesaja 42,16). Es vergeht kaum ein Tag, an dem nicht Entscheidungen von uns verlangt werden. Wie gut, dass wir da nicht im Dunkeln tappen müssen. Der Herr Jesus schenkt erleuchtete Augen des Herzens, so dass wir seine Wege erkennen können. Doch dazu gehört ein gehorsames Herz.

Viele Menschen befinden sich in ausweglosen Situationen. Sie werden von Nöten und Schwierigkeiten bedrängt. Wie gut, wenn wir uns dann an diese Verheißung erinnern: »Die Finsternis vor ihnen will ich zum Licht machen und das Holperige zur Ebene!«

Vertraue darauf, dass der Herr Jesus auch deine Verdunkelungen wegnimmt. Setze getrost und im vollen Glauben und Vertrauen deinen Fuß auf diese Verheißung. Und dann gehe voran, denn wenn du im Glauben den ersten Schritt wagst, wird auch das Ungewisse weichen! Der Herr Jesus umstrahle dein Leben mit seiner Klarheit und schaufle die holprigen Berge weg, die dir im Moment noch so viel Mühe machen.

Starre nicht auf die Unebenheiten des Weges. Du darfst dich in froher Erwartung deinem guten Hirten anvertrauen. Auf geht's! Die Lasten trägt er, wenn wir uns von ihm an die Hand genommen wissen.

14. Oktober

Wer bist du?

Ein Botschafter? Einer vom ersten Rang diplomatischer Vertretung? Botschafter sind Repräsentanten, die persönlich das Staatsoberhaupt vertreten und daher auch gewisse Ehrenrechte genießen.

Wenn du nun Jesu Eigentum bist, stehst du dann nicht auch im Rang eines Gesandten, eines Botschafters? Bist ständiger Vertreter dessen, der dich in diese hohe Position berufen hat? **»Wir sind Botschafter an Christi Statt!«** (2. Korinther 5,20). Ist es zu viel verlangt, wenn unser HERR nun von uns die Vertretung seiner Interessen in dieser Welt erwartet? Kennst du sie? Noch hat unser HERR sein Botschaftspersonal in dieser Welt nicht abgezogen. Noch gilt sein ganzes Interesse einer verlorenen Welt. Ist es uns bewusst, dass jedes Gotteskind, das schließlich den Geist Christi hat, ein Beauftragter und Gesandter ist, die Interessen seines Erlösers in dieser Welt zu vertreten? Was für ein königlich ehrenvoller Rang!

Und nun die Frage: Kennen wir wirklich die Interessen des Herrn Jesus, und vertreten wir sie auch würdig? Wir nennen gern unseren HERRN den großen Hohenpriester und sind dankbar, wenn er uns vor Gott vertritt und unsere Interessen und unser Wohl im Auge behält. Wie unendlich trostvoll und beglückend! Er ist besorgt um uns! Aber inwieweit eifern wir als Interessenvertreter seines Evangeliums? Ist an unserem Benehmen erkennbar, dass die Liebe Gottes uns drängt? Inwieweit nimmt man uns noch ab, dass wir Menschen sind, die sich ihrem HERRN mit Haut und Haaren verschrieben haben? Wir haben eine gute Nachricht weiterzusagen, die Freude und Frieden in unzählige verzweifelte Herzen bringen könnte.

Wir wissen um die göttliche Kraft, die uns von Sünde befreit hat und uns dazu befähigt, ein Leben zu führen, das Gott gefällt. Lass uns nun fröhlich ans Werk gehen! Auch du bist ein Botschafter!

15. Oktober

Die beste Kosmetik

Damals salbte man Könige, Priester und Propheten, um symbolisch ihre von Gott bevorzugte Stellung hervorzuheben. Ausersehen zum Dienst für Gott. Ein geweihtes Leben in völliger Hingabe. Die nun heute Christus angehören haben ebenso durch die Neugeburt das Öl, die Salbung des Heiligen Geistes, empfangen und sind nach dem Zeugnis des Wortes in einen königlichen Stand versetzt. Bist du dir deines Adels bewusst? Welch eine exponierte Stellung und Position!

Schlimm, wenn unser Leben mehr einem Kramladen, einem Trödelmarkt oder einer Rumpelkiste gleicht anstatt der prachtvollen Schatzkammer Gottes. Schade, wenn das Öl seinen kostbaren Duft verliert und zu stinken beginnt, anstatt den Wohlgeruch des Evangeliums zu verbreiten. Keiner sollte verunreinigtes Salböl in seinem Leben dulden und so den Geist Gottes durch Sünde und Ungehorsam betrüben und unwirksam machen.

»Mit frischem Öl hast du mich überschüttet!« (Psalm 92,11).

Wirklich? Ist es in unser aller Herzen zu diesem herzerquickenden Zeugnis gekommen: »Du hast mich ...« Werden wir uns doch bewusst, dass der HERR Gelegenheit sucht, frisches Salböl über unseren Dienst auszugießen – über unser Leben, das doch dem HERRN gehört.

Vielleicht bist du matt geworden? Mutlos? Enttäuscht? Die vielen Sorgen oder das mangelnde Zutrauen zum HERRN haben dein Öl verschmutzt.

Sei gewiss, der Herr Jesus sehnt sich danach, dich wieder neu mit seinem Öl zu salben und damit dein Leben mit Freude und göttlicher Liebe zu füllen. Du sollst wieder den Glanz seiner Gnade tragen!

16. Oktober

Frohes Erwarten!

Der moderne Sklavenstaat, furchterregend, visionär vorgezeichnet in dem Buch von Orwell mit dem Titel »1984«, legte sich damals wie ein Albtraum auf die Gemüter. Heute ist der gläserne Mensch Wirklichkeit. Unsere Informationsgesellschaft hat sich durch die geheimen Meinungsumfragen selbst den Strick zum Galgen geliefert. All das gleicht dem herannahenden Weltereignis, das zielgenau auf die von der Bibel vorausgesagte Terrorherrschaft des Antichristen hinweist. Das sind gewiss niederdrückende Zukunftsaussichten, die jeglichen Gedanken an eine lebenswerte Zukunft im Keim ersticken.

Angst ist jedoch ein schlechter Ratgeber. Sie lähmt jede Lebensfreude. Es ist schade, dass auch Christen sehr leicht in das Horn der Trübsal blasen, anstatt sich ihrer atemberaubenden, herrlichen Zukunft bewusst zu werden. **»Was kein Auge gesehen und kein Ohr gehört hat und in keines Menschen Herz gekommen ist, was Gott denen bereitet hat, die ihn lieben«** (1. Korinther 2,9).

Sag dich daher von der Weltangst los. Schalte auf den Kanal der Vorfreude um. Empfange von dorther deine Information. Bleib nicht an den Dreckklumpen der Welt hängen. Schüttle den Staub der Furcht von deinen Kleidern. Vergiss nicht: »Wenn der Christus, unser Leben, offenbar werden wird, dann werden auch wir mit ihm offenbart werden in Herrlichkeit« (Kolosser 3,4). Und genau das sind unsere Zukunftsaussichten. Des HERRN geliebte Gemeinde darf ihren Erlöser erwarten!

Kannst du dir eine Braut vorstellen, die ihren Verlobungsring achtlos in der Seifenschale herumliegen lässt? Was würdest du einer Braut sagen, die ihren Hochzeitstermin vergisst? Warum sich also im Kostümverleih der Welt herumdrücken, während dein Hochzeitskleid bereitliegt? Warum im Pfandhaus dieser armen Welt auf interessante Schnäppchen hoffen, während der Himmel von Herrlichkeit überfließt? Weißt du eigentlich, wie reich du bist? Auf dich warten der Himmel und eine ungeahnte Herrlichkeit.

17. Oktober

Richtige Vorsorge

Wann kommt das nächste Erdbeben? Wann die nächste Katastrophe? Wenn man das wüsste, würde man Vorsorge treffen. Wir spüren, dass unser irdisches Leben auf wackeligen Füßen steht. Der kleinste Stoß genügt, um unsere Existenz zu gefährden. Darum geht es um Sicherheit, um Stabilität, um die Grundlage eines ewigen Fundamentes, das alle Stürme und Beben überdauert.

Gott legt seinen Finger auf unser Leben und fragt: »Hast du vorgesorgt? Weißt du um einen ewigen Halt? Oder machst du dein Glück von einer Hoffnung abhängig, die verschwindet, ehe sie sich erfüllt hat?« Man arbeitet und kämpft, doch am Ende fällt alles wie ein Kartenhaus zusammen. Wie viele Beben und Erschütterungen muss ein Mensch in diesem Leben aushalten, ehe er endlich, endlich auf den Gedanken kommt, sich an den zu wenden, der versprochen hat, seine ewigen Arme unter uns auszubreiten?

Glaube bitte nicht an den Irrtum, dass deine eigenen Anstrengungen ausreichend seien, das Fundament deines Lebens zu bilden. Du wirst scheitern, früher oder später. Doch da ist Jesus Christus, der Fels der Ewigkeit, der Retter deines Lebens, der dich liebt. Baue darum dein Lebenshaus nicht auf Sand! Die sicherste Grundlage für Zeit und Ewigkeit heißt allein Jesus Christus. Und **»... es ist in keinem anderen** das Heil; denn auch kein anderer Name unter dem Himmel ist den Menschen gegeben, in dem wir errettet werden müssen« (Apostelgeschichte 4,12).

Wer auf Jesus Christus vertraut, weiß, dass sein gegenwärtiges und auch sein ewiges Schicksal auf einer festen, großen und mächtigen Grundlage sicher ruht. Du brauchst Jesus! Lies die Bibel – dort kannst du ihn finden.

18. Oktober

Ein ewiges Fundament!

Jeder weiß, dass kein Lebensweg auf Rosen gebettet ist. Man spürt recht bald, dass das Leben nicht eitel Sonnenschein ist. Es gibt tausenderlei Dinge, die uns zwicken können. Jeder Tag hat an seinem Übel genug! Selbst wenn es für eine Zeit gut geht oder einmal für uns der Himmel voller Geigen hängt, werden wir recht bald wieder auf den Boden der Wirklichkeit zurückgeholt. Das Leben rüttelt uns ganz schön durch. Da meint jemand ziemlich resigniert, dass das Leben im Grunde genommen sinnlos sei, weil man am Ende seines Lebens doch nur seine Hoffnungen begrabe.

Die meisten Menschen tragen das ganze Leben hindurch schwer an der Last einer Friedhofsstimmung. Und was ist schon sicher? Überall begegnen uns Gefahren, die uns das Leben kosten können. Es bringt nichts, sich an das Irdische zu klammern. Die Bibel sagt: **»Die Lust der Welt vergeht. Wer aber den Willen Gottes tut, der bleibt in Ewigkeit!«** (1. Johannes 2,17). Um dieses ewige Fundament geht es schließlich.

Und was will Gott? Die Bibel sagt: »Gott will, dass alle Menschen errettet werden und zur Erkenntnis der Wahrheit kommen.« Und was ist die Wahrheit? Jesus sagt: »Ich bin der Weg, die Wahrheit und das Leben.« Und genau dieses göttliche Leben müssen wir haben, wenn wir glücklich werden wollen. Es kommt also auf einen soliden Jesus-Glauben an, wenn wir auf dem ewigen Fundament gegründet sein wollen. Alles andere ist hohle Theorie und menschliche Philosophie. Ohne den Herrn Jesus greifen wir überall ins Leere. Doch es macht unendlich froh, wenn man wie der König David in Psalm 68,21 erfährt: »Gott ist ein Gott der Rettung!« Und wie wunderbar hat David durch sein sturmbewegtes Leben hindurch Gottes rettende Hand erfahren!

Verlass dich nicht auf Menschen. Stütze dich nicht auf deinen Verstand. Baue nicht auf Sand, wenn es um dein ewiges Fundament geht. Vertraue dem Herrn Jesus dein Leben an. Bei ihm findet jeder bußfertige Mensch Vergebung seiner Sünde. Der Herr Jesus sagt: »Und ich gebe ihnen ewiges Leben, und sie gehen nicht verloren in Ewigkeit« (Johannes 10,28). Dieses ewige Fundament trotzt jedem Sturm der Zeit und schenkt die befreiende Gewissheit ewiger Geborgenheit bei Gott. Was willst du mehr?

19. Oktober

Vergib um Jesu willen!

Gott möchte, dass es dir gut geht. Doch da gibt es vielleicht Menschen, die dir das Leben zur Qual machen. Nachbarn, Mitbewohner, Arbeitskollegen oder irgendjemand aus der Verwandtschaft oder deinem Freundeskreis. Doch irgendwann läuft das Fass über. »Jetzt ist Schluss!«, sagst du.

Wir erinnern uns an Petrus, er war ein Jünger und ein Freund des HERRN. Er hatte damals auch so seine Erfahrungen mit dem Vergebenkönnen gemacht. »Meister«, kam er einmal ganz aufgebracht zu seinem HERRN, »wie ist das nun mit dem Vergeben. Muss ich sieben oder vielleicht sogar siebzigmal vergeben?« Petrus traute seinen Ohren nicht. »Siebzig Mal sieben«, sagt Jesus zu ihm. So oft? So viele Male soll ich Bereitschaft zur Vergebung zeigen? Wie oft zerbrechen Verhältnisse, die einmal mit viel Liebe geschlossen wurden. Doch irgendwann war die Tragkraft zu Ende.

Wem der Herr Jesus Sünde und Schuld vergeben hat, der ist schuldig, seinem Schuldner ebenfalls die Hand zur Vergebung zu reichen. Ich weiß, wie schwer das sein kann. Aber es gibt ein Geheimnis, das uns das Vergebenkönnen ermöglicht: Vergebung um Jesu willen! Sei allezeit bereit dazu. Tu es von Herzen. Es gibt Menschen, die verderben sich das ganze Leben, nur weil sie nicht zur Vergebung bereit sind. Sie warten auf den anderen, dass er sich in angemessener Weise entschuldigt.

Ein guter Rat: Vergib, bevor der andere dich darum bittet. Dann wird die Freude auf deiner Seite sein, und du wirst neu den Segen Gottes in deinem Leben erfahren. Jesus sagt in Matthäus 6,15: **»Wenn du nicht von Herzen vergibst, wird Gott dir auch nicht vergeben!«** Das ist ein ernstes Wort. Darum muss die Wurzel der Bitterkeit weg. Solange wir immer nur auf unser Recht pochen, können wir ganz sicher davon ausgehen, dass Gott uns widersteht. Nur dem Demütigen schenkt Gott Gnade. Sieh einmal, Gott möchte dich segnen. Aber kann er die segnen, die Hass im Herzen hegen?

Gott wird seinen Segen nur dort geben, wo die Bitterkeit ein Ende gefunden hat. Ich garantiere dir, dass du schneller als du zu denken wagst, den Segen Gottes in deinem Leben erfährst, wenn du um Jesu willen und von Herzen vergibst. Es funktioniert!

20. Oktober

Vergiss die Hauptsache nicht!

Gewiss hast du vorgesorgt! Fürs Alter! Für den Ernstfall! Für die Gesundheit! Doch die Vorsorge im Blick auf die Ewigkeit wird von den meisten Menschen vergessen. Hast du schon daran gedacht? Vergiss die Hauptsache nicht! Denn schließlich muss die Frage beantwortet werden: »Wo wirst du die Ewigkeit zubringen?« Und dafür muss vorgesorgt werden.

Die meisten überhören den Schrei ihres Herzens, denn die Seele ruft nach Gott. Das ist das Normalste der Welt. Ein Mann in der Bibel trifft den Nagel auf den Kopf, wenn er sagt: »Meine Seele dürstet nach Gott!«

Nur der Herr Jesus kann deinen Durst löschen. Was aber, wenn du keine Vorsorge triffst? Wenn du alles beim Alten lässt? Dann ist die ewige Katastrophe vorprogrammiert.

Die beste Vorsorge, die du im Augenblick treffen kannst, ist die, dass du an den Herrn Jesus Christus glaubst. Das heißt, dass du ihn in dein Leben als deinen persönlichen Erlöser aufnimmst. Dass du ihn zum HERRN deines Lebens machst. Nur dann erlebst du die Befreiung von Sünde und Schuld. Nur dann schwindet die Trennung zwischen dir und dem heiligen Gott. Nur dann wird Gott dir zum Vater. Wenn du wirklich das Leben genießen und in den Himmel kommen willst, dann darfst du in diesem Leben die Hauptsache nicht vergessen.

Jesus zu haben heißt, das ewige Leben zu besitzen. Er hat gesagt, dass er gekommen ist, um uns Menschen das Leben in seiner ganzen Fülle zu schenken. Nur der hat klug vorgesorgt, der begreift, was Jesus sagt: **»Wer an mich glaubt, wird leben, auch wenn er gestorben ist; und jeder, der da lebt und an mich glaubt, wird nicht sterben in Ewigkeit«** (Johannes 11,25).

Die beste Vorsorge für dieses Leben und für die Ewigkeit ist, Jesus anzugehören. Komm im Gebet zu ihm. Er wartet auf dich. Vertrau darauf, was er in Johannes 6,37 sagt: »Wer zu mir kommt, den werde ich nicht hinausstoßen«! Denke aber auch daran, dass es ein »zu spät« gibt! Das Heute ist in deiner Hand. Über das Morgen verfügst du nicht!

21. Oktober

Keiner muss verzagen!

Nein, keiner! Auch die Kranken und Sterbenden nicht. Und für solche habe ich eine gute Nachricht: Jesus Christus hat am Kreuz den Tod besiegt! Und genau darum ist es eine gute Botschaft für uns alle, weil keiner sich an der Realität des Todes vorbeidrücken kann. Er trifft Arme und Reiche. Er macht keinen Unterschied. Der Tod begegnet jedem auf Schritt und Tritt. Keiner kann ihm entfliehen.

Doch Jesus Christus hat am Kreuz auf Golgatha die Sünde der Welt gesühnt. Darum muss keiner verzagen, weil es eine lebendige Hoffnung in Jesus gibt. Menschen, die ihm ihr sündhaftes Leben bekannten und Buße taten, empfingen Vergebung und ewiges Leben und dürfen sich auf eine himmlische Herrlichkeit freuen. **»Denn so hat Gott die Welt geliebt, dass er seinen eingeborenen Sohn gab, damit jeder, der an ihn glaubt, nicht verloren gehe, sondern ewiges Leben habe«** (Johannes 3,16).

Darum muss kein Christ mehr mit Grauen in die Zukunft blicken, denn Tod und Grab haben für ihn den Schrecken verloren. Jesus sagt sogar: »Ich lebe, und ihr sollt auch leben!« (Johannes 14,19). Ist das nicht eine herrliche Nachricht für alle, die um den Frieden mit Gott wissen?

22. Oktober

Wofür das alles?

Manch einer fragt sich zu Recht: »Lohnt sich das denn, wenn ich Zeit, Kraft und Geld für eine gute Sache opfere? Aber was ist gut? Wird heute nicht überall ›Hierher!‹ gerufen? ›Wir haben das beste Programm!‹, ›Wir haben die besten Lösungen!‹«

Tatsächlich, die Not in dieser Welt ist heute groß. Oft sogar himmelschreiend! Wissen wir eigentlich, woran wir sind? Wo wir die Ewigkeit zubringen werden? Du etwa? Doch die größte Not für Gott ist, dass Milliarden, ohne es zu wissen, für immer in ewige Nacht und Hoffnungslosigkeit versinken und nicht erkennen, dass ein Retter für sie am Kreuz gestorben ist. Dass einer lebt, der für sie den ewigen Tod besiegt hat. Darum lass uns nicht müde werden, die einzig frohe Botschaft weiterzusagen!

Einmal kommt für die Welt das böse Erwachen. Einmal das Gericht. Und dann? Gott hat auch von Hölle geredet! Wer wagt, ihm zu widersprechen? Darum hat er uns wissen lassen, dass sein Gericht gerecht sein wird. Doch damit niemand im Verderben landen muss, sagt Jesus:

»Wahrlich, wahrlich, ich sage euch: Wer mein Wort hört und glaubt dem, der mich gesandt hat, hat ewiges Leben und kommt nicht ins Gericht, sondern er ist aus dem Tod in das Leben übergegangen« (Johannes 5,24).

So sind Christen, die die gute Nachricht weitersagen und mit Gott die Sorge um eine verlorene Welt teilen, seine Freunde. Und darum genießen sie seine spezielle Pflege. Wäre das nicht ein schäbiger König, der seine Getreuen verkommen ließe, während er sich im Palast seines Reichtums erfreute? Es lohnt sich! Diese Zusage gibt der HERR, denn er kommt und sein Lohn mit ihm!

Auch dein treuer Einsatz wird von ihm registriert. Darum erinnere dich immer wieder an dieses Wort: Und ihr werdet den Unterschied sehen zwischen dem Gerechten und dem Ungerechten, zwischen dem, der Gott dient, und dem, der ihm nicht dient! Diese Verheißung tut dem oft durch so manche Enttäuschung gehenden Kämpfer unsagbar wohl. Und nun voran! Auch dieser Tag ist ein Tag guter Botschaft! Wofür das alles? Für unsern Herrn Jesus – für wen denn sonst?

23. Oktober

Gefährliche Unwissenheit!

Täglich erreichen uns die Schreckensbilder Nachrichten aus aller Welt. Menschen ohne Hände und Füße, abgerissene Gliedmaßen, blind, zerfetzte Leiber. Nur, weil man ahnungslos über ein Gelände ging, auf dem Minen vergraben waren, ereilte sie das Unglück.

Auch unser Leben ist voller Unsicherheit. Und Unsicherheit bewirkt Furcht und Angst. Gibt es wirklich keinen Ort der Sicherheit? Keinen Platz des Friedens? Gott möchte nicht, dass wir Menschen den Fehler machen, die guten Tage und das Wohlergehen als Resultat unserer Tüchtigkeit anzusehen. Darum stellt uns die Bibel die Frage: **»Weißt du nicht, dass die Güte Gottes dich zur Buße leitet?«** (Römer 2,4). Umdenken ist dran! Unser Wohlergehen ist Ausdruck der Güte Gottes.

Gott ist nicht der Prügelknabe, für den ihn die meisten halten. Gott ist Liebe, und der Ausdruck seiner Liebe ist Güte. Er will, dass es seinen Geschöpfen gut geht.

Doch die dunklen Punkte in unserem Leben, die Sünde in unserem Leben, die Auflehnung gegen den Höchsten, rufen Gottes Zorn hervor. Und nun bleiben Gott zwei Möglichkeiten: Entweder durch Güte oder durch Härte zu rufen. Doch wohlgemerkt: Beides entspringt der göttlichen Liebe. Zuerst lockt er den Menschen durch Güte. Doch wer hört schon auf gutes Zureden? Dann muss Gott andere Maßnahmen ergreifen, denn er will nicht, dass der Mensch verloren geht. Gott will, dass alle Menschen die Wahrheit erkennen und zu ihm umkehren. Wie gefährlich ist es daher, die Linie zwischen Gottes Güte und seinem Zorn zu überfahren. Wir sollten daher umkehren, solange es uns noch gut geht.

Was aber, wenn uns Gott dennoch in die Klemme führt? Dann sollten wir diesen Fingerzeig nicht übersehen. Buße heißt Umkehr, heißt: »Gott, sei mir, dem Sünder, gnädig.« Dann aber wollen wir es nicht dabei bewenden lassen, sondern ihm dafür danken, dass er vergeben hat, weil sein Wort es uns sagt. Dann wird aus der gefährlichen Unwissenheit göttliche Sicherheit.

24. Oktober

Willst du glücklich werden?

Dann nimm dir Zeit für das Ewige. Mach es nicht so: »Morgens zu eilig, abends zu müd, werktags gehetzt, sonntags besetzt, das heißt: am Ende die Gnade verscherzt.« Nein, so nicht! Stell dir vor, alles, was Gott dir in Jesus Christus anbietet, bliebe für dich unberührt und ungenutzt. Das wäre katastrophal! Dann ginge dein Leben ohne Sinn und Ziel zu Ende.

Willst du wirklich glücklich werden? Dann nimm dir Zeit für Gottes Wort. Gott sagt dir darin, wie er über dich und diese Welt denkt. Aus diesem Blickwinkel gesehen, kommt es zur Umwertung aller Dinge. Zweitrangig, unbedeutend wird alles, was dir bisher deinen ganzen Horizont ausgefüllt hat. Deine dunkle und belastete Vergangenheit, die dich immer wieder anklagt, deine negativen Erfahrungen, deine Versäumnisse und Fehler gegen Gott und Menschen – er will sie dir vergeben, will für immer auslöschen, was dich quält. Viele Menschen, die durch Lebensschuld und Sünde in Gewissensnot geraten sind, haben durch Buße und Vergebung Frieden mit Gott gefunden. Sie sind zu frohen Menschen geworden. Sie fanden innere Heilung und Befreiung von all den Lasten, die sie hoffnungslos zu Boden drückten. **»Glücklich der Mensch, dem die Übertretung vergeben, dem Sünde zugedeckt ist!«** (Psalm 32,1).

Schütte daher dein Leben vor dem Herrn Jesus aus. Er vergibt und reinigt vom bösen Gewissen. Ganz gleich, was es ist, du darfst jetzt kommen, und zwar so, wie du bist. Die Belastung deiner Seele soll ein Ende haben. Freude soll dein Herz erfüllen. Vertraue aber auch dem Herrn Jesus deine ganze Lebensplanung an. Er liebt dich. Mit ihm gehst du einer hellen Zukunft entgegen.

25. Oktober

In dem HERRN ist Rettung!

Schluss mit der alten Leier! Es gibt einen Neuanfang für dich! Du darfst mit dem Herrn Jesus ein neues Blatt in deinem Leben aufschlagen. Gott hat ein Angebot der ewigen Rettung für dich. Wie auch dein Leben bis zur Stunde aussehen mag, Gott hält eine neues Leben für dich bereit. Du musst nicht unter der Schuld und den Sorgen des Lebens zerbrechen. Du musst nicht vor der Zukunft und vor dem Tod zittern. Gott will, dass du lebst, ewig lebst!

Darum ist Jesus in diese Welt gekommen, damit wir Menschen das ewige Leben haben. Er möchte, dass du ihm für immer gehörst. Darum ruft Jesus auch dich: »Komm nach Hause!« Der Vater im Himmel wartet auf dich. Wer dem Herrn Jesus sein Leben anvertraut und eine Entscheidung für ihn trifft, der wird das herrliche Ziel erreichen. Ganz gleich wie deine Lebensumstände im Moment aussehen, bei dem Herrn Jesus gibt es keine hoffnungslosen Fälle.

Suche nicht irgendwo deine Not loszuwerden. Du wirst keinen finden, der dir die Last der Sünde und Schuld abnimmt. Gott sagt: **»Da ist kein Retter außer mir!«** (Hosea 13,4). Gott hat alle Möglichkeiten in der Hand, dein Leben froh und glücklich zu machen. Bei Gott allein sind die Auswege zum Leben! Dreh dich bitte nicht länger im Kreis. In Jesus streckt sich dir die liebende Hand Gottes entgegen. Nein, du musst dich auf keine tiefe Stufe fallen lassen. Du darfst in die Gegenwart Gottes hinaufsteigen. Dein Vertrauen ist die Stufe nach oben. Fehlt dir gerade in diesem Augenblick das Bewusstsein, dass die starken Hände Gottes dein Leben festhalten? Donnern vielleicht gerade jetzt haushohe Wellen und schwere Brecher über dein Lebensschiff hinweg? Meinst du, in den Abgrund gerissen zu werden? Der Herr Jesus lässt dich in dieser Situation nicht im Stich. Du musst ihn nur glaubensvoll anrufen. Bei ihm ist Rettung! Gerade deine augenblickliche Situation soll dich dazu bewegen, dass du zu Gott zurückfindest.

Wie oft haben Menschen in der Bibel erfahren, dass sie in ausweglosen Situationen die rettende Hilfe Gottes erfahren durften. Auch du sollst sein Eingreifen erleben. Nur eins muss du tun: dein Vertrauen ganz auf den Herrn Jesus setzen, und zwar ein für alle Mal.

26. Oktober

Ruhe oder Beruhigung?

Wer hält diese andauernde Hektik unserer Zeit noch aus? Können wir überhaupt noch still werden? Innerlich zur Ruhe kommen? Nein, wir haben keine Zeit, beteuern wir ständig. Unsere Gedanken sind irgendwo unterwegs. Der Zeittakt hat uns im Griff. Fortwährend sind auch wir mit dem beschäftigt, was die Welt in Unruhe bringt.

Hat Gott noch eine stille Stelle in unserem Leben, an der er den Anker anlegen kann? Was ist, wenn plötzlich und unerwartet Gott in unser aufgescheuchtes Leben eingreift? Wenn Unvorhergesehenes unsere hektischen Lebenspläne durchkreuzt? Erst wenn Gott uns zur Ruhe bringt, sind wir in der Lage, klare Gedanken zu fassen.

Wann nutzen wir endlich die Zeit, um über den Sinn unseres Lebens nachzudenken? Machen uns Gedanken über das Woher und Wohin unseres Daseins? Ist es möglich, auf den Schrei unseres Herzens zu hören? Oder übersehen wir bei den pausenlosen Aktivitäten unseres Lebens diesen mahnenden Finger des Gewissens? Nein, Gott schenkt keine Beruhigung, sondern Ruhe. Wirkliche Ruhe des Herzens finden wir nur bei Jesus Christus. Das ist mehr als nur das Aufhören von Ängsten, Unsicherheiten und Befürchtungen.

Wer bei dem Herrn Jesus Frieden mit Gott gefunden hat, der erlebt etwas von der Wirklichkeit eines Lebens mit ihm. Mitten im Strudel der Zeit, mitten im Verkehrsgewühl, mitten in der Hektik der Arbeit und den Alltagsproblemen kann ein Mensch in Gott ruhen. Wer die Vergebung seiner Sünde erfahren hat, genießt die Gemeinschaft mit ihm. Die Trennung ist aufgehoben. Friede ist eingekehrt, Ruhe hat ihren Platz gefunden.

Es ist eine Ruhe, die jeden Verstand übersteigt. Es ist die Ruhe aus Gott, mit der er uns beschenkt. Der Herr Jesus sagt: »... **und ihr werdet Ruhe finden für eure Seelen**« (Matthäus 11,29). Doch Ruhe und Gottesfrieden gibt es nur, wenn Jesus Christus unser Leben mit seinem Leben auswechselt. Man kann ihn darum bitten. Er wartet sogar darauf.

27. Oktober

Er schenkt Sicherheit!

Die Zeitung – alles nur traurige Überschriften. Ein negativer Bericht jagt den anderen. Überall Durcheinander, Ratlosigkeit, und dann diese elenden Schuldzuweisungen in jeder Branche. Nein, so reißen wir den

Karren nicht aus dem Dreck. Können wir das überhaupt, wenn wir selbst im Sumpf stecken?

Gott will unser Glück. Er sorgt sich um unsere ewige Sicherheit. Was nutzen uns Geld und Gut, was Reichtum und Ansehen, wenn der Geier der Unsicherheit bedrohlich über uns schwebt? Was lässt uns in Frieden wohnen, wenn vor der Haustür das Chaos herrscht? Das Schönste kann nicht genossen werden, wenn man von Unsicherheit bedroht wird. Unsicherheit im Leben! Unsicherheit im Sterben! Nur Gott allein garantiert ewige Sicherheit! Sein heiliges Wort sagt es uns. Menschen, die ihrem Gott vertrauen, haben es in den Stürmen ihres Lebens erfahren: **»In Frieden werde ich, sobald ich liege, schlafen; denn du, HERR, lässt mich in Sicherheit wohnen«** (Psalm 4,9).

Wer sich seinem Retter anvertraut, der darf sich wie das kleine Vöglein in der warmen, hohlen Hand seines Beschützers sicher wissen. Mögen die Lebensstürme auch noch so über unserem Kopf hinwegfegen. Wer dem Herr Jesus vertraut, ist sicher! Und wenn es manchmal durch das Feuer der Leiden geht? Wenn die Fluten der Trübsale bedrohlich zu steigen beginnen? Ja, auch dann hat der Herr Jesus dem Glaubenden seinen ewigen Schutz garantiert. Wie oft begegnen uns Menschen, die in ihrer verzwickten Lebenssituation dennoch getrost und zuversichtlich sind und dankbar bekennen: »Jesus Christus, meine Hilfe, mein Schutz und meine Sicherheit!«

Gewiss, Probleme kann man nicht so ohne Weiteres an der Garderobe abgeben. Alles hat seine Zeit. Doch wo Leid und Trauer eingekehrt sind und Tränen fließen, ist dennoch er, der Gott allen Trostes und der Vater der Erbarmungen, gegenwärtig. Dieser Gedanke lässt uns sichere Schritte tun. Aufs Ziel zu! Es bleibt dabei: Jesus Christus, sicherer Anker unseres Lebens (Hebräer 6,19)!

28. Oktober

Es geht nicht ohne ihn!

Geht es ohne Jesus wirklich nicht? Nein! Denn weißt du eine Stelle, wo du deinen Kummer und deine Nöte loswerden kannst? Ein Mann in der Bibel sagt es uns auf den Kopf zu: Menschenhilfe ist ja wertlos! Wo aber kommt dir Hilfe her, wenn nicht von Gott selbst?

Du musst dich nicht weiter mit Unsicherheiten, Ängsten und Hoffnungslosigkeiten herumplagen. Gott will die Not deines Lebens wenden. Wohl dem, der noch innere Not empfindet und sich dabei nicht auf Menschen verlässt. Wohl dem, der nicht seine eigene Klugheit zum Retter wählt. Er würde sonst früher oder später scheitern. Gott will sich deiner annehmen, egal, wie groß dein Schmerz ist. Da, wo er mit seinem Licht hineinscheint, schwindet alle Dunkelheit und Nacht. Wer den Weg zu Jesus gefunden hat, der begreift, dass er endlich nach Hause gekommen ist. Bist du schon über die Türschwelle getreten? Wenn du den Herrn Jesus als Retter und HERRN in dein Leben aufgenommen hast, bist du ein Kind in Gottes Familie geworden. Darfst dann zu Gott »lieber Vater« sagen.

Bitte den Herrn Jesus doch einmal so: »Herr Jesus, mach du mich zu einem Gotteskind.« Denn die Bibel sagt: **»So viele ihn aber aufnahmen, denen gab er Macht, Gotteskinder zu werden, denen, die an seinen Namen glauben«** (Johannes 1,12). Bei dem Herrn Jesus darf man endlich seine ganze Schuld und die notvolle Vergangenheit loswerden und ein neues, ewiges Leben empfangen. Wie liebevoll ist doch die Einladung des Herrn Jesus: »Kommt her zu mir, die ihr mühselig und beladen seid, ich will euch Ruhe geben.«

Nein, ohne den Herrn Jesus geht es nicht. Die Bibel sagt ausdrücklich: »Es ist in keinem anderen das Heil; denn auch kein anderer Name unter dem Himmel ist den Menschen gegeben, in dem wir errettet werden müssen« (Apostelgeschichte 4,12). Jesus Christus ist der einzige Weg.

29. Oktober

Wer regiert?

Her mit einer neuen Regierung! Ich meine nicht in Berlin, Wien oder Bern. Es geht um das Machtpotential in unserem Herzen. Wer hat das Sagen? Seien wir ehrlich, im Grunde genommen wissen wir alle längst, dass uns nur zu helfen ist, wenn wir radikal umkehren. Ein völlig neues Denken muss in unseren Köpfen einsetzen.

Und da hört man schon die Vertreter der einzelnen Interessengruppen: »Wir müssen so und so denken. Eine andere Meinung lassen wir nicht gelten!« Doch da spricht Gott auch noch ein Wort mit. Wir marschieren nämlich in die falsche Richtung. Laufen immer mehr von Gott weg. Darum spricht der HERR: **»Kehrt um zu mir mit eurem ganzen Herzen!«** (Joel 2,12). Der ganze Mensch ist gefragt. Wer auf halbem Weg stecken bleibt, verpasst das Ziel! Einen Meter vor dem Ziel heißt auch verloren. Nur wer seinen falschen Weg als Sünder vor Gott bekennt und umkehrt, der erfährt Gottes vergebende Barmherzigkeit. Die Bibel sagt: »Da ist keiner, der vor Gott gerecht ist, kein einziger!« Alle haben das Ziel verfehlt und erreichen nicht Gottes Herrlichkeit. Und weil das so ist, haben wir ohne Jesus Christus keine Chance, gerettet zu werden. Alles andere ist Selbstbetrug und rächt sich bitter.

Wer regiert in deinem Leben? Egal, in welchem Aufzug ein junger Mensch daherkommt, egal, wie kunstvoll man die Sorgenfalten retuschiert, egal, wie aufreizend sich der Mensch dem anderen Geschlecht gegenüber gibt, im Grunde genommen ist alles ein Schrei nach dem verloren gegangen Paradies. Der Mensch hat seine Zuordnung verloren, und darum fehlt ihm der Sinn zum Leben. Die Welt kann keine Liebe geben. Nur Hass, Krieg, Zerstörung, Wut und Chaos verbreitet sie.

Doch Jesus Christus sagt: »Kehrt um zu mir mit eurem ganzen Herzen!« Und genau das ist es, was zählt! Mach eine ganze Kehrtwendung zu Jesus Christus. Übergib ihm die Regierung in deinem Leben, und du kommst aus dem Staunen nicht mehr heraus.

30. Oktober

Christen im Vorteil?

Merkwürdig, wir können weder über unsere Geburtsstunde noch über die Zeit unseres Ablebens in dieser Welt verfügen. Wir sind völlig dem ausgeliefert, was auf uns zukommt. Und weil Christen ihr Leben in Gottes Hand gelegt haben und Jesus als Erlöser und HERRN ihres Lebens bekennen, müssen sie sich nicht fürchten, denn eine unumstößliche Gewissheit erfüllt sie.

Gott garantiert ihnen: »Du wirst nicht verdammt werden!« Jesus Christus sagt in Johannes 3,18: »Wer an mich glaubt, wird nicht gerichtet!« Und im Römerbrief, Kapitel 8,1, heißt es: »Es gibt keine Verdammnis für die, welche in Christus Jesus sind.« Frage: Welche Beziehung hast du zu Jesus Christus?

Ein Christ weiß um die Vergebung seiner Sünden, denn die Bibel sagt in Apostelgeschichte 10,43: »Jeder, der an Jesus Christus glaubt, empfängt Vergebung der Sünden durch seinen Namen.« Hat Jesus dir schon die Sünde vergeben?

Ein Christ hat Frieden mit Gott, denn in Römer 5,1 sagt die Bibel: »Wir sind gerechtfertigt worden aus Glauben und haben Frieden mit Gott durch unseren Herrn Jesus Christus.« Frage: Besitzt du schon diesen Frieden mit Gott? Oder bist du noch immer in Ungewissheit und Unruhe?

Ein Christ hat Christus und besitzt das ewige Leben, denn Jesus sagt in Johannes 6,47: »Wahrlich, wahrlich, ich sage euch, wer an mich glaubt, hat ewiges Leben.« Menschen, die auf der Seite des Herrn Jesus Christus stehen, sind immer im Vorteil. Auf welcher Seite stehst du?

31. Oktober

Gott wird dazu nicht schweigen!

Wir leben in einer Welt der Angst. Wir fürchten uns vor Unglück, vor Krankheit, vor Schmerz und Tod. Und weil wir Menschen dieses Leidvolle nicht in den Griff bekommen, versuchen wir, Zugang zu den übernatürlichen Mächten zu finden. Sie sollen unser Unglück verhindern: Hufeisen, Maskottchen, Kupferarmbänder, Glückssteine, Talismane usw. usw.

Die Reihe ließe sich ellenlang fortführen. Was bringt denkende Menschen dazu, sich Dinge an den Hals zu binden, Glücksbringer an die Wand zu hängen und an deren Wirkung zu glauben? Man hält es nicht für möglich, dass der Aberglaube in alle Bereiche des Lebens eingedrungen ist. Im Hochleistungssport genauso wie in der alternativen Medizin. Was bringt eine ganze Generation zum Überkochen, wenn Zauberbücher wie Harry Potter zur Lesepflicht gehören und Millionen Kinder zu okkulten Handlungen verführt werden? Was ist bloß mit unserer Gesellschaft los, wenn virtuelle Bilder über die Mattscheibe huschen, von deren Nonsens man im Grunde genommen überzeugt ist? Wir leben an der Realität vorbei! Wann werden wir aus unserer von Satan inszenierten Traumwelt aufwachen? Es stimmt einfach, wenn Goethe sagt: »Den Teufel spürt das Völkchen nie, selbst wenn er sie beim Kragen hätte.«

Eines wollen die Menschen nicht: den anerkennen, der die Macht der Finsternis und des Todes und den Urheber der Sünde am Kreuz besiegt hat. Jesus Christus, den HERRN über alle Herrschaften dieser Welt! Es gibt nur einen einzigen Grund, der sie zu dieser unlogischen Verhaltensweise verführt: Die Menschen lieben die Sünde mehr als Gott. Sie stehen im Kampf wider ihn. Es herrscht Krieg zwischen dem Menschen und seinem Schöpfer. Doch die Sache geht nicht gut aus. Gott wird diese Welt richten. Und dann?

Eine wunderbare Nachricht habe ich für dich. Jesus sagt in Johannes 5,24: **»Wahrlich, wahrlich, ich sage euch: Wer mein Wort hört und dem glaubt, der mich gesandt hat, hat ewiges Leben und kommt**

**nicht ins Gericht, sondern er ist aus dem Tod in das Leben überge-
gangen.«** Übernatürliche Bewahrung? Nein! Göttliche Rettung! Das ist
es, was du brauchst. Jesus ist die Antwort. Sag »Ja« zu ihm!

November

1. November

Endlich Mensch sein!

Aber wie geht das, wenn man sich hin und wieder tierisch vor der Zukunft fürchtet? Man möchte doch so gern einmal alle Viere von sich strecken, um endlich Mensch zu sein. Das Leben genießen, ohne Angst, ohne Reue, ohne Befürchtungen und ohne dunkle Schatten. Doch das alles ist nur ein Wunschkonzert unserer Gefühle. Wie oft sind uns diese Seifenblasen schon zerplatzt.

Und dennoch gibt es einen unvorstellbar wunderbaren Lebensgenuss. Es gibt ein Glücklichsein ohne Ende. Es gibt einen Frieden des Herzens, der allen Verstand übersteigt. Da entdecke ich, dass es Gott gibt. Einen persönlichen Gott, der mich liebt. Der mir in seinem heiligen Wort, der Bibel, sein Herz zu erkennen gibt. Und dieser Gott liebt mich ganz persönlich.

Das beste Argument, dass jemand uns liebt, ist doch, dass er den höchsten Einsatz für uns wagt. Dass er sein eigenes Leben für uns gibt. Gott gab seinen Sohn Jesus Christus für uns Sünder in den Tod. Er trug unsere Schuld am Kreuz. Doch er ist auferstanden und lebt! Jesus zu besitzen heißt, Lebensqualität zu genießen. Das Glück in Gott zu erfahren bedeutet, frei zu sein von der Schuld, erlöst von den Ketten der Sünde, sich auf ewig geliebt zu wissen. Die Gewissheit, einer hellen Zukunft in Gottes Herrlichkeit entgegenzugehen, ist das Geschenk, das er jedem gibt, der ihm glaubt und sein Leben ihm anvertraut. Und weil Jesus selbst von sich gesagt hat: »Ich bin das Leben«, garantiert er für die Wahrheit dieser Zusage: »Weil ich lebe, werdet auch ihr leben!« (Johannes 14,19).

Damit das aber Wirklichkeit wird, muss unser altes, sündhaftes Leben durch das neue Leben aus Gott ausgetauscht werden. Hier haben wir es in der Bibel schwarz auf weiß: **»Und dies ist das Zeugnis, dass Gott uns ewiges Leben gegeben hat, und dieses Leben ist in seinem Sohn. Wer den Sohn hat, hat das Leben; wer den Sohn Gottes nicht hat, hat das Leben nicht«** (1. Johannes 5,11-12).

Dieser Tag kann der erste sein, an dem du mit Jesus Christus den Schritt in das neue Leben mit Gott beginnst. Dann hast du angefangen, endlich Mensch zu sein. Ein Mensch, der sich von Jesus Christus geliebt, geführt und gesegnet weiß.

2. November

Nur kein Risiko!

»Wer aber auf den HERRN vertraut, ist in Sicherheit« (Sprüche 29, 25). Gehe kein Risiko ein! Dein Leben ist viel zu kostbar. Du brauchst daher unbedingt einen Lotsen, der dein Lebensschiff durch die gefährlichen Klippen dieser Zeit in den sicheren, ewigen Hafen lenkt. Wer etwas von der Seefahrt versteht, weiß, dass die Einfahrt in den Hafen nicht in rasendem Tempo vor sich geht. Da muss man auf Leuchtzeichen und Signale achten. Da wird oft kurzfristig der Kurs korrigiert, damit man sicher den Hafen findet.

Doch die meisten halten nichts von Korrekturen ihres Lebens. Sie meinen, es ginge schon irgendwie alles in Ordnung. Der Kamerad Zufall wird es schon richten. Die Bibel sagt etwas anderes. Sie beklagt die Unwissenheit der Menschen. Sie trauert über die Gleichgültigkeit und Unbekümmertheit der Verlorenen. Sie sieht, dass sie ohne Rettung der ewigen Verdammnis entgegengehen.

Darum fordert Gott dich in seinem heiligen Wort auf, nachzudenken und umzudenken! Es stellt die Frage: »Weißt du nicht, dass die Freundlichkeit und Güte und Wohltat Gottes in deinem Leben dich daran erinnern will, dass es ihn gibt?« Dass Jesus Christus dein HERR und Erlöser sein will?

So manches Warnschild hat er auch auf deiner Wegstrecke installiert. Hast du jemals auf seine Hinweise oder gar auf Mahnungen zur Umkehr in deinem Leben geachtet? Geh der Freundlichkeit und Güte Gottes nicht aus dem Weg. Sage vielmehr: »Herr Jesus, ich danke dir für deine Geduld mit mir. Übernimm mein Lebensschiff. Bestimme du den Kurs.

Begleite du mich auf der unsicheren Fahrt durch das Leben. Fülle du mein Wünschen und Planen, mein Denken und Wollen aus.«

Nein, kein Risiko eingehen! Lieber sich der Führung der starken und allmächtigen Hand Jesu anvertrauen, als weiterhin einen falschen Kurs zu fahren. Wer Jesus zum Steuermann seines Lebens an Bord nimmt, findet den ewig sicheren Hafen. Nur bei Jesus ist man sicher!

3. November

Tipp für die Gesundheit

Was hat man doch alles für Wünsche. »Hauptsache, man ist gesund«, sagt man. Dieses geflügelte Wort kennt jeder. Und was wird alles für die Gesundheit eingesetzt. Manch einer ist dabei sogar schon zu einem Gesundheitsapostel geworden. Überall sieht er Gefahren, Viren, Bakterien, Krankheitskeime. Um diesen Feinden entscheidend zu begegnen, werden alle möglichen Ratschläge und Tipps beherzigt.

Schlimm, wenn man mit Gesundheitsfanatikern zu tun hat, die so tun, als bestünde der Mensch nur aus Fleisch und Knochen. Nach der Seele fragt kaum einer. Doch der Herr Jesus Christus sagt: **»Der Mensch lebt nicht allein vom Brot, sondern von jedem Wort, das durch den Mund Gottes ausgeht«** (Matthäus 4,4). Gewiss, wenn Gott gewollt hätte, könnten wir auch ohne Brot leben. Schließlich hat das Volk Israel damals in der Wüste 40 Jahre lang kein gebackenes Brot gegessen, sondern Gott hat ihm Manna vom Himmel gegeben. Ohne Brot zu leben, geht also auch!

Aber es geht nicht ohne Gott und sein Wort. Denn wir wurden durch sein Wort geschaffen, und durch sein Wort werden wir am Leben erhalten. Würde Gott nur wenige Augenblicke seinen Lebensatem von uns Menschen nehmen, wären wir allesamt tote Leute. Doch es geht um mehr, viel mehr. Es geht darum, dass Gott sich uns durch die Worte der Bibel als das Brot des Lebens mitteilt. Kennst du es? Wer Gottes Wort nicht liest, wer sich nicht mit der Bibel beschäftigt, dessen Leben bleibt in der Finsternis, dessen Seele verkümmert. Darum sagt Jesus: »Ich bin das lebendige Brot, das aus dem Himmel herniedergekommen ist. Wenn jemand von diesem Brot isst, wird er leben in Ewigkeit.«

Stell dir das einmal vor! Da, wo Jesus Christus Erlöser und HERR geworden ist, ist es zu einem neuen Leben aus Gott gekommen. Da ist die Sünde vergeben. Die Trennung von Gott aufgehoben. Frieden ist eingekehrt. Der Tod ist kein Thema mehr. Leben in Ewigkeit ist dem geschenkt, der Jesus hat. Das bedeutet mehr als der beste Gesundheitstipp für ein irdisches Leben. Denke an das Ewige. Für was entscheidest du dich? Wähle das Leben!

4. November

Von Gott geführt!

Das Leben, ein Zick-Zack-Kurs? Manchmal will es so scheinen. Da sieht alles krumm, geheimnisvoll und durcheinander aus. Ein Weg voller Widerwärtigkeiten und Tränen. Verbittert kommt es über die Lippen, wie wir über unser Leben denken. Die Unmutsäußerungen sind barsch und lassen an Deutlichkeit nichts zu wünschen übrig.

Es gibt eine wunderbare Geschichte in der Bibel, die von der Wüstenreise des Volkes Israel berichtet. Ohne Kompass, ohne Landkarte zogen sie aus. Sie kannten weder den Weg noch die Verhältnisse der Wüstenwanderung. Doch Gott war ihr Schutz. Bei Tag lag die Wolkensäule über ihnen und spendete Schatten in der Gluthitze, und des Nachts ging Gott mit der Feuersäule vor ihnen her und zeigte ihnen den Weg, den sie gehen sollten. Wunderbar hat Gott sein Volk durch diese schreckliche Wüste geführt. Es ist immer gut zu wissen, wem man seine Lebensführung anvertraut hat. Ein Mann in der Bibel war der festen Überzeugung: **»Er (Gott) aber kennt den Weg, der bei mir ist!«** (Hiob 23,10). Wem hast du dein Leben anvertraut?

Auch Christen kennen Zeiten der Ungewissheit, wenn es um die alltäglichen Entscheidungen geht. Da hat man auch oft den Eindruck, die Übersicht verloren zu haben. Doch der Trost bleibt jedem, der sein Leben unter Gottes leitende Hand gestellt hat: »Als mein Geist in mir ermattete, kanntest du meinen Pfad« (Psalm 142,4). Gott behält die Übersicht! Wie gut!

Es bleibt dabei: Wer sein Leben an Jesus Christus festgemacht hat, der muss die Wege durch die Wüste nicht fürchten. Er hat gesagt: Ich bin der Weg, die Wahrheit und das Leben! Ich bin das Licht der Welt. Wer ihm nachfolgt, verirrt sich nicht im Dunkeln.

Darf er die Führung deines Lebens übernehmen? Darf er in die Planungen deiner Wege eingreifen? Da, wo alles durcheinandergeraten ist, will er wieder Ordnung und Frieden schaffen.

5. November

Die Zukunft voraussagen?

Du möchtest gern wissen, was die Zukunft für dich persönlich bringt? Bitte setze dein Vertrauen nicht auf Horoskope. Wende dich bitte nicht an Wahrsager, Zeichendeuter und solche, die im Dunkeln fischen.

Ich habe ein Buch, das die Zukunft für jeden voraussagt. Es teilt die Menschen in zwei Gruppen ein: in Unerlöste und Gerettete. Die Bibel sagt in Sprüche 24,20: »Für den Bösen gibt es keine Zukunft!« Während in Psalm 37,37 steht: **»Für den Mann des Friedens gibt es eine Zukunft.«** Wie sieht deine Zukunft aus? Wer sein Leben Jesus Christus anvertraut hat, der darf sich über den Trost Gottes freuen, wenn er sagt: »Über das Zukünftige fragt mich, und eure Angelegenheit, euer Schaffen und Mühen, euer ganzes Leben überlasst mir.« Wir können uns die Köpfe über die Zukunft zerbrechen. Eins liegt klar auf dem Tisch: An Gott entscheidet sich alles!

Entweder wir folgen weiter der Spur der Hoffnungslosigkeit und bleiben auf dem Weg, den wir bisher gegangen sind, oder wir legen unser Leben in die Hand Jesu, der gesagt hat: »Ich bin gekommen, dass sie das Leben haben und es in seiner ganzen Fülle besitzen.« Wer nicht mit seiner Sünde bricht, der hat Gott den Rücken gekehrt. Für den gibt es keine Zukunft. Für den aber, der an Jesus Christus glaubt, ist das Alte vergangen, Neues ist geworden.

Christen sind darum hoffnungsfrohe Leute, weil sie wissen, dass sie die ewige Herrlichkeit ansteuern. Das Schönste kommt noch! Und du? Jeder hat die freie Wahl, über seine Zukunft zu entscheiden. Es gibt nur zwei Alternativen: entweder Rettung oder Verlorenheit, entweder Licht oder Finsternis, entweder ewige Glückseligkeit oder ewige Verzweiflung, entweder ewiges Leben oder ewiger Tod, entweder Himmel oder Hölle. Die helle Zukunft gehört jedem, der mit Jesus geht!

6. November

Der Druck muss weg!

Die Seele muss frei werden, wenn man ein glückliches Leben führen will. Im Herzen der meisten Menschen rumort es. Man hetzt von einem Termin zum anderen. Voller Unruhe ist das menschliche Herz. Der Friede Gottes fehlt. Und weil Entlastung glücklich macht: Weg mit dem Seelendruck, denn die Seele soll endlich aufatmen können!

Doch keiner kann sich selbst aus dem Gefängnis seiner Bedrückung befreien. Nur wer seine Zuflucht zu Gott nimmt, erfährt die Befreiung seiner Seele. Der König David wusste auch um bedrückende Seelenstimmungen und bittet Gott: »Führe aus dem Gefängnis heraus meine Seele, damit ich deinen Namen preise.« Wenn Gott uns den Druck von der Seele nimmt, empfinden wir Dankbarkeit. Darum sagt jemand in Psalm 66,20: **»Gepriesen sei Gott, der nicht abgewiesen hat mein Gebet, noch von mir abgewandt hat seine Güte.«** Und wie viel Gutes haben wir schon im Leben erfahren!

Leider sind die wenigsten dabei zum Nachdenken gekommen. Und weil Buße Umkehr heißt, setzt Gott alles daran, uns deutlich zu machen, dass wir ihn brauchen. Nicht umsonst fordert Gott uns auf: »Kehrt um zu mir und lebt.« Hast du die innere Entlastung deines beschwerten

Herzens schon erfahren? Nichts drückt so sehr wie Schuld. Nichts verdunkelt so sehr die Seele wie Sünde. Doch Jesus Christus vergibt, wäscht rein von aller Sünde. Weil der Herr Jesus am Kreuz für Sünder sein Blut vergossen hat, begnadigt er jeden, der von seinem sündigen Weg umkehrt.

Darum gilt jedem die Einladung, diese Gnade anzunehmen. Nur dann kommen wir zur Ruhe. Nur dann kehrt der Friede Gottes in unser Herz und Gewissen ein. Wer wollte dann nicht für solch eine wunderbare Errettung danken? »Wer Dank opfert, verherrlicht mich und bahnt einen Weg; ihm werde ich das Heil Gottes zeigen« (Psalm 50,23). Gott hält sein Wort! Gott ruft dich durch Jesus Christus in die herrliche Freiheit der Kinder Gottes. Heute, jetzt!

7. November

Eine Top-Nachricht!

Von Hiobsbotschaften haben wir genug. Wie befreiend ist jedoch dieser Zuspruch Gottes: »**Denn ich bin der HERR, dein Gott, der deine Rechte ergreift, der zu dir spricht: Fürchte dich nicht! Ich, ich helfe dir!**« (Jesaja 41,13). Mit welch einer Nachricht beginnst du den Tag? Mit welchen Gedanken legst du dich zur Ruhe? Wenn du Jesus nicht hast, gibt es nichts Frohmachendes, nichts Ewiges, das Bestand hat, nichts Tröstendes, das deine Gedanken zur Ruhe bringt. Dann gibt es kein Ziel, für das es sich zu leben lohnt.

Darum ist es eine gute Nachricht, dass Gott uns zur Hilfe eilen will, um uns aus der Hoffnungslosigkeit unseres Lebens herauszuholen. Darum ruft er der verzagten Seele zu: »Fürchte dich nicht, ich helfe dir!« Deshalb muss man Jesus Christus als HERRN an seiner Seite haben! Wer sich ihm anvertraut, der kann mit Recht sagen: »Der HERR beschützt mich.« Wer das weiß, geht entspannt und zuversichtlich seinen Weg. Während andere beginnen, mit den Zähnen zu klappern, darfst du dich ganz auf deinen Gott verlassen. Jesus ist Sieger über alles Geschehen in dieser Welt. Er ist Sieger über die Sünde, die uns oft zu schaffen macht. Er ist Sieger über Satans Macht und Triumphator über den Tod mit all seinen Schrecken.

Mach Jesus Christus zu deiner guten Nachricht. Richte deinen Blick ganz bewusst auf den ewigen Gott. Rechne mit ihm. Ganz konkret. In allen Situationen. Doch vergiss nicht, den alles entscheidenden Schritt zu tun. Und der heißt: Buße, Bekehrung und Glaube an den Herrn Jesus. Dann mag kommen, was da will.

Auch der auswegloseste Fall ist für den Herrn Jesus kein Hindernis. Ob Sorgen, Bedrängnis und finanzielle Einengungen in der Familie, ob finstere Gedanken, Depressionen und Leid uns verschlingen wollen, Jesus ist da! Sage ihm deine Not. Fasse Vertrauen. Er sagt: »Fürchte dich nicht! Denn ich bin mit dir« (Jesaja 41,10).

Ist er schon dein Erlöser und HERR? Er wartet jetzt auf dich!

8. November

Hilfe ist da!

Bei allem Kämpfen und Mühen wollen wir uns stets an dies eine erinnern: **»Glücklich der, dessen Hilfe der Gott Jakobs ist«** (Psalm 146,5). In wie viel Not hat doch der gnädige Gott gerade über Jakob seine Hände gehalten. Durch wie viele selbstverschuldete Schwierigkeiten musste er hindurch. Nöte in seinem eigenen Leben. Enttäuschungen in der Familie. Anfeindungen, Betrug, Ohnmacht. Wie Felsgestein lagen diese Brocken auf seinem Weg. Doch irgendwann ging auch ihm die Sonne auf. (Lies 1. Mose 32,27!) Und nun besingt einer diese wunderbare Lebenserfahrung des Jakob und sagt: »Glücklich der, dessen Hilfe der Gott Jakobs ist!« Es gibt ja auch Stunden in unserem Leben, da wir verzagten Geistes sind.

Der Teufel benutzt gerade diesen Umstand, um uns zu Fall zu bringen. Er flüstert uns ins Ohr, dass wir gar nichts anderes zu erwarten haben als Kummer, Sorgen und Schwierigkeiten. Dass Gott uns seine

Gnade versagt. Richtig, da ist ja auch so viel Schwachheit und Versagen bei uns zu finden. Wie gut, dass es diesen Vers in der Bibel gibt: Glücklich der, dessen Hilfe der Gott Jakobs ist!

Tatsächlich, die Gnadenspuren im Leben Jakobs machen uns viel Mut, auf den zu hoffen, von dem uns alle Hilfe kommt. Tu es im kindlichen Glauben. Hoffe auf deinen Gott! Vertraue in allem seiner Führung! Lass dir vor dem Geschwätz der Sorgengeister nicht grauen, die dein Gemüt beschweren wollen. Der Gott Jakobs ist auch dein Gott. Er ist derselbe, damals und heute! Auf ihn ist Verlass. Darum ist auch für dich die Hilfe da, die du gerade heute brauchst. Nur glauben musst du es. Denn ohne Glauben kann niemand Gottes Arm bewegen!

9. November

Es wird wieder hell!

Gehen die Lichter in dieser Welt aus? Fast scheint es so. Eine Schreckensnachricht jagt die andere. Was wird werden? Doch nun die gute Nachricht für alle niedergeschlagenen und traurigen Herzen: **»Das Volk, das im Finstern wandelt, sieht ein großes Licht, und über denen, die da wohnen im finstern Lande, scheint es hell«** (Jesaja 9,1). Das ist nicht nur eine frohe Nachricht, die zur Weihnachtszeit passt. Sie gilt jeden Tag, denn Gott liebt uns und sein Licht ist uns in Jesus Christus aufgegangen. Das ist Gottes Wahrheit.

Als Jesus in die Welt kam, interessierte sich keiner für ihn. Überall knallten sie ihm die Türen zu. Für Jesus war kein Platz in dieser Welt. Dabei war gerade er die Antwort auf all ihre Nöte und Lebensfragen. Doch der Herr Jesus ließ sich nicht abweisen. Er ging den Verlorenen nach. Er suchte die auf, die ohne Hoffnung waren. Er gab denen Brot, die hungerten. Heilte die Aussätzigen. Gab den Blinden das Licht. Tröstete die Umkommenden. Richtete die Niedergeschlagenen auf. Segnete die, die ihm fluchten. Vergab seinen Feinden. Brachte Licht in unsere Nacht. Doch die Menschen wollten ihn nicht. Darum war seine

Kreuzigung das größte aller Verbrechen. Was hat der Mensch da angerichtet!

Gott hat es so gewollt. Darum kam ja der Herr Jesus in diese Welt. Er wurde geboren, um für uns Sünder stellvertretend zu sterben, damit wir vom Tod erlöst würden. Seine Erlösung ist daher der zentrale Mittelpunkt der gesamten Weltgeschichte. Nun kann jeder, der an ihn glaubt, Vergebung seiner Sünden und das ewige Leben empfangen. Wer sein Leben ihm anvertraut, kann sicheren Schrittes durch diese dunkle Welt gehen, weil Jesus das Licht des Lebens ist.

Lass Jesus nicht vor der Tür des Herzens stehen, denn nur dort gehen die Lichter an, wo Jesus Einzug hält.

10. November

Quellen für dich!

Hat Gott uns belogen? Niemals! Wie könnte der, der die Wahrheit ist, etwas sagen, was nicht stimmt? Doch was können wir schon machen, wenn uns die Probleme massiv bedrängen? Wenn es an unsere Existenz geht?

In 2. Mose 17 trat genau dieser Fall beim Volk Israel ein. Plötzlich, mitten in der Wüste, waren ihre Wasservorräte ausgegangen, und das Volk hatte Durst. Mit letzter Kraft schleppte es sich weiter. Wo kriegen wir in der Wüste Wasser her? Sollte sich Gott etwa doch geirrt haben? Kann man denn wirklich immer Gottes Führung vertrauen? Hatte Gott sie etwa betrogen? Stand er nicht mehr zu seinem Wort? Hatte er nicht gesagt, dass er sie in das Land Kanaan bringen wollte? Doch dann kam das Volk an einen Felsen, und Gott ließ dort frisches, kühles Wasser sprudeln.

Der HERR ist auch in der Lage, dich an Wasserquellen zu führen! Er verändert sich nicht! Er will auch in die Dürre deines Lebens Wasser lenken, Ströme lebendigen Wassers fließen lassen. Der Herr Jesus sagt in Johannes 4,14: **»Wer von dem Wasser trinken wird, das ich ihm** geben werde, den wird nicht dürsten in Ewigkeit, sondern das Wasser, das ich ihm geben werde, wird in ihm eine Quelle Wassers werden, das ins ewige Leben quillt.«

Es ist nicht entscheidend, wie sehr wir uns mit dem Durstgefühl des Lebens herumplagen. Wie stark unser Selbstmitleid ist. Übrigens macht Selbstmitleid blind, weil wir dadurch nur auf unsere Unmöglichkeiten anstatt auf Gottes Möglichkeiten fixiert sind. Wer aber auf den Herrn Jesus vertraut und ihn zum Fels seines Lebens macht, der entdeckt bei ihm die Lebensquelle. In Jesaja 41,17 sagt Gott: »Die Elenden und die Armen suchen nach Wasser, und es gibt keins, ihre Zunge vertrocknet vor Durst. Ich, der HERR, werde sie erhören, werde sie nicht verlassen. Ich werde die Wüste zum Wasserteich machen und das dürre Land zu Wasserquellen.« Und weil auf Gott Verlass ist, darfst du voller Erwartung sein, dass Gott auch deinen Durst stillt.

11. November

Gott ist für mich!

Das Elend akzeptieren? Vielleicht kennst du den Film »Die Zehn Gebote«. Wenn nicht, kannst du diese Geschichte in der Bibel nachlesen. Sie steht im 2. Buch Mose. Wir erinnern uns: Israel litt damals in Ägypten unter dem grausamen Knüppel Pharaos. Jeden Tag Prügel, harte Arbeit und dann das Geschrei der Peitschenschwinger in der glühenden Hitze. Wie das fertigmachte. Einen Ausweg? Den gab's nicht. Und so akzeptierte man das Elend. Was sollte man auch tun? Man war nur noch auf Schwierigkeiten fixiert. Etwas anderes erwartete man schon gar nicht mehr.

Geht es dir vielleicht auch so? Was erwartest du noch vom Leben? Einmal Hand aufs Herz: Wie viele Träume hast du schon begraben? Gott macht uns Mut, den Erfahrungen anderer auf den Grund zu gehen, denn in der Bibel, in Psalm 118,7, triumphiert jemand und ruft aus: »Der HERR ist für mich!« Man könnte auch sagen: Der HERR steht für mich ein und hilft mir. Das, was viele, viele Christen im Laufe der

Jahrtausende erfahren haben, sollst auch du erleben. Denn wenn sie von Jesus Christus sprechen, geht es schließlich um das Allerbeste. Es geht um die ausgestreckte Hand Gottes.

Wie reagierst du auf seine Einladung? Siehst du nicht, wie Sorgen des Lebens und Kummer des Daseins wie Kletten an dir haften? Wie sie dein Leben ruinieren? Warum lässt du dich jetzt nicht in die rettenden Arme Jesu fallen? Er fängt dich auf. Dein Glaube wird belohnt. Der Sprung in Jesu ausgestreckte Arme ist kein Sprung ins Ungewisse. Akzeptiere nicht länger dein Elend. Lass dich retten, erlösen und befreien für ein neues Leben aus Gott. Er ist für dich. Und der Beweis? Jesus liebt dich!

12. November

Steh auf!

Man merkt immer mehr, dass der Feind mit Entmutigungen erfolgreich ist. Aber der Teufel kann uns nicht aus Gottes Hand rauben. Diese Gewissheit tut gut! Doch eins gelingt ihm oft mit Leichtigkeit: uns den frohen Blick zu unserem allmächtigen Gott zu trüben – uns mit uns und unseren Problemen zu beschäftigen. Wie gefährlich Entmutigungen sein können, wissen wir alle.

Darum wollen wir darauf achten, wie der HERR in folgender Situation gehandelt hat: Da waren die Jünger eingeschlafen. Ausgerechnet jetzt, da der HERR im Kampf gegen die ganze Macht Satans und der Finsternis im ringenden Gebetskampf war. Gethsemane! Eine Blamage für eingeschlafene Jünger. Kennen wir nicht auch das Gefühl, Dinge nicht wiedergutmachen zu können? Eingeschlafen zu sein, obwohl doch die ganze Aufmerksamkeit gefordert ist. Doch nun ist es passiert. Leider! Doch wie reagierte der Herr Jesus? Er sagte einfach: »**Steht auf, lasst uns gehen!**« (Matthäus 26,46). Es ist gut, wenn wir den Ort des Versagens verlassen. Wer in dem Gefühl seiner Niederlagen stecken bleibt, ist bis auf Weiteres für den HERRN blockiert. Und genau das will der Teufel.

Bleibe daher nicht liegen. Lass dich nicht von deinem Versagen erdrücken! Was auch immer passiert ist! Die Älteren unter uns kennen das Lied: »Auf dem Lamm ruht meine Seele ...« Doch ruht die Seele wirklich? Oder zappelt sie ununterbrochen? In dieser ruhelosen und hektischen Zeit ist nichts wichtiger als die »Ruhe in Gott«! Ich wünsche dir nun den ganzen Frieden Gottes und das tiefe Bewusstsein, dass es der HERR ist, der dir sagt: Steh auf, lass uns gehen! Wende dich daher neuen Wegen, neuen Aufgaben zu, die der HERR für dich bereitet hat.

13. November

Gott wird handeln!

In der Zwickmühle? Kein Ausweg in Sicht? Keinen Ratgeber zur Hand? Jetzt ist dein Glaube gefragt. Stütze dich heute auf die Zusage deines Gottes: **»Er wird handeln!«** (Psalm 37,5). Es ist ja üblich, dass wir am liebsten selbst Hand anlegen. Zuzupacken fällt uns leichter als abzuwarten, bis sich die Dinge fügen. Solch ein Verhalten gehört nun einmal zum Tüchtigsein dazu.

Leider müssen wir uns immer wieder eingestehen, dass es Zeiten gibt, in denen wir uns unsagbar hilflos vorkommen. Da ist nichts mit Ärmel hochkrempeln und los! Da fühlen wir recht schmerzlich unsere Ohnmacht. Wie gut, dass wir dann nicht sorgen müssen, sondern unser Unvermögen dem anbefehlen dürfen, der für uns die Lasten hebt, die uns zu schwer sind. Und all das braucht Zeit und erfordert Geduld. Er wird handeln! Darauf dürfen wir uns felsenfest verlassen. Geduld! Es ist wie bei einem Weizenkorn: Man legt es in die Erde und überlässt den Werdegang der Natur. Es wäre dumm, wenn wir das Weizenkorn jeden Tag wieder ausbuddelten, um nachzusehen, ob schon ein Keim in Sicht ist.

Geduld ist, was wir am wenigsten haben! Und genau das fällt uns so unsagbar schwer. Oh, diese Ungeduld! Unser HERR hat doch versprochen zu handeln! Und wenn wir ihm nun im Gebet unsere Anliegen genannt haben? Dann sollten wir vertrauen, dass er es richtig machen wird. Er braucht keine Ratschläge von uns. Warum genießen wir nicht die Wartezeit? Wenn wir nur wüssten, wie die Sache ausgeht ...!

Gerade darin will der HERR uns prägen und unseren Glauben formen. Gott will uns sagen, dass die Zeit kommt, da er auf unsere Gebete ganz bestimmt antworten wird. Gott wird handeln!

14. November

Frohmachendes Wissen

Ich weiß nicht, ob du zu jenen gehörst, die gern Rätsel lösen und dies zu ihrem Hobby gemacht haben. Da kommt man ohne Lexikon nicht aus. Es gibt einfach Dinge, die wir nicht wissen können. Das ist nicht weiter tragisch, denn man lernt ja immer noch hinzu. Wenn du heute einen Menschen danach fragen würdest, ob er um die Vergebung seiner Sünden weiß, kann es passieren, dass er ganz erschrocken und erstaunt mit den Schultern zuckt und kein einziges Wort über die Lippen bringt. Über vieles sind die Menschen informiert, doch die allerwichtigste Frage scheint ihnen nicht in den Sinn gekommen zu sein. Manche bekennen ganz freimütig, dass sie sich über diese Frage nach der Ewigkeit noch keine Gedanken gemacht haben.

Warum nur? Was würdest du antworten, wenn dir diese Frage gestellt würde? Ob du diese Nuss in deinem Leben nicht endlich knacken solltest? Nichts ist wichtiger als das! Kannst du von Herzen sagen: Ja, ich weiß, dass Jesus Christus mir vergeben hat? Ich weiß es ganz bestimmt! Wenn wir in dieser Frage irgendwelche Zweifel haben, dann wäre es besser, die allernächste Gelegenheit zu nutzen, um einmal mit Jesus Christus über diese noch ungeklärte Frage zu sprechen. Schließlich ist er gekommen, um ungeklärte Fragen zu beantworten. Nun, ist nicht die größte Frage in unserem Leben die Frage nach der Sünde und Schuld?

Ein frohmachendes Wort für jeden Glaubenden steht in 1. Johannes 5,13: **»Ich habe euch geschrieben, die ihr an den Namen des Sohnes**

Gottes glaubt, dass ihr wissen dürft, dass ihr ewiges Leben habt.« Es geht hier nicht um ein vages Vermuten, sondern hier steht tatsächlich, dass man es wissen kann. Darum Schluss mit der Gefühlsduselei. Schluss mit dem Zweifel! Jesus Christus sagt die Wahrheit. Ihm zu vertrauen, macht dein Herz glücklich. Auf ihn ist Verlass.

Jetzt heißt es für dich nur noch zuzugreifen. Dem Herrn Jesus zu glauben, was er sagt. Ewiges Leben zu besitzen – was für ein frohmachendes Wissen!

15. November

Nur nicht falsch wählen!

Welche Entscheidung ist richtig? Trau, schau, wem? – so sagt ein Sprichwort. Wie schnell hat man sein Herz verloren. Pass auf, dass du nicht an die falsche Adresse gerätst! Ach, was halten wir nicht alles für erstrebenswert? Welche Sehnsüchte tragen wir im Herzen? Man träumt von der wahren Liebe, von der Karriere, vom gesicherten Reichtum, vom schönen Auto, von makelloser Schönheit. Die Kette der Begehrlichkeit ist lang. An all das hängt sich der Mensch. Doch spätestens dann, wenn er stirbt, lässt er alles zurück. Aus der Traum!

Nackt kam er in diese Welt, nackt geht er davon. In seinen Händen zerrinnt, was einmal sein Leben ausgemacht hat. Schlimm, wenn man im Leben auf das Falsche gesetzt hat. Wähle daher richtig! Setze nicht auf vergängliche Werte. Denke über die Ewigkeit nach. Wähle den, der Himmel und Erde gemacht hat. Entscheide dich für den, dem alle Gewalt im Himmel und auf Erden gegeben ist: Jesus Christus. Nur dann hast du Gott zum Vater. Nur dann besitzt du göttliche Sicherheit und weißt um eine helle, lebendige, herrliche Zukunft.

Triff die richtige Wahl! Sage JA zu Jesus Christus. Wähle das Licht. Kehre der ewigen Finsternis den Rücken. Du hast die Wahl. Entweder Verzweiflung oder göttliches Glück und ewige Freude. Zwischen Himmel und Hölle gibt es keine Alternative. Wenn du wirklich ein Leben unter dem Segen Gottes führen willst, dann lass dir von Gott die Augen öffnen, sonst bleibt dein Leben hoffnungslos und dunkel. Wie verpfuscht auch dein Leben sein mag, das Jammerleben hat bei Jesus Christus ein Ende. Denn: **»Ist jemand in Christus, so ist er eine neue Schöpfung; das Alte ist vergangen, Neues ist geworden«** (2. Korinther 5,17).

Dann darf man mit Gottes Hilfe und Eingreifen rechnen – real, alltagsnah, konkret. Was immer dich auch bedrückt. Ein von Schuld, Last und Sünde befreites Leben schenkt er jedem, der sich ihm anvertraut. Jesus Christus, der einzige Weg zum bleibenden Glück. Wer zu ihm kommt, den verstößt er nicht, den nimmt er an, für immer, auf ewig. Augen auf! Nur dann entscheidest du richtig!

16. November

Nicht ins Unglück laufen!

Jemand wurde einmal gefragt, was der Sinn seines Lebens sei. Und er antwortete kurz entschlossen: »Ich will glücklich sein!« Du auch? Weit über die Hälfte der jungen Menschen schätzen die Zukunft ziemlich düster ein. Alles scheint für sie kaputt, sinnlos und hoffnungslos zu sein. Längst sind die Ideale, die einmal ihre zukünftigen Erwartungen bestimmten, ausgeträumt. Doch der Mensch sucht weiter sein Glück. Der eine in der Musik, der andere in der Natur. Viele wollen hinaus aufs Land, weil sie sich vom alternativen Lebensstil ihr Glück erhoffen. Es gibt tausend Wege, das Lebensglück zu suchen.

Der Mensch gleicht einem Kind, das, von der Mutter abgenabelt, der Kälte der Welt schutzlos und ohne Bekleidung ausgesetzt ist. Es sehnt sich nach Geborgenheit und Schutz, weiß aber nicht, an wen es sich wenden soll. Doch einer ist da, der dein Lebensglück will – Gott! Er schenkt dir genau das, wonach du dich sehnst, das Glück der Geborgenheit. Die Bibel sagt in Psalm 27,5: **»Gott bietet mir Schutz an in schwerer Zeit. Er versteckt mich in seinem Zelt, er stellt mich auf einen hohen Felsen.«**

Wie kommt ein Mensch dazu, solch ein couragiertes Zeugnis abzulegen? Solch ungewöhnliche Aussagen zu machen? Hier hat einer augenscheinlich Erfahrungen mit seinem lebendigen Gott gemacht und behauptet, dass der HERR sein Licht und sein Heil ist. In ihm liegt seine ganze Hoffnung. Bei ihm findet er viel mehr als nur Nestwärme und Bewahrung. In Jesus Christus findet er das wahre Glück und die Sinnerfüllung seines Lebens. In Jesus ist ewige Rettung. Da findet er das Glück der Vergebung all seiner Sünde und Schuld.

Sage doch: »Herr Jesus, rette mich, und schenke du mir dieses Glück, von dem du sprichst.« Du darfst davon ausgehen, dass Jesus das Dunkle deines Lebens mit seinem hoffnungsfrohen Licht auswechseln will, wenn du ihn darum bittest. Durch den Sieg Jesu am Kreuz hat er sein Blut als Lösegeld für jeden von uns gegeben. Jetzt können alle, die ihn als ihren Retter annehmen, durch den Glauben das ewige Leben haben. Laufe nicht ins Unglück! Nur bei Jesus findest du das wahre Glück.

17. November

Kleider, die glücklich machen

Gibt es denn so etwas? Wusstest du, dass es eine Stelle gibt, bei der man seine alten Kleider abgeben kann und neue dafür bekommt? Es sind Kleider, die glücklich machen! Im Allgemeinen ist es doch so, dass der neuste Modeschrei große Löcher in den Geldbeutel reißt. Kleider sind teuer!

Damit wir uns recht verstehen, hier geht es um etwas völlig anderes. Es geht zuerst einmal darum, dass wir die Kleider unseres alten Lebens loswerden können. Die Kleider der Sünde und Schuld. Die Kleider der Fehler und des Versagens. Gott hat neue Kleider für uns. Passend für jede Größe. Maßgeschneidert, speziell für dich zugeschnitten. Sie passen garantiert. Bist du an dieser Bekleidung interessiert? Doch vorher darfst du die alten Kleider deines Lebens bei Gott loswerden. Er schenkt dir neue! Gott richtet dieses einmalige Angebot an jeden von uns. Jesus will

Menschen mit den Kleidern der Erlösung und der Gerechtigkeit beschenken. Es sind die Kleider, mit denen du in Gottes heilige Nähe treten kannst. Es ist das Kleid eines Erlösten, den Gott als sein Kind angenommen hat und der nun zur Gottesfamilie gehört.

Haben nicht die alten Kleider deiner Vergangenheit schon manchen Sturm überstanden? Die Flecken sitzen tief, es sind die dunklen Punkte der Vergangenheit, die kein Mensch ungeschehen machen kann. Und jetzt nimmt Gott diesen alten Plunder, vor dem du dich ekelst, und beschenkt dich mit den Kleidern des ewigen Heils. Von nun an sieht Gott dich im Stand seiner königlichen Adelsfamilie. Du genießt die Vorzüge seiner Residenz. Hast Zugang zu Gottes Gegenwart. In den alten Kleidern der Schuld und Sünde hattest du keine Gemeinschaft mit Gott.

Darum die dringende Aufforderung an dich: Bringe deine alten Kleider der Sünde und Schuld zu Jesus Christus, und empfange die neuen Kleider der Gotteskindschaft aus seiner Hand. Sie sind längst bezahlt. Jesus hat dafür sein Blut und sein Leben gegeben. Lass dich überraschen. Wenn Jesus dich beschenkt, dann besitzt du Kleider, die glücklich machen: **»Freuen, ja, freuen will ich mich in dem HERRN! Jubeln soll meine Seele in meinem Gott! Denn er hat mich bekleidet mit Kleidern des Heils, den Mantel der Gerechtigkeit mir umgetan!«** (Jesaja 61,10). Was für eine Garderobe! Sie liegt für dich bereit.

18. November

Falsche Gedanken

Ohne Sorgen leben? Solange es Menschen gibt, wird es Sorgen geben. Schließlich haben wir unser Leben nicht in der Hand. Jeden Tag werden wir von Sorgen umgeben. Oft sogar von ihnen tyrannisiert. Es gibt sogar Sorgen, die uns um den Verstand bringen wollen. Doch Jesus Christus sagt seinen Leuten in der Bibel ganz klar, dass sich das »Sorgen machen« nicht lohnt, schon gar nicht für solche, die sich Gotteskinder nennen.

Darum sagt die Bibel in Philipper 4,6: **»Sorget nicht, sondern lasst in allen Dingen eure Bitten im Gebet und Flehen mit Danksagung vor Gott kund werden.«**

Was für eine wunderbare Empfehlung! Wir müssen nicht unter dem Sorgenberg ersticken. Wir dürfen Gott um alles bitten, was uns fehlt, und gleichzeitig schon »Danke, Herr Jesus« sagen! Ja, geht denn das so einfach? Kann man denn sagen: »Schluss mit den Sorgen!«, wenn die Situation doch unser Handeln erfordert? Eins müssen wir klarstellen: Das ewige Sich-Sorgen-Machen hängt mit unseren qualvollen Gedankengängen zusammen. Wir denken falsch! Fülle doch einmal dein Denken mit den Gedanken Gottes aus.

Wie man das tut? Nimm dir die Zeit der Stille vor Gott. Schlage die Bibel auf und lies. Sobald du das tust, hast du Teil an dem, was Gott denkt. Jetzt bist du in der Lage, das Geheimnis zu entdecken, wie man mit den Sorgen des Lebens fertig werden kann. Dabei wirst du ganz schnell herausfinden, dass Gott Glauben von dir erwartet. Er appelliert an dein Vertrauen! Denn auf deinen Glauben kommt es an.

Wer sein Leben an dem Herrn Jesus festmacht und ihm vertraut, der erfährt Gottes wunderbare Rettung. Dann wird das Leben wirklich zu einem frohen Abenteuer. Willst du erfahren, was der Herr Jesus dann mit deinen Sorgen und Problemen macht? Lösen will er sie! Aber nur dann, wenn du ihm dein Leben in die Hand gibst. Bei ihm kann man nicht nur seine Sorgen loswerden, sondern auch erfahren, wie er aus krummen Wegen gerade Wege macht.

19. November

Alles hoffnungslos?

Neulich kam eine Frau weinend zu mir. Ihre Seele war total aus dem Gleichgewicht geraten. Nach einem langen Gespräch kommt sie zu dem Entschluss, ihr Leben mutig in Gottes Hand zu legen. Doch auf einmal schaut sie mich erschrocken, ja geradezu verzweifelt an und meint: »Ach, da ist ja noch meine Familie. Es ist alles so hoffnungslos. Keiner versteht sich mit dem anderen. Bei uns ist die Hölle, und mein Mann geht fremd.« Was soll man solch einer verzweifelten Seele in diesen Augenblicken raten, wenn zu Hause alles kaputt ist?

Wie gut, dass Gott uns nicht auf unserem Scherbenhaufen sitzen lässt. Auf einen solchen Verzweiflungsschrei einer bis ins Mark verletzten Seele antwortet Gott mit einer wunderbaren Nachricht. Sie lautet: **»Die Gnade Gottes ist erschienen, heilbringend allen Menschen«** (Titus 2,11). Christen haben erfahren, dass Jesus Christus heilt. Keiner muss so bleiben, wie er ist. Jesus rettet, denn dazu ist er gekommen.

Es hat keinen Sinn, an seinen Pleiten herumzudoktern. David ruft in der Bibel aus: »Heile meine Seele!« Und jeder darf Jesus bitten: »Heile meine Familie. Heile mein Verhältnis zu meinem Ehepartner. Heile mein enttäuschtes Leben voller Bitterkeit. Heile meine verkorkste und von Sünde und Schuld belastete Vergangenheit.«

Wer so zu ihm kommt, der darf wissen, dass der Herr Jesus auf das glaubende Gebet antworten wird. Denn wo die Fragen der Sündenvergebung geklärt sind, ändert Gott auch unsere irdischen Verhältnisse und schenkt neue Perspektiven.

20. November

Gott lässt sich finden!

2000 Jahre Christentum hat diesen elenden Dreckhaufen nicht beseitigen können. Da ist Krieg zwischen Mann und Frau. Krieg zwischen Vater und Sohn. Krieg zwischen den Nachbarn. Ärger unter Mitarbeitern und Kollegen. Und dann das selbstverständliche Lügen am Telefon. Korruption und Skandale in Politik und Gesellschaft.

Es bleibt dabei: Nur wer Jesus Christus in sein Leben aufnimmt, wird heil. Sonst bleibt das Unheil. Da können wir noch so viele Feten feiern, noch so viele Partys haben. Es bleibt alles beim Alten. Nur Jesus Christus kann das Sehnen unseres Herzens stillen und den Dreckhaufen in unserem Leben beseitigen. Wer an ihn glaubt, wird erfahren, was Gott verspricht. Was sagt er denn? Er sagt: Ich bin die Tür zum Leben. **»Wenn ihr mich von ganzem Herzen suchen werdet, so werde ich mich von euch finden lassen«** (Jeremia 29,13). Und wenn man Jesus gefunden hat, dann wird sein Wort wahr, das er sagt: »Rufe zu mir, und ich will dir antworten.« Nur dann wird er dich aus dem inneren Gefängnis deiner Zweifel und Widersprüche herausführen.

Gehe doch hinter Jesus her! Selbst wenn die dunklen Todesnächte mit ihrem Schrecken vor dir liegen, darfst du getrost sein: Jesu Hände halten dich fest! Dafür garantiert er. Gott freut sich über nichts mehr, als wenn ein sündiger Mensch um ein neues, gereinigtes Herz bittet und sein Leben in Gottes Bahnen stellt. Nur in der innigen Bindung an Jesus Christus hast du eine lebendige Hoffnung, eine herrliche und helle Zukunft. Ohne Jesus Christus bleibt dein Leben finster, von Sorgen und Ängsten überschattet.

Du bist herzlich eingeladen, dem Herrn Jesus noch heute dein Leben anzuvertrauen. Jeder Tag ohne ihn ist ein schmerzlicher Verlust.

21. November

Gib nicht auf!

»Not lehrt beten«, sagt ein Sprichwort. Doch leider bleiben die allermeisten Gebete an der Decke hängen. Sie dringen nicht durch. Warum? Ich denke da an eine Frau in der Bibel in Matthäus 15. Sie eilt durch die Straßen der Stadt. Sie will ihre Not bei Jesus loswerden. Und schließlich findet sie ihn. Er kann helfen. Er muss ihr helfen! Jesus, die einzige Chance ihres Lebens! Von anderen hat sie von seinen großen Taten gehört, und nun sagt sie sich: Wenn Jesus das Ohr der Gehörlosen geöffnet hat, dann wird er sich auch meiner Bitte nicht verschließen. Und dann packt sie aus, und Jesus erhört sie. Er sagt zu ihr: »O Frau, **dein Glaube ist groß. Dir geschehe, wie du willst«** (Matthäus 15,28). Es ist also ganz richtig, dass du jetzt nicht aufgibst, sondern zu Jesus kommst.

Denke doch bitte an sein nie endendes Erbarmen. Er hat es am Kreuz auf Golgatha unter Beweis gestellt. Dort hat er seine Liebe zu dir restlos enthüllt. Zum Glauben gehören jedoch Demut und ein zuversichtliches Bitten. Wer sich so an Jesus klammert, der ehrt ihn durch Vertrauen. Gott will, dass wir ihm unser Herz öffnen. Er will, dass du ihm total vertraust und dich fest an ihn klammerst, um ihn nie, nie wieder loszulassen. Du darfst wie ein unverschämter Bettler vor ihm stehen. Du darfst getrost und freudig beten. Er hört dich. Gib nicht auf, auch wenn tausend Gegenstimmen dich von außen her bedrängen wollen. Der Herr Jesus sagt »Ja« zu dir. Er hat noch keinen von sich gestoßen, der mit einem demütigen Herzen zu ihm gekommen ist. Und auf diese Zusage Gottes darfst du dich verlassen, wenn die Bibel sagt: »Denn jeder, der den Namen des Herrn anrufen wird, wird errettet werden.«

Lies bitte die Heilige Schrift. Fange am besten im Johannes-Evangelium an. Lies die Worte Gottes mit dem Herzen. Das befähigt dich zu einem zuversichtlichen Beten. Gott wird dich erhören. Er wird deinen Glauben belohnen und dir das schenken, wonach sich dein Herz sehnt: Frieden mit Gott!

22. November

Ich habe keinen Menschen!

Könnte das auch bei dir der Fall sein? Da ist keiner, der kommt und dir seine Hand hilfreich entgegenstreckt und sagt: »Ich helfe dir. Ich richte deine niedergeschlagene Seele wieder auf.« Wer auf Menschen vertraut, wird enttäuscht. Aber da ist einer, der erfahren hat, dass es jemanden gibt, der unendlich liebevoll zu trösten versteht. So hat jemand Gottes wunderbare Hilfe erfahren: **»Der HERR stützt alle Fallenden, er richtet auf alle Niedergeschlagenen!«** (Psalm 145,14).

Was die allermeisten Zeitgenossen plagt, sind Nervosität, Bluthochdruck, Magengeschwüre, Schlaflosigkeit, bis hin zum Herzinfarkt. Die Alten unter uns leiden an der Einsamkeit, und den Alleinstehenden fehlt es oft an Nestwärme und Zuwendung. Das alles sind Fallen, in die wir hineingeraten können, Gruben, die uns zu verschlingen drohen. Doch mitten hinein in den Jammer unserer Welt lässt Gott uns wissen: »Ich heile dich durch mein Wort. Ich rette dich aus deiner tiefen Grube.« (Lies bitte Psalm 107,20!) Hier geht es also um Heilung und Rettung durch Gottes Wort. Gewiss, es steht mir nicht zu, über Krankheitsnöte zu urteilen, über Schwierigkeiten den Stab zu brechen. Ich möchte aber deine Glaubenserwartung auf Jesus Christus richten. Schließlich bleibt das Menschenherz ohne ihn in Unruhe, denn die Not sitzt tiefer. Probleme und Schwierigkeiten sind oft das Resultat innerer Zerrissenheit.

Doch der Herr Jesus sagt dir, dass du an seinem ewigen Wort innerlich gesund werden kannst. Ein Mann in der Bibel ruft diese frohmachende Erfahrung aus: »Mein Leib und meine Seele jauchzen dem lebendigen Gott entgegen.« Kann uns denn etwas Besseres passieren, als innerlich so heil zu werden, dass der ganze Mensch von diesem Heil Gottes gepackt wird? Was immer dich bewegt, Gottes Herz steht für dich offen. Und wer Gott vertraut, erlebt sein Eingreifen. Der kommt aus dem Staunen nicht mehr heraus.

23. November

Der ideale Mensch

Kennst du einen, der nie launisch, oberflächlich, gereizt, egoistisch oder verbohrt, einseitig, extrem oder euphorisch ist? Der weder streitet noch aggressiv auf den anderen losgeht? Der treu ist? Voller Liebe und Mitgefühl? Voller Barmherzigkeit und Sanftmut? Du kennst keinen? Oder doch? Sein Name heißt Jesus Christus. Er, der wahrer Mensch und Gott zugleich ist! Durch ihn wird deutlich, wie Gott sich den idealen Menschen vorgestellt hat – wie er sein soll, aber es nicht ist.

Es ist doch merkwürdig, dass Menschen diesen wunderbaren Jesus wie die Pest hassen. Sie schämen sich, wenn nur sein Name genannt wird. Dabei hat er doch die Sünde der gesamten Menschheit am Kreuz gesühnt. Aus Liebe zu uns Verbrechern hat er unser ganzes Elend auf sich genommen. Er hat sich an unserer Stelle von Gott richten lassen. Er wollte nicht, dass wir in der Hölle landen. Er will uns bei sich im Himmel haben. Dieser Jesus ist so einzigartig, so unvergleichbar anders als wir. Er hat alle Tugenden und alle Vortrefflichkeiten. Er lebte das aus, wozu kein Mensch fähig war. Er war sich nicht zu schade, jedem zu helfen, der zu ihm kam: Blinden, Stummen, Aussätzigen, vom Teufel Geknechteten schenkte er Heilung, Rettung und Befreiung. Da kamen Frauen mit ihren Kindern zu ihm und baten, dass er sie segnen möge. Da fassten Hilfsbedürftige und einsame Witwen Vertrauen zu ihm und schütteten ihre Not vor ihm aus. Da standen verzweifelte Männer vor ihm, weil sie mit ihrem Leben nicht mehr zurechtkamen. Sie alle fassten Vertrauen zu ihm. Keinen, der zu ihm kam, ließ er abblitzen. Alle haben seine liebevolle Zuwendung erfahren.

Wonach sehnst du dich? Etwa nach einem idealen Menschen, an den du dich lehnen kannst? Der dein restloses Vertrauen verdient? Du wirst ihn nicht finden, es sei denn, du steuerst auf Jesus Christus zu und schenkst ihm dein Vertrauen. Wer anderswo Hilfe sucht, wird immer enttäuscht. Da ändert sich nichts. Da bleibt alles beim Alten. Wer aber Jesus angehört, der erfährt das neue Leben. Aus dem macht Gott einen Menschen, der ihm gefällt. Willst du, dass die bleibende Freude Gottes in deinem Leben zu einem bleibenden Element wird? Dies ist die Bedingung, denn Jesus sagt: **»Wer mir nachfolgt, wird nicht in der Finsternis wandeln, sondern wird das Licht des Lebens haben«** (Johannes 8,12). Jesus, die einzige Chance, aus der Dunkelheit ins helle Licht des Lebens zu treten.

24. November

Verschweigen!

Und dennoch tun es viele. Sie gehen der Wahrheit aus dem Weg. Kennst du das allergrößte Leid in dieser Welt? Es ist die Krankheit, die von innen kommt. Es ist die krank gewordene Seele des Menschen. »Ach«, wirst du sagen, »wen kümmert es denn, dass meine Seele krank, mein Herz leer und mein Leben ohne Sinn und ohne Ziel ist?« Sag das nicht, denn die Tatsache sieht anders aus.

Gott lässt uns nämlich wissen, dass er das Heilmittel für unsere todkranke Seele hat. Wir finden es in der Bibel in Matthäus 14,14. Von Jesus ist da die Rede. Willst du wissen, wie er über Menschen denkt? Wie ihm ums Herz ist, weil wir krank vor Heimweh nach Gott sind und den Weg aus unserem Elend nicht finden? Wir lesen immer wieder, dass Jesus die vielen Menschen sah und Mitleid mit ihnen hatte und die Kranken heilte. Was dich auch bewegt, du darfst wissen, dass Gottes herzliches Erbarmen bis zu dir hinreicht. Das ändert auch nichts daran, dass du vieles an Leid und Not in deinem Leben nicht recht einzuordnen weißt. Mögen auch jetzt deine Gedanken wild durcheinander wirbeln. Jesus hat die Übersicht, auch über deine verworrenen Lebenswege. Auf Menschen ist kein Verlass, das weiß jeder. Selbst wir enttäuschen andere, die auf uns ihre Hoffnung setzten.

Doch Gott ist da, der sich dir in Jesus Christus liebevoll in den Weg stellt. Er reicht dir seine Hand. Du musst nur einschlagen! Vertraue ihm doch dein Leben an. Du wirst es nie bereuen. Und die Qualität seiner Liebe? Dies ist der Beweis: **»Größere Liebe hat niemand als die, dass er sein Leben hingibt für seine Freunde!«** (Johannes 15,13).

Wir waren Feinde Gottes. Und für Feinde gab Jesus sein Leben in den Tod. Wir waren Rebellen, die den Weg der Sünde gingen. Doch Jesus Christus hat durch sein stellvertretendes Sühnopfer die Tür zu Gott geöffnet. Der Eintritt ist frei. Jeder darf kommen. Bei ihm wird alles gut, was wir verkorkst und kaputtgemacht haben. Nur kommen müssen wir. Wer vor der Tür bleibt, steht außerhalb der Gnade Gottes, und das bedeutet Gericht, Verdammnis, Hölle. Wir dürfen den einzigen Weg zur ewigen Rettung nicht verschweigen!

25. November

Ins Ohr gesagt

Wer Schwäche zeigt, ist ein Schwächling. Daher nur keinen Fehler zugeben. Nur immer den starken Mann markieren. Immer auf sein Recht pochen, nur nicht unterkriegen lassen.

Ist das nicht eine traurige Bilanz? Muss man sich dann wundern, wenn es im Zusammenleben innerhalb der Ehe und Familie nicht mehr klappt? Wer immer auf sein Recht pocht und bei allem das letzte Wort hat, ist ein armer Tropf. Stark ist der, der Schwäche zeigen darf. Der bereit ist, Fehler zuzugeben. Stark ist der, der Mut zur Demut hat. Der auch in Niederlagen standhaft bleibt.

Wohin gehst du, um dir ins Herz hineinschauen zu lassen? Jesus Christus liebt dich. Das ist mehr als nur ein leeres Wort. Wer sein Herz ihm öffnet, der darf wissen: Gott nimmt Anteil an meinem Leben! Er interessiert sich für meine Nöte. Bei ihm darf sich jeder verstanden fühlen. Bei ihm fällt es nicht schwer, seine Schwächen und Fehler zuzugeben und seine Mutlosigkeit einzugestehen.

Doch dabei darf man nicht stehen bleiben! Wer A sagt, soll auch B sagen. Und B heißt: Beginne ein neues Leben an der Hand Gottes. Verlass dich nicht auf Menschen. Traue Gott alles zu. Bei ihm ist kein Ding unmöglich. Doch rechne damit, dass er deine Wege so lenkt, wie es für dich am besten ist. Doch Gott will nicht nur deine Probleme, er will dein Herz, er will dich ganz. Und deswegen will er der Erlöser und der HERR über dein Leben sein. Darf er das? Die Bibel sagt: **»Zu dir schrieen sie um Hilfe und wurden gerettet; sie vertrauten auf dich und wurden nicht zuschanden«** (Psalm 22,6). Was für eine Erfahrung, die man frohen Herzens weitererzählen sollte.

26. November

Das alte Lied?

Wir haben uns daran gewöhnt, regelmäßig von Not, Unglück, Gewalt und Kriegen zu hören. Überall schlechte Nachrichten: Bomben, Terror, Flugzeugabstürze, Mordanschläge, Wirtschaftszusammenbrüche. Immer das alte Lied! Da kann einem wirklich das Lachen vergehen.

Tatsächlich hat Jesus selbst diese Zeit der weltweiten Not vorausgesagt und sie als ein Zeichen seiner Wiederkunft angekündigt. Bitte lies in Lukas 21 die Verse 25 und 28. So müssen die Dinge eigentlich erst schlimmer werden, ehe sie besser werden können. Doch den an Jesus Christus gläubigen Menschen ist die Garantie gegeben, dass es mit den schlechten Nachrichten einmal ein Ende haben wird. Denn Evangelium bedeutet ja gute Nachricht.

Gott nimmt den bedauernswerten Zustand der Menschheit, den sie sich durch die Sünde selbst eingebrockt hat, nicht leicht. Er sagt ihr, dass wegen des Ungehorsams des Menschen Grausamkeit, Gewalt, Ungerechtigkeit, Hass und Verdorbenheit kommen werden. Doch jetzt die gute Nachricht! Sie lautet: Jesus Christus ist gekommen – der Retter der Welt! Und das ist frohe Botschaft, die jedem gilt. Jesus Christus ist die Antwort auf alle Fragen deines Lebens. Er kennt die Lösung deiner persönlichen Probleme und Ängste. Ihn muss man nicht im Kopf, sondern im Herzen haben, wenn es wirklich anders werden soll. Kein Leben muss so bleiben, wie es ist.

Ein Mann in der Bibel macht sein Erleben mit Gott zu einem Lied und bekennt: **»Und in meinen Mund hat er ein neues Lied gelegt, einen Lobgesang auf unseren Gott. Viele werden es sehen und sich fürchten und auf den HERRN vertrauen«** (Psalm 40,4). Ja, Herzen müssen neu, Gesinnungen verändert werden. Nur dann wird es hell. Da hat das alte Lied keinen Platz mehr. Lass die Menschen reden, was sie wollen. Mögen sie über Jesus Christus und die Bibel spotten.

Sei gewiss: Keiner kann so retten, keiner so glücklich machen wie er.

27. November

Dankbare Erfahrung

»Dein Gott, der dich getragen hat, wie ein Mann seinen Sohn trägt, auf dem ganzen Weg, den ihr gezogen seid, bis ihr an diesen Ort kamt« (5. Mose 1,31). Ich saß gern auf den Schultern meines Vaters, wenn mich meine Beine nicht mehr tragen wollten. In diesen Augenblicken interessierten mich die Steinbrocken und steilen Wege nicht mehr, die mir vorher das Leben schwer gemacht hatten. Wo jetzt die Füße meines Vaters hintraten, da war auch ich. Da, wo er entlangging, war auch mein Weg. Und wenn er mich wieder behutsam auf die Beine stellte, dann wusste ich, dass wir am Ziel angekommen waren.

Wie manche Wegstrecke mag unser himmlischer Vater auch uns auf die Schultern genommen haben, und wir wussten es nicht einmal! Über wie viele Klippen mag er uns getragen haben? Und die Zukunft? Unser banges Herz malt sich tausenderlei Gefahren aus, doch wir dürfen getrost sein, dass Gottes Schultern uns tragen, wenn uns die Strapazen zu schwer werden sollten. Nein, unser himmlischer Vater lässt seine Kinder weder verkommen noch vergammeln. Er hat volle Verantwortung für seine Kinderschar übernommen.

Und darum getrost voran! Mögen die Wetterwolken sich auch noch so hoch über uns türmen und die zukünftigen Zeiten uns nichts Gutes verheißen: Auf den Schultern unseres himmlischen Vaters sind wir bestens aufbewahrt. Da ist für jeden Platz, der seinen wunderbaren Namen trägt. Der Herr Jesus segne dich tief und reich und lasse dein Herz froh und getrost in dem Gedanken sein, dass du auch dann getragen wirst, wenn du meinst, von Gott und Menschen verlassen zu sein.

28. November

Gott erbarmt sich über mich

Und dieser Gedanke soll dich durch den Tag hindurch begleiten: **»Er erbarmt sich nach der Fülle seiner Gnadenerweise«** (Klagelieder 3,32). Drei herrliche Tatsachen sind es, auf die uns Gott aufmerksam macht. Erstens: Sein Erbarmen. Zweitens: Die Fülle seiner Gnade. Drittens: Der Beweis seiner Barmherzigkeit dem Glaubenden gegenüber!

Zweifelst du an Gottes Liebe? Bist du niedergeschlagen, weil es dem Teufel gelungen ist, dich wieder in die alte Sünde zu locken und zu Fall zu bringen? Vergiss es nie: Gottes Erbarmen ist nicht zu Ende. Seine Barmherzigkeit ist jeden Morgen neu. Lass dir durch dieses wunderbare Wort Gottes Mut machen. Seine Worte sind göttliche Garantien, die dir Schutz und Geborgenheit vermitteln sollen. Was für ein herrlicher Gedanke: Du stehst mitten im Zentrum der Liebe Gottes und wirst von seiner Freundlichkeit umarmt. Genieße diesen Gedanken einmal von ganzem Herzen. Sei einmal erstaunt und beeindruckt von der maßlosen Freundlichkeit deines HERRN.

Wer an der Gnade Gottes Mangel leidet, ist selbst schuld. Du hast allen Grund zur Freude, weil das Alte vergangen ist und Neues wurde. Die berechtigte Hoffnung, dass die Wege Gottes mit dir einzigartig sind und der Herr Jesus deine Wege zum Guten lenkt, sollten dir Mut machen. Wenn Gott für dich ist, wer mag da wider dich sein? Nun getrost voran! Die Schultern Gottes sind stark genug, auch deine Last zu tragen. Nicht nur für heute – für immer! Und von diesem Gedanken solltest du ausgehen.

29. November

Alles nach Maß!

Manche Wege Gottes sind uns ein Rätsel. Doch in der Bibel steht: **»Gottes Wege sind vollkommen!«** (Psalm 18,30). Oft will uns das nicht in den Kopf. Wie oft fragen wir uns: »HERR, muss das sein? Geht es nicht auch anders? Muss ich immer den Kürzeren ziehen?«

Keiner ist so kindisch und geht nur zum Zahnarzt, um sich den Restbestand seiner Zähne registrieren zu lassen. Wer zum Zahnarzt geht, muss damit rechnen, dass der Bohrer angesetzt wird. Und weil das unter Umständen schmerzhaft ist, lässt man das Unabänderliche zu. Keiner kommt auf den Gedanken, dass das kariöse Loch im Zahn durch fleißiges Zähneputzen wieder zuwächst.

Unser guter HERR hat Mitleid mit uns, darum sorgt er in seiner Liebe vor. Plant im Voraus unsere Lebensabläufe! Lenkt die Umstände so, dass sie der Qualität seiner Liebe entsprechen. Manches Schmerzliche ist bei diesem Gedanken dann viel leichter zu ertragen und mancher notvolle Eingriff besser zu verkraften, wenn wir den guten Händen der Liebe Gottes unser Vertrauen schenken. Was die Liebe betrifft, so sind seine Wege mit uns immer vollkommen. Was für ein Trost! Bei Gott geht keiner ein Risiko ein. Lass dich daher in sein Erbarmen fallen.

Mach es so, wie es einmal eine Glaubensschwester tat. Zweimal hatte sie ihren Mann verloren. Dabei war sie erst 40 Jahre alt. Wie bitter hat sie jedes Mal unter dem Verlust gelitten: tagelang Magenschmerzen, Angstvorstellungen, bis hin zum Trübsinn. Und dann las sie das Wort aus der Bibel: »Gottes Wege sind vollkommen!« Unendlich getröstet wurde dadurch ihr Herz, so dass sie sagen konnte: Gottes Wege sind auch für mein Leben vollkommen. Ja, der Heilige Geist kann die Herzen der Gotteskinder so wunderbar trösten und aufrichten, wenn sie bereit dazu sind.

30. November

Gottes Uhr

»... dann stand er auf!« (Matthäus 8,26). Wer ist es, der sich da von seinem Platz erhebt? Wer ist es, der sich für die Erlösten Gottes engagiert? Wer ist der, der sich schützend vor uns stellt? Wer ist es, der den unheimlichen Gewalten, die uns oft zu verschlingen drohen, mit einem mächtigen Wort gebietet?

Es ist unser geliebter HERR! Wir erinnern uns an die stürmische Nacht, als die Jünger auf dem See Genezareth von Furcht und Panik geschüttelt wurden. Als Gottes Sekundenzeiger Alarm läutete, stand er auf und rief Sturm und Wellen zur Räson! Und wenn er das tut, dann muss auch der schlimmste Feind kuschen. Ob es Krankheitssorgen sind, Familienprobleme uns Kummer machen, Existenzkämpfe uns plagen, die Finsternis uns schrecken will, ganz gleich, der schlimmste Feind muss kuschen, wenn der Name Jesus zu leuchten beginnt.

Der ärgste Widersacher muss schweigen, wenn der HERR für sein Volk zu kämpfen beginnt. Dann haben auch die negativen Gefühle keine Chance mehr. Dann redet er! Und seine Stimme ist unüberhörbar. Gotteskind, du darfst getrost in die nächsten Tage schauen. Er macht es auch in deiner Sache gut und wunderbar. Trotz aller Schwierigkeiten wollen wir daher das Loben und Danken nicht vergessen. Denn Danken schützt vor Wanken, und Loben zieht nach oben. Und dass dieser Satz stimmt, das darfst du heute ganz neu erleben.

Dezember

1. Dezember

Trotz allem!

Gotteskinder dürfen mit offenen Augen durch diese Welt gehen. Trotz aller Not, allen Anfechtungen und Schwierigkeiten dürfen sie darauf vertrauen, dass ihr HERR sie unter seinen Schutz nimmt. Wie trostlos diese Welt auch sein mag, Gotteskinder müssen nicht verzweifeln. Selbst in schweren Stunden ist der Herr Jesus um dein Wohlergehen besorgt.

Was für einen HERRN haben wir doch, der uns täglich mit so viel Trost und Zuversicht umgibt. Welch ein Vorrecht, ein Gotteskind sein zu dürfen. Das wird besonders dann deutlich, wenn man an Krankenbetten steht oder Menschen auf Friedhöfen in ihrer Hoffnungslosigkeit begegnet. Wie oft denke ich an das Wort der Bibel: »Und ich wandte mich um und sah all die Unterdrückungen, die unter der Sonne geschehen. Und siehe, da waren Tränen der Unterdrückten, und sie hatten keinen Tröster« (Prediger 4,1).

Doch Gotteskinder werden aufgerufen: **»... vertraue auf den HERRN! Ihre Hilfe und ihr Schild ist er«** (Psalm 115,9). Trotz allem, was dich im Moment beunruhigt? Ganz gewiss! Wir wollen nun Hammer und Nagel in die Hand nehmen und unser Vertrauen unwiderruflich an dem HERRN befestigen. Diese grundsätzliche Herzensentscheidung ist ausschlaggebend. Denn nur dann weichen die Trauergeister, die unser Gemüt oft beschweren.

Wenn wir uns zum Herrn Jesus wenden und uns zu seinem herrlichen Namen bekennen, wird er sich auch in aller Öffentlichkeit zu uns stellen. Sage doch einfach: »Herr Jesus, dir in die Hände sei Anfang und Ende, sei alles gelegt!« Und dann marschiere frohgemut auf deinem Glaubensweg weiter, denn die Treuen leben zu Gottes Ehre.

2. Dezember

Aber ich!

Es ist bedrückend, wie viel Gleichgültigkeit die Menschen regiert, obwohl eine Schreckensmeldung die andere ablöst. Fürchtest du dich auch, wenn sich die Wetterwolken am Horizont der Geschehnisse verdunkeln? Bist du auch in Sorge, wenn eine Katastrophe nach der anderen die Welt erschüttert? Wie grausam und schrecklich auch alles sein mag, schau nach oben!

Denke daran, dass auch die Arche keinen Aussichtsturm hatte, sondern nur ein Fenster. Die Arche war nicht mit Rundumblick ausgestattet. Gott mutete Noah und seiner Familie nicht den Blick auf eine untergehende Welt zu. Angst und Niedergeschlagenheit dürfen unsere Seele nicht einschnüren. Wir wissen zwar aus Gottes Wort, dass diese Welt dem göttlichen Gericht entgegengeht, doch der sorgenvolle Blick in die Zukunft macht uns für die Gegenwart untüchtig.

Es kann uns nicht gleichgültig sein, wie die Menschen dem Verderben entgegenrennen, doch glaubhaft ist unser Zeugnis nur, wenn wir mit Mut und Zuversicht Zeugnis von unserer lebendigen Hoffnung in Jesus ablegen. Es gibt auch ein Evangelium, eine frohe Botschaft für Gotteskinder, das unseren Blick auf unseren HERRN richten will: **»Ich aber will auf dich vertrauen!«** (Psalm 55,24).

Das »ich aber« ist ja so wichtig. Schließlich schert hier einer aus dem Trott der Gesellschaft der Zweifler aus und hat den Mut, auf seinen Gott zu vertrauen. Hat die Courage, die Lasten seines Lebens bei dem Herrn Jesus abzuladen und kindlich hinter dem herzugehen, von dem ihm alle Hilfe kommt. Ich wünsche dir dieses herzerfrischende Zutrauen zum HERRN.

Egal, was jetzt deine Seele beschäftigt, vertraue auf die Allmacht Gottes!

3. Dezember

Das Seil hält!

Es mag manches geben, was uns quält. Manches Hinken und Seufzen auf dem Weg in der Nachfolge hat ja seine Gründe. Oft beklagen wir unsere eigene Unzulänglichkeit und sind oft zu Recht regelrecht ärgerlich auf uns, weil wir unserem HERRN durch unser Verhalten so viel Mühe machen. Kein Wunder, dass der Feind genau diese Augenblicke nutzt, um uns mit seinen Anfechtungen zu bedrängen. Oft ist dann Niedergeschlagenheit die Folge, und die Traurigkeit will kein Ende nehmen. Genau in dieses Seelenloch hinein schüttet unser HERR seine herrlichen Segnungen und richtet uns mit einem Wort der Ermutigung auf: **»Er bleibt treu, denn er kann sich selbst nicht verleugnen«** (2. Timotheus 2,13).

Rechnest du tatsächlich täglich mit der Treue Gottes? Auch in Stunden der Ohnmacht und Kraftlosigkeit? Auch dann, wenn die Erhörung deiner Gebete auf sich warten lässt? Auch dann, wenn der Feind dir zusetzt und dir das letzte Gottvertrauen nehmen will? Halte das Seil der Treue fest. Du darfst wissen, dass Gottes Treue fest im Felsen, der Jesus heißt, verankert ist. Du bist nicht den Zufälligkeiten wirrer Umstände ausgeliefert. Wenn Zweifel deine Seele unter Druck setzen wollen, dann sage laut: »Aber mein Heiland bleibt treu!« Dann wirst du seinen Sieg erleben und dein Glaube wird belohnt. Auch in Tagen großer Schwachheit darfst du dich daran erinnern, dass seine Kraft in den Schwachen mächtig ist. Und wenn deine Seele weint, weil du Schmerz über eine Sache empfindest? Immer wieder haben Gotteskinder erfahren: Er hat sich meiner Seele gnädig angenommen!

Für Gotteskinder gilt: »Berge mögen weichen und Hügel fallen, aber meine Gnade wird nicht von dir weichen ... spricht der HERR, dein Erbarmer« (Jesaja 54,10). Was für eine bombensichere Sache. Wo gibt's das schon! Mit dieser Verheißung kann man den Tag frohen Mutes beginnen und beenden!

4. Dezember

Etwas Handfestes

Wir alle stehen im Kampf. Und manchmal pfeifen sicherlich auch dir die Kugeln des Feindes ganz schön um die Ohren. Der Widersacher schläft ja nicht. Er macht keinen Urlaub, wird weder krank, schwach noch hinfällig. Er ist immer präsent. Immer einsatzfähig.

Wie gut, dass der Herr Jesus uns rund um die Uhr seinen Schutz gewährt. Du bist bei ihm in Sicherheit, vergiss das nicht. Sicher gibt es auch Momente in deinem Leben, wo du den Eindruck hast, als ginge alles schief. Als hätte sich alles gegen dich verschworen. Gib diesen negativen Gedanken keinen Raum. Befiehl ihnen in der Autorität eines Gotteskindes, zu weichen. Erinnere dich gleichzeitig an Glaubenserfahrungen, die dein Herz dankbar stimmen.

Es ist erstaunlich, dass immer dann Niederlagen hereinbrachen, wenn das Volk die Siege Gottes vergessen hatte. Das Glaubensleben macht deutlich, dass sich Siege oder Niederlagen immer im Denken entscheiden. Auf wen setzen wir unser Vertrauen? Auf wen berufen wir uns? David besiegte den Feind nicht mit Kraft und Geschicklichkeit. Seine Waffe war der Glaube. Er berief sich auf den Namen des Allerhöchsten. Und genau das hatte er in Zeiten des Kampfes immer wieder so wunderbar erfahren: »... **aber der HERR wurde mir zur Stütze!**« (Psalm 18,19).

Das heißt doch, dass alle anderen Haltemöglichkeiten in die Brüche gegangen sind. Muss es denn so weit kommen? Hätte der HERR nicht vorher eingreifen können? Gewiss! Aber hätten wir dann diese Glaubenserfahrungen gemacht? Gottes Pfeiler sind nicht aus morschem Holz. Darum geh heute mit großer Zuversicht in den Tag, denn der HERR ist deine Stütze.

5. Dezember

Einer, auf den Verlass ist!

Heute sollst du einen kräftigen Schluck aus der Quelle Gottes nehmen und mit dem Sänger Asaf sagen: **»Gott ist gut!«** (Psalm 73,1). Das haben immer die erfahren, die ihr Vertrauen auf Gott setzten. Bei allem Versagen der Gotteskinder steht doch unter dem Schlussstrich der Lebensbilanz: Gott ist gut!

Auch dann, wenn wir vielleicht vieles in unserem Leben nicht verstehen und manches auf Erden uns verborgen bleibt. Gott lenkt die Wege seiner Kinder in seiner Weisheit so, dass sie am Ende zu dem Ziel führen, das er sich gesteckt hat. Grüble nicht, überlass ihm das Sorgen für dich. Gott ist gut, auch wenn dir im Moment manche Frage unbeantwortet bleibt. Kämpfe und Anfechtungen bleiben keinem Gotteskind erspart. Gott ist gut! Trotz mancher Zweifel und Unsicherheiten, die oft die Seele unter Druck setzen wollen.

Niemand ist vor Krisen und Gefahren sicher. Doch das eine wollen wir uns niemals nehmen lassen: Gott ist gut! Wie oft habe ich erlebt, dass dieses Bekenntnis gerade in trüben Stunden wie ein Befreiungsschlag gegen alle Dunkelheit war. Gott ist gut! Lass uns mit diesem Bekenntnis in die Zukunft schauen und auch rückblickend sagen: Gott ist gut!

Dass das stimmt, bezeugt der Sieg am Kreuz von Golgatha. Der HERR erhalte uns ein überaus dankbares Herz für alle seine Wohltaten. Und nun gehe weiter. Bleibe nicht an den ungelösten Dingen in deinem Leben hängen, sonst wird der Feind sie zu Anklagen gegen Gott benutzen.

6. Dezember

Eiszapfen schmelzen!

Was für Augenblicke, wenn nach monatelangem, rauem Wetter und Regenschauern endlich die Sonne wieder durch die Wolken blinzelt. Wie gut das tut! Der Mensch ist doch tatsächlich ein Sonnengeschöpf. Dunkle Tage können wir nicht über längere Zeit ertragen. Irgendwie nervt uns das. Aus diesem Grund gibt es auch in den sonnenarmen Tagen des Jahres eine hohe Zahl depressiv gestimmter Menschen.

Nun weiß ich nicht, ob du dich nicht gerade jetzt nach »inneren Sonnenstrahlen« sehnst. Ob du nach Wärme und Licht für die welkgewordenen Blumen deiner Seele Ausschau hältst? Wie auch immer, hier ist ein frohmachendes Wort für dich: **»Aber die, die ihn lieben, sollen sein, wie die Sonne aufgeht in ihrer Kraft«** (Richter 5,31). Da werden Menschen, die Gott lieben, selbst zu Sonnenstrahlen, weil die Liebe Gottes sie anstrahlt. Sie wirken dann wie eine Solaranlage, die von den Sonnenstrahlen gespeist wird und Kraft zum Leben gibt. Ich möchte dir viel Mut machen, deinen Herzensspiegel zielgenau auf den Herrn Jesus auszurichten. Nur dann kannst du seine Sonnenstrahlen empfangen. Nur dann kannst du Kraft zum Leben erwarten. So einfach ist das.

Sei daher dankbar, dass du nicht selbst den Strom des Leben produzieren musst. Du würdest kein Licht in dieser dunklen Welt zum Leuchten bringen. Doch wenn die Liebe Gottes dein Herz durchflutet, wird sie zu Sonnenstrahlen, die neues Leben erwecken. Sie bringen auch die stärksten Eiszapfen der menschlichen Seele zum schmelzen. Was aber, wenn du selbst die aufsteigende Kälte in deinem Herzen spürst? Wenn es dich fröstelt, weil du die wärmende Nähe an der Seite Jesu verloren hast? Dann stelle dich ganz bewusst wieder in das Licht der Liebe Gottes. Je intensiver du dich seinen Strahlen aussetzt, desto inniger wirst du von seiner Liebe erfasst.

Sei dir sicher, dass jedem Gotteskind, das sich aufrichtig nach der Wärme der Gemeinschaft mit dem liebenden Gott ausstreckt, die Sonne aufgeht in ihrer Kraft.

7. Dezember

Unter Gottes Aufsicht!

Der Arbeiter im Reich Gottes gleicht einem Landwirt, der seine Maschinen pfleglich behandeln muss, damit sie zur Erntezeit voll einsatzfähig sind. Ich habe noch keinen Landwirt getroffen, der seine Ernte im gemütlichen Trott eingebracht hat. Erntezeit bringt immer viel Mühe und Stress mit sich. Sie erfordert viel Kraft und Einsatz. Dabei geht es oft energisch zur Sache, das Kupplungs- und Gaspedal wird ordentlich strapaziert, und die Gänge werden hastig durcheinandergewirbelt. Schließlich muss die Ernte in die Scheune.

Wir haben keine Zeit mehr, die Hände in den Schoß zu legen. Die Unwetter endzeitlicher Verführungen fegen unaufhaltsam über uns weg. Jetzt ist unser ganzer Einsatz gefragt. Menschen müssen für den Herrn Jesus gewonnen und Seelen der Hölle entrissen werden. Wir dürfen unseren Auftrag, das Evangelium unter die Leute zu bringen, nicht aus den Augen verlieren.

Doch bei aller Arbeit und allen aufopfernden Mühen soll eins deutlich werden: Mit unserer Tüchtigkeit können wir nicht viel bewegen. Wir sind ohne die Hilfe des HERRN recht schnell erschöpft und am Ende. Doch das darf unser Trost sein: »Der HERR ist treu, der euch befestigen und vor dem Bösen bewahren wird!« (2. Thessalonicher 3,3).

Wie oft versagen wir, sind lau und untreu. Beginnen am falschen Ende und lassen uns von so vielen nebensächlichen Dingen von der Hauptaufgabe ablenken. Hat der Dienst für unseren Herrn Jesus in allem Vorrang? Sind die Prioritäten recht gesteckt?

8. Dezember

Die hohe Kunst des Glaubens

Wir erwarten oft nicht, dass der HERR Gutes für uns bereithält. Unsere Gedanken sind so mit dem Alltagskram in Beschlag genommen, dass wir kaum Zeit finden, über unseren Christenstand nachzudenken. Schließlich geht es in der Welt wie auf einem Jahrmarkt zu. Da wird gepufft, gestoßen, an die Seite gedrängt. Wer die spitzesten Ellenbogen hat, setzt sie als Waffe ein. Das Resultat ist, dass wir uns abschotten, absichern, dagegenhalten. Wir lassen uns aufhalten, zurückdrängen und beiseiteschieben. Und bei all dem sind wir bereit, mit gleicher Münze heimzuzahlen.

Lässt sich in dieser Welt eigentlich der biblische Glaube realisieren? Wohlgemerkt, unser HERR hat für jeden von uns ein volles Programm seiner Segnungen bereit. Aber da sind die Schwierigkeiten! Die Widerwärtigkeiten! Die Probleme! Sollte uns nicht gerade das auf die Idee bringen, unserem HERRN nachzufolgen? **»Jesus schritt mitten durch sie hindurch und ging seinen Weg«** (Lukas 4,30).

Wie souverän unser HERR doch ist! Bist du schon einmal auf die Idee gekommen, dich regelrecht an ihn dranzuhängen? Wenn er durch den Wust der Probleme hindurchmarschiert, warum ergreifst du dann nicht die Gelegenheit, die freigewordene Gasse für dich zu nutzen? Nirgendwo hat der Herr Jesus uns aufgefordert, dass wir uns durch die Verhältnisse selbst hindurchzwängen müssen.

Wenn der Herr Jesus sich nicht von Satans Drohungen beeindrucken lässt, warum solltest du es? Ist es nicht die hohe Kunst des Glaubens, mit dem zu rechnen, der alles kann und alles weiß und für mein Allerbestes sorgt? Weil das so ist, wünsche ich, dass du ganz hauteng hinter dem Herrn Jesus hergehst. Und wenn du Mattheit oder Niedergeschlagenheit fühlst, dann kräftige der HERR deine Seele und zeige dir den Weg, der ihm gefällt. Auf geht's! Der HERR ist schon einen Schritt voraus.

9. Dezember

Dann bete!

Wie gut, dass wir einen HERRN haben, der unsere tiefen und verborgenen Bedürfnisse kennt. Und wie trostvoll ist es zu wissen, dass er auch um all die Dinge weiß, die unseren Augen verborgen sind.

Es gibt ja so viele Gefahren, die an den Straßenrändern unserer Wege auf uns lauern. Mich hat das Wort aus Apostelgeschichte 12 ganz neu bewegt. Da schlief Petrus in einer nicht gerade für ihn rosigen Situation, in der wir wahrscheinlich kein Auge zugemacht hätten. Schließlich hatte man Jakobus enthauptet, und nun saß auch Petrus fest. Was können wir tun, wenn alles verworren und katastrophal erscheint? Wie uns verhalten, wenn wir keinen Ausweg wissen? Hier liegt das Geheimnis: **»... aber von der Gemeinde geschah ein anhaltendes Gebet!«** (Apostelgeschichte 12,5). Beter waren an der Front. Darum konnte Petrus den Frieden Gottes genießen.

Anhaltende Beter sind Menschen, die andauernd und bleibend um den ganz gewissen und engen Kontakt zu ihrem HERRN wissen. Sie leben in fortwährender Glaubensspannung und froher Erwartung. Sie liegen Gott in den Ohren. Mit Freimut tun sie es. Sie wissen sich geliebt und herzlich willkommen. Was auch dein Sehnen im Moment sein mag, welche Nöte dich bewegen, welche Gedanken du in deinem Herzen bewegst, der Herr Jesus ermutigt dich zu anhaltender Fürbitte.

So gab ein Missionar Zeugnis von seiner Arbeit und dankte für den Sieg, den der Herr ihm in einer ganz bestimmten, für ihn aussichtslosen Lage geschenkt hatte. Nach dem Gottesdienst kam eine Glaubensschwester auf ihn zu und erkundigte sich nach Tag und Stunde. Sie stellte fest, dass es genau die Uhrzeit war, in der sie innerlich gedrängt wurde, für diesen Missionar zu beten. Weißt du, wie wertvoll deine Fürbitte ist?

Beter werden gebraucht! Denk bitte daran!

10. Dezember

Doch Gott!

Das ändert deine Lage! Dieses Wort holt auch die niedergeschlagene Seele aus ihrer Entmutigung heraus. »Doch ... Gott!« (Psalm 9,10). Anders ausgedrückt: Es ist das göttliche Aber, das Dennoch des Glaubens, das uns über die Klippen und Abgründe unseres Lebens hinwegträgt.

Als ich ein kleiner Junge war, sagte mein Vater oft: »Junge, beachte in der Bibel das göttliche Aber.« Tatsächlich sollte man sich einmal die Mühe machen, diesen Begriff im Zusammenhang zu lesen, um darüber nachzudenken. Es lohnt sich! »Doch, Gott!« Man kann auch sagen: »Aber Gott ...!« Da kann kommen, was will. Wenn Gott sein Dennoch, sein göttliches Aber meinen Schwierigkeiten entgegensetzt, ändert das in Sekundenschnelle die Situation. Warum also hoffnungslos sein? Warum niedergeschlagen und gebückt durch die Zeit schleichen? Warum ängstlich um sich schauen, wenn wir doch mit Gottes mächtigem Eingreifen rechnen dürfen?

Lass dich von der Hoffnung berühren, dass der HERR auch deine Lage kennt und um jeden Schritt deines Lebens weiß. Wenn du einmal nicht mehr weiterweißt, dann sage im Glauben: »Doch, Gott!« – »Aber Gott ...!« Und dann überlass ihm glaubensfroh deinen zukünftigen Weg.

11. Dezember

Offene Tür!

Gotteskinder gehören zur geistlichen Familie und dürfen den großen und allmächtigen Gott im Himmel Vater nennen. Seine Freundlichkeit und Güte genießen wir täglich. Ist das nicht wunderbar?

Jemand hat es einmal mit Recht so formuliert: »Gott ist groß und gibt am liebsten große Gaben, ach, dass wir Menschen oft nur so kleine Hände haben!« Der Herr Jesus möchte dich an seiner Gnade teilhaben lassen. Die Tür ist offen! **»Lasst uns mit Freimütigkeit hinzutreten zum Thron der Gnade, damit wir Barmherzigkeit empfangen und Gnade finden zur rechtzeitigen Hilfe«** (Hebräer 4,16). Auch wir haben jeden Tag Gottes Hilfe nötig. Schade, wenn wir den Anschluss an seine Gnade verlieren und uns erst dann wieder an sie erinnern, wenn uns die Schwierigkeiten über den Kopf wachsen. Wie oft müssen wir traurig bekennen, dass wir durch eigenes Verschulden Fehler begangen, und uns durch eigenmächtiges Handeln in Schwierigkeiten gebracht haben.

In einer Stadt waren auf einem Gehweg übergroße Fußspuren aufgemalt, sie führten geradewegs in ein Kaufhaus. An der Eingangstür stand dann für jeden Kunden zu lesen: »Immer zuerst ins Kaufhaus ...!« Und wir? Bei uns sollte es heißen: »Immer zuerst zum Herrn Jesus!« Wir würden uns viele Irrwege und Pleiten ersparen, wenn wir diese Empfehlung beherzigten.

12. Dezember

Du brauchst dich nicht zu fürchten!

Warum bist du so unruhig. Was quält deine Seele? Gib die Sorgen ab. Der Herr Jesus wird dann seine Hände über dir ausbreiten und dich mit »frischem Öl« überschütten! Er erquickt deine Seele. Er heilt deine Wunden. Er richtet deine verzagte Seele auf. Er weiß am besten, was du brauchst. Vielleicht fühlst du dich im Augenblick innerlich arg bedrängt. Ängstlich schaust du auf die nächsten Schritte und weißt nicht, wie alles werden wird. Du bangst um deine Zukunft. Sorgst dich um Leib und Leben.

Hier ist ein Wort, das dich aus aller Glaubensenge herausreißen soll: **»Sei fern von Bedrängnis, denn du brauchst dich nicht zu fürchten, und von Schrecken, denn er wird sich dir nicht nähern«** (Jesaja 54,

14). Jemand hat mit Recht gesagt: »Wir sorgen uns zu 100%. Doch 90% der Sorgen treffen statistisch gesehen nicht ein. Und die verbleibenden 10% unserer Sorgen dürfen wir getrost auf unseren HERRN werfen.«

Sagt der Herr Jesus nicht: »Alle eure Sorgen werfet auf ihn, denn er ist besorgt für euch?« (1. Petrus 5,7). Das betrifft unsere Krankheitsnot genauso wie die vielen kleinen und großen Fragen unseres Lebens. Ach, dass wir doch mehr Glauben hätten! Ohne Glauben ist es unmöglich, dem HERRN zu gefallen. Der Unglaube bindet ihm die Hände. Doch dem Glaubenden ist alles möglich.

Und nun frisch geglaubt! Er hält schließlich, was er versprochen hat!

13. Dezember

Er wischt alle Tränen ab!

Wie ermutigend ist es doch, dass – trotz aller niederdrückenden Zeiterscheinungen – das Evangelium seine Leuchtkraft behält! Je dunkler die Welt, desto heller das Licht! Auf jeden Fall will der HERR das so. Dazu hat er uns in dieser Welt gelassen. Sein Licht in uns stoppt die Finsternis und nimmt die Traurigkeit weg. Seine Nähe schenkt Trost in allem Leid. Und genau das haben Gotteskinder immer wieder erfahren. Wie wunderbar ist doch unser HERR!

Gewiss, es gibt Tage, da brauchen wir einen besonderen Zuspruch von oben. Der Herr Jesus weiß längst, wie uns zumute ist, wenn er uns tröstet: **»Weine nicht!«** (Lukas 7,13). Durch diesen liebevollen Zuspruch hat der Herr Jesus damals die traurige Witwe getröstet, denn zuerst starb ihr Mann, und danach musste sie noch ihren einzigen Sohn hergeben. Und mit ihm waren alle Hoffnungen für sie begraben. Der Schmerz des Verlustes bohrte tief in ihrem Herzen. Doch dann trat der Herr Jesus diesem Trauerzug entgegen und sprach zu der Witwe: »Weine nicht!« Kann denn dort, wo der HERR des Lebens weilt, der Tod das letzte Wort haben?

Unser Herr Jesus will nicht, dass wir zum Tod Ja und Amen sagen.

Er will das Leben! Schließlich ist er der ewig Lebendige. Er ist in unser Leben hineingetreten, damit wir Leben haben. Sein Leben! Tatsächlich, wo unser HERR ist, hört das Weinen auf. Da wischt er die Tränen ab. Und damit noch viele Menschen diesen ewigen Trost Gottes erfahren, wollen wir von dem weitersagen, was der Herr Jesus uns bedeutet. Die Zeit ist ernst. Vieles ist zum Weinen.

Dennoch sind wir getröstet: Weine nicht! Ist das nicht wunderbar? Schade, wenn wir das immer wieder vergessen.

14. Dezember

Wenn aus Traurigkeit Freude wird!

Damit du es weißt: Dein HERR kennt alles, auch die unausgesprochenen Dinge deines Herzens. Ob es sich nun um Alltagsbefürchtungen, Existenzsorgen oder den heimlichen Kummer handelt, ganz gleich, er ist da und wird sich deiner Sache annehmen. Ihm liegt sehr daran, dir wohlzutun. Aus deiner Trauer soll Freude werden. Darum fordert uns die Bibel auf: **»Freut euch allezeit!«** (1. Thessalonicher 5,16). Freude auch dann, wenn alles auf den Nullpunkt sinkt? Freude auch dann, wenn die sichtbaren und natürlichen Quellen vertrocknen?

Paulus hatte den Durchblick: Ja, es gibt Freude, die sich über allen Schmerz der Welt zum Herzen Gottes gezogen weiß. Es ist die Freude, die nicht auf die Umstände, sondern auf den allmächtigen Gott blickt. Es ist die Freude, sich in seinen liebenden Händen geborgen zu wissen. Was auch immer geschieht, der Herr Jesus macht alles gut. Weil er Gedanken des Friedens und nicht des Leides mit uns hat, dürfen wir in seiner Liebe ruhen. Er allein kann unser aufgeregtes Herz zur Ruhe bringen. Ist das kein Grund zur Freude?

Du hast allen Grund, dich über jede Verheißung, jede Segnung und jeden Zuspruch zu freuen. Und damit du es weißt: Dein HERR wird handeln! Und am Ende wirst du staunen, wie wunderbar seine Wege sind und wie er aus deiner Traurigkeit Freude werden lässt. Es bleibt dabei:

Die Freude am HERRN ist unsere Stärke.

15. Dezember

Frieden, den die Welt nicht kennt

Innere Unruhe und Ängstlichkeit sind oft nur Mangel an Gottvertrauen. Ja, es gibt tausenderlei Dinge, die uns den Schlaf rauben können. Doch der HERR ruft dir zu: »**Und ich werde Frieden ... geben, dass ihr euch niederlegt und es niemand gibt, der euch aufschreckt**« (3. Mose 26,6).

Wir stehen täglich an Kreuzungen und müssen entscheiden: Rechts, links oder geradeaus? Wie gut ist es da, immer wieder auf die Stimme des guten Hirten zu achten, der uns bei aller Unsicherheit sagt: »Meinen Frieden gebe ich euch!« Gerade in der heutigen Zeit ist es wichtig, dass wir die Gemeinschaft mit dem Herrn Jesus suchen und uns nicht durch Beunruhigungen von seiner Seite drängen lassen. Wer jedoch seine Entscheidungen auf eigene Faust riskiert und nicht seinen HERRN zu Rate zieht, wird scheitern. Dich aber segne der Herr Jesus tief und reich. Du sollst es wieder ganz neu erfahren, dass er, dein guter HERR, dich liebt und dich in jeder noch so schwierigen Situationen auf starken Händen trägt.

Verliere nicht den Mut. Gerade dann kommt es darauf an, dass du deinen Glauben unter Beweis stellst. Gott will Wunderbares in deinem Leben wirken. Wenn wir jedoch nur auf unsere Nöte starren und nur an das denken, was uns niederdrückt und bekümmert, werden wir nie Gottes wunderbares Eingreifen erleben. Ganz gleich, was es ist, ob Schwierigkeiten am Arbeitsplatz oder Nöte in der Familie, Spannungen in der Verwandtschaft oder Sorgen um die Gesundheit, sei dir bewusst: Wenn der Herr Jesus Frieden schafft, was kann dich dann noch beunruhigen? Wenn er seine Hand dazwischen hält, wer will dir Schaden zufügen?

Und in diesem Wissen, dass der Herr Jesus für dich ist, sollst du deinen Weg beginnen. Er schafft Frieden in deinem Herzen, von dem die Welt keine Ahnung hat.

16. Dezember

Er ruft dich!

Die Zeit ist ernst. Die Welt wird von all den schrecklichen Nachrichten regelrecht durchgerüttelt. Die politischen und gesellschaftlichen Probleme sind kaum noch lösbar. Immer mehr hört man den Ruf nach dem starken Mann, der die verworrene Lage der Welt wieder ins Lot bringen soll. Und so hört man rufen: »Eine Weltregierung muss her! Die ungerechte Verteilung von Reichtum und Gütern dieser Welt erzeugen nur Spannungen und Kriege unter den Völkern. Ebenso muss dem Gerangel unter den Religionen ein Ende gemacht werden, deswegen muss ein Oberguru das Sagen haben!«

Kein Wunder, dass Missmut, Angst und Sorge um die Zukunft die Gemüter der Menschen beschweren. Und wie sieht es in Kirche und Gemeinden aus? Wo ist Aufbruchstimmung, weil die Ankunft des Herrn Jesus nahe vor der Tür steht? Da sind viele Hirten stumm geworden. Längst haben sie die Herde Gottes aus den Augen verloren. Sie sehen nicht, wie Satan die Gemeinde Gottes verführt und ungefestigte Seelen ins Verderben rasen. Sie erkennen nicht, dass die Welt zur Hölle geht. Unter Christen herrscht ein derart geistliches Durcheinander, dass es einen erschaudern lässt. Wie soll das alles einmal enden?

Hat der Herr Jesus seine Gemeinde nicht zur Wachsamkeit, Nüchternheit und Treue aufgerufen? Wir wollen uns daher ausschließlich am Wort Gottes orientieren. Nur so sind wir vor Lüge und Verführung sicher. Wir wollen uns nicht pausenlos von all den negativen Nachrichten in Unruhe bringen lassen. Schließlich wissen wir um Gottes herzliches Erbarmen und seine rettende Kraft.

Wie gut, dass der allmächtige Gott die volle Verantwortung für seine Gemeinde übernommen hat und keine Macht der Finsternis Gottes Volk niederringen kann. Damals rief der Herr Jesus dem blinden Bartimäus zu: »**Sei guten Mutes! Steh auf, er ruft dich!**« (Markus 10,49). Dieser Ruf des Herrn Jesus gilt heute dir! Und wenn der Herr Jesus dich ruft, müssen alle anderen Stimmen zum Schweigen kommen. Wenn er dir Mut befiehlt, hast du keinen Grund, entmutigt und ängstlich zu sein. Wenn er dich zur Entschiedenheit und Hingabe ruft, dann zögere nicht, auf seinen Ruf zu antworten. Schließlich schickt der Herr Jesus uns nicht irgendwohin, sondern ruft uns zu sich! Darum noch einmal: Sei guten Mutes! Steh auf, er ruft dich!

17. Dezember

Nur Geduld!

Ein Kampf tobt in der Luft! Die Zeit ist danach. Die Sünde bestimmt das Verhalten der Menschen. Überall Gottlosigkeit, gotteslästerliches Geschwätz, hochmütiges Verhalten. Von Gottesfurcht keine Spur. Jeder Tag fordert von uns Christen den totalen Einsatz. Was aber erwartet unser HERR von uns? Nicht mehr als Treue und Geduld!

Nie hat er von Erfolg und Hektik geredet. All das mag zwar im Geschäft an oberster Stelle stehen. Bei Gott gelten allerdings andere Prioritäten. Gewiss gibt es auch im Christenleben Zeiten, in denen uns geistliche Trockenperioden zusetzen und Momente, in denen uns der Druck der Umstände zu schaffen macht. Da haben wir uns zu bewähren. Auch ein Christ wird von Ungeduld geplagt. Jakobus gebraucht hier ein Bild aus der Landwirtschaft – vom Saatkorn, das ausgestreut ist und im Stillen zu keimen beginnt – und sagt: »**Habt nun Geduld, Brüder, bis zur Ankunft des HERRN!**« (Jakobus 5,7).

Um Geduld geht es. Treiberische Hetze ist vom Teufel. Darum wollen wir uns um innere Stille bemühen, um ein Herz, das in Gott ruht. Wer betend durch die Zeit geht, lässt sich nicht vom Teufel beunruhigen. Arbeite nur getrost weiter im Namen des HERRN, auch wenn du im Augenblick keinen Erfolg siehst! Belohnt wird nicht das Resultat, sondern die Treue. Bitte den Herrn Jesus um Geduld. Und wenn es zu Glaubensübungen kommt, dann hat der HERR begonnen, dein Gebet zu erhören. Ausharren bringt Geduld!

18. Dezember

Was für ein HERR?

Wie lange dürfen wir dem HERRN noch in Freiheit dienen? Jedenfalls hat der HERR gesagt: »Es kommt die Nacht, da niemand wirken kann!« (Johannes 9,4). Für uns heißt das: Wach bleiben! Dran bleiben! Treu sein! Und weil unser HERR die Zeitabläufe kennt, wollen wir uns seiner Führung anvertrauen. Er schenke uns allen ein gehorsames Herz. Diese mutmachende Erfahrung soll dich erfreuen: **»Groß ist unser HERR und reich an Macht. Seine Einsicht ist ohne Maß!«** (Psalm 147,5).

Schade, dass unser Glaubensfahrzeug oft »untertourig« läuft und der Sorgengeist dieser Welt uns so schnell abwürgen kann. Lass dich ganz neu in die herrliche Wahrheit dieser Erfahrung mit hineinnehmen: Groß ist unser HERR ...! Mögen die Türen der Probleme noch so verschlossen sein, mögen die Berge der Schwierigkeiten dir noch so große Furcht einflößen: Groß ist unser HERR! Dein HERR! Es gibt keinen, der mächtiger ist als er! Es gibt niemanden, der so durchblickt, wie er es kann!

Unbegrenzt ist er, der ewige Gott! In allem! Auch in seiner Gnade, Barmherzigkeit und Liebe. Alles an ihm ist vollkommen. Und weil er uns so liebevoll und freundlich nachgeht und uns so herzensgut umsorgt, wollen wir keine kümmerlichen Fragen vor der Haustür unseres Herzens parken lassen: Ob der HERR mir wohl gnädig ist? Ob er auch für mich einen guten und sicheren Weg durch diese Welt hat? Vertraue nur weiter mutig deinem Heiland und HERRN! Weiter voran! Das Ziel ist in Sicht!

Doch bis dahin wollen wir fleißig und treu für ihn arbeiten und uns nicht faul in den Sesseln der Bequemlichkeit räkeln. Das Ergebnis der Treuen wird triumphal sein, weil es Gott ehrt!

19. Dezember

Gott sucht dich!

Es ist der HERR selbst, der die Herzen bewegt und Menschen, die ihm gehören, mit dem Wunsch erfüllt: HERR, dir will ich gehören! Herr Jesus, mein ganzes Leben will ich in deinen Dienst stellen! Darüber freut sich unser Gott.

Sein Verlangen ist, auch dir immer wieder Gutes zu tun. Sieh einmal, welch eine Erfahrung die Bibel weitergibt»**Des HERRN Augen durchlaufen die ganze Erde, um denen treu beizustehen, deren Herz ungeteilt auf ihn gerichtet ist!**« (2. Chronik 16,9). Ein ungeteiltes Herz! Darauf kommt es ihm an. Er will es beschenken. Das ist sein sehnlichster Wunsch. Doch leider muss er uns sicher oft wie eine Stecknadel im Heuhaufen suchen. Würde die Bibel sonst solch ein Wort weitergeben?

Gott sucht dich! Lass dich finden! Sage: »HERR, hier bin ich! Hier ist mein ganzes Herz!« Und dann darfst du mit Recht darauf warten, dass der Herr Jesus dich mit Gutem überrascht. Ein ungeteiltes Herz für den HERRN wird von ihm im Übermaß beschenkt.

20. Dezember

Gott ist für dich!

Was das Zeitgeschehen betrifft, so hat man den Eindruck, als würde tatsächlich die letzte Runde eingeläutet. Wann wird der heilige Gott diesem lästerlichen Treiben ein Ende machen? Aber was ist dann mit den noch Unerretteten aus Familie, Verwandtschaft und der Nachbarschaft? Noch sind Gnadentage! Was aber können wir tun, wenn das Evangelium nur verlacht wird? Wie reagieren, wenn man mit Spott übersät wird? Wer an die Front des Evangeliums tritt, muss dies wissen: **»Dieses habe ich erkannt, dass der HERR für mich ist!«** (Psalm 56,10). Das hat Abraham erfahren und Mose erlebt. Das hat David mit tiefer Freude erkannt und Paulus zur Anbetung getrieben.

Und wir? Wie tief berührt uns das eigentlich noch, dass Gott für uns ist? Diese Garantie ist notariell in Gottes Aktenschrank hinterlegt. Sie ist glaubhaft mit dem Blut Jesu versiegelt. Gott ist für uns! Trotz aller geistlichen Armseligkeit der Gemeinde Gottes. Trotz alles Versagens im eigenen Leben. Trotz aller Niederlagen zu Hause oder am Arbeitsplatz. Trotz allem, was wir ihm oft so durch den Tag hindurch zumuten: Gott ist für uns! Wird darin nicht die überwältigende Qualität seiner Gottesliebe zu uns sichtbar? Begreif es einmal mit dem Herzen, dass diese herrliche Wahrheit für dich gilt. Da darfst du am Morgen die Bettdecke zurückschlagen und sagen: »Mein HERR und Gott ist für mich!« Da ist keine Situation ausgenommen. Gott steht zu seinem Wort!

Es bleibt dabei: Gott ist für uns! Du hast viel Grund, dich rundherum glücklich zu schätzen, weil er es dir zugesagt hat: »Ich bin für dich!« Und was die schwierigen Lebensführungen betrifft, so darfst du es nochmals wissen, dass er in seiner unergründlichen Liebe und Weisheit die dir zugedachten Portionen und Gewichte sorgsam abwägt. Und wenn der Feind dir ins Ohr raunt: »Gott hat dich verlassen!«, dann halte dir die Ohren zu, und rufe im Glauben: »Aber der HERR ist für mich!« Das allein zählt! Und nun froh voran, du hast allen Grund dazu: Gott ist für dich. Wer will es wagen dich anzutasten?

21. Dezember

Mehr als nur Trost!

Wenn man bedenkt, wie schnell Kostbares, Berühmtes, von Menschenhand Erschaffenes in Schutt und Asche zerfällt. Wie bald wird die Herrlichkeit der Welt – manchmal in Sekundenschnelle – zum Trümmerhaufen. Ein Erdbeben nur, und alle Pracht ist hin.

Das Evangelium ist im Gegensatz dazu doch eine Botschaft, die jeder Erschütterung standhält, weil sie auf dem ewigen Felsengrund JESUS gründet. Der HERR schenkt Leben, das in Ewigkeit bleibt. Er wirkt Frucht, die niemals vergeht! Er gibt ewig Bleibendes, das seinen Namen verherrlicht.

Bete darum, dass der Herr Jesus dir für die zukünftigen Aufgaben viel, viel Ausdauer und Tapferkeit schenkt. Dass er dir die Augen für das Wesentliche öffnet. Wir Christen stehen schließlich im Kampf. Die geistlichen Auseinandersetzungen nehmen zu. Die Konfrontation wird härter. Doch dir und mir gilt dieses herrliche Verheißungswort: **»Mein Angesicht wird mit dir gehen, und ich werde dir Ruhe geben!«** (2. Mose 33,14). Das ist mehr als Trost! Das ist Glückseligkeit!

Solange Gottes Angesicht über uns leuchtet, geht uns die Sonne nicht unter. Und nun frisch ans Werk. Wenn auch die Dunkelheit zunimmt, Jesu Licht erhellt jeden Schatten und jede Finsternis. Viel Mut und Zuversicht auch in deinen Aufgaben. Der HERR ist mir dir. Verlass dich darauf!

22. Dezember

Alle Gewalt und Macht ist sein!

Wer mit offenen Augen durch die Zeit geht und sich von den negativen Dingen in den Bann ziehen lässt, schaut tatsächlich mit Grausen in die Zukunft. Was soll bloß aus dieser Welt werden? Was wird aus unseren Kindern, die schutzlos dem Verderben und teuflischen Treiben ausgesetzt sind? Wie werden sich die politischen Dinge weiter entwickeln? Wann krachen wieder Bomben und zerfetzen mörderische Granaten unschuldige Menschen? Wann brennt der nächste Krisenherd? Wann schockt der nächste Terroranschlag die Welt? Krieg und Kriegsgeschrei, so zitiert die Bibel die Szenerie der Endzeit.

Nein, wir wollen uns nicht fürchten! Unser HERR ist auch HERR der Geschichte. Ihm läuft das Weltgeschehen nicht aus der Hand. In seiner Hand liegt es, die Herzen der Machthaber dieser Welt wie Wasserbäche zu lenken. Nichts entgeht seiner Aufmerksamkeit. Er bestimmt den Fluss der Zeit. Doch eins stimmt auch: Der Mensch gräbt sich in seiner Gottlosigkeit selbst das Grab. Er erntet die Frucht der Saat.

Doch damit Gotteskinder sich nicht fürchten, versichert der HERR uns: **»Mir ist gegeben alle Gewalt im Himmel und auf Erden!«** (Matthäus 28,18). Furchtlos sollen wir daher unsere Bahnen ziehen. Ob Wolken unseren Blick verdunkeln wollen, ob die Straße unseres Lebens mühevoll und steinig wird, wir wollen nie vergessen, dass wir auf der Seite des Siegers stehen! Alle Gewalt und Macht ist sein!

23. Dezember

Nichts ohne Jesus!

Wie schnelllebig ist doch unsere Welt. Da reden wir von einer neuen Zukunft, von gewaltigen Aussichten und globalen Veränderungen in Wirtschaft und Gesellschaft und verpassen ganz, dass auch der ewige Gott ein passendes Wort für uns Menschen hat.

Jemand hat einmal zu Recht gesagt: »Auch das fromme Buchen von Erfolgen kann gefährlich sein.« Dann kann es uns passieren, dass wir in Selbsttäuschung meinen, wir hätten die Wirklichkeit im Griff. Daher sollten wir alles Marktschreierische, Übertriebene und Unnüchterne meiden. Erfolg meint immer sich selbst. Er beweihräuchert das dicke Ego, doch der Segen zeigt über sich hinaus auf den Herrn Jesus. Genau das wollen wir immer wieder tun und uns an das Wort unseren HERRN erinnern: **»Ohne mich könnt ihr nichts tun!«** (Johannes 15,5).

Es ist ein großer Irrtum zu glauben, die Nachfolge Jesu sei ein gemütlicher Sonntagnachmittags-Spaziergang. Der Kampf geschieht im Geheimen und im sichtbaren Widerstand gegen den Unglauben. Es gibt keine befreiendere Abhängigkeit als die, an seinen Herrn Jesus gebunden zu sein und alles, aber auch alles, von ihm zu erwarten.

Wir sollten daher dieses Vorrecht, dem HERRN ganz zu gehören, fest im Herzen tragen und in den Tagesentscheidungen ausleben. Das heißt aber auch: Mit meinem Gott kann ich über Mauern springen! Viel Mut beim Absprung! Der Glaubende landet immer in den ausgestreckten Armen Gottes!

24. Dezember

Beschenkt!

»Was wünschst du dir am liebsten zu Weihnachten, Anne-Katrin?« Das kleine Mädchen denkt an das eingerahmte Bild zu Hause. Es ist die einzige Erinnerung an seinen verstorbenen Papa. Wie hing sein Herz daran. Anne-Katrin überlegt einen Augenblick und schaut dann ihren Lehrer mit festem Blick an und sagt leise: »Ich wünschte mir, dass Papa aus dem Bilderrahmen träte und wieder bei uns wäre.«

Verrät nicht das kleine Mädchen etwas von der Sehnsucht aller Menschen? Wünschten wir nicht auch alle, dass Gott aus seinem Rahmen träte und uns persönlich begegnete? Gott, wo bist du? Sprich ein Wort. Sprich ein Wort zu dieser von Elend und Herzeleid geschüttelten Welt. Sehnen wir uns nicht alle nach Geborgenheit und Frieden? Nach der starken Hand, die uns aus aller Schwachheit herausreißt?

Gott ist »aus dem Rahmen getreten«. Seit 2.000 Jahren begegnet Gott uns in Jesus Christus. Haben wir das vergessen? Gott wurde Mensch. Er kam in unsere leidvolle Welt. Jesus – das Kind in der Krippe – ist die Offenbarung der Liebe Gottes an dich und mich. **»Denn so sehr hat Gott die Welt geliebt, dass er seinen eingeborenen Sohn gab, damit jeder, der an ihn glaubt, nicht verloren gehe, sondern ewiges Leben habe«** (Johannes 3,16).

Ach, dass wir doch begriffen, dass dieser Gott uns unendlich liebt, obwohl ihm die meisten trotz aller erfahrenen Liebe und Barmherzigkeit kaltschnäuzig und rücksichtslos den Rücken kehren. Ist es denn wahr, dass unsere Herzen so hartgesotten sind, dass wir Menschen auf Gottes

Liebe pfeifen? »Gott hat seinen eigenen Sohn nicht geschont, sondern hat ihn für uns alle hingegeben!« (Römer 8,32). Das Geschenk der Liebe ist Jesus. Das Kind in der Krippe, Gott selbst schenkt sich dir und mir. Ein gewaltiges Wunder, das keiner begreift: Der ewige Gott verließ die Herrlichkeit des Himmels, wurde ein Mensch wie du und ich, doch ohne Sünde. Er erniedrigte sich selbst bis zum Tod am Kreuz. Sein Blut floss zur Sühnung der Sünde. Doch er ist auferstanden und lebt. Er, der Friedensbringer, der jede Dunkelheit mit seinem Licht erhellt. Er ist der, der uns bleibend glücklich macht und alles Sehnen unserer Seele für immer stillt. Gott stieg aus seinem Rahmen. Er kam bis zu dir.

Wenn wir jedoch Jesus als Herrn und Erlöser ignorieren, dann bleiben Sünde, Schuld, Dunkelheit, Angst, Not, Verzweiflung und Verdammnis. Jesus Christus, die Antwort der Liebe Gottes, der rettende Ausweg zum ewigen Leben. Einen anderen Grund, sich über die Geburt Jesu zu freuen, gibt es nicht.

25. Dezember

Es bleibt nicht dunkel!

Wie viel Dunkelheit liegt über den Herzen der Menschen. Darum ist der Herr Jesus als das Licht in die Welt gekommen, damit jeder, der ihm nachfolgt, nicht in der Finsternis bleibe, sondern das Licht des Lebens habe. Alle Lichter dieser Welt verlöschen, nur Jesus, das Licht der Welt, zeigt allen, die in Finsternis und Todesschatten sitzen, den Weg nach Hause. Es vergeht kaum ein Tag, an dem wir nicht mit neuen Katastrophenmeldungen überschüttet werden. Wirklich, eine Welt zum Heulen! Und mittendrin stehen Gotteskinder und verkündigen die frohe Nachricht: Jesus, der Retter der Welt, ist geboren! **»Kommt ans Licht!«** (Jesaja 49,9).

Schüttet euer Herz vor dem HERRN aus. Keiner muss so bleiben, wie er ist. Alle sind herzlich eingeladen – alle, ohne Ausnahme. Es ist für jeden Vergebung da. Doch wie mit Eisenstangen wehrt sich oft der

Feind. Lässt seine Opfer nicht los. Verdunkelt die Gemüter, damit ihnen nicht das herrliche Licht der Gnade aufgeht und sie nach Hause finden.

Aber auch Christen gilt dieser Zuruf: Kommt ans Licht! Allzu oft umgeben uns die Nebelschwaden der Befürchtungen und Sorgen. Unser Gang wird matt und schwer. Das muss nicht sein! Kinder des Lichts leben nur standesgemäß, wenn sie die Dunkelheit im Sorgengewühl des Alltags meiden. Wie schnell kriegt es der Feind fertig, uns durch einen falschen Gedanken in die Seitenstraßen der Bedrückungen zu lenken, nur weil wir es versäumt haben, Gottes Licht als sichere Wegemarkierung zu beachten.

Kommt ans Licht! Gottes Sonne scheint für alle, die ihn lieben. Wer dem Licht entgegengeht, lässt immer die Schatten hinter sich.

26. Dezember

Verlass dich auf Jesus!

»Du wirst mir kundtun den Weg des Lebens; Fülle von Freuden ist vor deinem Angesicht, Lieblichkeiten in deiner Rechten immerdar« (Psalm 16,11). Wonach wir uns auch sehnen, bei unserem HERRN ist es zu finden: Leben, Freudenfülle, Lieblichkeiten. Die Zuversicht des David tut richtig gut, wenn er mit großer Zuversicht zu seinem HERRN sagt: »Du wirst!« Schließlich weiß unser HERR, wonach sich unsere Seele letztlich sehnt und was zu unserem Frieden dient. Dass Gott alle Sehnsüchte stillen kann, hat David persönlich erfahren. Und darum greift er zum Instrument und lässt dabei auch seine Stimmbänder schwingen. Er ist so sehr von seinem HERRN erfüllt, dass die anderen unbedingt mitbekommen sollen, was der Grund seiner Fröhlichkeit ist.

Wie oft ist mein Gebet: »Herr Jesus, lass mich mehr erkennen, wer du wirklich bist!« Und damit das bei uns geschehen kann, müssen wir die Scheibenwischer unseres Herzens immer wieder bewegen, damit sich die Schmutzpartikel der Sünde nicht festsetzen und unseren Blick auf den HERRN trüben. Und dass uns Christen in diesen Tagen manche

Brocken um die Ohren fliegen und der Sand des Alltags in die Augen weht, weiß jeder von uns. Umso zuversichtlicher klingt das Wort: Du wirst!

Die Welt versteht nichts vom wahren Leben, weil sie den nicht kennt, der das Leben ist. Ihr Angebot ist nur Schaumschlägerei. Das Blaue vom Himmel wird versprochen. Von der Politik bis hin zur schreienden Werbung werden Dinge angepriesen, die glücklich machen sollen. Und was bleibt? Nur ein riesiges Vakuum, das wieder mit Lüge gefüllt wird, weil die Wahrheit unbekannt ist.

Darum mutig weiter! Mit Fleiß die Arbeit getan! Wir haben den HERRN, den Erlöser der Welt, auf unsere Fahnen geschrieben, und weil wir das lohnende Ziel kennen, ist unser Weg dorthin auch nicht mit unüberwindlichen Steinen der Entmutigung gepflastert.

27. Dezember

Frohes Erwarten!

Jeder von uns geht mit einem gewissen Respekt dem Unbekannten entgegen. Schließlich weiß man ja nicht, was da alles an unbequemen Dingen auf einen wartet. Wir fürchten uns immer ein wenig vor »den Folgen«, denn sie bringen Unsicherheiten mit sich. Doch im Blick auf den HERRN gilt dem Glaubenden diese wunderbare Erwartung: **»Gutes und Barmherzigkeit werden mir folgen ...«** (Psalm 23,6). Wie gut dieses Verheißungswort tut! Doch wenn wir aufrichtig unser Leben unter Gottes Lupe betrachten, fallen uns sicher manche Schwachpunkte, Niederlagen und fruchtlose Lebensabschnitte ein, die unseren Herrn Jesus keineswegs verherrlichen.

Doch wir dürfen im Vertrauen auf Gottes Gnade wissen, dass er uns nicht nach unserer Ungerechtigkeit vergelten wird. Denke an Petrus, der nach bitterem Versagen in Johannes 21 niedergeschlagen bekennen muss: »HERR, du weißt alles, du siehst alles. Du weißt aber auch, dass ich dich lieb habe!« Und genau darauf kommt es dem HERRN an! Wenn bedrängende Fragen, Sorgen, Nöte und Krankheiten unser Herz oft schwer machen, wollen wir dies aus der Hand Gottes nehmen. Denn wir wissen, dass denen, die Gott lieben, alle Dinge zum Besten dienen. Der Glaubende ist total rückversichert in der Hand seines HERRN und bekennt: »Wenn mir auch Leib und Seele verschmachten, so bist du doch, Gott, allezeit meines Herzens Trost und mein Teil!«

In einigen Tagen überschreiten wir wieder die Schwelle in ein neues Jahr. Wie armselig und kurzsichtig, wenn unser Blick nur bis dahin reicht! Gotteskinder sind auf eine herrliche, helle Zukunft ausgerichtet, die mit keinem irdischen Sinn zu erfassen ist. Weil Gotteskinder ihr altes Sündengepäck losgeworden sind, wandern sie ganz getrost durch diese Zeit. Sie wissen um die Gnade durch das Opfer des Kreuzes Jesu, ihres HERRN. Darum darfst du Frohes erwarten – auch im Blick auf das neue Jahr.

28. Dezember

Was erwartest du?

Was beschert uns das neue Jahr? Die Welt ist auf allen Kanälen im Umbruch. Im Bereich der Gen- und Kommunikationstechnik rasen wir von einer Entdeckung zur anderen. Der Austausch von Nachrichten und Daten lässt uns schwindlig werden. Der Mensch, eine manipulierbare Masse, weichgeklopft wie ein Kotelett – bereit, vom Geist der Zeit verspeist zu werden. Dagegen brüstet sich unsere Gesellschaft mit Begriffen wie »neue Moral«, »neue Toleranz«, »neue Möglichkeiten«! Doch des Menschen Herz bleibt immer das alte: eine Dreckschleuder der Sünde, ohnmächtig, das Steuer vor dem Abgrund des ewigen Verderbens herumzureißen. Da ist aufkommende Furcht schon verständlich. Doch fürchte dich nicht: »... es wird nicht dunkel bleiben über denen, die in Angst sind!« (Jesaja 8,23).

Gott hat alles unter Kontrolle. Alles! **»Der Herr ist mein Helfer, ich will mich nicht fürchten!«** (Hebräer 13,6). Es steht hier nicht: Ich werde oder ich möchte mich nicht fürchten. Beides ist nämlich möglich. Leider schwanken wir da oft bedenklich hin und her. Hier steht: Ich **will** mich nicht fürchten! Das hat etwas mit Glaubensenergie zu tun. Glaubensmut! Mit glauben **wollen!** Auf dem Luftkissen der Zweifel findet die Seele keine Stabilität. Das Herz voller Hochmut will nicht vertrauen. Bockbeinig wie ein ungezogenes Kind gibt es Widerworte des Unglaubens.

Wie Recht Gott hat, wenn er das Herz des Menschen ein trotziges und verzagtes Ding nennt. Wäge daher mit klaren Gedanken ab, wem du deine Zukunft anvertrauen willst. Hier entscheidest du über Sieg oder Niederlage. Glauben heißt: Ich lege mich fest! Ich stütze mich auf meinen HERRN und Erlöser, dem alle Macht gegeben ist im Himmel und auf Erden.

Formuliere einmal deinen Herzensentschluss schriftlich, hinterlege ihn, hefte ihn an einen für dich sichtbaren Platz, damit du ihn das ganze Jahr hindurch stets vor Augen hast. Und sollte dir in dem Kampfgewühl unserer Tage irgendeine Sache besonders Not machen: Der HERR ist dein Helfer! Allein darum hast du keinen Grund, dich zu fürchten! Du darfst deine ängstlichen Gedanken bei dem Herrn Jesus zur völligen Ruhe bringen. Willst du?

Gehe nicht wie ein schwankendes Rohr ins neue Jahr. Du hast keinen Grund, dir den Kopf über die Zukunft zu zerbrechen. Gestatte deinem Herzen keine unruhigen Gedanken. Sage laut: »Ich will mich nicht fürchten!« Widerstehe dem Zeitgeist. Lass dich nicht von Meinungen und Trends vereinnahmen. Gehöre nicht zu jenen, die sich die Wahrheit des Wortes Gottes durch liberale Zangen verbiegen lassen. Stelle dich mutig auf die Seite deines HERRN. Und dann handle voller Zuversicht im Glauben, und du wirst Gottes wunderbares Eingreifen erfahren.

29. Dezember

Sei nicht besorgt!

Was uns in diesen Zeiten so bedrängt, ist die Gleichgültigkeit, mit der die Menschen in die Hölle rasen. Die Dämme sind längst gebrochen – die Religionsvermischung ist in vollem Gang. Wir müssen uns beeilen, denn immer deutlicher baut sich der Widerstand gegen das klare und biblische Evangelium auf. Hier und da merken wir die Windböen, die uns entgegenblasen. Man muss sich nur einmal morgens die Fünf-Minuten-Andachten der Christenvertreter im Radio anhören. Der Name unseres Herrn Jesus kommt kaum noch vor.

Doch das eine steht auch fest: Je dunkler die Nacht, desto heller das Licht. Wir wollen uns nicht fürchten. Haben wir denn Grund dazu? Der HERR hat uns allen doch zugerufen: **»Sorget nicht!«** (Matthäus 6,25). Das ist nicht nur ein guter Rat, das ist ein Befehl! Und er ist so gut gemeint. Sorgen belasten und lähmen unsere Schritte.

Darum nimm nicht die Last der Vorsorge auf deine Schultern, sie zieht dich nach unten. Der Herr Jesus hat die natürliche Vorsorglichkeit seiner Jünger als Untreue getadelt. Sind es nicht immer die kleinen Dinge, die uns den Frieden rauben wollen? Diese oft so hektische Geschäftigkeit einer Marta, die sich um alles, alles kümmert und dabei doch die Hauptsache aus dem Auge verliert?!

Jemand hat es auf den Punkt gebracht: Das einzige Heilmittel gegen diese Untreue ist der Gehorsam dem Geist Gottes gegenüber. Denn das große Wort Jesu an seine Jünger heißt: Hingabe! Nun wollen wir ermutigt die Augen auf den richten, von dem uns alle Hilfe kommt. Und ganz konkret können wir sogleich damit anfangen, indem wir unsere Sorgenpakete bei ihm abgeben. Wer das getan hat, spürt, wie die Lasten fallen und der Schritt um vieles leichter wird.

30. Dezember

Auf Gott ist Verlass!

Ungeachtet der vielen Veränderungen in der Welt bleibt eins doch für uns: **»Du aber bist derselbe!«** (Psalm 102,28). Derselbe in seiner Liebe. Derselbe in seiner Treue und Barmherzigkeit. Auf unseren großen Gott ist Verlass! Sein Erbarmen endet nie! Darum können wir auch niemals von Gott enttäuscht werden. Er hält, was er verspricht. Wenn wir Probleme haben, dann nur, weil uns der geistliche Durchblick fehlt.

Viele schauen mit bangen Blicken in die Zukunft. Was wird alles noch werden? Was bringt das nächste Jahr? Wie werden wir die Zukunft meistern? Gotteskinder sollten bei diesen Überlegungen das eine nicht aus dem Auge verlieren: Jeder Tag bringt uns der Entrückung näher! Gotteskinder erwarten den Herrn Jesus! Wir gehören nicht zur Nacht. Wir sind Kinder des Lichtes. Darum sollten wir uns auch so verhalten und unerschrocken sein Werk tun.

In der letzten Zeit bewegt sich eine Masse Entmutigter auf der Straße des Lebens voran. Die Feigen sind in der Mehrzahl. Dies sollte aber bei Gotteskindern nicht so sein! Unser HERR ist derselbe – ein Gott, der Wunder tut! Den Triumph unserer Niedergeschlagenheit wollen wir dem Feind keinesfalls gönnen.

Darum, auf den Fels geblickt, der ewig bleibt und unveränderlich jedem Sturm trotzt! Sei unerschrocken, der HERR ist mit dir! Wer zagt – unterliegt! Du aber glaubst!

31. Dezember

Der HERR behüte dich!

Das Jahr geht zu Ende. Doch Gottes Treue bleibt! Der Auftrag ebenso: Gehet hin in alle Welt, und verkündigt das Evangelium! Gottes Werk erfordert zu allen Zeiten einen wachen Geist. Wir dürfen die Tage nicht verschlafen. Wir müssen wachen und dürfen im Gebet nicht müde werden. Wir dürfen keine Zeit verlieren. Und weil die Stunde der Versuchung über diese Welt gekommen ist, ist für Christen höchste Alarmstufe geboten.

Wir sehen mit Trauer, wie die gesamte Medienwelt die Häuser der Gotteskinder durchflutet hat. Das Entsetzliche daran ist: Die meisten merken es nicht. Kann es sein, dass auch wir einmal ein »Zu-spät« beklagen müssen, was den Einsatz für das Evangelium betrifft? Kann es sein, dass der HERR seiner Gemeinde vorhalten muss: »Nicht eine Stunde konntet ihr mit mir wachen?« Lass uns gemeinsam in aller Treue dem HERRN »entgegendienen«. Wenn auch die Pfeile des Feindes uns verletzen wollen – wir sind in Gottes guter Hand. Dir gilt der Zuruf: **»Der HERR behütet dich!«** (Psalm 121,5).

Bei Staatsbesuchen fallen Leibwächter auf. Sie stehen dicht beim Regierungschef. Doch uns umgeben keine Menschen. Wir wissen uns von dem behütet, der aus aller Nacht und Verzweiflung und aus den tiefsten Abgründen der Not retten kann. Wie es die Verantwortung der Mutter ist, ihr Kind zu bewahren, so sicher ist, dass der himmlische Vater seine Hand schützend über dich hält. Und in dieser Gewissheit wollen wir unsere Arbeit tun. Mit frohem Herzen. Wir sind getröstet, weil unser HERR vorangeht. Mit ihm erreichen wir das Ziel. Dein Herz sei darum mit Dank erfüllt! Der Herr behütet dich!

Bibelstellenregister

Hinweis: Die **fett**gedruckten Stellenangaben sind die Leitverse der jeweiligen Andachtstexte.

506

510

Empfehlung

Hörbuch »Im Aufwind leben«

Manfred Paul
Im Aufwind leben
Hörbuch, Doppel-CD

Bestell-Nr. 273436
ISBN 978-3-89436-436-6

Das Hörbuch enthält auf zwei CDs ausgewählte Andachten aus dem Andachtsbuch. Manfred Paul selbst spricht insgesamt 34 Andachtstexte. Kurze musikalische Sequenzen leiten von einem Text zum nächsten über und ergänzen das Hörerlebnis.